"十四五"高等职业教育城市轨道交通供配电技术专业系列教材

编　委　会

"十四五"高等职业教育城市轨道交通供配电技术专业系列教材

城市轨道交通继电保护技术与测试

索　娜　吉鹏霄◎主　编

宋奇吼　郑森山◎副主编

中国铁道出版社有限公司

CHINA RAILWAY PUBLISHING HOUSE CO., LTD.

内 容 简 介

本书针对高等职业教育城市轨道交通供配电技术专业教学要求,依据相关国家标准规范,基于城市轨道交通供电检修岗位技能培养和职业素质养成,结合数字变电站、数字通信电流保护等产业数字化升级,根据牵引网、主变电所、中压电缆网络和牵引降压混合所四大工作情境,按照典型工作任务进行编写。本书共分为六个项目,分别是城市轨道交通供电系统继电保护认知、电流保护特性分析与性能测试、城市轨道交通 110 kV 线路保护测试、主变电所继电保护测试、中压网络继电保护测试和牵混所继电保护测试。

本书适合作为高等职业教育城市轨道交通供配电技术专业教材,也可作为城市轨道交通供电检修相关专业人员的技术培训教材和工程技术人员的学习参考书。

图书在版编目(CIP)数据

城市轨道交通继电保护技术与测试 / 索娜,吉鹏霄主编. -- 北京 : 中国铁道出版社有限公司, 2025. 3.
(“十四五”高等职业教育城市轨道交通供配电技术专业系列教材). -- ISBN 978-7-113-31761-4

Ⅰ. U239.5

中国国家版本馆 CIP 数据核字第 2025WD7653 号

书　　名:城市轨道交通继电保护技术与测试
作　　者:索　娜　吉鹏霄

策　　划:张家畅　　　　**编辑部电话:**(010)83527746
责任编辑:张家畅
封面设计:高博越
责任校对:苗　丹
责任印制:赵星辰

出版发行:中国铁道出版社有限公司(100054,北京市西城区右安门西街 8 号)
网　　址:https://www.tdpress.com/51eds
印　　刷:北京联兴盛业印刷股份有限公司
版　　次:2025 年 3 月第 1 版　2025 年 3 月第 1 次印刷
开　　本:787 mm×1 092 mm 1/16　**印张:**19.25　**插页:**1　**字数:**504 千
书　　号:ISBN 978-7-113-31761-4
定　　价:66.00 元

前言

中国城市轨道交通协会信息显示，截至 2024 年 12 月，31 个省（自治区、直辖市）和新疆生产建设兵团共有 58 个城市开通运营城市轨道交通线路 362 条，我国城市轨道交通运营里程突破 1 万 km。 这是贯彻落实党的二十大报告关于“加快建设制造强国、质量强国、航天强国、交通强国、网络强国、数字中国”精神的生动实践。 城市轨道交通是现代化城市交通的发展方向，是解决大城市病的有效途径，也是建设绿色城市、智能城市的有效途径。

城市轨道交通供电系统是城市轨道交通的重要基础设施之一，为城市轨道交通提供牵引用电和动力照明用电，是城市轨道交通正常运营的动力来源。 继电保护装置是供电系统运行的安全保障。 继电保护测试工作是地铁供电维护岗位的重要工作任务。 继电保护课程是高等职业教育城市轨道交通供配电技术专业的专业核心课程。 编者团队从 2007 年率先开展高等职业教育城市轨道交通供配电技术专业教学，本书是编者团队多年产教融合教学实践的成果。

近年来，微机保护的推广应用、计算机网络和光纤通信的普及、数字变电站技术在城市轨道交通供电主变电所的应用、《轨道交通　地面装置　基于数字通信的中压供电系统电流保护技术规范》（GB/T 42149—2022）等新规范的实施，给继电保护技术带来了巨大变化，对继电保护作业人员提出了新的技能要求，在人员培养上迫切需要编写一本对接产业数字化升级，内容定位符合高等职业教育和企业运维工程技术要求的现代职业教育新形态教材。

本书将城市轨道交通供电检修工作岗位的典型工作任务，即各级各类变电所继电保护装置的巡视、检验测试、事故应急处置和分析等引入教材，并对应城市轨道交通供电系统的典型工作情景，按照电能传输主路径组织为六大项目。 本书以学生为中心，围绕具体继电保护测试项目进行行动导向教学，明确任务目标，进行学习准备、任务实施、任务考核，通过网络教学资源、重点难点视频讲解等手段，引导学生主动获取知识，形成城市轨道交通供电继电保护知识、技能体系。职业行为必然是跨领域，跨学科的，继电保护技术及测试和城市轨道交通供电系统运行、维护作业生产组织、作业准备、作业过程安全防护等是有机的整体。本书通过产教融合把真实的典型工作任务、工作过程引入教材，有利于学生职业素养、工匠精神的形成。

本书共分为六个项目，按照城市轨道交通供电电能传输路径“外部电源、主变电所、中压网络、牵混所、牵引网”进行组织：项目1为城市轨道交通供电系统继电保护认知，项目2为电流保护特性分析与性能测试，项目3为城市轨道交通110 kV线路保护测试，项目4为主变电所继电保护测试，项目5为中压网络继电保护测试，项目6为牵混所继电保护测试。本书配套有课程数字教学资源，可扫描二维码观看，并配有地铁某线路供电系统图纸，见插页。

本书适合作为高等职业教育城市轨道交通供配电技术专业教材，也可作为城市轨道交通供电检修相关专业人员的技术培训教材和工程技术人员的学习参考书。

本书由郑州铁路职业技术学院索娜、吉鹏霄任主编，宋奇吼、郑森山任副主编，周郑、王睿参与编写。编写分工如下：索娜编写项目6，吉鹏霄编写项目4、项目5的任务2～任务3，宋奇吼编写项目2的任务1～任务2、项目3的任务3，郑森山编写项目2的任务3～任务4，周郑编写项目1、项目3的任务1～任务2、行业动态、行业工匠，王睿编写项目5的任务1。索娜负责全书统稿工作。

由于编者水平有限，书中难免存在疏漏与不妥之处，望广大读者提出宝贵意见和建议。读者可以通过邮箱pxji@sohu.com与编者共同探讨本书相关的内容。

编　者

2025年1月

目　录

项目1 城市轨道交通供电系统继电保护认知

项目描述

城市轨道交通供电系统为城市轨道交通提供牵引用电和动力照明用电，是城市轨道交通正常运营的动力来源。继电保护装置用来反映供电系统中电气设备发生的故障或不正常运行状态，可使断路器跳闸或发出信号，是供电系统的安全保障。为了使继电保护装置处于良好的运行状态，城市轨道交通供电检修需要对继电保护装置进行检验测试。继电保护检验测试工作是城市轨道交通供电检修岗位的重要工作任务。

学习目标

知识目标

(1)掌握城市轨道交通供电系统的基本构成和各部分作用、电压等级。

(2)理解继电保护装置的作用、工作原理及组成，明确继电保护装置的基本要求。

(3)了解继电保护装置的发展历程，了解微机保护装置的结构及其在城市轨道交通中的应用。

(4)了解数字式保护装置在智能变电站中的应用。

技能目标

(1)能够识读城市轨道交通供电系统图。

(2)能确定城市轨道交通供电系统图中正常运行状态时各开关的位置，能分析一次电路运行电流路径。

(3)能够操作继电保护装置控制字投退、定值查询、复归。

素养目标

(1)树立安全用电意识，培养安全作业、规范作业的职业素养。

(2)熟知各项安全管理制度，秉持遵章守纪、尽职尽责的工作态度。

(3)拥有职业认同感，弘扬爱国情怀。

(4)养成精益求精、严谨细致的工匠精神。

任务1　识读城市轨道交通供电系统图

任务导入

城市轨道交通供电检修岗位首先要熟悉工作线路的供电系统构成、电压等级、运行方式、关键设备作用及基本原理等知识；同时，读懂城市轨道交通供电系统图，能确定正常运行状态各开关位置，分析一次电路运行电流路径。这都是城市轨道交通供电检修岗位必须具备的基础能力。

任务目标

（1）理解并掌握城市轨道交通供电系统的组成和基本工作原理，认识安全高度可靠、经济适用、满足不同类型用电负荷需求的电力供给的重要性。

（2）会识读城市轨道交通供电系统图，能准确说明系统各组成部分名称、作用和电压等级；能确定城市轨道交通供电系统正常运行状态时各开关位置，分析一次电路运行电流路径。

知识准备

一、城市轨道交通供电系统组成

视频

城轨交通供电系统的组成

为城市轨道交通运营提供所需电能的系统称为城市轨道交通供电系统，简称城轨供电系统。在城市轨道交通运营中，供电一旦中断，不仅会造成城市轨道交通运输瘫痪，还会危及乘客生命与财产安全。

城轨供电系统组成如图 1-1 所示。城轨供电系统由外部电源、主变电所（或电源开闭所）、中压网络、牵引供电系统（包括牵引变电所和牵引网）、动力照明系统（包括降压变电所与低压配电系统）、电力监控系统等构成。

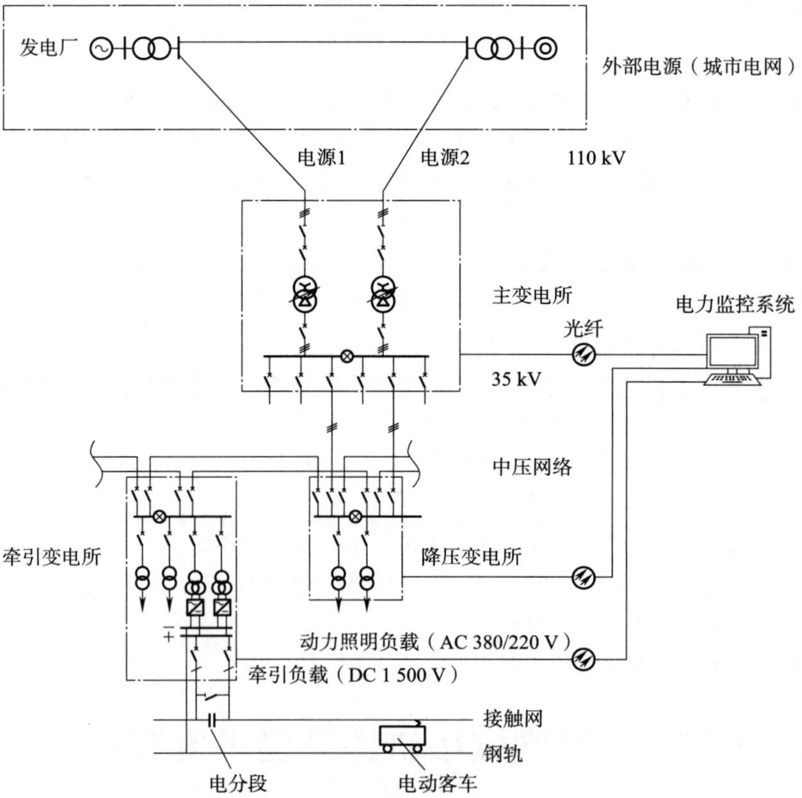

图 1-1　城轨供电系统组成

1. 外部电源

城轨供电系统为城市轨道交通运营设备提供电源，而城轨供电系统的供电电源一般取自城市电网，称为外部电源。城市轨道交通作为城市电网的重要用户，属于一级负荷，需要引入两路外部电源供电。外部电源的电压等级有 110 kV、63 kV、35 kV 和 10 kV，20 kV 的电压等级也已作为方案被提出。

外部电源的供电方式可以分为三种：集中式供电、分散式供电和混合式供电。

(1)集中式供电

城市轨道交通在其线路附近建设专用的主变电所，由本线路或者其他线路的主变电所为本线路牵引变电所及降压变电所供电的外部供电方式称为集中式供电方式。集中式供电方式示意图如图 1-2(a)所示，某地铁的 A ~ O 变电所全部由外部电源经由主变电所 1、2 集中供电。

集中式供电有利于城轨供电系统形成独立体系，便于管理和运营，采用较多。

(2)分散式供电

在城市轨道交通沿线直接由城市电网引入城市中压(35 kV、20 kV 或 10 kV)电源，为城市轨道交通线路的牵引变电所及降压变电所供电的外部供电方式称为分散式供电。

分散式供电不设置主变电所，直接从城市电网引入电源，经开闭所配给城轨各站、段。在沈阳地铁、长春轻轨、北京地铁和大连轻轨等某些线路采用了分散式供电。分散式供电要保证每座牵引变电所和降压变电所均获得两路电源，要求城市轨道交通沿线有足够的电源引入点及备用容量。

分散式供电方式如图 1-2(b)所示，存在多个外部电源，经由开闭所 1、2、3 向城市轨道交通线路各变电所供电。

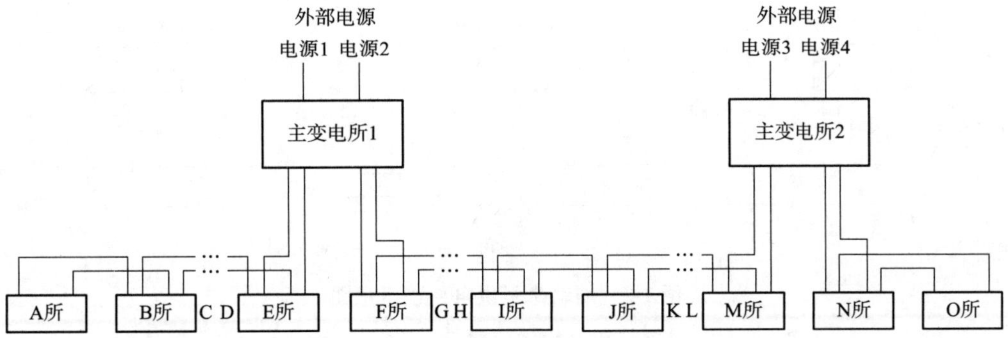

(a) 集中式供电方式

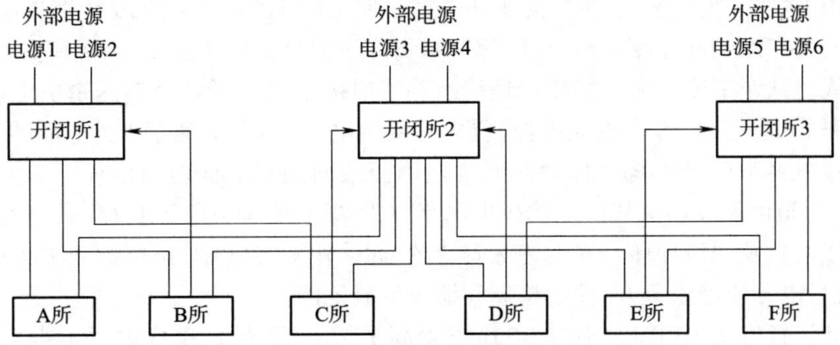

(b) 分散式供电方式

图 1-2 外部电源供电方式

(3)混合式供电

由主变电所和城市中压电源共同为牵引变电所及降压变电所供电的外部供电方式称为混合式供电。混合式供电是将集中式供电和分散式供电两种供电方式结合起来,一般以集中式供电为主,个别地段引入城市电网电源作为集中式供电的补充,使供电系统更加完善和可靠。

北京地铁1号线和2号线、武汉轨道交通工程、青岛地铁南北线工程等采用混合式供电方式。

2. 主变电所

在城轨供电系统采用集中式供电方式时,引入外部电源专为城轨牵引供电系统和动力照明系统供电的变电所,称为主变电所。

主变电所的作用是把发电厂或城市电网变电所引入的高压(如110 kV)电源,经主变压器降压到35 kV(或10 kV),然后经中压网络向布置在沿线的牵引变电所、降压变电所输送电能。主变电所应采用双电源双回路供电。每个主变电所设置两台主变压器,主变压器容量设计满足最大高峰小时负荷的要求,当一台主变压器退出运行时,其余主变压器应能负担供电范围内全部的一、二级负荷。

3. 中压网络

中压网络是通过中压电缆,纵向把上级主变电所、下级牵引变电所和降压变电所连接起来,横向把全线各个牵引变电所、降压变电所连接起来的一种供电设施。中压网络一般采用电缆线路、双环网供电方式。

4. 牵引供电系统

牵引供电系统包括牵引变电所、沿线敷设的牵引网,专为电客车输送电能。城轨牵引供电系统示意图如图1-3所示。

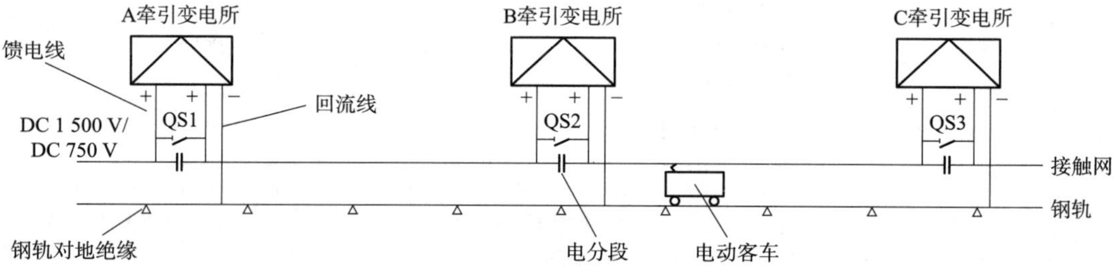

图1-3 城轨牵引供电系统示意图

牵引供电系统中,牵引变电所向某一供电分区内的电客车供电,其作用是将中压网络的35 kV或10 kV的三相交流电变换为适合电客车使用的1 500 V或750 V直流电。一般情况下,牵引变电所与车站的降压变电所合建,称为牵引降压混合变电所,简称牵混所。

馈电线是从牵引变电所正极柜经馈线断路器向接触网(接触轨)输送牵引电能的电缆。接触网(或接触轨)是通过电客车的受电器(受电弓或集电靴)向电动列车供给电能的特殊输电线。牵引电流经过电客车后,经钢轨(称为回流轨)、回流线回到牵引变电所负极柜。由馈电线、接触网(接触轨)、轨道回路及回流线组成的供电网络称为牵引网。不同于电气化铁路的是,城轨牵引供电系统中接触轨及回流导体是对地绝缘安装的,即采用双导线制,正负极均不接地。不同供电分区之间,通过电分段绝缘分开,便于检修和缩小事故范围。

在任何运行方式下,接触网最高电压不得高于最高值,最低工作电压不得低于最低值,直流牵引供电系统电压及其波动范围见表1-1。

表 1-1 直流牵引供电系统电压及其波动范围

系统电压/V	标称值	750	1 500
	最高值	900	1 800
	最低值	500	1 000

5. 动力照明系统

动力照明系统包括降压变电所、低压配电系统，为城市轨道交通除电客车以外的所有动力照明负荷供电，比如车站和区间的动力、照明及其他为城市轨道交通服务的自动化用电设施等。

降压变电所是将电源进线的三相 35 kV 或 10 kV 电压降为低压 380/220 V 交流电，一般设置两台配电变压器，提供机电设备（如风机、水泵等）动力用电，站厅、站台及隧道的照明用电等。

低压配电系统起电能分配作用，将 380/220 V 交流电通过低压总配电柜及各级配电箱向动力、照明设备分配电能。

城市轨道交通中常见低压负荷按其用途和重要性可分为三级：

一级负荷：排烟风机、消防泵、主排水泵、自动售检票机、站台门、电力监控、变电所操作电源、防灾报警、通信信号、人防系统、地下车站站台、站厅照明及应急照明等。

二级负荷：局部通风机、普通风机、排污泵、自动扶梯、电梯等。

三级负荷：空调、冷冻机、热风幕、广告照明、维修电源等。

对三种负荷供电的技术要求为：

一级负荷为双电源、双电缆，供电末端自动切换，来电自复。

二级负荷为双电源、单电缆，在电源端自动切换，来电自复。

三级负荷为单电源、单电缆，当电源失压时，可以自动切除。

对于一级负荷，大功率设备双路电源可以来自变电所不同配电变压器的两段母线，小功率设备双电源可来自不同母线上的配电箱；对二级负荷，由两路电源单回路供电，电源在变电所自动切换；对三级负荷，由一路电源供电，当一台配电变压器故障解列时，可根据运行需要自动切除三级负荷，另一台配电变压器可承担全部一、二级负荷。

6. 电力监控系统

电力监控系统也称为数据采集与监视控制系统（supervisory control and data acquisition, SCADA）。SCADA 系统由控制中心、通信通道和被控站系统组成，实现控制中心对主变电所、牵引变电所、降压变电所等供电设备运行状态监视、控制和数据采集。

城市轨道交通的电力监控系统是贯穿于整个城轨供电系统的监视控制部分，是自动控制技术在城轨供电系统中的应用。

二、城市轨道交通供电系统各部分电压等级

1. 外部电源

集中式供电方式时，主变电所外部电源为三相交流电，标称电压为 110 kV、63 kV，其中 63 kV 电压等级为东北地区电网所特有。分散式供电方式时，外部电源电压等级和中压网络相同。

2. 中压网络

中压网络的系统标称电压为交流 35 kV、20 kV 或 10 kV 等，上海、广州、南京、深圳、郑州地铁的中压网络采用 35 kV，北京地铁、大连轻轨有采用交流 10 kV 电压等级的线路。同时，20 kV 电压等级也具有潜在的发展趋势。

3. 牵引供电系统

城市轨道交通牵引供电系统标称电压采用直流 1 500 V 或 750 V 两种电压等级。

4. 低压动力照明系统

城市轨道交通动力照明系统一般采用三相交流 380/220 V，系统接地形式为 TN-S，车辆段也可使用 TN-C-S 形式。

5. 操作电源

城市轨道交通各类变电所用操作电源、应急照明电源等采用直流 220 V 或 110 V。

任务实施

一、任务准备

1. 任务器材

地铁某线路供电系统图纸，见插页。

2. 任务地点

教室或实训室。

3. 任务分组

每组 4 人，各组独立完成作业项目。任务分组见表 1-2。

表 1-2 任务分组

序号	小组成员	任务分工	注意事项
1			
2			
3			
4			

二、任务步骤

1. 分析主变电所

(1)指出供电系统图纸中的主变电所，说出其名称、电压等级、作用、主接线形式。

____

____

____

(2)分析正常运行时主变电所的运行方式及每个主变电所供电的范围、各开关位置。

____

____

____

2. 分析中压网络

(1)指出供电系统图纸中的中压网络部分，说出其电压等级、作用及运行方式。

____

____

____

(2)找到环网开关，说明任一分区的中压环网在正常运行方式下，各开关位置及供电电流路径。

____

____

____

3. 分析牵混所

(1)指出供电系统图纸中的牵混所,说出其名称和作用。

(2)列举牵混所的设备、电压等级、主接线形式。

4. 分析降压所

(1)指出供电系统图纸中的降压所,说出其名称和作用。

(2)列举降压所的设备、电压等级、主接线形式。

(3)分析降压所正常运行时的运行方式。

5. 分析牵引供电系统

指出供电系统图纸中的牵引供电系统各组成部分。

任务考核

任务考核见表1-3。

表1-3 任务考核表

任务名称	识读城市轨道交通供电系统图				
姓名		学号		日期	
开始时间		结束时间		任务完成时间	
评分项目	评分要素及标准		分值	小组互评	教师评分
主变电所读图	正确指出供电系统图纸中的主变电所,说出其名称、电压等级、作用(8分) 识读主变电所的主接线形式、正常运行时的运行方式、每个主变电所供电的范围(12分)		20		
主变电所读图	指出某主变电所双主变压器正常运行各开关位置(10分)		10		

中压环网读图	指出供电系统图纸中的中压环网部分，说出其电压等级和作用(7分) 找到环网开关(3分) 说明任一分区的中压环网在正常运行方式下，各开关位置及供电电流路径(10分)	20		
牵混所读图	指出供电系统图纸中的牵混所，说出其名称和作用(10分) 列举牵混所的设备、电压等级、主接线形式(10分，少列举一项扣4分，扣完为止)	20		
降压所读图	指出供电系统图纸中的降压所，说出其名称和作用(5分) 列举降压所的设备、电压等级、主接线形式(5分) 分析降压所正常运行时，各开关位置(10分，每错一个扣2分)	20		
牵引供电系统分析	指出供电系统图纸中的牵引供电系统各组成部分及作用(10分，每错一个扣2分)	10		
时间要求	本任务限时20 min内完成，每超过一分钟扣4分。超时10 min为不合格			
总分	(总分=小组互评×40%+教师评分×60%)			
作业人员签字：		考评人员签字：		

巩固与练习

一、填空题

1. 城市轨道交通牵引供电标称电压采用直流________或________两种电压等级。
2. 集中式供电方式时，主变电所外部电源电压等级为________。
3. 城市轨道交通供电系统由________、________、________、________、________、________组成。城市轨道交通中常见低压负荷按其用途和重要性可分________、________、________负荷。

二、简答题

1. 外部电源的供电方式可以分为哪几种？
2. 城市轨道交通供电系统主变电所的作用是什么？
3. 城市轨道交通供电系统中压网络的作用是什么？
4. 城市轨道交通牵引供电系统由哪几部分组成？

任务2　城市轨道交通继电保护装置查询与复归作业

任务导入

城轨供电检修岗位在日常巡视、保护测试以及设备故障查验等作业时，首先要进行保护装置面板功能、背板接线巡视，并熟练完成保护装置控制字投退和定值查询、复归等基本操作。

任务目标

(1)熟悉城轨交通继电保护装置作用、原理、结构及基本要求。认识继电保护装置对保障城轨交通供电系统安全运行的重要性。

(2)了解继电保护装置技术发展历程,认识微机保护装置的硬件结构。

(3)学习智能变电站中的数字式保护装置,理解数字式保护装置与常规微机保护装置的主要区别。

(4)会投退控制字,进行定值查询、复归等基本操作。

知识准备

一、城市轨道交通继电保护

1. 城轨供电系统运行状态

视频

继电保护的定义与作用

城轨供电系统运行状态分为正常状态、不正常状态和故障状态。

城轨供电系统中最常见的不正常状态是过负荷。比如,电流超过额定值引起的过负荷,会使电气设备的载流部分和绝缘材料的温度超过散热条件的允许值而不断升高,造成载流导体的熔断或加速绝缘材料的老化和损坏,可能引发设备故障。

城轨供电系统中的一次设备在运行过程中由于外力、绝缘老化、过电压、误操作、设计制造缺陷等原因会发生如短路、断线等故障。最常见同时也是最危险的故障是发生各种类型的短路,可能产生严重后果。通过短路点的过大短路电流和所燃起的电弧,会使故障元件损坏。短路电流通过非故障元件时,由于发热和电动力的作用,会使其损坏或缩短使用寿命。对于地下设施,短路或者电弧可能引起严重的火灾事故。短路还会造成电力系统中部分地区的电压降低,使大量的电力负荷的正常工作状态遭到破坏。短路甚至会破坏电力系统中各发电厂之间并列运行的稳定性,引起系统振荡,使系统瓦解。

故障和不正常运行状态都可能在城轨供电系统中引起事故。事故,是指系统或其中一部分的正常状态遭到破坏,并造成对用户少送电或电能质量变坏到不能允许的地步,甚至造成人身伤亡和电气设备损坏的事件。事故的发生,除了由于自然的因素(如遭受雷击、架空线路倒杆等)以外,可能由于设备制造上的缺陷、设计和安装的错误、检修质量不高或运行维护不当而引起,还可能由于故障切除迟缓或设备被错误地切除,致使故障发展成为事故甚至引起事故的扩大。

2. 继电保护定义

城轨供电系统中的变压器、输电线路、母线以及用电设备,一旦发生故障,切除故障的时间通常要求几十毫秒到几百毫秒,实践证明,只有装设在电力元件上的继电保护装置,才有可能完成这个任务。继电保护装置,就是指能反映电力系统中电气设备发生故障或不正常运行状态,并动作于断路器使其跳闸或发出信号的一种自动装置。

继电保护一词泛指继电保护技术和由各种继电保护装置组成的继电保护系统,包括继电保护的原理设计、配置、整定、调试等技术,也包括由获取电量信息的电压、电流互感器二次回路,即经过继电保护装置到断路器跳闸线圈的一整套具体设备。如果需要利用通信手段传送信息,继电保护还包括通信设备。

3. 继电保护作用

(1)自动、迅速、有选择性地将故障元件从电力系统中切除,使故障元件免于继续遭到损坏,保证其他无故障部分迅速恢复正常运行。

（2）反映电气设备的不正常运行状态，并根据运行维护条件，动作于发出信号或跳闸元器件。一般不要求迅速动作，而是根据对电力系统及其元件的危害程度规定一定的延时，以免短暂的运行波动造成不必要的动作和干扰引起误动。

二、继电保护基本原理及组成

1. 继电保护的基本原理

视频

继电保护的基本原理和分类

要完成电力系统继电保护的基本任务，首先必须“区分”电力系统的正常、不正常和故障三种运行状态，“甄别”出发生故障和出现异常的元件。而要进行“区分和甄别”，必须寻找电力元件在这三种运行状态下的可测参量（继电保护主要可测参量为电气量）的“差异”，提取和利用这些可测参量的“差异”，实现对正常、不正常和故障元件的快速“区分”。依据可测电气量的差异，可以构成不同原理的继电保护。目前已经发现不同运行状态下具有明显差异的电气量有：流过电力元件的相电流、零序电流、功率及其方向元件的运行相电压幅值、零序电压幅值；元件的电压与电流的比值即“测量阻抗”等。发现并正确利用能可靠区分三种运行状态的可测参量或参量的新差异，就可以形成新的继电保护原理。

除反映上述各种电气量变化特征的保护外，还可以根据电力元件的特点实现反映非电量特征的保护。例如，当变压器油箱内部的绕组短路时，反映于变压器油受热分解产生的气体，构成瓦斯保护；反映于变压器或电动机绕组温度的升高而构成的温度保护等。瓦斯保护和温度保护都属于非电量保护。

2. 继电保护装置组成

一般继电保护装置主要由测量比较元件、逻辑判断元件和执行输出元件三部分组成，如图 1-4 所示。

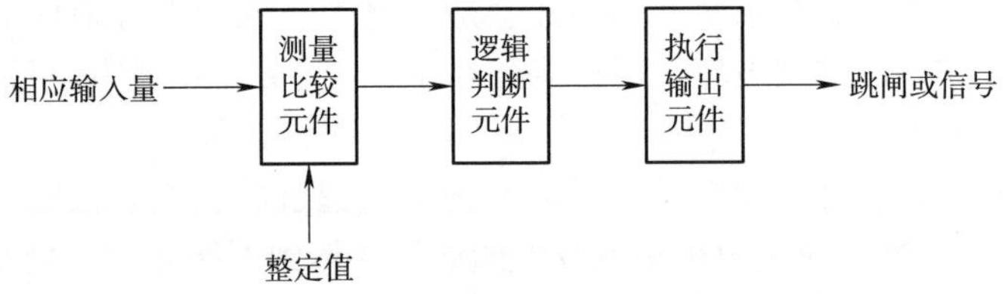

图 1-4　继电保护装置的组成

（1）测量比较元件

测量比较元件用于测量通过被保护电力元件的物理参量，并与其给定的值进行比较，根据比较的结果，给出“是”“非”或“0”“1”性质的一组逻辑信号，从而判断保护装置是否应该启动。根据需要，继电保护装置往往有一个或多个测量比较元件。常用的测量比较元件有：被测电气量超过给定值动作的过量继电器，如过电流继电器、过电压继电器、高周波继电器等；被测电气量低于给定值动作的欠量继电器，如低电压继电器、阻抗继电器、低周波继电器；被测电压与电流之间相位角满足一定值而动作的功率方向继电器等。随着微机保护和数字技术的应用，各种继电器的功能被计算软件所替代。

（2）逻辑判断元件

逻辑判断元件根据测量比较元件输出逻辑信号的性质、先后顺序、持续时间等，使保护装置按一定的逻辑关系判定故障的类型和范围，最后确定是否应该使断路器跳闸、发出信号或不动作，并将对应的指令传给执行输出元件。

(3)执行输出元件

执行输出元件根据逻辑判断部分传来的指令,最后完成保护装置所担负的任务。如被保护对象故障时,动作于跳闸;不正常运行时,发出信号;正常运行时,不动作等。

3. 继电保护工作回路

要完成继电保护的任务,除需要继电保护装置外,必须通过可靠的继电保护工作回路的正确工作,才能最后完成跳开故障元件的断路器、对系统或电力元件的不正常运行状态发出警报、正常运行时不动作的任务。

在继电保护的工作回路中一般包括:将通过一次电力设备的电流、电压线性地转变为适合继电保护等二次设备使用的电流、电压,并使一次设备与二次设备隔离的设备,如电流、电压互感器及其与保护装置连接的电缆等;断路器跳闸线圈及与保护装置出口间的连接电缆;指示保护装置动作情况的信号设备;保护装置及跳闸、信号回路设备的工作电源等。图1-5以过电流保护为例,说明继电保护工作回路的原理接线。

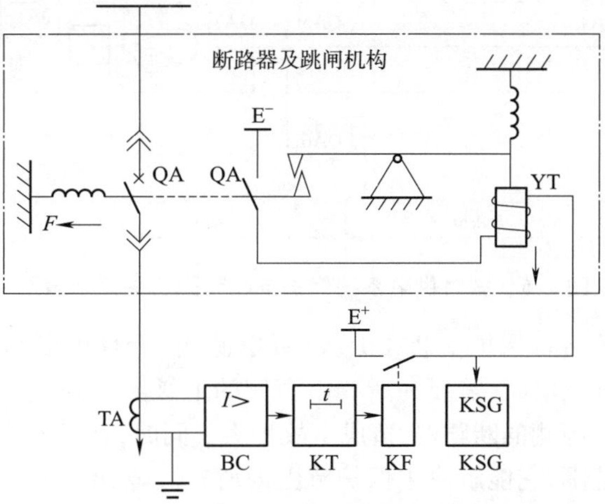

TA—电流互感器;BC—电流继电器;KT—时间继电器;KF—中间继电器;KSG—信号继电器;YT—跳闸线圈;QA—断路器。

图1-5 继电保护工作回路的原理接线

电流互感器TA将一次侧负荷电流变换为二次侧电流(二次侧额定电流为5 A/1 A),送入电流继电器BC(测量比较元件),当流过电流继电器的电流大于其预定的动作值(整定值,可调整)时,其输出启动时间继电器KT(逻辑判断元件),经预定(可调整)的延时(逻辑运算)后,时间继电器的输出启动中间继电器KF(执行输出元件)并使其接点闭合,接通断路器的跳闸回路,同时使信号继电器KSG发出动作信号。

在正常运行时,由于负荷电流小于电流继电器的整定电流,电流继电器不动作,整套保护装置不动作。当被保护的线路发生短路后,线路电流增大,电流互感器二次侧输出的电流线性增大,流过电流继电器的电流大于整定电流而动作,启动时间继电器,经整定的延时后,时间继电器的触点闭合启动中间继电器,中间继电器的触点瞬时闭合,当断路器QA处于合闸位置时,其位置辅助触点QA是闭合的,此时断路器的跳闸线圈YT受电,在电磁力的作用下使脱扣机构释放,断路器在跳闸弹簧力 F 的作用下跳开,故障设备被切除,短路电流消失,电流继电器返回,整套保护装置复归,做好下次动作的准备。

4. 继电保护的工作配合

每一套保护装置都有预先严格划定的保护范围(也称为保护区),只有在保护范围内发生故障,该保护装置才动作。保护范围划分的基本原则是任一个元件的故障都能可靠地被切除并且造成的停电范围最小,或对系统正常运行的影响最小。一般借助断路器实现保护范围的划分。图1-6所示为一个城市轨道交通供电系统保护范围和配合关系示意图,其中每个线框表示一个保护范围。由图1-6可见,主变压器保护和中压母线保护、中压环网保护与中压母线保护等上、下级电力元件的保护区间必须重叠,这是为了保证任意处的故障都置于保护区内。同时重叠区越小越好,因为在重叠区内发生短路时,会造成两个保护区内所有的断路器跳闸,扩大停电范围。

为了确保故障元件能够从电力系统中被切除,一般每个重要的电力元件配备两套保护,一套称为主保护,一套称为后备保护。图1-6表示的是各电力设备主保护的保护区。实践证明,保护装置拒动、保护回路中的其他环节损坏、断路器拒动、工作电源不正常乃至消失等时有发生,造成主保护不能快速切除故障,这时需要后备保护来切除故障。

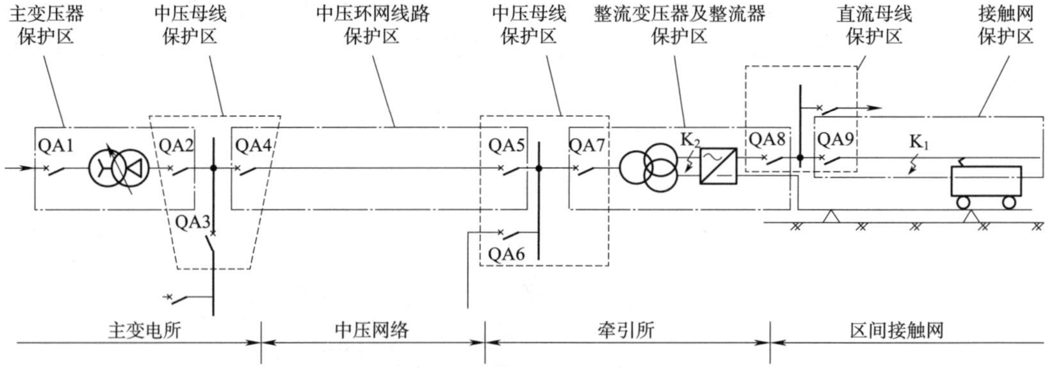

图1-6　城轨供电系统保护范围和配合关系示意图

一般下级电力元件的后备保护安装在上级(近电源侧)元件的断路器处,称为远后备保护。当多个电源向该电力元件供电时,需要在所有电源侧的上级元件处配置远后备保护。远后备保护动作将切除所有上级电源侧的断路器,造成事故扩大。同时,远后备保护的保护范围覆盖所有下级电力元件的主保护范围,它能解决主保护范围内所有故障元件由任何原因造成的不能切除问题。远后备保护的配置、配合需要一定的系统接线条件,在高压电网中往往不能满足灵敏度的要求,因而采用近后备附加断路器失灵保护的方案,即近后备保护与主保护安装在同一断路器处。当主保护拒动时由后备保护启动断路器跳闸,当断路器失灵时,由失灵保护启动跳开所有与故障元件相连的电源侧断路器。

由后备保护动作切除故障,一般会扩大故障造成的影响。为了最大限度地缩小故障对电力系统正常运行产生的影响,应保证由主保护快速切除任何类型的故障,后备保护延时动作,等待主保护确实不动作后才动作。因此,主保护与后备保护之间存在动作时间和动作灵敏度的配合。

由上述可见,电力系统中的每一个重要元件都必须配备至少两套保护装置,电力系统的每一处都在保护范围的覆盖下,系统任意点的故障都能被自动发现并切除。现代电力系统离开完善的继电保护系统是不能运行的,没有安装保护装置的电力元件,是不允许接入电力系统工作的。

三、对继电保护装置的基本要求

继电保护装置在技术上都应满足四个基本要求,即选择性、可靠性、灵敏性、速动性。

1. 选择性

继电保护装置的选择性是指保护装置动作时,在可能最小的影响范围内将故障从电力系统中断开,最大限度地保证系统中无故障部分仍能继续安全运行。它包含两种意思:当故障电力设备本身的保护装置或相关联的断路器拒动时,才允许由断路器失灵保护或相邻电力设备的保护装置提供的远后备保护切除故障；相邻电力设备有配合要求的保护装置之间，其灵敏系数及动作时间应相互配合。在图 1-6 所示的供电系统中，当区间接触网线路 K_1 点短路时，应由牵引所直流馈线断路器的保护动作跳开断路器 QA9（双边供电时同时也要跳开向同一供电区间供电的相邻变电所的馈线断路器，图 1-6 中没有画出），故障被切除；K_2 点整流变发生短路故障时，则应由牵引变电所 35 kV 馈线保护动作跳开断路器 QA7，同时联跳直流进线断路器 QA8。可见故障元件上的保护装置有选择性地切除故障，可以使停电的范围最小。

如果 K_1 点出现故障，由于种种原因造成直流馈线断路器 QA9 跳不开，则应由上一级线路跳开直流进线断路器 QA8，这时相对的停电范围也是较小的，起到了远后备作用，这种保护的动作也是有选择性的，但若直流馈线断路器 QA9 能够断开但直流进线断路器 QA8 抢先断开时，则该保护动作则是无选择性的。

这种选择性的保证，除利用一定的延时使本线路的后备保护与主保护正确配合外，还必须注意相邻元件后备保护之间的正确配合：其一是上级元件后备保护的灵敏度要低于下级元件后备保护的灵敏度；其二是上级元件后备保护的动作时间要大于下级元件后备保护的动作时间。在短路电流水平较低、保护处于动作边缘情况下，此两条件缺一不可。

2. 可靠性

可靠性包括安全性和信赖性，是对继电保护装置性能的最根本要求。所谓安全性，是要求继电保护装置在不需要它动作时可靠不动作，即不发生误动作。所谓信赖性，是要求继电保护装置在规定的保护范围内发生了应该动作的故障时可靠动作，即不发生拒绝动作。

安全性和信赖性主要取决于保护装置本身的制造质量、保护回路的连接和运行维护的水平。一般而言，保护装置的组成元件质量越高、回路接线越简单，保护的工作就越可靠。同时，正确的调试、整定，良好的运行维护以及丰富的运行经验，对于提高保护装置的可靠性具有重要的作用。

继电保护装置的误动作和拒绝动作都会给电力系统造成严重危害。然而，提高不误动作的安全性措施与提高不拒动的信赖性措施往往是矛盾的。由于不同的电力系统结构不同，电力元件在电力系统中的位置不同，误动和拒动的危害程度不同，因而提高保护装置安全性和信赖性的侧重点在不同情况下有所不同。

3. 灵敏性

继电保护装置的灵敏性，是指对于其保护范围内发生故障或不正常运行状态的反应能力。

满足灵敏性要求的保护装置应该是在规定的保护范围内部故障时，在系统任意的运行条件下，无论短路点的位置、短路的类型如何，以及短路点是否有过渡电阻，当发生短路时都能敏锐检测、正确反应。灵敏性通常用灵敏系数或灵敏度来衡量。增大灵敏度，就增加了保护动作的信赖性，但有时与安全性相矛盾。

以上四个基本要求是评价和研究继电保护性能的基础，在它们之间，既有矛盾的一面，又要根据被保护元件在电力系统中的作用，使以上四个基本要求在所配置的保护中得到统一。继电保护的科学研究、设计、制造和运行的大部分工作也是围绕如何处理好这四者的辩证统一关系进行的。相同原理的保护装置在电力系统不同位置的元件上如何配置和配合，相同的电力元件在电力系统不同位置安装时如何配置相应的继电保护装置，才能最大限度地发挥被保护电力系统的运行效能，充分体现着继电保护工作的科学性和继电保护工程实践的技术性。

视频

继电保护装置的基本要求

4. 速动性

速动性是指故障发生后，继电保护装置应能尽快地动作切除故障，以减少设备及用户在大电流、低电压状态下的运行时间，降低设备的损坏程度，提高系统并列运行的稳定性。动作迅速且能满足选择性要求的保护装置，一般结构都比较复杂，价格昂贵，对大量的中、低压电力设备来说，不一定都有必要采用高速动作的保护。对保护速动性的要求应根据供电系统的接线和被保护设备的具体情况来确定。

一般必须快速切除的故障有以下几种情况：

（1）根据维持系统稳定的要求，必须快速切除的高压输电线路上发生的故障。

（2）使发电厂或重要用户的母线电压低于允许值（一般为 0.7 倍额定电压）的故障。

（3）大容量的发电机、变压器以及电动机内部发生的故障。

（4）1 ~ 10 kV 线路导线截面过小，为避免过热不允许延时切除的故障等。

（5）可能危及人身安全、对通信系统或铁道信号系统有强烈干扰的故障等。

故障切除的时间为保护装置动作时间与断路器动作时间之和。一般快速保护的断路器动作时间为 0.04 ~ 0.08 s，最快的可达 0.01 ~ 0.02 s；一般断路器的动作时间为 0.06 ~ 0.15 s，最快的可达 0.02 ~ 0.06 s。

四、微机保护装置

视频

继电保护发展史

1. 继电保护装置发展历程

（1）机电型继电器

1950 年以前保护功能的实现大部分都采用机电型继电器，如图 1-7 所示。当时保护功能的实现，都是由若干个继电器组合而成的，比如要实现过电流（简称过流）保护就需要把时间继电器和过流继电器组合在一起。机电型继电器定值调整则完全由机械实现，比如具有游丝弹簧的电流或时间继电器可以根据刻度机型整定其他继电器，完全靠人工调整行程或螺栓松紧完成。

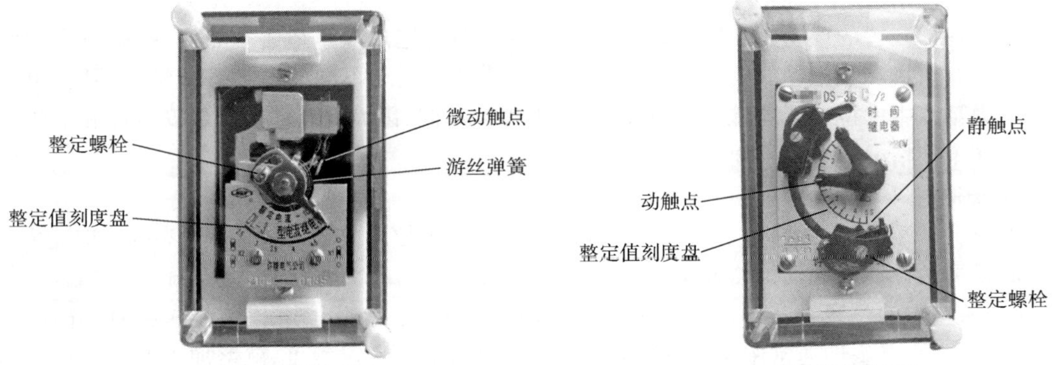

（a）电流继电器　　（b）时间继电器

图 1-7　机电型继电器

（2）静态继电保护

静态继电保护出现在 1950 年之后，经历了两代发展，第一代为晶体管型，第二代为集成电路型，如图 1-8 所示。

从某种意义上说，集成电路型继电保护是第一款数字化的保护，保护装置内部大量地使用集成电路芯片，如与或逻辑、计数器、比较器等均通过集成电路实现。继电保护装置的体积也逐渐缩小，定值整定也从调整游丝变成了调整拨码。然而静态保护只能先“计算”然后“动作”，不能实现高效存储。

（3）微机保护

1984 年杨奇逊院士开发出了中国第一代微机保护装置，实现了高效计算、存储，让继电保护

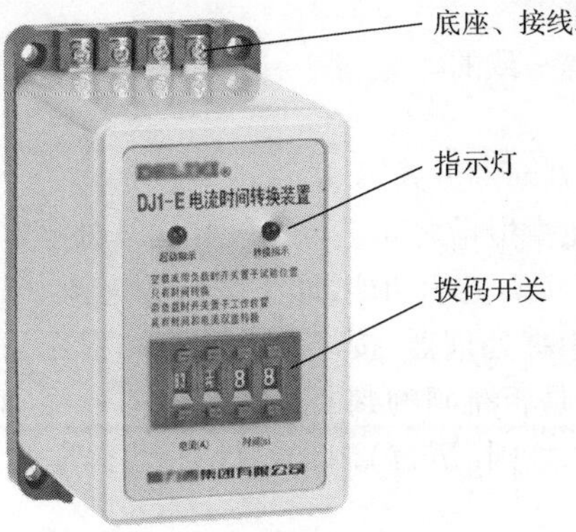

（a）晶体管型继电器

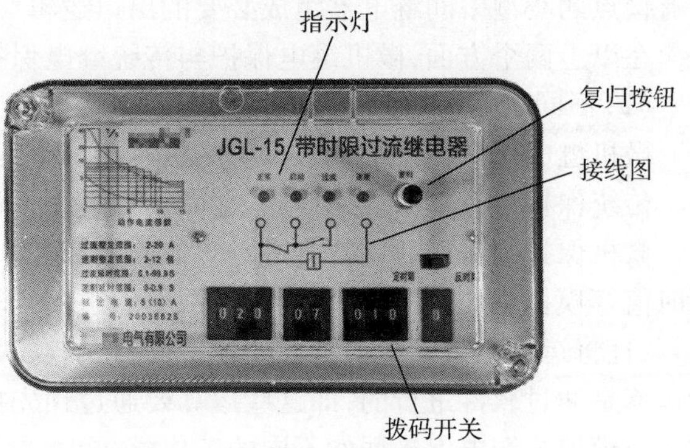

（b）集成电路型继电器

图 1-8　静态继电保护装置

发展达到了新的层次。和计算机的发展历程相同，微机保护装置也在不断地进行算法优化。微机保护装置外形如图 1-9 所示。

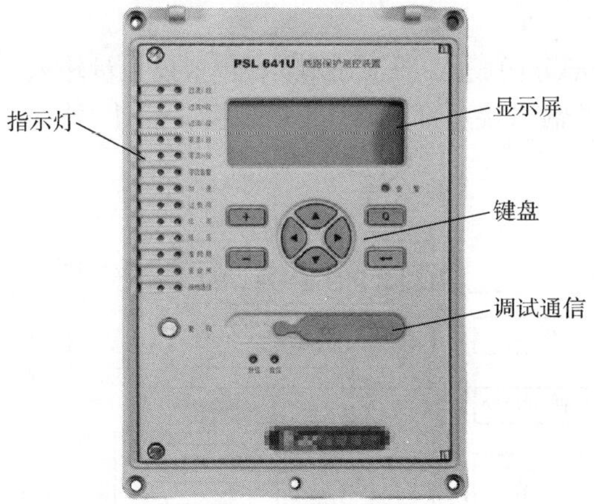

（a）正面

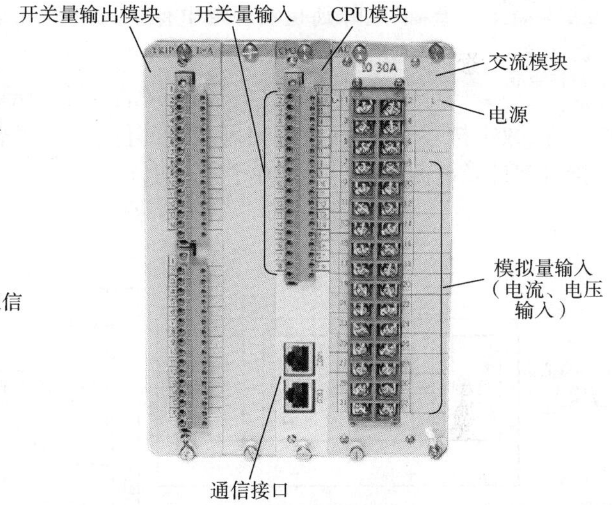

（b）背面

图 1-9　微机保护装置外形

随着数字化概念的提出，继电保护装置又出现了新的形态——数字化装置、就地化装置，继电保护的形态更加丰富。

2. 微机保护与传统保护对比分析

（1）相同之处

在机电型继电器中，电流、电压直接加到继电器的测量机构，变换成机械力，然后进行比较判别，中间并不需要设置其他的变换、隔离等环节。在晶体管型继电保护、整流型继电保护及集成电路型继电保护中，为了适应电子器件弱信号的要求，在电流互感器、电压互感器与电子电路之间设置了电流变换器、电压变换器及电抗变换器等变换环节。微机保护是数字电路，其工作电平比集成电路的工作电平还低，因此微机继电保护同样也需要设置信息预处理环节，进行隔离屏蔽、变换电平等处理。

继电保护功能是通过操作、控制与被保护电气设备有关的断路器跳闸线圈通入电流实现的。电流可以由接点控制，也可以由无接点的半导体器件控制。出于可靠性考虑，目前基本上仍然采用有接点的小型中间继电器组成必要的出口逻辑回路。

在以上两个方面，微机继电保护与传统继电保护是基本一致的。

(2)不同之处

微机继电保护与传统继电保护的根本区别是实现逻辑判断的方式不同。

传统保护依靠模拟电路使输入的电流、电压信号直接在模拟量之间进行比较和运算处理。

微机保护则是用数字技术进行数值(包括逻辑)运算来实现上述功能，即将输入的电流、电压瞬时值等模拟量变换为离散的数字量，然后送入计算机的中央处理器，按规定的算法和程序进行运算，且将运算结果随时与给定的数字进行比较，最后做出是否跳闸的判断。计算机的数字和逻辑运算是通过软件进行的，即这些运算要通过预先按一定的规则(语言)制定的计算程序来完成，这是与模拟式继电保护截然不同的工作模式。

微机保护因其调试维护方便、高可靠性、灵活性、易于获得附加功能、易于改善保护性能以及简便化、网络化等显著优势取代了传统保护，获得了广泛的使用。

视频

微机保护的硬件组成

3. 微机保护装置的硬件结构

微机保护装置是指将微型机、微控制器等器件作为核心部件构成的继电保护装置。微机保护装置是由硬件和软件两部分组成的，硬件是实现继电保护功能的基础，软件则是实现继电保护原理的基础，即不同的软件程序可以实现不同原理的保护功能。

一般典型的微机保护硬件由七个部分构成，如图 1-10 所示，包括模拟量输入接口部件、数字核心部件、开关量输入接口部件、开关量输出接口部件、人机对话接口部件、外部通信接口部件及电源部分(图 1-10 中未画出)。

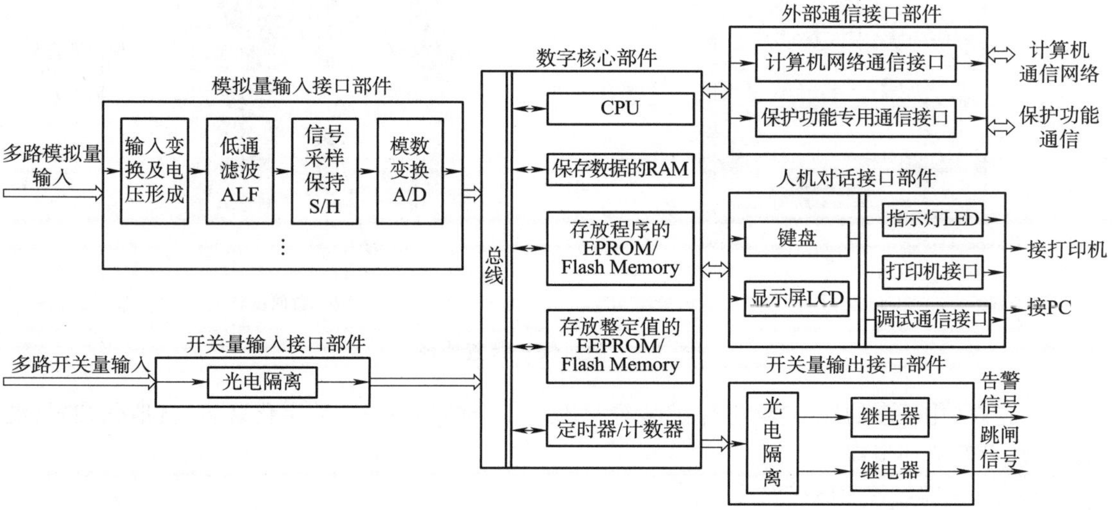

图 1-10　微机保护硬件构成

(1)模拟量输入接口部件

如图 1-10 所示，模拟量输入接口部件包括输入变换及电压形成、低通滤波(analog low-pass filter，ALF)、信号采样保持(sample and hold circuit，S/H)、模数转换(analog to digital converter，A/D)等功能模块，将输入的电压、电流模拟量转换为计算机能够识别的数字量，完成与数字核心部件信号输入接口功能。

(2)数字核心部件

数字核心部件包括微处理器(central processing unit，CPU)、保存数据的随机存取存储器

(random access memory，RAM)、存放程序的 EPROM 或闪存内存单元(FLASH)、存放整定值的 EEPROM 或闪存内存单元(FLASH)、定时器/计数器以及并行接口以及串行接口等。微型机执行编制好的程序，对由数据采集系统输入至 RAM 区的原始数据进行分析、处理，完成各种继电保护的测量、逻辑和控制功能。

(3)开关量输入/输出接口部件

开关量输入/输出接口部件由微型机的并行接口(PIA 或 PIO)、光电隔离器件及有触点的中间继电器等组成，以完成外部触点输入和各种保护的出口跳闸、信号等功能。

(4)人机对话接口部件

人机对话接口部件保护 CPU 系统必须接受操作人员的干预，例如整定值的输入、工作方式的变更、对保护 CPU 系统状态的检查等都需要人机对话。人机对话功能在 CPU 控制之下通过键盘、汉化液晶显示、打印及信号灯、音响或语音告警等来实现。

(5)外部通信接口部件

微机保护装置还应包括多个通信网络接口，通过网络接口保护装置可直接与变电所层的设备通信、交换信息。

(6)电源部分

微机保护系统对电源的要求较高，通常采用逆变电源，即将直流逆变为交流，再把交流整流为微机系统所需的直流电压，可把变电所的强电系统的直流电源与微机的弱电系统完全隔离开。通过逆变后的直流电源具有极强的抗干扰水平，对来自变电所中因断路器跳合闸等原因产生的强干扰可以完全消除。

五、智能变电站中的数字式保护装置

智能变电站是采用先进、可靠、集成、低碳、环保的智能设备，以全站信息数字化、通信平台网络化、信息共享标准化为基本要求，自动完成信息采集、测量、控制、保护、计量和监测等基本功能，并可根据需要支持实时自动控制、智能调节、在线分析决策、协同互动等高级功能的变电站。

在“十二五”期间，国家电网公司大力开展智能变电站试点工作，建立了智能变电站关键技术基本理论、技术标准体系，积累了众多的建设经验等，奠定了全面推广建设智能变电站的基础，共建智能变电站 8 000 座。“十三五”期间，国家电网新建智能变电站 7 700 座，在运变电站智能化改造 44 座。“十四五”期间智能变电站将完成建设 7 411 座，在运改造 39 座。智能变电站技术在电力系统行业的设计、建造、设备制造、运行管理等方面已相对成熟。在信息技术快速发展的现代社会中，变电站的智能化改造是电力系统发展的必然趋势。未来我国智能变电站将往集成化、小型化和协同化趋势方向发展。

城市轨道交通变电所从早期采用的远程终端单元(remote terminal unit，RTU)、电磁式继电保护、可编程逻辑控制器(programmable logic controller，PLC)，到 21 世纪主流采用的综合保护测控单元、变电所综合自动化系统、电能质量管理系统，再到目前新兴的数字通信电流保护和“五防”系统等，各种智能仪表、智能元器件、百兆/千兆光纤以太网等技术已经普遍应用于城市轨道交通领域。智能变电站是城市轨道交通变电所下阶段建设和发展的主流和方向。

1. 智能变电站结构

智能变电站采用 IEC 61850 标准，将变电站一次、二次设备按功能分为三层，分别是站控层、间隔层和过程层。

站控层包括监控主机、操作员工作站、远动工作站、北斗/GPS 对时装置等。站控层提供站内运行人机界面，实现对间隔层设备的管理控制，并通过电力数据网与调度中心或集控中心通信，实现面向全站设备的监视、控制、告警及信息交互功能，完成数据采集和监视控制(SCADA)、操作闭锁以及同步相量采集、电能量采集、保护信息管理等相关功能。

间隔层包括继电保护装置、测控装置、监测功能组主智能电子设备(intelligent electronic device,IED)等二次设备。间隔层设备汇总本间隔过程层设备发送的实时数据信息,通过网络传送给站控层设备,同时接收站控层发出的控制操作命令,实现操作命令的承上启下通信传输功能。间隔层还具备对一次设备的保护控制和操作闭锁等功能。

过程层包括变压器、断路器、隔离开关、电流/电压互感器等一次设备及其所属的智能组件以及独立的智能电子装置。过程层主要完成模拟量采样、开关量输入/输出和操作控制命令发送等与一次设备相关的功能。

如图1-11所示,变电站通信网络由站控层网络和过程层网络组成。站控层网络是站控层设备和间隔层设备之间的网络,实现站控层内部以及站控层与间隔层之间的数据传输。过程层网络是间隔层设备和过程层设备之间的网络,实现过程层设备与间隔层设备之间的数据传输。间隔层设备之间的通信,物理上可以映射到站控层网络,也可以映射到过程层网络。

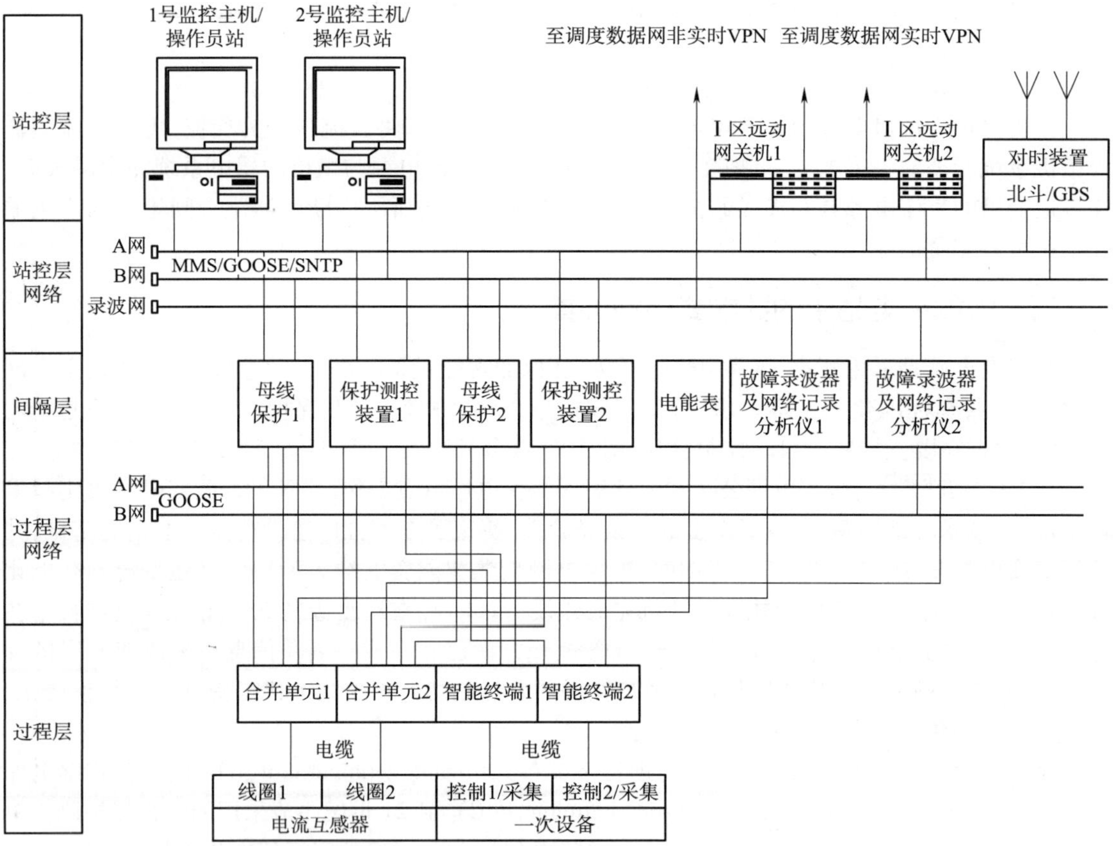

图1-11　三层两网结构变电站二次系统示意图

2. 数字式保护装置与常规微机保护装置的主要区别

智能变电站采用数字式的新型继电保护装置,与常规微机保护装置相比,在保护原理、软件算法方面区别不大,但在模拟量采样、开关量输入输出、对外通信接口方面有了全新的实现方式。数字式保护装置是微机保护的最新发展阶段。

由于数字式继电保护装置不再担负电流电压模拟量的模数转换和开关量的强弱电转换隔离工作,在硬件配置上与常规微机保护装置有很大区别。图1-12、图1-13分别为常规微机保护、数字式保护的采样和跳闸回路。

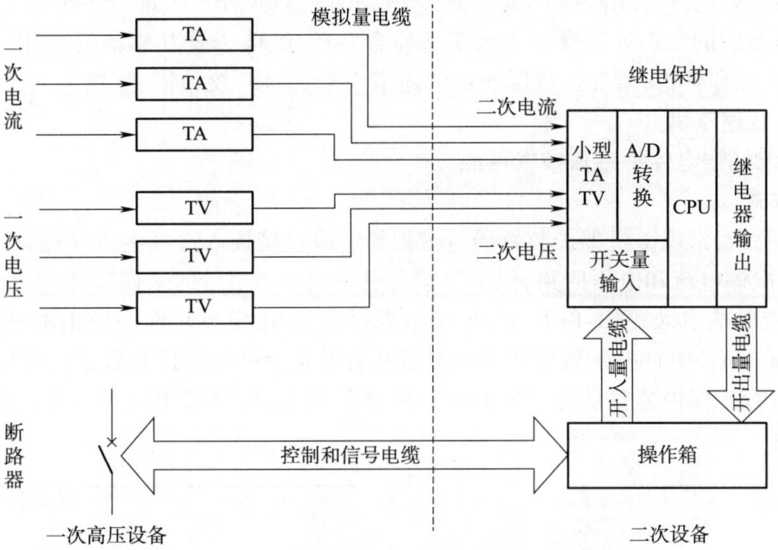

图 1-12 常规微机保护的采样和跳闸回路

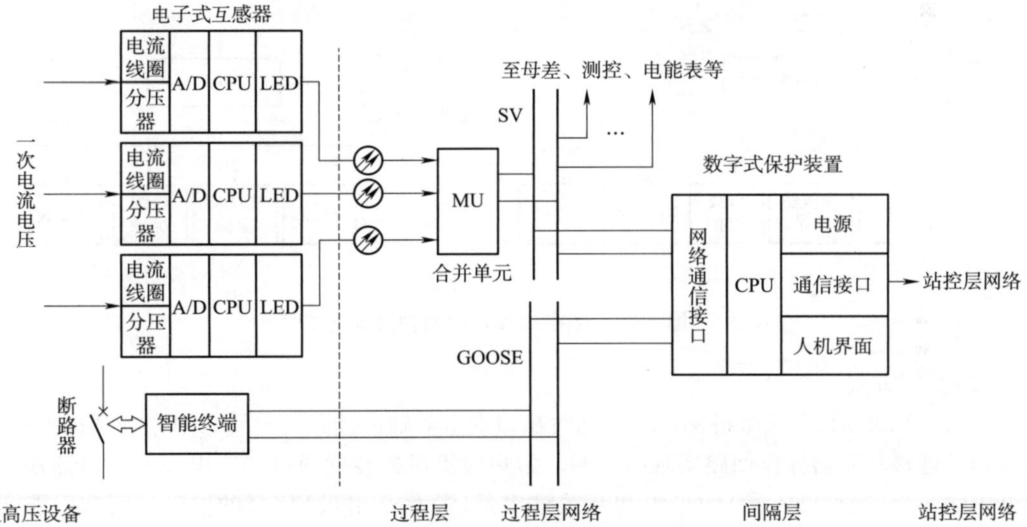

图 1-13 数字式保护的采样和跳闸回路

(1)数字式保护装置没有了模拟量采集组件和 A/D 转换组件,取而代之的是光纤高速数据接口。模拟量采集和 A/D 转换由合并单元来完成。

(2)数字式保护装置没有了开关量输入输出组件,开关量采集和断路器操作由智能终端来执行。与常规微机保护装置相比,数字式保护装置减少了交流输入插件、开关量输入/输出插件、采样保持插件和信号插件,增加了过程层光口插件。数字式保护装置拥有更多的通信网络接口、更高的数据处理能力。另外,为了满足继电保护远程控制和监控系统顺序控制操作的要求,数字式继电保护装置大幅减少了硬压板数量,原有的出口硬压板和功能投退硬压板均被软压板取代,以满足远方投退的需要。

(3)软件方面,数字式保护装置与常规微机保护装置相比,在保护、功能、原理上基本保持一致。除了具有常规微机保护装置的保护逻辑软件和人机接口软件外,数字式保护增加了采样值

(sampled values,SV)接收、面向通用对象的变电站事件(generic object oriented substation event, GOOSE)开关量收发的数据处理模块。为了适应合并单元、电子式互感器的应用,数字式保护进行了一些算法优化和容错,增加过程层通信的通道中断、丢帧、校验错、数据无效等异常状态的监测、告警及应对处理模块。

3. 智能变电站继电保护装置技术特点

(1)采样方式

如图 1-12 所示,常规微机保护装置通过模拟量电缆直接接入常规电流互感器(TA)和电压互感器(TV)的二次侧电流和电压回路,保护装置自身完成对模拟量的采样和 A/D 模数转换。

而在智能变电站中,如图 1-13 所示,模拟量采样和 A/D 模数转换一般由电子式互感器或合并单元(merging unit,MU)完成,数字式保护装置从合并单元处直接接收数字化采样值报文。

如图 1-14 所示,保护装置从合并单元接收采样值报文,可以采用点对点直接连接,也可以经过 SV 网络接收。

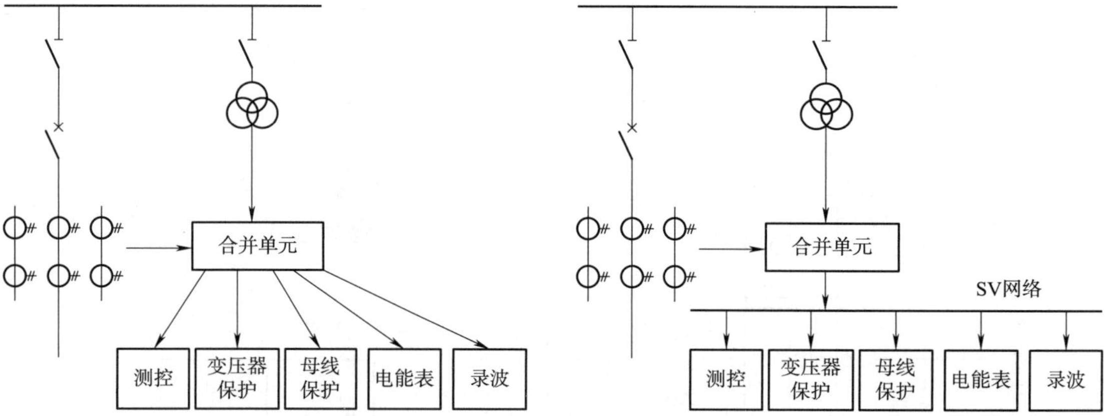

(a) 点对点连接方式　　(b) 组网连接方式

图 1-14　数字式保护的两种采样方式

(2)跳闸方式

如图 1-12 所示,常规微机保护装置通过出口继电器辅助接点发出跳合闸命令到操作箱,然后由操作箱连接断路器操作回路实现跳合闸。常规微机保护装置通过二次电缆和继电器接点完成对开关输入量(简称开入量)的采集和开关输出量(简称开出量)信号的输出。而在智能变电站中,如图 1-15 所示,数字式保护装置通过光纤连接智能终端实现跳合闸。智能终端取代了常规变电站操作箱中的操作回路和操作继电器,除输入/输出接点外,智能终端操作回路功能全部通过软件逻辑实现,二次接线大为简化。保护装置向智能终端发送跳合闸命令,既可以通过图 1-15(a)中的光纤点对点方式,也可以通过图 1-15(b)中 GOOSE 网络方式。考虑减少中间环节以提高保护动作跳闸的可靠性和快速性。《继电保护和安全自动装置技术规程》(GB/T 14285—2023)规定,对于单间隔保护(如线路保护、母联保护)应采用点对点方式直接跳闸,涉及多间隔的保护(如变压器保护、母线保护)宜直接跳闸。

(3)二次回路

电子式互感器、合并单元及智能终端的应用实现了智能变电站采样与跳闸回路的数字化和网络化,常规变电站中的二次电缆、继电器接点被光纤、交换机网络代替,不仅克服了常规变电站二次电缆回路接线复杂、抗干扰能力差等问题,还在通信过程的不断自检中实现了装置间二次回路的智能化监测,从而提高了变电站二次回路工作的可靠性。

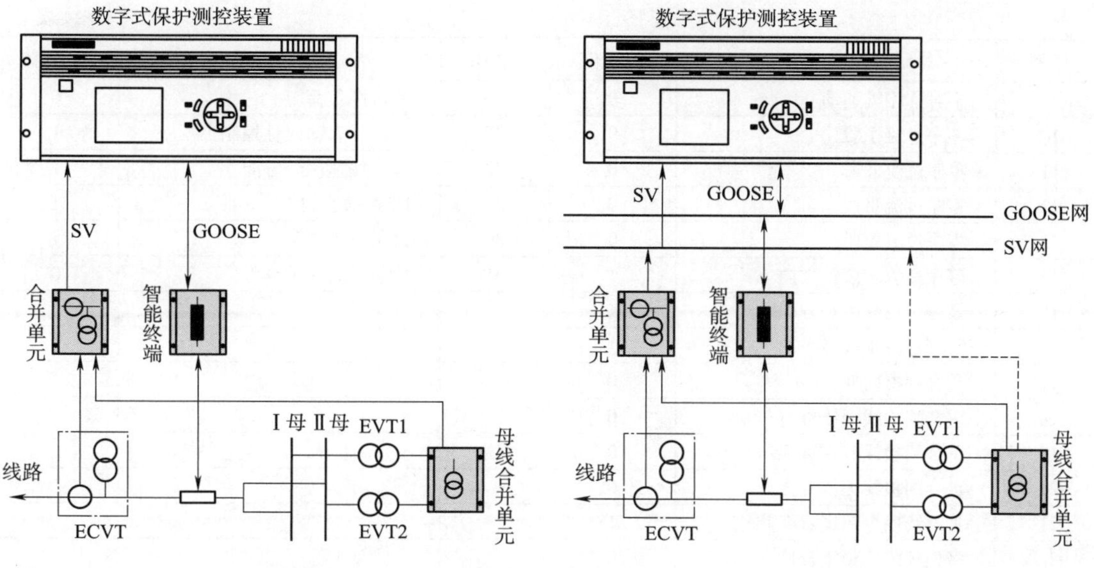

（a）光纤点对点方式　　（b）GOOES网络方式

图 1-15　数字式保护的两种跳闸方式

（4）装置设计与安装新特点

数字式保护装置电流、电压采样输入通过 SV 光纤接口实现，开关量信号输出和开关量信号输入通过 GOOSE 光纤接口实现，因此装置通信接口数量比常规保护装置大大增加。由于光纤通信接口多、发热量大，装置设计面临一定困难，特别是母线保护和大型变压器保护散热问题突出。为了解决上述问题，出现了分布式保护装置。分布式保护装置由主机和若干个子机组成。中央处理和输入输出功能分散在多台装置中实现，一定程度上缓解了装置散热问题。另外二次设备就地化安装成为智能变电站技术发展的趋势。保护装置宜独立分散、就地安装。当前智能变电站二次设备就地安装时一般安装在就地汇控柜内，汇控柜具备环境调节功能，为合并单元、智能终端提供相对适宜的运行环境。有的合并单元、智能终端取消了液晶显示器，以适应就地汇控柜的工作环境和安装尺寸要求。

任务实施

一、任务准备

视频　保护装置的查询与复归操作

1. 任务器材

（1）某地铁变电所保护屏或实训室 110 kV 线路保护装置一台，绝缘鞋、工作服、安全帽等个人安全防护用品。

（2）某地铁主变电所 110 kV 线路微机保护装置保护控制字和保护定值单，见表 1-4、表 1-5。

表 1-4　某地铁主变电所 110 kV 线路微机保护装置保护控制字

序号	控制字名称	整定值	序号	控制字名称	整定值
1	纵联差动保护	1	5	距离保护Ⅰ段	0
2	CT 断线闭锁差动	1	6	距离保护Ⅱ段	0
3	通信内时钟	1	7	距离保护Ⅲ段	0
4	振荡闭锁元件	0	8	重合加速距离Ⅲ段	0

续表

序号	控制字名称	整定值	序号	控制字名称	整定值
9	不对称相继速动	0	26	冲击性负荷	0
10	零序过流Ⅰ段	0	27	远跳受启动元件控制	1
11	零序过流Ⅱ段	0	28	零序加速段经方向	1
12	零序过流Ⅲ段	0	29	PT 断线自检	1
13	零序过流Ⅳ段	0	30	过负荷告警	1
14	零序过流Ⅰ段经方向	1	31	快速距离保护	0
15	零序过流Ⅱ段经方向	1			
16	零序过流Ⅲ段经方向	1			
17	重合闸检同期	0			
18	重合闸检线无压母有压	0			
19	重合闸检线有压母无压	0			
20	重合闸检线无压母无压	0			
21	Ⅲ段及以上闭锁重合闸	1			
22	多相故障闭锁重合闸	0			
23	停用重合闸	1			
24	PT 断线闭锁重合	0			
25	TWJ 启动重合闸	0			

注:1. 保护允许最大负荷电流 400 A。
2. 距离保护、零序过流保护退出不用。
3. 纯电缆线路,重合闸不投。

表 1-5　某地铁主变电所 110 kV 线路微机保护装置保护定值单

序号	装置配置参数	整定值	序号	定值名称	整定值	序号	定值名称	整定值
1	定值区号	现场整定	1	变化量启动电流定值	0.45 A	22	零序过流Ⅰ段时间	最大值
2	被保护设备	现场整定	2	零序启动电流定值	0.45 A	23	零序过流Ⅱ段电流	2 A
3	PT 一次额定值	110 kV	3	差动动作电流定值	1.2 A	24	零序过流Ⅱ段时间	0.3 s
4	CT 一次额定值	400 A	4	本侧识别码	0114	25	零序过流Ⅲ段电流	1.5 A
5	CT 二次额定值	1 A	5	对侧识别码	0113	26	零序过流Ⅲ段时间	0.6 s
6	通道类型	现场整定	6	线路正序阻抗定值	0.17 Ω	27	零序过流Ⅳ段电流	0.75 A
			7	线路正序灵敏角	68°	28	零序过流Ⅳ段时间	0.9 s
序号	软压板	整定值	8	线路零序阻抗定值	0.54 Ω	29	零序过流加速段定值	2 A
1	纵联差动保护	1	9	线路零序灵敏角	66°	30	PT 断线相过流定值	1.5 A
2	距离保护	0	10	线路总长度	3.75 km	31	PT 断线零序过流定值	最小值
3	零序过流保护	0	11	接地距离Ⅰ段定值	最小值	32	PT 断线过流时间	3 s
4	停用重合闸	1	12	接地距离Ⅱ段定值	5 Ω	33	过负荷定值	1.1 A
5	远方投退压板	1	13	接地距离Ⅱ段时间	0.3 s	34	过负荷时间	6 s
6	远方切换定值区	0	14	接地距离Ⅲ段定值	5 Ω	35	重合闸时间	1 s
7	远方修改定值	0	15	接地距离Ⅲ段时间	最大值	36	同期合闸角	40°
			16	相间距离Ⅰ段定值	最小值	37	CT 断线差动电流定值	1.5 A
			17	相间距离Ⅱ段定值	5 Ω	38	振荡闭锁过流	1.3 A
			18	相间距离Ⅱ段时间	0.3 s	39	负荷限制电阻定值	10 Ω
			19	相间距离Ⅲ段定值	10 Ω	40	零序电抗补偿系数 KX	0.65
			20	相间距离Ⅲ段时间	3 s	41	零序电阻补偿系数 KR	0.75
			21	零序过流Ⅰ段定值	最大值			

注:SV 接收软压板、GOOSE 发送软压板现场投退。

2. 任务地点

地铁主变电站或实训室。

3. 任务分组

每组2人,每组作业人员分为作业监护人、作业完成人,2人分工明确到位,作业任务明确,责任清楚。

各组独立完成作业项目。任务分组见表1-6。

表1-6 任务分组

序号	小组成员	任务分工	注意事项
1			
2			

4. 安全预想

(1)了解工作地点、工作范围,相关一次设备和二次设备运行情况。熟悉并读懂保护装置控制字和保护定值单。熟悉微机保护装置菜单构成,基本定值和控制字查询、复归操作方法。

(2)严格按照工作任务要求完成查询操作,不得改变保护装置任何参数设置。

(3)作业完成后,检查所有物品,不得遗漏。

二、任务步骤

1. 巡视保护装置,正确指出前面板各功能按键和指示

图1-16所示为设置在城轨主变电所110 kV保护屏中进线断路器配置的PSL 621U线路保护装置前面板。主变电所一般采用微机保护成套设备,支持数字化变电站的保护装置,能反映被保护110 kV输电线路的各种故障及异常状态。

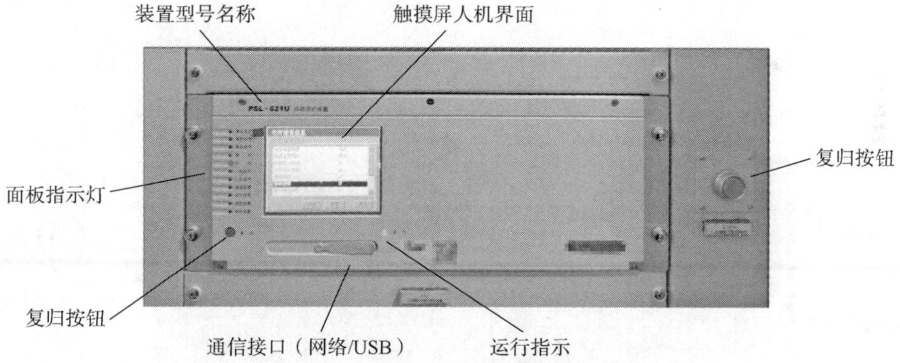

图1-16 PSL 621U线路保护装置前面板

如图1-16所示,面板左侧为一列面板指示灯,每个指示灯显示不同状态时代表不同含义;面板下方还有两个“分位合位”灯:分位灯为绿色,合位灯为红色。面板指示灯名称、颜色、点灯方式代表的含义见表1-7。

表1-7 PSL 621U线路保护装置面板指示灯含义

序号	信号灯名称	颜色	点灯方式
1	重合允许	绿灯	充电时闪烁,充电满后常亮
2	保护动作	红灯	跳闸时亮,复归前保持
3	重合动作	红灯	重合时亮,复归前保持

续表

序号	信号灯名称	颜色	点灯方式
4	跳　　位	绿灯	指示当前断路器为跳开状态,不保持
5	合　　位	红灯	指示当前断路器为合闸状态,不保持
6	Ⅰ母运行	红灯	指示当前母线位置,不保持
7	Ⅱ母运行	红灯	指示当前母线位置,不保持
8	通道告警	红灯	通道 1 或通道 2 告警时点亮,不保持
9	运行异常	黄灯	告警事件发出时点亮,复归前保持
10	测控告警	红灯	测控 CPU 告警时亮,异常不删除无法复归
11	保护告警	红灯	保护 CPU 告警时亮,异常不删除无法复归
12	运　　行	绿灯	正常运行时常亮,保护启动时闪烁

2. 识读微机保护装置后面板接口，巡视其接口状态

图 1-17 所示为 PSL 621U 线路保护装置背板。装置开关用于实现保护装置的启动或停运;电源模块为装置提供逆变电源,即将直流逆变为交流,再把交流整流为微机系统所需的直流电压;电压切换模块用于实现在两组母线间电压信号切换功能;跳闸模块用于实现保护跳闸功能;信号模块用于实现信号监视功能。开入(digital input,DI)和开出(digital output,DO)模块用于读入外部接点的状态、输出包括保护的跳闸出口信号以及反映保护工作情况的本地和中央信号等;MMI 人机对话模块用来实现用户对装置的连接访问功能;CPU 测控和保护模块用于通过计算分析、处理,完成各种继电保护的测量、逻辑和控制功能;光纤发送接收模块用来连接光纤实现通信功能;以太网口是保护装置的网线通信接口,实现与其他保护装置间以及与综合自动化系统设备间的通信、信息交换等功能。各接口线材应连接牢固,线束整齐,标志清晰。光纤尾纤应自然弯曲无硬弯。

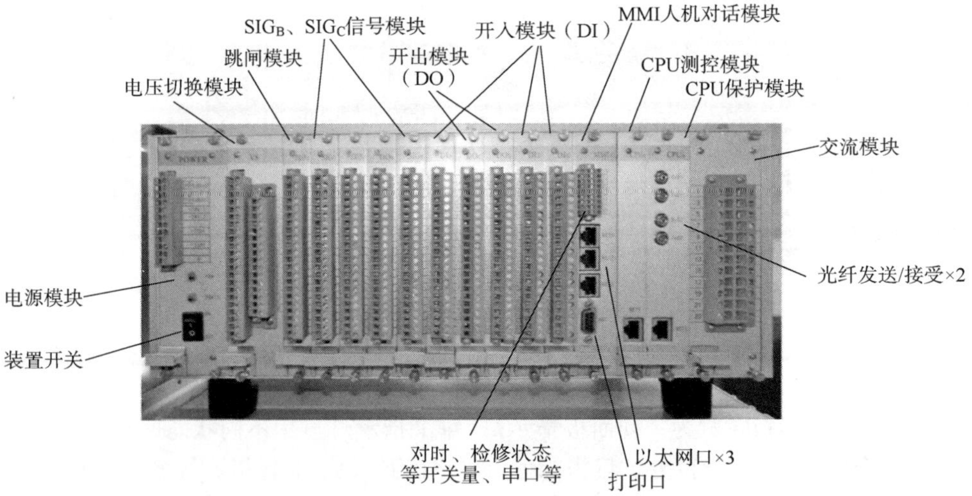

图 1-17　PSL 621U 线路保护装置背板

3. 完成人机界面基本操作，熟悉装置功能

(1)人机界面总体结构

装置面板采用了彩色触摸屏操作。人机交互界面可以完成定值管理、事件录波、输入监视、硬件测试、通信测试和装置设置等功能。人机界面使用菜单弹出对话框方式选择各种功能,人机界面总体结构如图 1-18 所示。

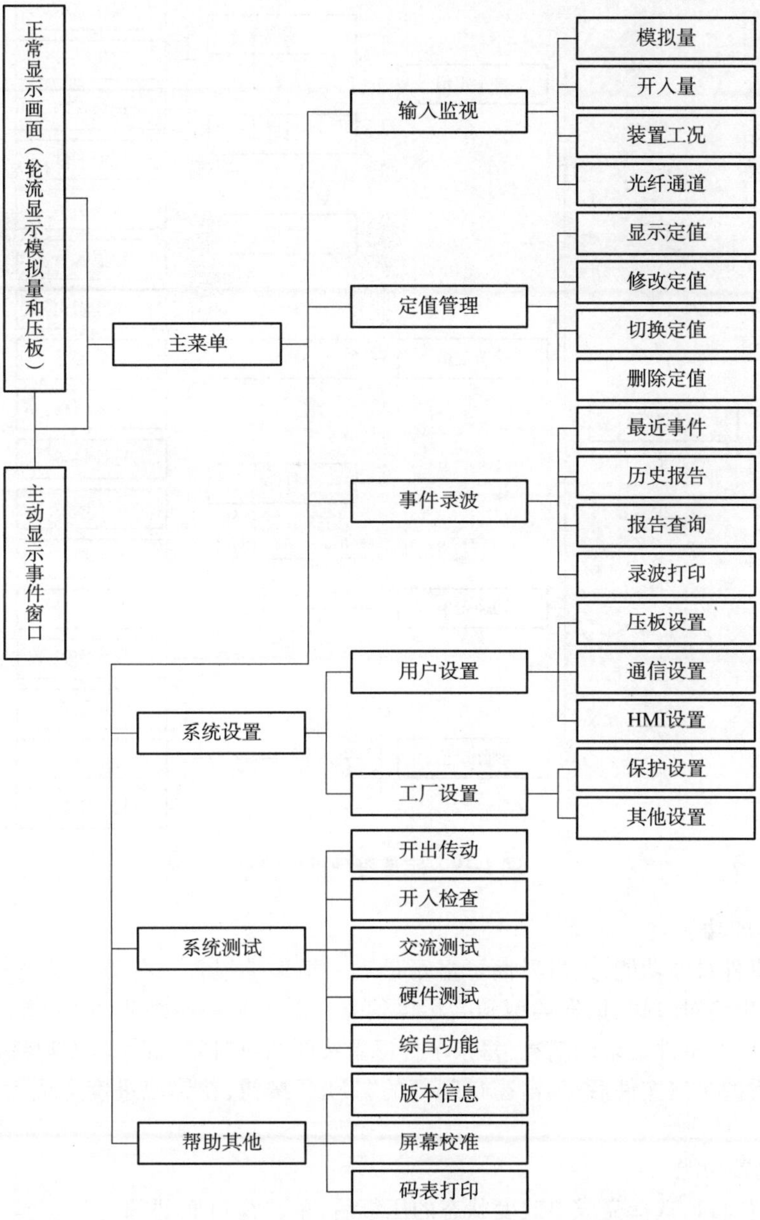

图1-18 人机界面总体结构

(2)人机界面画面

保护装置中有三个类型的正常轮流显示画面：模拟量监控页、有效压板监控页、遥信量监控页。

当前窗口为主菜单或正常显示画面时，如果装置本身有投退、故障事件发生，或者外部有动作、故障报告传输进装置时，将自动弹出事件画面，向用户列出最新发生的事件报告。

(3)定值管理

在定值管理窗口中，按照图1-19所示的操作流程，用户可以很方便地实现定值显示、修改、切换、删除等操作。

图 1-19　定值管理操作流程

(4)录波打印功能

装置具有事件录波功能,人机界面可显示最近一组事件报告。在历史报告窗口可显示各类报告的序号、发生绝对时间、报告类型和名称等信息。单击某一条报告时,可弹出此条报告的对话框,显示报告中各事件记录的信息,每条事件记录按照相对时间、事件名称和状态分行显示。

选中要查看的录波文件后,单击窗口底部的“读取”按钮,在读取进度完成后,可弹出选择打印条目对话框。

(5)压板设置功能

在压板设置窗口,选择完成要改变状态的压板后,单击窗口底部的“投入”或“退出”按钮,并正确输入用户密码后,可以对选中的压板执行相应的投退操作。

4. 进行定值和控制字查询

定值即整定值,在保护装置中,当测量的物理量(如电流或者电压)大于或小于整定值时,保护装置将发出告警或者跳闸信号。保护装置内的整定值由具有一定资质的设计院结合设备和线路的特性进行计算确定,一般不能私自进行更改。查询定值时,严禁未经授权更改定值,以免造成保护失效或误动作。保护装置定值的查询方法如下:

(1)进入保护菜单后,单击进入“定值整定”,如图 1-20(a)所示。

(2)进入“定值整定”菜单后,单击进入“设备参数定值”,如图 1-20(b)所示。

(3)单击进入“定值区号”,如图 1-20(c)所示;查看定值区号、被保护设备、PT 一次值、CT 一次值,并抄写记录,与设计定值单核对一致,如图 1-20(d)所示。

(4)进入定值区后,单击进入“保护定值”,选择“定值表”选项卡,查看定值表定值,并抄写记录，与设计定值单核对一致，如图 1-20(e)所示。

(5)进入定值区后，单击进入“保护定值”，选择“控制字”选项卡，并抄写记录，查看控制字与设计定值单核对是否一致，如图 1-20(f)所示。

5. 进行事件查询

通过事件查询功能可以查看保护装置告警信息。告警信息包括告警的时间和告警的事件，通过分析告警信息，可以判断故障的原因，故障分析有助于缩小故障范围、快速查找故障，甚至可以通过分析告警信息快速锁定故障原因。

事件查询的具体步骤如下：

(1)进入“保护菜单”后，单击进入“报告查询”，如图 1-20(a)所示。

(2)进入“报告查询”后，单击进入“动作报告”，如图 1-20(g)所示。查询保护动作事件记录，如图 1-20(h)所示。抄写记录一条事件记录。

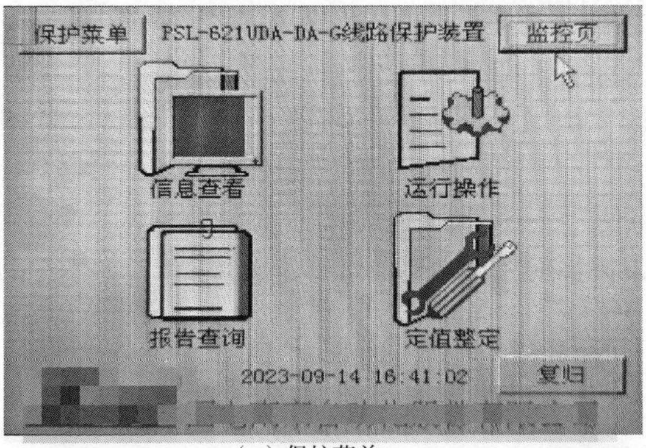

(a) 保护菜单

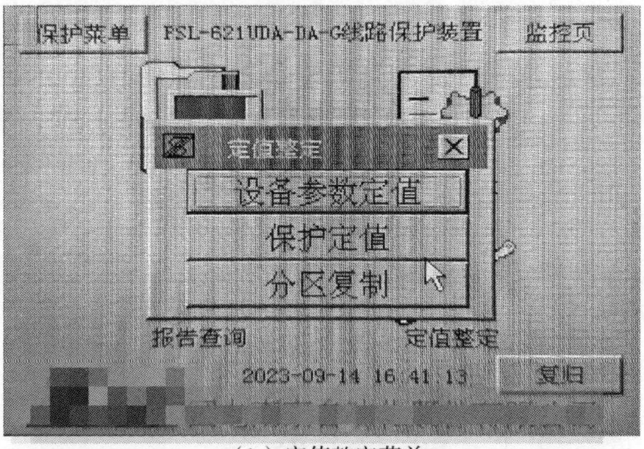

(b) 定值整定菜单

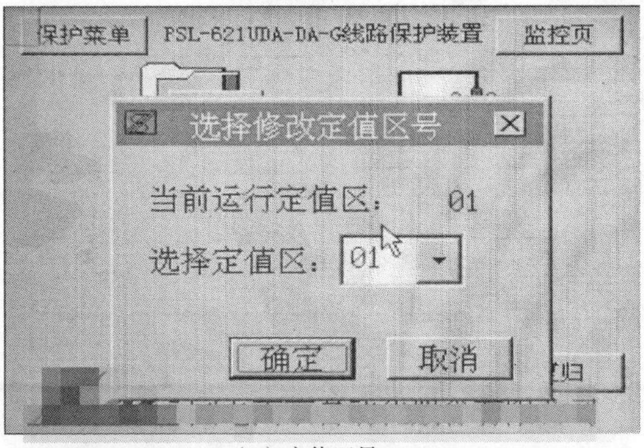

(c) 定值区号

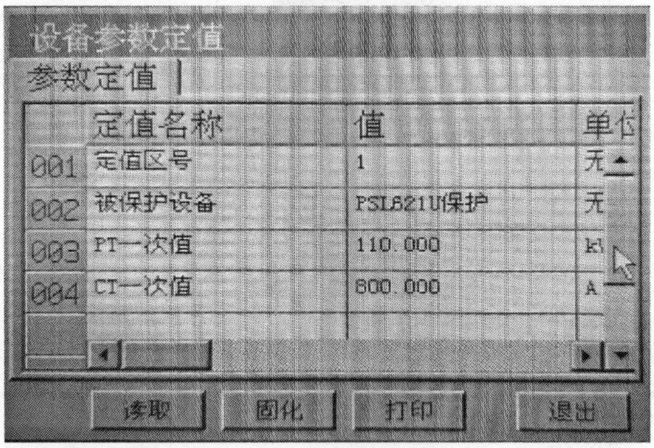

(d) 设备参数定值

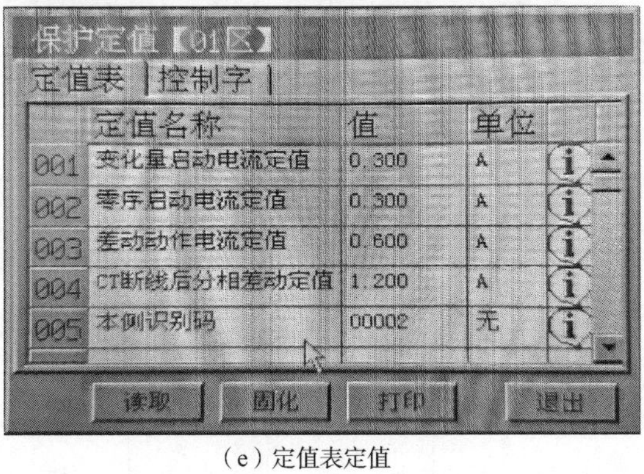

(e) 定值表定值

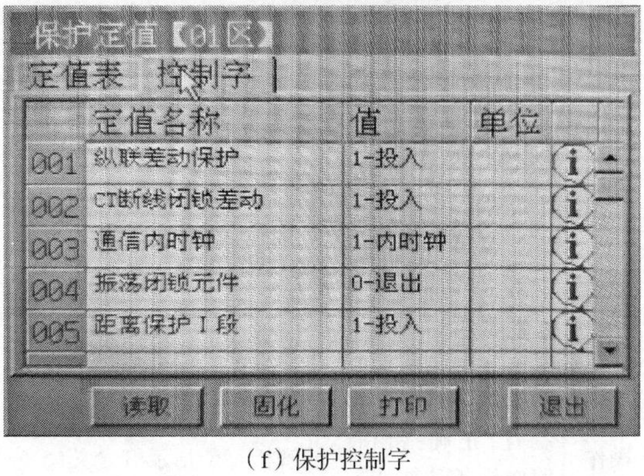

(f) 保护控制字

图 1-20

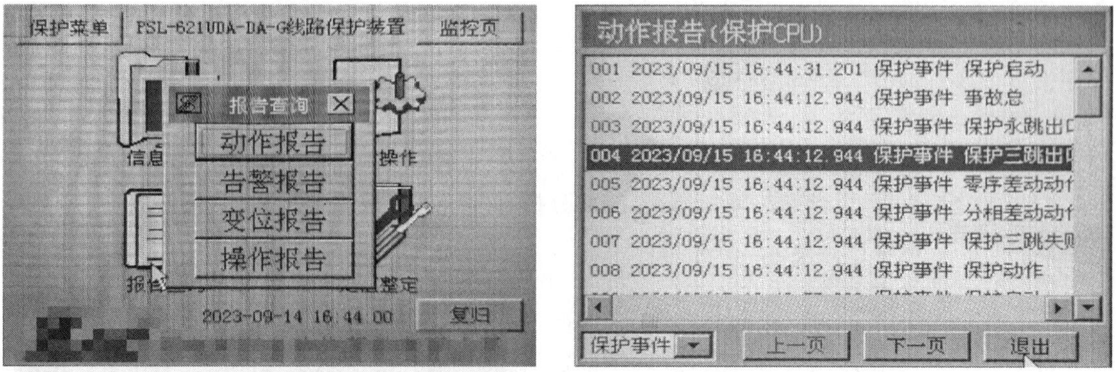

（g）动作报告菜单　　（h）动作报告

图 1-20　保护查询

6. 进行告警及跳闸信号复归

保护装置监测到故障电流、故障电压或者其他异常时，会发出告警或者跳闸信号，一部分信号属于锁存类信号，当故障消除后不能自动复归告警，需要通过手动将这些告警信息复归，具体的复归方法有两类：第一类方法是通过按下开关柜的“复归按钮”或者按下保护装置的“复归按钮”一键复归，第二类方法是可通过选中保护装置人机界面“复归”菜单，单击操作复归，如图 1-21 所示。

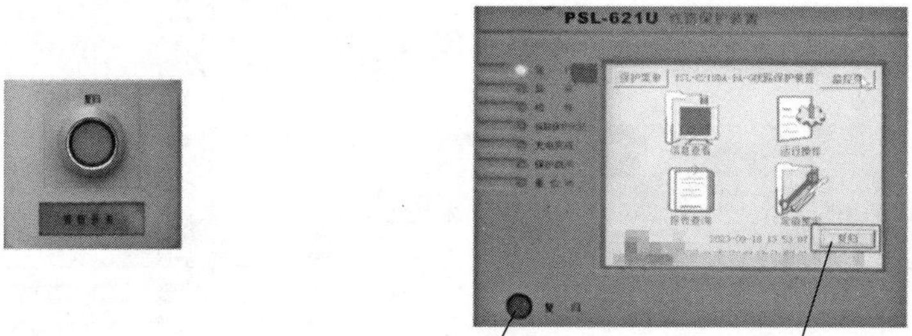

开关柜复归按钮　　保护装置复归按钮　　保护装置人机界面复归菜单

图 1-21　手动复归方法

任务考核

任务考核见表 1-8。

表 1-8　任务考核表

<table>
<tr><td colspan="2">任务名称</td><td colspan="5">城市轨道交通继电保护装置查询与复归作业</td></tr>
<tr><td colspan="2">作业监护人</td><td></td><td>作业执行人</td><td></td><td>日期</td><td></td></tr>
<tr><td colspan="2">开始时间</td><td></td><td>结束时间</td><td></td><td>任务完成用时</td><td></td></tr>
<tr><td colspan="2">评分项目</td><td colspan="3">评分要素及标准</td><td>分值</td><td>小组互评</td><td>教师评分</td></tr>
<tr><td colspan="2">作业准备</td><td colspan="3">检查工器具准备齐全，穿戴好个人安全防护用品、做好安全防护措施（10 分）</td><td>10</td><td></td><td></td></tr>
<tr><td>作业操作流程</td><td>巡视微机保护装置，正确指出前面板各功能按键和指示</td><td colspan="3">能正确指出各功能按钮功能（5 分）
能辨析每个指示灯含义（5 分）
未经教师允许进行操作本项目考核不合格</td><td>10</td><td></td><td></td></tr>
</table>

作业操作流程	识读微机保护装置后面板接口，巡视其接口状态	能准确说出保护装置背板各模块名称功能(10 分，每错一个扣 2 分) 检查各接线状态(5 分)	15			
	完成人机界面基本操作，熟悉装置功能	能正确按照菜单结构，操作熟悉装置功能(15 分，主要功能菜单项未进入一项扣 5 分) 未经教师授权更改任一参数本任务不合格	15			
	进行定值和控制字查询	能完成定值、控制字查询并准确抄录(30 分，错、漏一项扣 5 分) 未经教师授权尝试更改参数密码，或更改任一参数本任务不合格	30			
	进行事件查询	能正确操作并完整抄录一条时间记录(5 分)	5			
	进行告警及跳闸信号复归	能通过菜单和装置面板两种方法进行告警及跳闸信号复归(5 分)	5			
作业后验证恢复		工器具、设备无损伤、无违章行为(8 分) 工器具恢复原位置，摆放整齐，出清现场(2 分)	10			
操作限时		本任务限时 30 min 内完成，每超过 1 min 扣 4 分。超时 10 min 为不合格				
总分		(总分 = 小组互评 ×40% + 教师评分 ×60%)				
作业人员签字：			考评人员签字：			

巩固与练习

一、填空题

1. 城轨供电系统运行状态分为________、________、________。
2. 继电保护装置主要由________、________和________三部分组成。

二、简答题

1. 电力系统继电保护的作用是什么？
2. 对继电保护的基本要求有哪几点？它们的含义是什么？

知识拓展

行业动态——轨道交通建设成就

世界城市轨道交通发展史的开端以 1863 年在伦敦建成的第一条地下铁道为标志。我国内地于 1965 年在北京开始修建第一条地铁线路，迄今已有 60 年发展历史。建设初期，总体技术水平较低，资金短缺，发展较慢。进入 21 世纪，城市轨道交通建设明显提速，特别是党的十八大以来，开通城市轨道交通的城市从 19 个发展到 58 个，运营里程从 2 000 km 到突破 10 000 km 仅用了 11 年的时间。中国城市轨道交通协会信息显示，截至 2024 年底，共有 58 个城市开通城轨交通运营路线 362 条，运营线路长度达12 168. 77 km。各城市轨道交通运营线路长度如图 1-22 所示。如今我国城市轨道交通运营里程跃居全球第一，轨道交通建设发展“用十余年走过西方国家一百多年的发展实践”。

短短十余年，中国轨道交通建设突破了技术“卡脖子”的困境，关键技术装备实现自主化，车站关键设备的国产化率达 95%以上；广州、上海、深圳等地建成了全球首批智慧地铁车站。轨道交通客运服务年客运量达230亿人次，运营关键指标提升至国际先进水平。建设都市圈多层次轨道交通网络，打造轨道上的都市圈列入国务院“十四五”现代综合交通运输体系发展规划。城市轨道交通建设正在成为现代大城市的发展方向，是解决大城市病的有效途径，也是建设绿色城市、智能城市的有效途径。

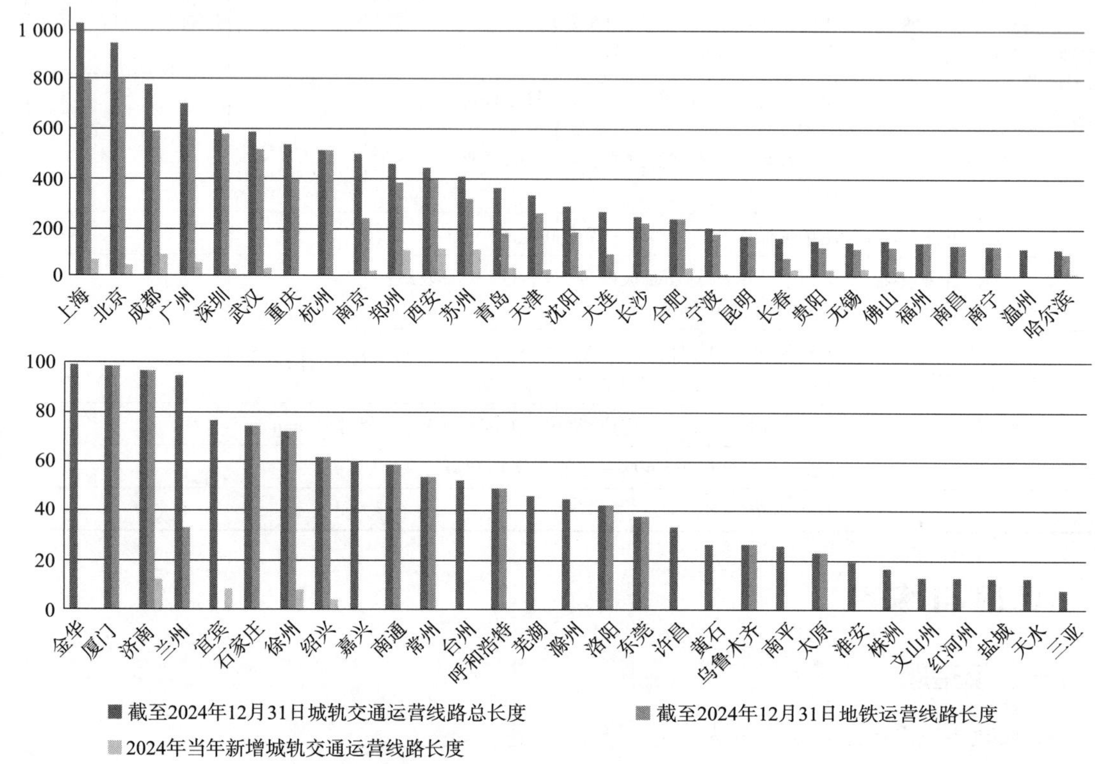

图1-22　各城市轨道交通运营线路长度(单位:km)

项目2
电流保护特性分析与性能测试

项目描述

继电保护装置测试作业前，城轨供电检修岗位作业人员需要按照安全作业规程，严格执行安全防护制度。根据变电所二次接线原理图、端子排图，找到盘柜上对应的端子排端子，并通过端子排完成继电保护装置和继电保护测试仪的测试接线，这是完成测试作业的基础。

电流保护是轨道交通各电压等级继电保护中最常见的一种类型。使用继电保护测试仪，完成对线路三段电流保护功能测试，是城轨供电检修岗位作业人员必备的基础技能。

本项目学习继电保护测试仪的使用方法，结合变电所二次接线原理图、端子排图，完成安全防护措施、继电保护测试仪和继电保护装置的测试接线。学习电流速断保护、限时电流速断保护、定时限过电流保护、反时限过电流保护等常见保护的构成、工作原理、接线方法、整定计算方法、实际应用中的优缺点等基本知识。结合实例完成线路三段式电流保护功能测试。

学习目标

知识目标

(1)理解电流速断保护、限时电流速断保护、定时限过电流保护、阶段式电流保护、反时限过电流保护的构成及工作原理。

(2)掌握电流速断保护、限时电流速断保护、定时限过电流保护、阶段式电流保护、反时限过电流保护的优缺点。

(3)了解电流保护的接线方式。

(4)明确检修作业时保证安全的组织措施和技术措施。

技能目标

(1)会进行简单电力网络中电流速断保护、限时电流速断保护、定时限过电流保护整定计算。

(2)正确使用继电保护测试仪。

(3)区分盘柜端子排端子类别，能正确识读变电所二次接线原理图、端子排图，完成保护测试接线。

(4)规范完成保护测试作业安全防护措施。

(5)完成三段电流保护测试。

素养目标

(1)拥有遵章守规、试验安全、规范作业的职业素养。

(2)养成严谨细致、精益求精的工匠精神。

(3)提升善于沟通、团队协作能力。

任务1　使用继电保护测试仪

任务导入

继电保护测试仪是城轨供电检修岗位进行保护测试作业的基本工具。熟悉测试仪面板各输入输出接口功能、操作键盘的使用，读懂测试仪液晶显示主界面的显示内容是城市轨道交通供电检修岗位必备的技能。

任务目标

(1)熟悉城轨交通常用继电保护测试仪面板各输入输出接口功能、操作键盘的使用。

(2)能读懂测试仪液晶显示主界面的显示内容，正确理解参数区各参数、辅助显示区开入/开出显示及菜单区菜单功能。

(3)能进行保护测试仪基本操作。

知识准备

继电保护测试仪用于继电保护装置的功能测试，是进行电气二次调试校验工作的重要仪器。它主要通过输出二次电流、电压、频率等信号模拟电气设备运行的各种异常或者故障情况，并将信号输出给保护装置，然后通过测定保护装置的状态显示、告警或者故障动作、信号等来判断保护装置的精度及动作情况是否满足要求。

根据现场情况和试验条件，可以采用以下四种方式进行变电所保护装置试验，如图2-1和图2-2所示。

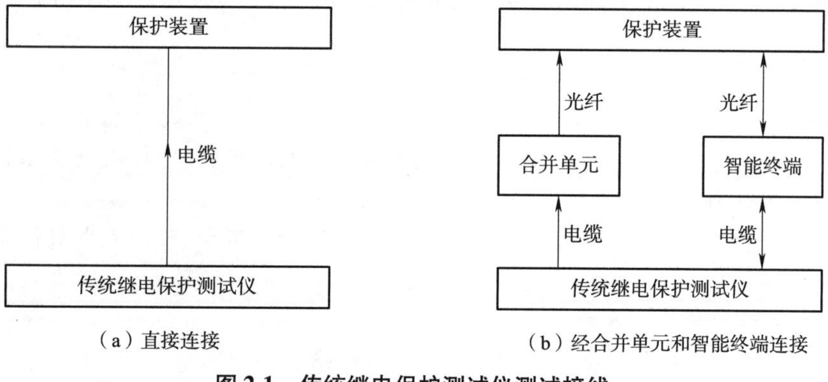

图2-1　传统继电保护测试仪测试接线

图2-1是用传统继电保护试验装置进行测试的接线，即采用电磁式互感器的变电所使用传统继电保护测试仪进行继电保护设备测试的接线方式。

城轨35 kV及以下设备进行继电保护测试常用图2-1(a)所示的方式，通过电缆将继电保护测试仪和保护装置直接连接，测试仪的输出模拟电流互感器(流互)、电压互感器(压互)二次侧的信号进行测试。

在城轨主变电所中，随着数字变电站技术的应用，存在合并单元和智能终端设备，多采用图2-1(b)的方式进行保护测试。继电保护装置通过点对点光纤连接合并单元和智能终端，合并单元和智能终端通过电缆连接传统继电保护测试仪(本书对于数字化主变电所的测试，使用此方式)。

图2-2是数字变电站继电保护测试接线方式。图2-2(a)中保护装置和数字化继电保护测试

仪之间采用光纤点对点连接，通过光纤通信传送采样值和跳闸信号。图 2-2(b)中保护装置通过点对点光纤连接数字化继电保护测试仪和智能终端、合智一体化装置等，合智一体化装置通过电缆连接数字化继电保护试验装置。图 2-2 所示的方法是城轨交通变电所未来数字化继电保护测试的发展方向。

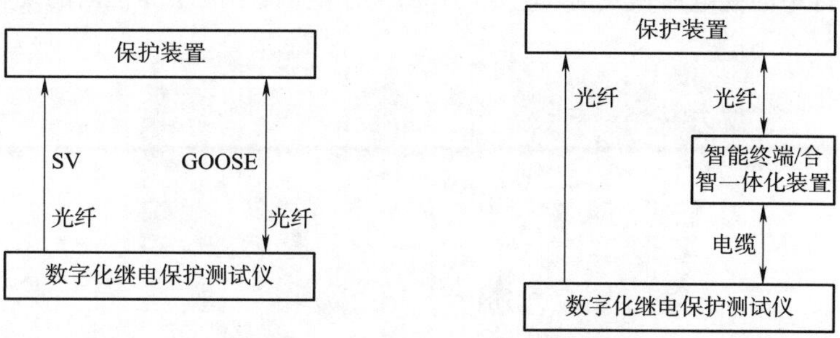

（a）直接连接　　（b）经合智一体化装置连接

图 2-2　数字化继电保护测试仪测试接线

任务实施

一、任务准备

1. 作业器材准备

(1)继电保护测试仪 1 台。

(2)继电保护测试仪使用说明书，个人安全防护用品一套。

2. 任务地点

地铁变电所或实训室。

3. 任务分组

每组 2 人，分为作业监护人、作业完成人，2 人分工明确到位，作业任务明确，责任清楚。各组独立完成作业项目。任务分组见表 2-1。

表 2-1　任务分组

序号	小组成员	任务分工	注意事项
1			
2			

4. 作业条件

熟悉微机保护测试仪结构和基本的操作方法。

5. 安全预想

(1)作业前应熟悉实验电源位置，检查作业条件是否满足要求。

(2)试验前检查确定继电保护测试仪可靠接地，防止漏电对人员和设备造成危害。

(3)使用时禁止将外部的交直流电源引入到测试仪的电压、电流输出插孔，防止损坏测试仪。

(4)使用继电保护测试仪时，请勿堵住或封闭机身的通风口，一般将仪器直立放置或打开支撑脚稍倾斜放置。

(5)请勿在输出状态直接关闭电源，以免因关闭时输出错误以致保护误动作。

(6)不用时应置于通风、阴凉、干燥处进行保存，注意防潮、防腐蚀性气体。

(7)作业完成后，清点设备工具，不得遗漏。

二、任务步骤

视频

继电保护测试仪的功能与使用

1. 正确连接电源，开机

继电保护测试仪外观如图 2-3 所示。确认电源插座地线完整，连接电源线。在运行中的变电所使用时，应接入专用工作电源，不能从屏柜内的设备电源取电。

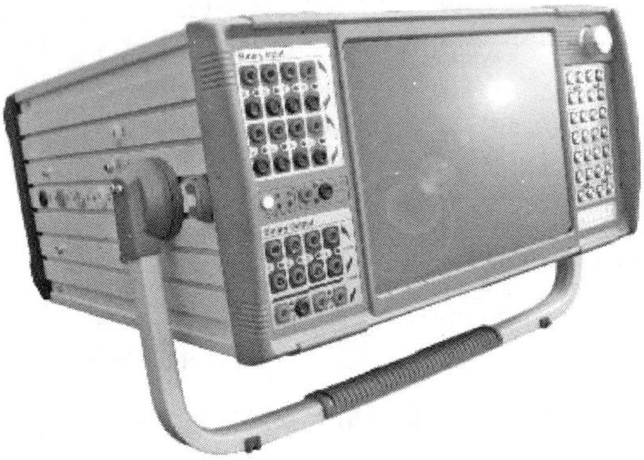

图 2-3　继电保护测试仪外观

2. 正确识读继电保护测试仪前面板接口、按钮

如图 2-4 所示，继电保护测试仪前面板主要有：

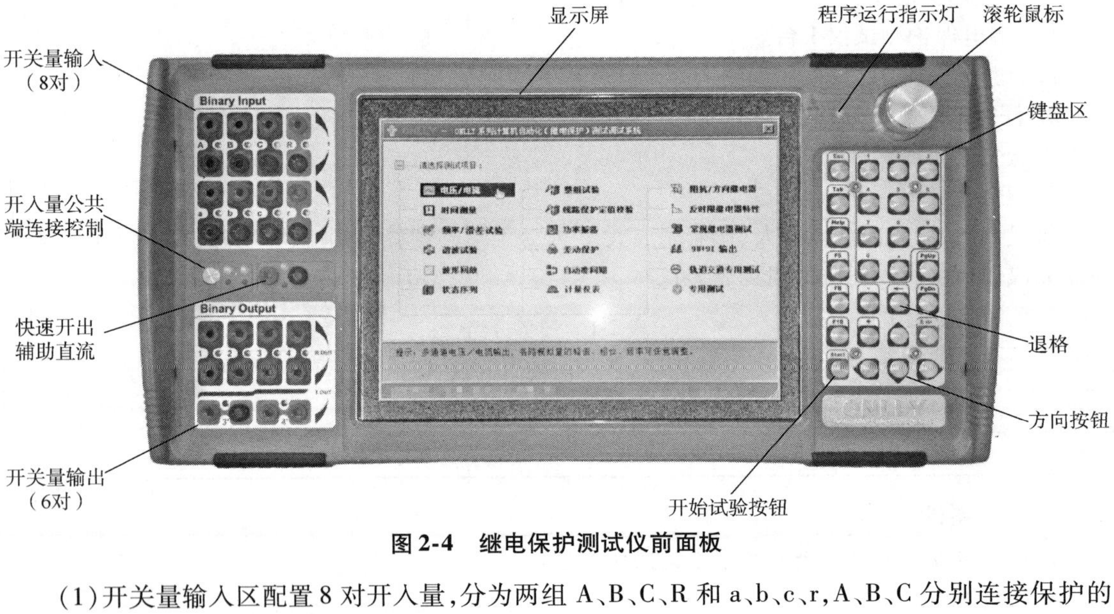

图 2-4　继电保护测试仪前面板

（1）开关量输入区配置 8 对开入量，分为两组 A、B、C、R 和 a、b、c、r，A、B、C 分别连接保护的跳 A、跳 B、跳 C 接点，R 连接保护的重合闸接点。

（2）开关量公共端连接控制开关，绿灯亮起时，表示两组开入量 6 个公共端（黑色端子）之间是相互隔离的；红灯亮起时，表示 6 个公共端之间是导通的。

（3）快速开出量的辅助直流电压。

（4）开关量输出端子，有四对空接点（蓝色），2 对快速开出接点（红色）。

（5）程序运行指示灯。

（6）键盘区，包含数字键，+、- 数字输入，←退格，Enter 确认键，Esc 取消键、翻页键、Start 开始试验键和辅助功能键等。

(7)显示屏,显示菜单结构、试验相关界面等。

3. 正确识读继电保护测试仪顶面板各接口

如图 2-5 所示,继电保护测试仪顶面板端子主要有:

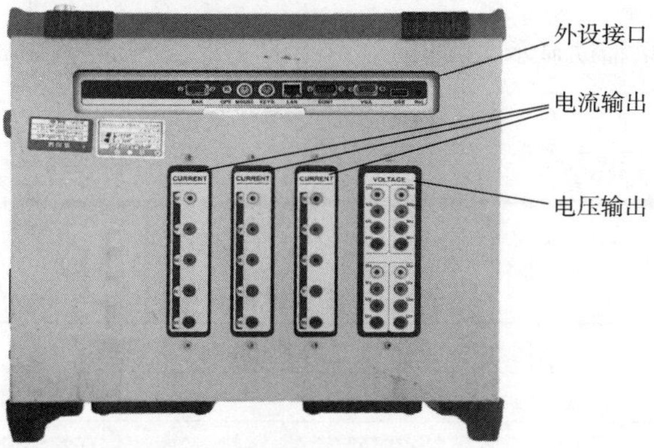

图 2-5 继电保护测试仪顶面端子

(1)外设接口,主要设置外接鼠标、键盘接口、网络通信接口(连接互联网升级系统软件)、串行通信接口、外接显示投影设备、USB 接口和重启按键。

(2)电压输出端子,提供多种 A、B、C 三相电压输出。

(3)电流输出端子,提供三组 A、B、C 三相电流输出。

4. 完成人机界面基本操作,熟悉装置功能

继电保护测试仪人机界面示例如图 2-6 所示。

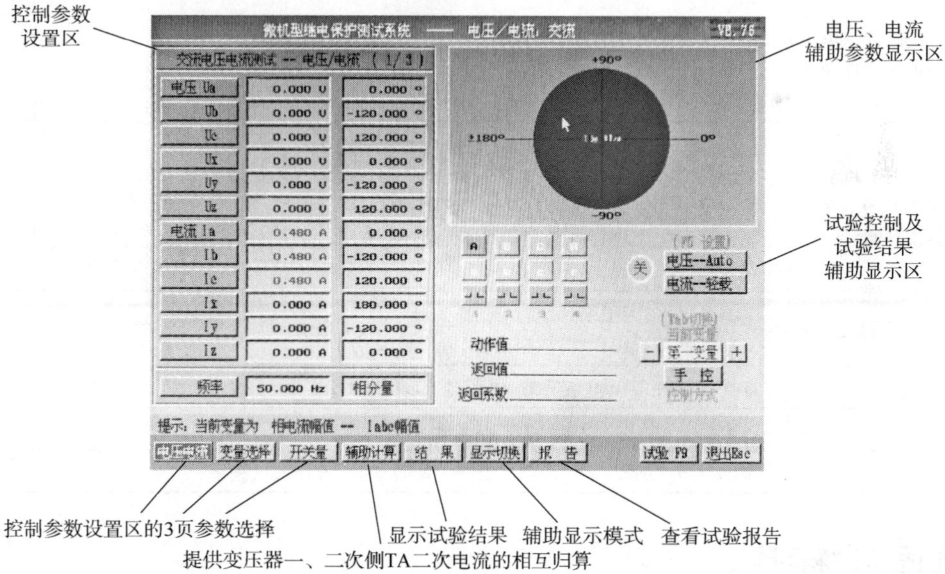

图 2-6 继电保护测试仪人机界面示例

控制参数设置区,用于设置试验时的控制参数,分 3 页显示,包括“电压电流”“变量选择”“开关量”等。光标移动到“电压电流”“变量选择”“开关量”上时,控制参数翻到相应页面(也可以按翻页键),此时按 Enter 确认键则光标切换进入主界面的控制参数设置区。

“辅助计算”提供变压器一、二次侧 TA 二次电流的相互归算;“结果”显示试验结果,包括动作值、动作时间、返回值、返回时间以及返回系数(灵敏角)等;“显示切换”可选择不同的显示方式;“报告”可查阅测试报告。

电压、电流辅助参数显示区,根据“显示切换”的选择,共提供3种辅助显示方式,包括矢量图、线序分量以及功率显示。

试验控制及试验结果辅助显示区,辅助显示当前变量、试验控制方式、开入/开出量状态、试验结果等。

任务考核

任务考核见表2-2。

表2-2　任务考核表

<table>
<tr><td colspan="2">任务名称</td><td colspan="5">使用继电保护测试仪</td></tr>
<tr><td colspan="2">姓名</td><td></td><td>学号</td><td></td><td>日期</td><td colspan="2"></td></tr>
<tr><td colspan="2">开始时间</td><td></td><td>结束时间</td><td></td><td>任务完成时间</td><td colspan="2"></td></tr>
<tr><td colspan="2">评分项目</td><td colspan="3">评分要素及标准</td><td>分值</td><td>小组互评</td><td>教师评分</td></tr>
<tr><td colspan="2">作业准备</td><td colspan="3">检查工器具准备是否齐全(5分)
穿戴好个人安全防护用品、做好安全防护措施(5分)</td><td>10</td><td></td><td></td></tr>
<tr><td rowspan="4">作业操作流程</td><td>正确连接电源,开机</td><td colspan="3">连接电源前核对电源正确,接地良好(5分)
未从盘柜内设备电源取电(5分)</td><td>10</td><td></td><td></td></tr>
<tr><td>正确读识继电保护测试仪前面板接口、按钮</td><td colspan="3">能准确说出保护装置前面板各接口名称、功能(10分,每错一个扣2分)
正确说明各个操作按钮功能(10分,每错一个扣2分)</td><td>20</td><td></td><td></td></tr>
<tr><td>正确读识继电保护测试仪顶面板各接口</td><td colspan="3">能准确说出保护装置顶面板各接口名称、功能(10分,每错一个扣2分)</td><td>10</td><td></td><td></td></tr>
<tr><td>完成人机界面基本操作,熟悉装置功能</td><td colspan="3">任选择一个测试仪显示界面,正确说明主参数区各参数含义(20分,每错一个扣5分)
能正确说明辅助显示区各符号含义(5分)
能正确说明菜单栏各个菜单功能(15分,每错一个扣5分)</td><td>40</td><td></td><td></td></tr>
<tr><td colspan="2">作业后验证恢复</td><td colspan="3">工器具、设备无损伤、无违章操作(8分)
工器具恢复原位置,摆放整齐,出清现场(2分)</td><td>10</td><td></td><td></td></tr>
<tr><td colspan="2">操作限时</td><td colspan="6">本任务限时30 min内完成,每超过1 min扣4分。超时10 min为不合格</td></tr>
<tr><td colspan="2">总分</td><td colspan="6">(总分=小组互评×40%+教师评分×60%)</td></tr>
<tr><td colspan="5">作业人员签字:</td><td colspan="3">考评人员签字:</td></tr>
</table>

巩固与练习

一、判断题

1. 继电保护测试仪用于继电保护装置的功能测试,是进行电气二次调试校验工作的重要仪器。(　　)

2. 随着数字变电站技术的应用,数字化继电保护测试仪通过电缆和保护装置直接连接进行测试。(　　)

3. 保护装置通过点对点光纤连接数字化继电保护测试仪和智能终端、合智一体化装置等，合智一体化装置通过电缆连接数字化继电保护试验装置。该方法是城轨交通变电所未来数字化继电保护测试的发展方向。（ ）

二、简答题

1. 继电保护测试仪的作用是什么？
2. 继电保护测试仪的接线方式有哪些？
3. 使用继电保护测试仪之前安全预想主要包括哪些内容？

任务2 认识端子排及二次接线

任务导入

区分盘柜端子排端子类别、查阅变电所二次原理图、端子排图，是城市轨道交通供电检修岗位人员进行继电保护测试作业前必须完成的工作和必备的技能。

任务目标

（1）能准确区分盘柜端子排端子类别，掌握分断试验端子的使用方法。

（2）会根据变电所二次接线原理图、端子排图，准确找出待测试保护装置的电压、电流输入和跳闸输出回路端子号，找到盘柜上对应的端子排端子。

（3）通过端子排完成保护装置测试接线。

（4）准确查核测试保护装置的通信光纤尾纤和路径。

知识准备

一、二次端子类别

端子是连接屏柜内装置和外部导体的元件，通常安装在端子箱、保护屏柜、机构箱等处，用以传输电能或电信号。将若干个彼此绝缘的端子并列排布、固定并编号，连接和固定电缆芯线终端或二次设备间连线端头的连接器件为端子排。

常用二次端子主要有4类，分别为单导线直通端子、双导线直通端子、双层接线端子和分断试验端子。

1. 单导线直通端子

如图2-7所示，单导线直通端子具有左右两个接线端子，通过拧紧左右螺钉，压紧接线端子中的导线，实现左右单根导线固定和连接。这种端子左右接线端子之间导通，整个端子在螺钉拧紧的前提下不存在断开点。端子中间有一个内陷的桥接井，与左右接线点连通，带有螺纹，可使用桥接附件将相邻端子短接，实现电位分配。端子两侧各有一组凹槽可用来安装标识标志，实现对端子进行编号。端子模块通过底部卡扣安装在配套的导轨上，导轨通过螺钉安装在指定的屏柜或端子箱、机构箱中。

此类接线端子的额定电压一般为800 V，额定电流为32 A，可连接截面积为0.2～6 mm^2 的导线，能满足变电站内继电保护装置及回路的一般需要。

单导线直通端子在二次回路中应用最为广泛，一般使用在信号回路、控制回路、交直流电源回路以及电压回路等功能的二次回路中。

2. 双导线直通端子

双导线直通端子分为上层端子和下层端子，左右各有两个接线端子，共四个接线点，四个螺钉，内侧螺钉对应前排接线端子，外侧螺钉对应后排接线端子。这种端子与上述单导线直通端子的其他特征基本一致，通过拧紧相应螺钉，压紧接线端子中的导线，从而对左右最多两根导线进行固定和连接。同样，这种端子左右接线端子之间始终导通，也可通过水平连接附件、垂直连接附件实现更方便的电位分配，如图 2-8 所示。

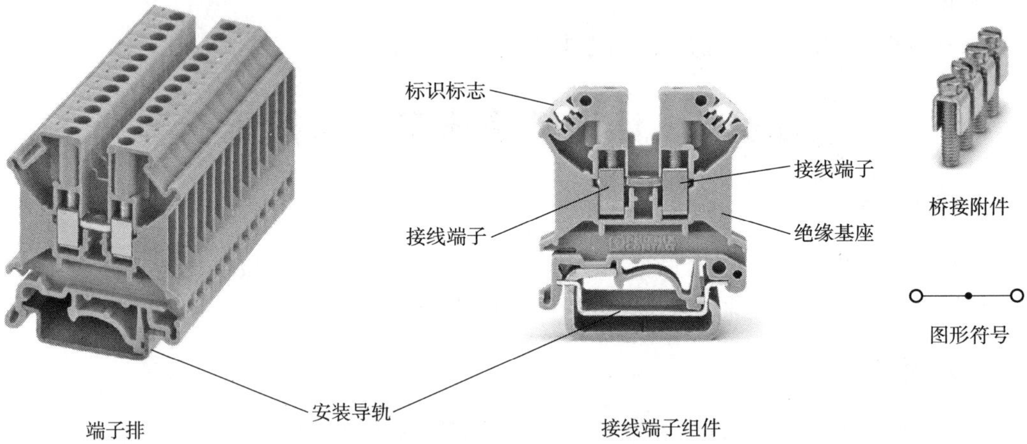

图 2-7　单导线直通端子及固定式桥接附件

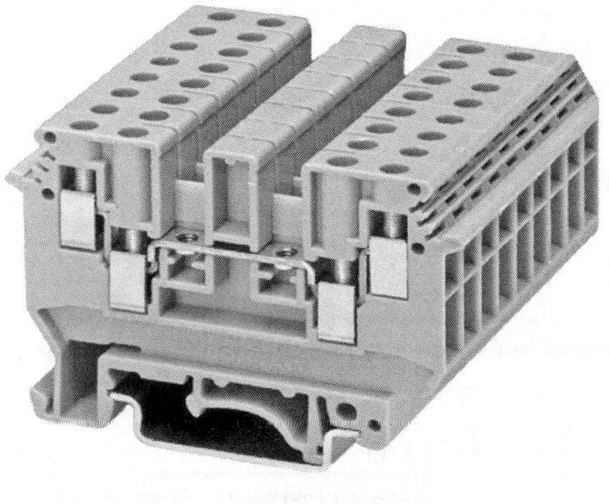

图 2-8　双导线直通端子

双导线直通端子的额定电压一般为 600 V，额定电流为 32 A，可连接截面积为 0. 2 ~ 2. 5 mm^2 的导线，该种端子在变电站继电保护二次回路中常用在信号回路、控制回路以及电压回路中。

双导线直通端子的优点是可替代传统的接线压接，将压接的两根线分到前后两排的接线端子上进行连接，更节省安装空间。结构紧凑带来的问题是下层端子不易于拆接线、查线等维护，且下层导线紧固不牢存在误碰其他带电端子的风险。

3. 双层接线端子

双层接线端子具有上下两层端子结构，每层端子的特征与直通端子相同，相当于将两层单导线直通端子叠放在了一起，每层左右各可固定一根导线，中间的桥接井可与相邻端子短接，实现电位分配功能。不同的是，双层接线端子可使用特制的竖直电位桥接件实现上下两层端子的短接，从而实现两层四根导线电位分配，如图 2-9 所示。

此类接线端子的额定电压一般为 500 V，额定电流为 24 A，可连接截面积为 0. 14 ~ 4 mm^2 的导线。显而易见,双层接线端子的优势在于端子集成度高、占用空间小,适用于空间狭小、器件众多、接线复杂的汇控柜或端子箱。但同时,双层接线端子同样存在下层端子难以维护的缺点且使用螺丝刀等工具处理上层端子接线时可能误碰下层端子导致短路。

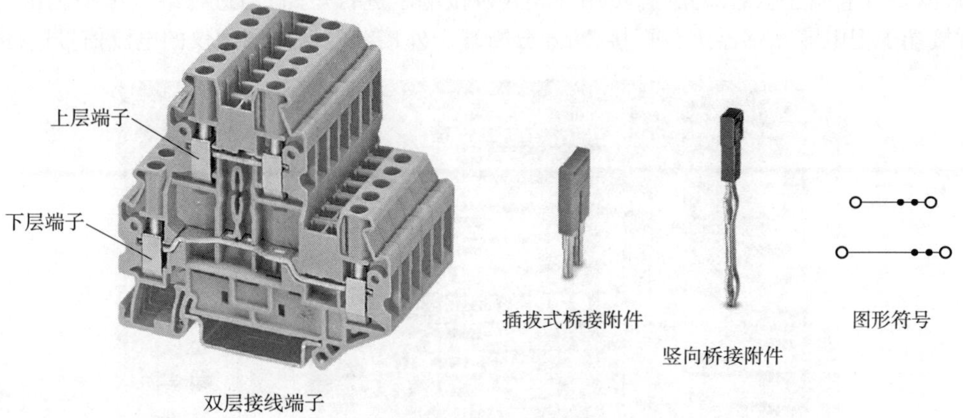

图 2-9 双层接线端子与桥接附件

4. 分断试验端子

分断试验端子也称试验端子,具有两个接线端子,通过螺钉来连接固定左右两根导线。不同之处是这种端子中间有分断点,两侧可通过中间的金属滑片分断端子实现通断,滑片通过固定螺钉来固定。分断点两侧还有两个测试插座,用来插接试验导线或短路连接器,可以组合实现多种测试功能,如图 2-10 所示。

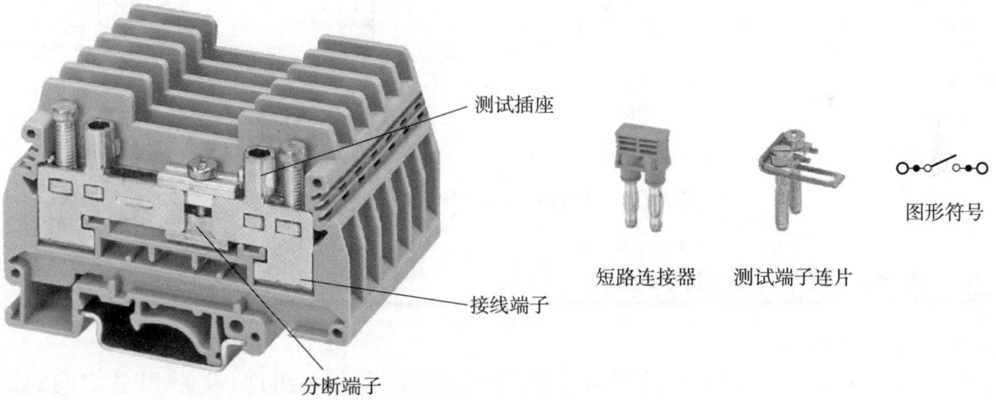

图 2-10 分断试验端子

此类接线端子的额定电压一般为 400 V,额定电流为 40 A,可连接截面积为 0.5 ~ 10 mm^2 的导线。根据国家电力行业标准《继电保护设备标准化设计规范》的要求,二次回路中,交流电流回路、交流电压回路以及跳合闸出口回路中应采用试验端子。

分断试验端子的特点是能控制电路通断,对于试验、调试时插接导线、回路电位隔离很方便。将一组四根试验线分别插接至图 2-11 的 1、2、3、4 号试验端子的插座中,可对相应回路进行加量调试,并可通过对应端子的金属滑片位置来断开或连通位于 1、2、3 号端子上的试验量。

分断试验端子投运前需要仔细检查金属滑片位置,确认固定螺钉紧固并紧固到标准力矩,用力过度可能导致金属滑片受力变形导致接触面积变小,影响端子性能。

电流互感器在运行状态下二次回路不允许断开,因此常用分断试验端子保证其二次回路的可靠连接。如图 2-12 所示，正常工作时，试验端子处于导通状态，电流互感器二次侧与计量、测量机构的电流线圈可靠串联；当进行电流测试时，先在试验端子处于导通状态，将电流表接入后，再将电流表之间的两个试验端子断开，进行电流测试，可保证接线过程中，电流互感器二次侧不开路；如果需要将电流互感器短路时，可用开关式桥接端子进行短路；当进行继电保护测试时，用开关式桥接端子把电流互感器进行短接，断开分断端子外接继电保护测试仪的电流信号进行测试。

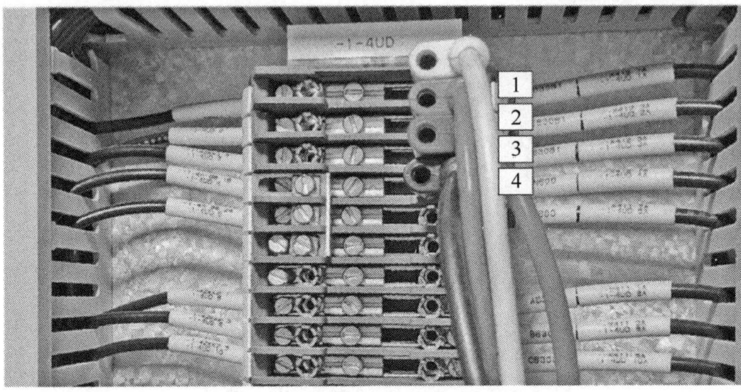

图 2-11　分断试验端子插接试验线

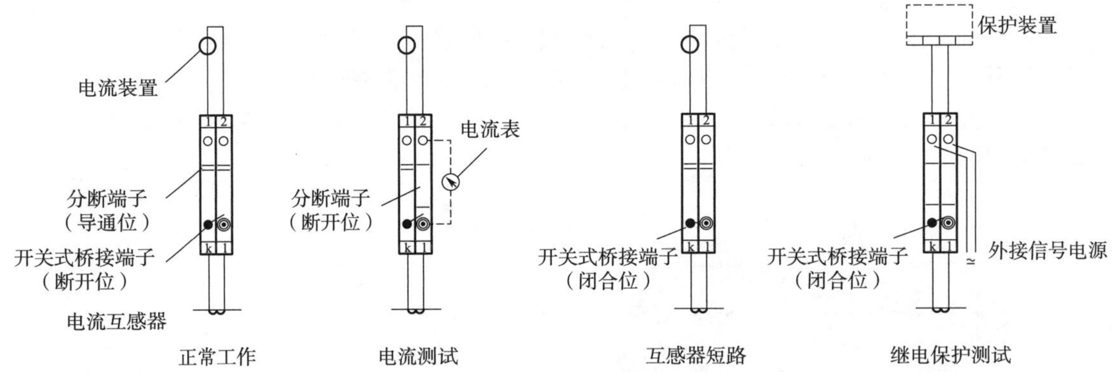

图 2-12　试验端子的常用测试接线方式

二、端子和端子排设置要求

1. 端子设置要求

为便于设备运维，二次所有回路应通过端子进行接线，即相关组件、设备、装置之间的二次回路都应引至端子排，通过端子构成联系，再从端子进行扩展；合理优化二次回路设计与安装空间分配，使端子布置有序合理，接线整齐清晰；在安装空间充足的情况下，尽量避免使用双导线直通端子。

考虑到继电保护不同功能回路对端子的选择，电流回路及电压回路应使用试验端子，跳合闸出口回路采用红色试验端子。接线端子应与导线截面匹配。

针对端子接线工艺，要求导线接入二次端子应牢固可靠，每个端子接入的导线应均匀分布在两侧，端子接入导线宜为一根，不宜超过两根，不同截面积的导线不能压接，软线与硬线也不能压接。

2. 端子排设置要求

端子排应完好无破损，固定可靠，绝缘良好，便于更换且接线方便，端子排最低点离地高度宜大于 350 mm。回路电压超过 400 V 时，端子排应有足够的绝缘并涂红色标识。正、负电源之间以及经常带电的正电源与合闸或跳闸回路之间,应以空端子或隔板隔开。接入交流电源 220 V 或 380 V 的端子应与其他回路端子采取有效隔离措施,并有明显标识。此外,强、弱电端子应分开布置。端子排两端应使用终端固定件对端子位置进行固定,如图 2-13 所示,终端固定件安装在导轨上,通过螺钉进行紧固,从而固定所夹端子排的位置。终端固定件与端子排之间同样需要有隔板,防止与固定件直接接触的端子金属裸露部分暴露时,在带电运行时存在隐患。

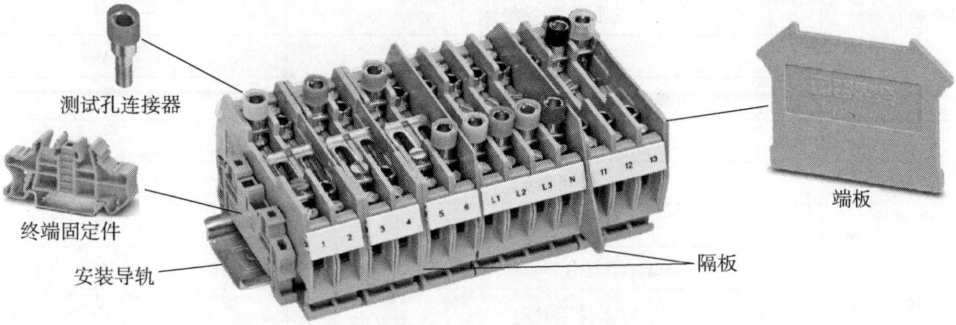

图 2-13 终端固定件、隔板及其安装方式

端子排设置遵循“功能分区,端子分段”的原则,端子排按段独立编号,每段需要预留备用端子。保护屏、柜内仅布置一台装置时,端子排固定在屏柜背面右侧;当布置两台及以上装置时,按每侧各布置 1 ~2 台装置排列。表 2-3 列举了端子排按照不同功能分段时,每段的标识命名规则。

表 2-3 端子排标识命名

功能	标识	功能	标识
交流电压段	UD	交流电源段	JD
直流电源段	ZD	集中备用段	BD
交流电流段	ID	线路保护、变压器保护、高抗保护、母线保护	1D
强电开入段	QD	线路独立后备保护	2D
弱电开入段	RD	断路器保护	3D
出口正段	CD	操作箱	4D
出口负段	KD	变压器(高抗)非电量保护	5D
保护配合段	PD	交流电压切换箱	7D
信号段	XD	母联(分段)保护	8D
遥信段	YD	过电压及远方跳闸保护	9D
录波段	LD	短引线保护	10D
网络通信段	TD	远方信号传输装置	11D

三、二次电缆识别

二次电缆广泛使用在变电站内二次设备之间,构成电流回路、电压回路、交直流电源回路、一次设备控制回路、信号回路等,从而实现继电保护功能。

相对于动力电缆及一次电缆,二次电缆属于电缆分类终端的控制电缆,其截面积一般较小,芯数较多,传输功率低。根据材料特征和结构特征,二次电缆型号见表 2-4。

表 2-4　二次电缆型号

电缆特征		代号
系列	控制电缆	K
材料特征	铜导体	T(省略)
	聚氯乙烯绝缘	V
	交联聚乙烯绝缘	YJ
	聚氯乙烯护套	V
	聚乙烯或无卤聚烯烃护套	Y
结构特征	编织屏蔽	P
	铜带屏蔽	P2
	铝/塑复合带(箔)屏蔽	P3
	铜/塑复合带(箔)屏蔽	P4
	软结构	R
	双钢带铠装	2
	钢丝铠装	3
	聚氯乙烯外护套	2
	聚乙烯或无卤聚烯烃外护套	3

根据《地铁设计规范》(GB/T 50157—2013)、《电力工程电缆设计标准》(GB 50217—2018)要求,在地下变电站、地下客运及商业设施等人流密集环境中,使用低烟无卤阻燃铠装电缆。比如,WDZA-KYJY$_{23}$ 1 kV 5×2.5。此种电缆具有良好的导电、绝缘、阻燃性能以及机械强度。WDZA 为低烟无卤 A 级阻燃电缆,KYJY$_{23}$表示交联聚乙烯绝缘聚乙烯护套钢带铠装控制电缆,1 kV 表示导体间绝缘耐压 1 kV,5×2.5 表示 5 芯 2.5 mm^2 铜导体。

出于对继电保护运行维护可靠性、便利性的考虑,应规范二次电缆及其回路的编号。二次电缆编号是识别电缆的标记,要求全站所有电缆编号不重复,并具有一定的含义和规律,能表达电缆的特征。部分电压等级及设备符号见表 2-5。部分途径编号范围见表 2-6。

表 2-5　部分电压等级及设备符号

电压等级及设备	符　号	电压等级及设备	符　号
10 kV	S	站用变压器	SB
35 kV	U	电容器	C
110 kV	Y	电抗器	K
220 kV	E	互感器	YH(TV)
500 kV	W	母联(分段)	ML
线路	L	直流	ZL
主变压器	B	交流	JL

表 2-6　部分途径编号范围

途　径	编号范围(可增加编号)
控制室去各处电缆	100~129(200~229、300~329)
控制室屏间联络电缆	130~149(230~249、330~349)
电动机及厂用配电装置电缆	150~159(250~259、350~359)

续表

途　　径	编号范围(可增加编号)
出线小室电缆	160～179(260～279、360～379)
配电装置内电缆	180～189(280～289、380～389)
主变压器处的联络电缆	190～199(290～299、390～399)

电缆编号通常由四部分构成,分别为安装单位或设备序号、安装单位或设备符号、3 位数字编号以及 ABC 相别。设备符号可参考表 2-5 的规定,3 位数字编号可参考表 2-6 对途径的划分。比如,110 kV 线路 1 端子箱至保护屏的电缆可编号为 1YL-121,220 kV 线路 2 端子箱至 A 相电流互感器电缆可编号为 2EL-180 A,1 号主变压器端子箱至风控箱电缆可编号为 1B-197。

二次电缆及其回路的标识应打印,字迹应清晰、工整且不易脱色。二次电缆标签(见图 2-14)悬挂应整洁一致,并符合图纸设计,标识应包含电缆标号、规格型号、长度及起止位置,必要时还应标明其用途。

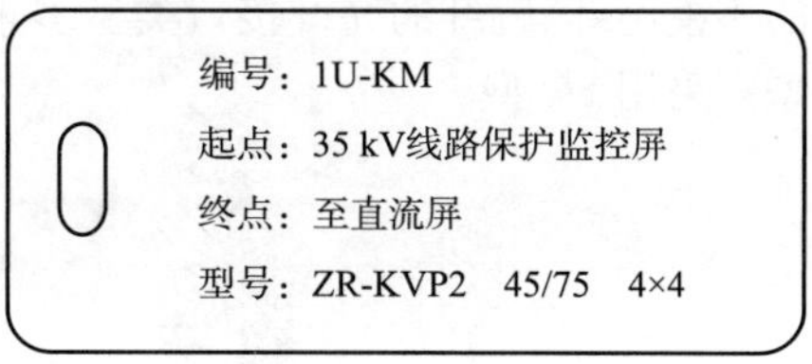

图 2-14　二次电缆标签

二次电缆芯线及回路应标明回路编号、电缆编号和所接端子位置,内部配线应标明所接端子位置和对端端子位置。编号应正确且与设计图纸一致,并符合相关标准和工艺的要求。

四、识别光纤种类

光纤是光导纤维的简称,由直径大约 0.1 mm 的细玻璃丝构成。光纤作为继电保护的通信介质,具有抗干扰、绝缘、传输容量大、频带宽、衰耗低和资源丰富等优点。

继电保护所用光纤为通信光纤,由纤芯和包层两部分组成。纤芯区域完成光信号的传输,包层则是将光封闭在纤芯内,并保护纤芯,增加光纤的机械强度。

1. 按照存在形式分类

按照存在形式,光纤分为光缆、尾缆、尾纤和跳纤等。

光缆是利用包裹于护套当中的一根或多根光纤传输的通信线缆组件,两端需要熔接接头或者与其他光路熔接后才能使用,一般用于长距离通信传输,比如主变电所、各牵引所之间的通信,如图 2-15(a)所示。

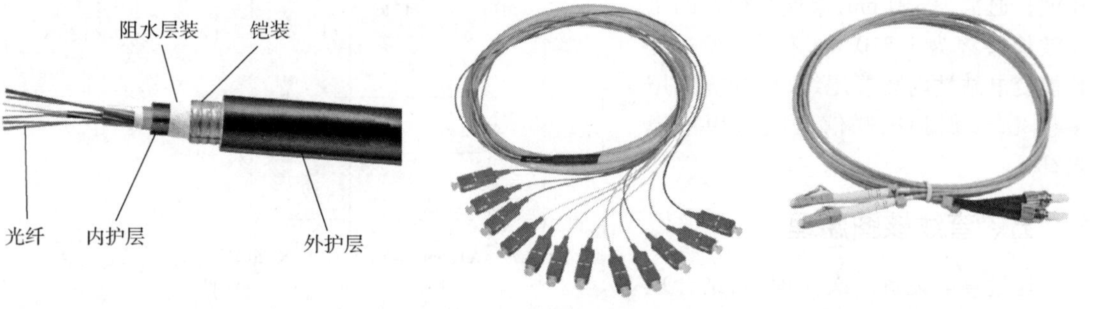

(a) 光缆　　(b) 尾缆　　(c) 跳纤

图 2-15　光纤按照存在形式分类

尾缆是将两端熔接上接头后的光缆,可以直接连接设备或终端,一般用于短距离、室内通信屏柜间的传输,长度通常在 20～200 m,如图 2-15(b)所示。尾纤只有一端有连接头,而另一端是一根光缆纤芯的断头，通过熔接与其他光缆纤芯相连，常出现在光纤终端盒内，用于连接光缆与光纤收发器，或连接屏柜内不同设备。

跳纤一般是跳接光纤的简称，两头都是光纤连接器，如图 2-15(c)所示。

2. 按光纤接头分类

光纤为了与设备连接，两端一般有接头，常用接头分为 ST、SC、LC 和 FC 型，如图 2-16 所示。ST 接头为圆形外壳的金属接头，紧固方式为螺钉扣，常用于光纤配线架；SC 接头是卡接式方形塑料接头，紧固方式是拔插销栓；LC 接头为方形的塑料接头，与 SC 接头相似，较 SC 接头更小，采用操作方便的模块化插孔闩锁原理制作；FC 接头为圆形带螺纹的金属接头，紧固方式为螺钉扣，通过螺帽固定在适配器上。

屏柜尾纤、跳纤的光纤接口类型与对接设备保持一致，站控层、间隔层、过程层二次设备通信的多模尾纤、跳纤的光纤接口类型多采用 ST、LC、SC 型；保护通道的单模尾纤、跳纤的光纤接口类型多采用 FC 型。

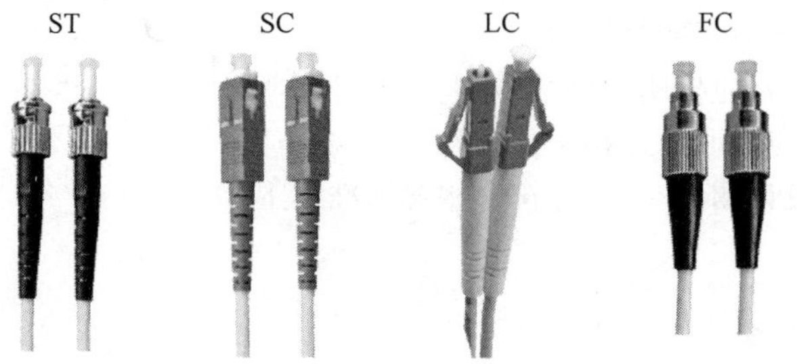

图 2-16　常见光纤接头

3. 按传输模式的分类

从光的传输模式上可以把光纤分为单模和多模。多模光纤的中心玻璃芯较粗，可传多种模式的光，但其模间色散较大，限制了传输数字信号的频率，而且随着距离增加，其限制效果更加明显，适用于短距离传输、网络节点和连接器多的场合。单模光纤的中心玻璃芯很细，只能传一种模式的光，其模间色散很小，适用于传输速度高、距离长的场合，带宽更窄，稳定性更好。

对于光模块而言，多模光模块的工作波长通常为 850 nm，单模光模块的工作波长通常为 1 310 nm 和 1 550 nm。智能变电站站内装置尾纤、跳纤应选用多模光纤，保护纵联信道应选用单模光纤。

五、查线核图原理

通过查询设备二次原理图，结合现场开关柜二次电缆接线情况，找准电缆接线端子位置。

以保护测试接线中最常见的“微机保护装置中电流模拟量端子排的查找和接线”为例，如图 2-17 所示为某保护

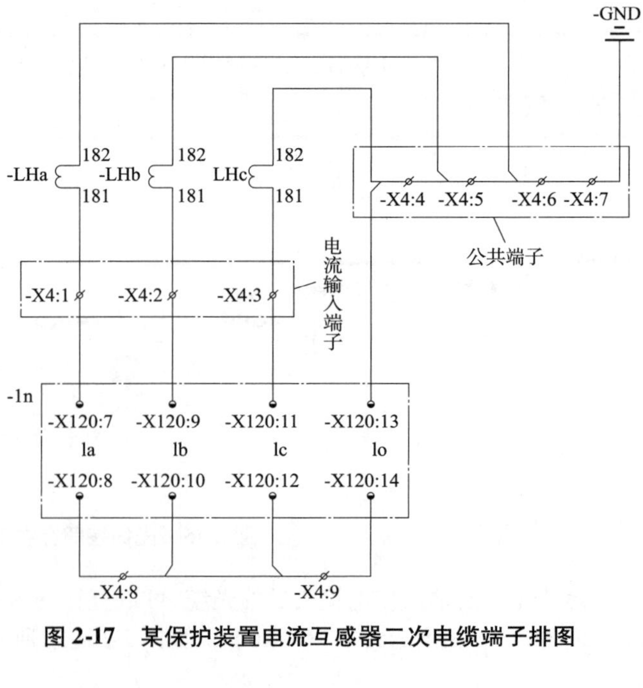

图 2-17　某保护装置电流互感器二次电缆端子排图

装置电流互感器二次电缆端子排接线图，电流互感器二次侧通过 X4:1 ~ X4:3 端子将三相电流接入保护装置电流回路，X4:4 ~ X4:7 为公共接地端子。图 2-18 为开关柜电流互感器二次电缆端子排实物图。

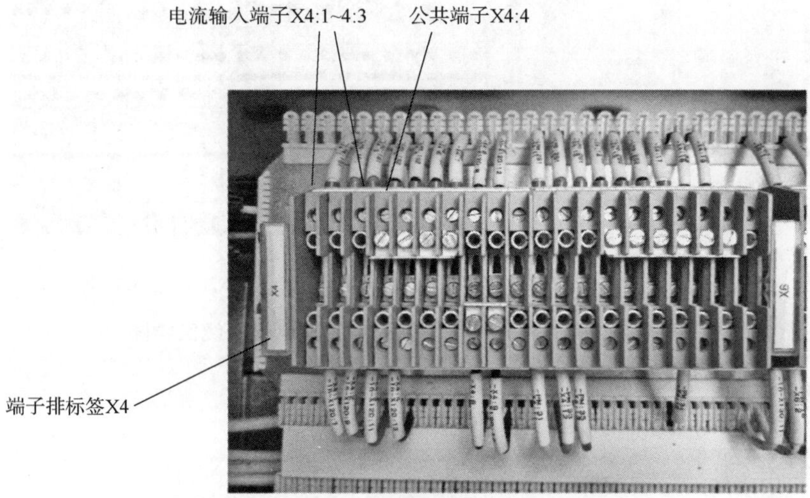

图 2-18　开关柜电流互感器二次电缆端子排

微机保护测试中，常将断路器辅助触点与微机保护装置开关量输入端子连接，用断路器辅助触点的状态来返回断路器分合闸位置信息，图 2-19 为断路器辅助触点二次电缆接线图，图 2-20 为开关柜断路器辅助触点二次电缆接线实物图。

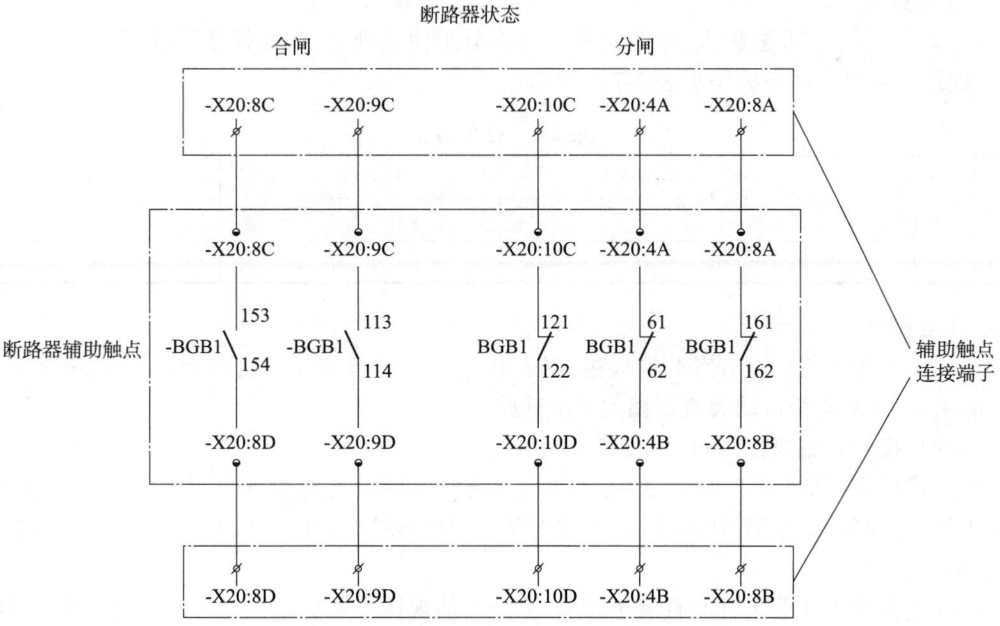

图 2-19　断路器辅助触点二次电缆接线图

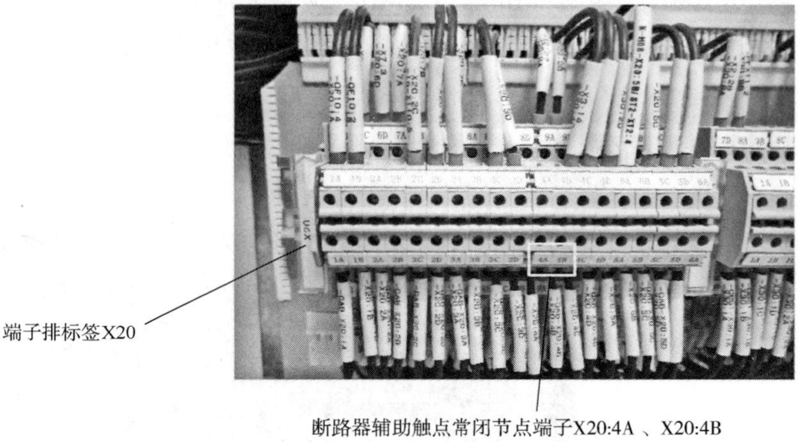

图 2-20　开关柜断路器辅助触点二次电缆接线实物图

任务实施

一、任务准备

1. 任务器材

某地铁变电所(或保护实训室)二次部分图纸,螺丝刀,万用表,酒精棉片若干,红光笔,光时域反射仪(optical time domain reflectometer,OTDR),封闭遮栏、警示标志牌若干。

2. 任务地点

地铁变电所或实训室。

3. 任务分组

每组 2 人,分为作业监护人、作业完成人,2 人分工明确到位,作业任务明确,责任清楚。各组独立完成作业项目。任务分组见表 2-7。

表 2-7　任务分组

序号	小组成员	任务分工	注意事项
1			
2			

4. 作业条件

(1)了解工作地点、工作范围、电气主接线、相关一次设备和二次设备运行情况,熟悉二次图纸、继电保护、电网安全自动装置及相关二次回路。

(2)完成操作票编写,并履行相关审批程序。

(3)操作所属开关柜一、二次设备已停电;现场作业区域与其他区域已装设遮拦隔离,悬挂“在此工作”标识牌;断路器、隔离开关、二次电源空开处悬挂“禁止合闸,有人工作!”标识牌。

5. 安全预想

(1)作业前检查作业条件是否满足要求,充分评估现场作业对相关二次设备或回路的影响。

(2)记录相关设备压板、切换开关、把手等工作许可时的状态,作业完毕恢复相关设备压板、切换开关、把手等至工作许可时状态;坚持谁拆线谁恢复原则,坚持谁拆端子谁恢复原则,坚持自控、互控、他控原则。

(3)作业后,检查二次端子、接线恢复情况;检查所有物品,不得遗漏。

（4）拔插光纤时应采取防止激光对人眼造成伤害的防护措施。拔出光纤时，应在检修设备或屏柜侧执行，并核对所拔光纤所属屏柜、插件、端口、回路、光缆编号，同时检查监控后台的信号是否符合预期。光纤拔出后盖上防尘帽，盘好放置，做好标识，并确保光纤的弯曲程度符合相关规范要求。

二、任务步骤

1. 识别端子类别

在某馈线断路器开关柜二次回路间隔，识别并找出包含的端子类别，完成表2-8。

表2-8　识别端子类别

作业开关柜：________　　监护人：________　　执行人：________

序号	端子类型	端子排编号	用途
1			
2			
3			
4			
5			

2. 查线核图

根据给定的某地铁变电所二次回路图纸，找出继电保护测试常用的保护电流回路、断路器辅助触点及二次电缆回路，根据端子编号，在对应开关柜内找到其对应端子，并填入表2-9。

表2-9　查线核图

作业开关柜：________　　监护人：________　　执行人：________

保护装置（或者合并智能终端）型号及用途			
流互电流输入端子			
回路	图纸名称	图纸端子号	是否找到开关柜对应端子
A相电流			
B相电流			
C相电流			
N公共端			
开关柜断路器辅助触点二次电缆端子			
开关编号/用途	图纸名称	图纸端子号	是否找到开关柜对应端子

3. 查核屏柜内装置光纤连接

屏柜内装置、交换机、光纤配线箱、免熔接配线箱、光缆终端盒以及光端子之间，通过跳纤进行连接，如图2-21所示。

屏柜内布线按“上光下电、左光右电”的原则进行，实现光电分离，如图2-22所示。水平光纤通道主要由机架式储纤盒、独立线槽及光电分隔式线槽等组成。2台装置之间宜使用光电分隔式线槽，也可采用2个独立线槽实现光电分离。垂直光纤通道主要由垂直储纤仓、网格板、独立线槽、光电嵌套式线槽等组成。当屏柜光纤和导线需要同侧布置时，宜采用光电嵌套式线槽，也可采用2个独立线槽实现光电分离。当光缆芯数不大于12时，光缆终端设置光纤终端盒引入盘柜，从终端盒用尾纤接入对应设备；光纤芯数较多时，采用光纤配线箱。

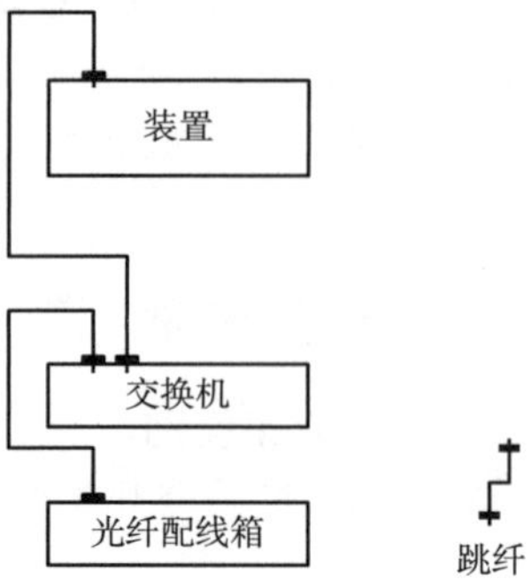

图2-21　屏柜内装置光纤连接示意图

光纤线缆的布线整体上宜横平竖直，不应扭绞、交叉，应满足光纤的弯曲半径要求，避免在进出布线、存储等设备以及接头连接时过度折弯。尾纤、跳纤在布线、盘绕过程以及完成连接后应满足其弯曲半径的要求，动态弯曲情况下不应小于线缆外径的20倍且不小于60 mm，静态弯曲情况下不应小于线缆外径的10倍且不小于30 mm。在日常测试作业时，要保持耦合器、尾纤接头的清洁，无连接的耦合器防尘帽不能缺失。

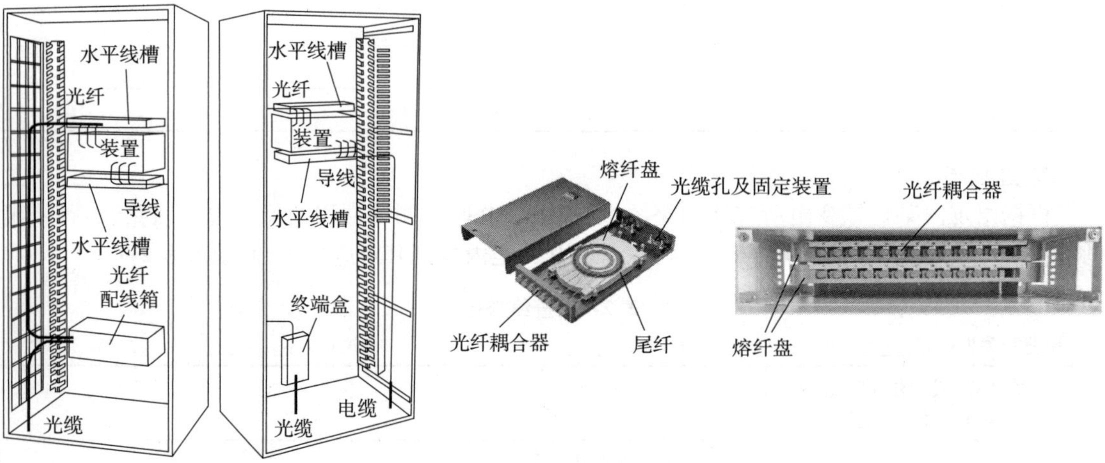

屏柜光纤布线　　光纤终端盒　　光纤配线箱

图2-22　屏柜内装置光纤布线

4. 识读光纤的标签

光纤线缆的两端以及光纤配线箱等设备的光口处应设置标识，标识应格式统一、内容明确、表达清晰，如图2-23所示。光缆、连接器型预制光缆应标识光缆编号和去向说明，宜标识光缆类型、光缆芯数、备用芯数、光缆长度、功能用途等内容；去向说明包括起点的屏柜名称（屏柜编号）/设备编号，终点的屏柜名称（屏柜编号）/设备编号等内容。尾纤（包括尾缆、分支器型预制光缆的扇出光纤）应标识所在尾缆或分支器型预制光缆编号、去向说明，宜标识功能用途等内容；去向说明包括起点的设备编号/插件编号/光口编号，终点的屏柜名称（屏柜编号）/设备编号/插件编号/光口编号等内容。认真巡视盘柜，完成表2-10。

光缆编号：1W-GL130A
光缆信息：24芯多模（备用8芯）150 m
功能用途：点对点采样/跳闸
起点：××线路保护测控柜（11P）/ODF
终点：××智能控制柜（8P）/ODF

（a）光缆标签

尾缆编号：2W-WL130A
功能用途：GOOSE组网
起点：1n/B07/TX01
终点：××交换机柜（9P）/1-40n/R×02

（b）尾纤标签

图2-23　光纤标签

表 2-10 认识光纤

作业开关柜:________ 监护人:________ 执行人:________

序号	线缆或设备	接口类型	光纤类型
1			
2			
3			
4	抄写一个光缆标签		

5. 进行光纤的衰减测试

(1)了解光纤衰减的原因

造成光纤衰减的主要因素有:本征、弯曲、挤压、杂质、不均匀和对接等几种因素。

本征是指光纤的固有损耗,包括瑞利散射、固有吸收等。弯曲是指光纤弯曲时部分光纤内的光会因散射而损失掉造成的损耗。挤压是指光纤受到挤压时产生微小的弯曲而造成的损耗。杂质是指光纤内杂质吸收和散射在光纤中传播的光造成的损失。不均匀是指光纤材料的折射率不均匀造成的损耗。对接是指光纤对接时产生的损耗,如不同轴(单模光纤同轴度要求小于0.8 μm)、端面与轴心不垂直、端面不平、对接心径不匹配和熔接质量差等。

(2)了解光纤衰减的危害

光纤是一种用于传输光信号的通信线路。然而,在传输过程中,光信号会遭受损耗,这会引起各种危害,比如造成无法正常通信、丢包,严重甚至中断通信。城轨供电设备继电保护装置的光纤衰减甚至会造成继电保护失效或误动作,影响电力系统正常运行。

(3)学会光纤衰减测试方法

为了减少光纤损耗带来的影响,需要对检测光纤进行衰减测试。以地铁 35 kV 通信光缆光衰减度测试为例。光纤衰减测试合格标准:光纤弯曲度≥40 mm,光纤衰减值≥30 dB。

通过光功率计(见图 2-24)测试光纤衰减作业步骤为:

(a)接收器 (b)发生器

图 2-24 光功率计

①对光缆进行外观检测,外观正常无破损,光缆接口处无脏污,光缆没有受到挤压。

②根据所测试光缆型号,确认光缆类型(单模或者多模)。

③按 ON/OFF 键将光功率计接收器和光功率计发生器开机,注意开机前盖好防尘帽。

④根据光缆型号更改光功率计接收器和光功率计发生器波长,接收器按 λ 键调节,发生器按 WAVE 键调节,接收器与发生器波长须保持一致。其中,单模光缆用 1 310 nm 测试,多模光缆用 850 nm 测试。

⑤在光功率计接收器上按 dB 键实现相对测量模式与绝对测量模式转换，将其调为 dBm 绝对测量模式。

⑥将光缆线芯两端分别插入光功率计接收器与发生器进行测试。

⑦光功率计接收器正常显示数值为 7 ~ 12 dBm。当光功率计接收器数值大于 12 dBm 时，说明光缆衰减较大，需用酒精棉擦拭光缆尾纤接头及光功率计接收器插头处，如擦拭后数值仍大于 12 dBm，光缆须重新熔接；当光功率计接收器数值为 60 dBm 时，说明校核光缆错误（光功率计接收器与发生器插的不是同一线芯），如确认线芯为同一线芯则说明该光缆断续，须重新敷设光缆。

⑧光功率计使用完毕，立即盖好防尘帽，保持端面清洁。

通过光时域反射仪（OTDR，见图 2-25）测试光纤衰减：

①用酒精棉片擦拭尾纤端面脏污，并清洁到位，防止影响光纤测试结果，请勿直视光接头，可能会对眼睛造成永久性损伤。

②用专用跳纤分别连接到光纤熔接盒和光时域反射仪，打开光时域反射仪，开启电源，进入主界面，进行参数设置或选择自动 OTDR 测试。波长选择：选择波长的大小，选择 1 550/1 310/850 nm。选择设置参数：量程 DR，根据现场光纤长度填写；脉宽 PW，50 ns 等。

③轻触触摸屏“测试”或单击 TEST 按钮，执行测试。得到测试结果，可以用 EventMap 事件映射、事件表或 OTDR 曲线显示测试结果。

④光时域反射仪使用完毕，立即盖好防尘帽，保持端面清洁。

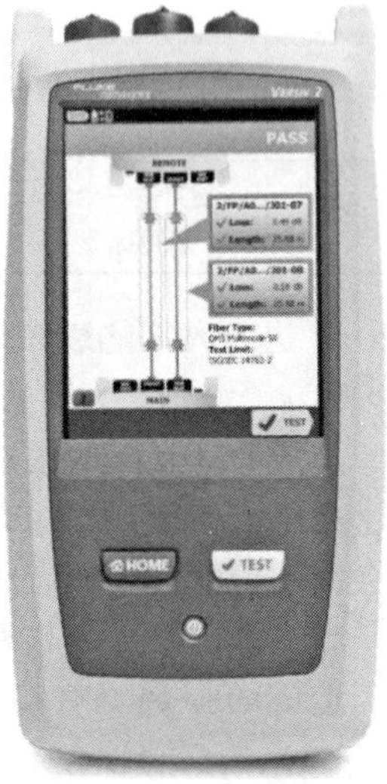

图 2-25　OTDR

任务考核

任务考核见表 2-11。

表 2-11　任务考核表

<table>
<tr><td colspan="2">任务名称</td><td colspan="5">认识端子排及二次接线</td></tr>
<tr><td colspan="2">安全监护人</td><td></td><td>作业完成人</td><td></td><td>日期</td><td colspan="2"></td></tr>
<tr><td colspan="2">开始时间</td><td></td><td>结束时间</td><td></td><td>任务完成时间</td><td colspan="2"></td></tr>
<tr><td colspan="2">评分项目</td><td colspan="3">评分要素及标准</td><td>分值</td><td>小组互评</td><td>教师评分</td></tr>
<tr><td colspan="2">作业准备</td><td colspan="3">检查工器具准备齐全（5 分）
穿戴好个人安全防护用品（5 分）
做好安全条件复核、安全预想全面（5 分）</td><td>15</td><td></td><td></td></tr>
<tr><td rowspan="4">作业操作流程</td><td>识别端子类别</td><td colspan="3">能区分屏柜内各类端子（6 分，遗漏一种扣 2 分）
完成分段试验端子工作/分段测试操作（4 分）</td><td>10</td><td></td><td></td></tr>
<tr><td>查线核图</td><td colspan="3">准确找到保护电流输入端子（10 分）
准确找到电压输入端子（10 分）
准确找到保护跳闸出口端子（10 分）</td><td>30</td><td></td><td></td></tr>
<tr><td>查核屏柜内装置光纤连接</td><td colspan="3">查核装置通信尾纤类型（5 分）
找到光纤终端盒/配线架（5 分）
用红光笔查找尾纤/光纤对端端子（5 分）
防止激光伤害，保护尾纤（5 分）
光衰测试（选作项目，不计分）</td><td>20</td><td></td><td></td></tr>
<tr><td>记录完整</td><td colspan="3">记录完整清晰（10 分，缺失一项扣 5 分，记录不规范扣 5 分）
结果分析正确（5 分）</td><td>15</td><td></td><td></td></tr>
</table>

作业后恢复	工器具、设备无损伤、无违章作业(8分) 工器具恢复原位置,摆放整齐,出清现场(2分)	10		
操作限时	本任务限时30 min内完成,每超过1 min扣4分。超时10 min为不合格			
总分	(总分=小组互评×40%+教师评分×60%)			
	作业人员签字:　　　　　　考评人员签字:			

巩固与练习

一、填空题

1. 单导线直通端子的额定电压一般为________,额定电流为________,可连接截面积为________的导线,能满足变电站内继电保护装置及回路的一般需要。

2. 双导线直通端子的额定电压一般为________,额定电流为________,可连接截面积为________的导线,该种端子在变电站继电保护二次回路中常用在信号回路、控制回路以及电压回路中。

3. 双层接线端子的额定电压一般为________,额定电流为________,可连接截面积为________的导线。

二、简答题

1. 常用二次端子有哪些类型?简述每种端子有何特点。
2. 简述试验端子的用途及典型测试接线方式。
3. 光纤的种类有哪些?

任务3　保护测试作业安全防护训练

任务导入

为保障检修时人员人身和供电设备安全,城轨供电检修岗位工作人员在进行保护测试作业前,必须严格遵守安全作业规程,首先办理保护测试安全防护作业票,并按作业票的要求做好安全防护措施,认真执行检修作业时保证安全的组织措施和技术措施。

任务目标

(1)掌握城轨供电保护测试作业票制度基本知识。

(2)掌握作业安全防护知识,完成测试作业前安全防护措施。

(3)熟悉牵混所主接线图,读懂某牵混所35 kV Ⅰ段开关柜保护测试、DC 1 500 V开关柜保护测试前的安全防护作业工作票实例,并正确完成安全防护措施。

知识准备

保证安全的组织措施包括工作票制度、工作许可制度、工作监护制度以及工作间断、转移和终结制度;保证安全的技术措施包括停电、验电、挂地线、悬挂标识牌及设置临时遮拦。

一、工作票

工作票是在变电所内进行作业的书面依据,要字迹清楚、正确,不得用铅笔书写、不得涂改。

工作票要填写一式2份,1份交工作领导人(蓝色),1份交变电所值班员(工作许可人)(粉红色),值班员(工作许可人)据此办理准许作业手续,做好安全措施。

工作票分为第一种工作票和第二种工作票。第一种工作票用于高压设备停电作业及低压380 V电源主母线的停电作业;第二种工作票用于远离带电部分的作业、低压设备上的停电与不停电作业,以及在二次回路上进行的不需高压设备停电的作业。

一个作业组的工作领导人同时只能接受一张工作票。一张工作票只能发给一个作业组。每次开工前,工作领导人要在作业地点向作业组全体成员宣读工作票,布置安全措施。

二、安全监护

工作票许可手续完成后,工作负责人、监护人应向作业组成员交代工作内容、人员分工、带电部位和现场安全措施,进行危险点告知,并履行确认手续后,作业组方可开始工作。工作负责人、监护人应始终在工作现场,对工作班人员的安全认真监护,及时纠正不安全的行为。

当进行电气设备的不停电作业或复杂作业时,工作领导人主要负责监护作业组成员的安全和联络工作,不参加具体作业。变电所值班员(工作许可人)发现不安全因素要及时提出并要求其立即纠正,若发现有会危及人身、行车、设备安全的紧急情况时,有权立即停止其作业,收回工作票,令其撤出作业地点。

三、作业间断和工作票终结

作业中须暂时中断工作离开作业地点时,工作领导人应负责将人员撤至安全地带,材料、零部件和机具要放置牢靠,并与带电部分之间保持规定的安全距离,当再继续工作时,须重新检查安全措施符合工作票要求后方可开工。在作业中断期间,未征得工作领导人同意,作业组成员不得擅自进入作业地点。每日开工和收工除按上述规定执行外,在收工时还应清理作业场地,开放封闭的通道,开工时工作领导人还要向作业组成员重新宣读工作票,布置好安全措施后方可开始工作。

在同一电气连接部分用同一工作票依次在几个工作地点转移工作时,全部安全措施由值班员(工作许可人)在开工前一次做完,工作领导人在转移工作时,应向作业组员布置安全措施和注意事项。

在未办理工作票终结手续以前,任何人员不准将停电设备合闸送电。在工作间断期间,若有紧急需要,值班人员可在工作票未交回的情况下合闸送电,但应先通知工作领导人,在得到作业组全体人员已经离开工作地点、可以送电的答复后方可执行,并应采取下列措施:

(1)拆除临时遮拦、接地线和标示牌,恢复常设遮拦,换挂"止步,高压危险"的标示牌。

(2)应在所有道路派专人守候,以便告诉工作班人员"设备已经合闸送电,不得继续工作",守候人员在工作票未交回以前,不得离开守候地点。

当工作全部完成时,由作业组负责清理作业地点,工作领导人会同值班员(工作许可人)检查作业中涉及的所有设备、交代所修项目、发现的问题和缺陷、处理的结果、是否具备投运条件等。工作领导人在工作票中填写工作结束时间并签字,然后值班员(工作许可人)按下列程序办理工作票终结手续:

(1)拆除所有临时接地线,清点其数量。

(2)拆除临时防护栅和标示牌,恢复常设的防护栅和标示牌。

(3)必要时测试设备、试验合格。

(4)在完成上述工作后,值班员(工作许可人)在工作票中填写工作票结束并签字,工作票方可视为结束,之后值班员(工作许可人)须立即汇报电力调度。若暂不拆除某组临时接地线,由值班员(工作许可人)在工作票备注栏注明不能拆除的原因后,也可终结工作票。

任务实施

一、任务准备

1. 任务器材

变电所(站)第一种工作票2张,封闭遮栏、警示标志牌若干,个人安全防护用品,接地线,变电所主接线图。

2. 任务地点

地铁变电所或实训室。

3. 任务分组

每组2人,分为作业监护人、作业完成人,2人分工明确到位,作业任务明确,责任清楚。各组独立完成作业项目。任务分组见表2-12。

表2-12 任务分组

序号	小组成员	任务分工	注意事项
1			
2			

4. 作业条件

熟悉供电设备运行状态、结构和安全防护用具的使用方法。

5. 安全预想

(1)注意作业地点附近有电的设备。

35 kV Ⅰ段开关柜保护测试需注意:本站35 kV Ⅱ段母线带电运行、本站35 kV Ⅰ段开关柜二次回路带电。

DC 1 500 V开关柜保护测试作业需注意:DC 1 500 V开关柜二次回路带电。

(2)勿走错间隔。

(3)作业前验明设备无电及充分放电后方可开始工作。

(4)35 kV Ⅰ段开关柜保护测试作业时,勿造成本站35 kV Ⅱ段母线失电。

(5)作业完毕重点检查并恢复作业过程中拆除的二次端子和接线。

(6)作业完毕重点检查并恢复作业过程中投切、修改的保护定值。

(7)作业完毕,出清现场并恢复设备正常状态。

二、任务步骤

1. 35 kV保护测试安全防护作业票和DC 1 500 V开关柜保护测试安全防护作业票识读

图2-26为某地铁线路供电系统一次系统图(部分),本次作业地点为B牵混所,其供电方向为从右向左。本次作业是进行B牵混所Ⅰ段母线35 kV开关柜保护装置、DC 1 500 V开关柜保护装置测试作业。作业前首先应根据作业安全制度和35 kV、DC 1 500 V保护测试安全防护作业票,完成作业安全准备工作。

作业组要根据图2-26中B牵混所主接线图,读懂B牵混所35 kV气体绝缘开关设备(gas insulated switchgear,GIS)Ⅰ段开关柜(含1号动力变压器、能馈变压器、1号及2号整流变压器温控仪)保护测试和B牵混所直流开关柜保护测试安全防护作业票,掌握保护测试作业时安全措施的执行规范和方法。

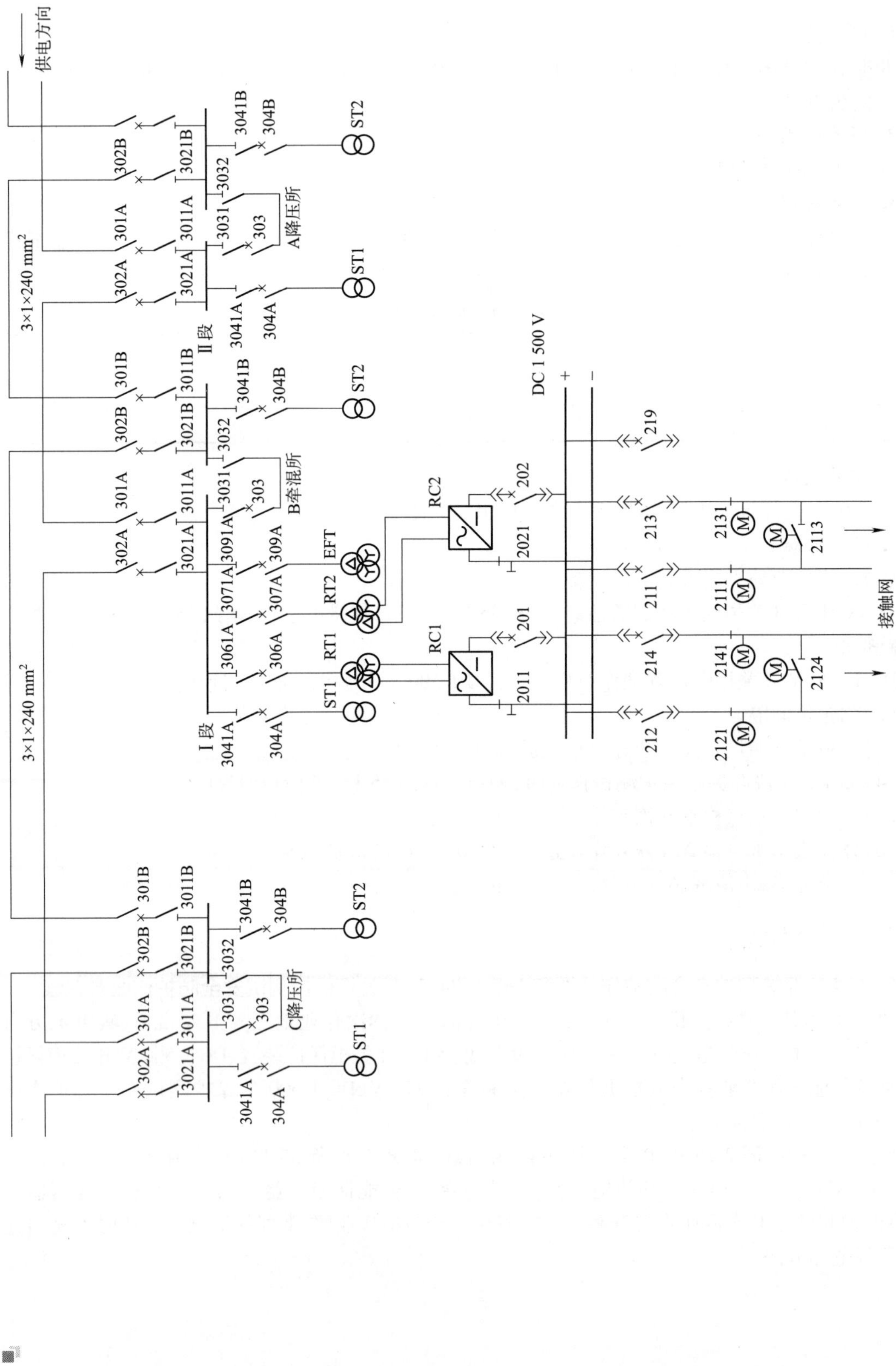

图 2-26 某地铁线路供电系统一次系统图（部分）

B牵混所35 kV GIS Ⅰ段开关柜（含1号动力变压器ST1、能馈变压器EFT、1号及2号整流变压器RT1与RT2）测试安全防护变电所（站）第一种工作票见表2-13。

表2-13 变电所（站）第一种工作票

B牵混所（站） 第×××号

<table>
<tr><td>作业地点及内容</td><td colspan="4">B牵混所35 kV GIS Ⅰ段开关柜（含1号动力变压器ST1、能馈变压器EFT、1号及2号整流变压器RT1与RT2）保护测试安全防护</td></tr>
<tr><td>计划工作时间</td><td colspan="4">自××××年××月××日××时××分至××××年××月××日××时××分止</td></tr>
<tr><td>工作领导人</td><td colspan="4">姓名：××× 安全等级：三</td></tr>
<tr><td rowspan="3">作业组成员姓名及安全等级（安全等级填在括号内）</td><td>×××（三）</td><td>×××（三）</td><td>×××（三）</td><td>×××（三）</td></tr>
<tr><td>×××（ ）</td><td>（ ）</td><td>（ ）</td><td>（ ）</td></tr>
<tr><td colspan="4">共计 五 人</td></tr>
<tr><td colspan="3">必须采取的安全措施
（本栏由工作票签发人填写）</td><td colspan="2">已经完成的安全措施
[本栏由值班员（工作许可人）填写]</td></tr>
<tr><td colspan="3">1. 断开（或合上）的断路器和隔离开关（按操作顺序填写）：
（1）撤除：B站35 kV 303断路器自投功能；
（2）断开：C站35 kV 301A断路器，B站35 kV 304A、306A、307A、309A、302A、301A、303断路器，A站35 kV 302A断路器；
（3）拉开：C站35 kV 3011A三工位开关至断开位，B站35 kV 3041A、3061A、3071A、3091A、3021A、3011A、3031、3032三工位开关至断开位，A站35 kV 3021A三工位开关至断开位。</td><td colspan="2">1. 已经断开（或合上）的断路器和隔离开关：</td></tr>
<tr><td colspan="3">2. 安装接地线（或接地刀闸）的位置：无。</td><td colspan="2">2. 接地线（或接地刀闸）已装设的位置及其编号：</td></tr>
<tr><td colspan="3">3. 装设绝缘挡板、防护栅、悬挂标示牌的位置：
（1）在B站303断路器上悬挂“禁止操作，有人工作”标示牌；
（2）在B站35 kV Ⅰ段开关柜上悬挂“在此工作”标示牌；
（3）用隔离带将35 kV开关柜有电区域与无电区域隔开。</td><td colspan="2">3. 已装设绝缘挡板、防护栅、已挂标示牌装设的位置：</td></tr>
<tr><td colspan="3">4. 应投切相关直流电源（空气开关、熔断器、连接片）、低压及二次回路：
作业前断开B站3031、3032三工位开关二次回路电源。</td><td colspan="2">4. 已投切的相关直流电源（空气开关、熔断器、连接片）、低压及二次回路：</td></tr>
<tr><td colspan="3">5. 注意作业地点附近有电的设备是：
（1）B站35 kV Ⅱ段母线带电运行；
（2）B站35 kV Ⅰ段开关柜二次回路带电。</td><td colspan="2">5. 注意作业地点附近有电的设备是：</td></tr>
<tr><td colspan="3">6. 其他安全措施：
（1）勿走错间隔；
（2）作业时勿造成B站35 kV Ⅱ段母线失电；
（3）作业完毕，出清现场并恢复设备正常状态。</td><td colspan="2">6. 其他安全措施：</td></tr>
</table>

续表

发票日期：________年________月________日　　　　工作票签发人：______________（签字）

1. 根据电力调度员________的第________号命令准予在________年________月________日________时________分开始工作。

值班员（工作许可人）：________（签字）

2. 经检查并确认安全措施已做好，实际于________年________月________日________时________分开始工作。

工作领导人：________（签字）

3. 变更作业组成员记录：____

工作票签发人：________（签字）

工作领导人：________（签字）

4. 经电力调度员________同意工作时间延长到________年________月________日________时________分。

值班员（工作许可人）：________（签字）

工作领导人：________（签字）

5. 工作间断许可记录：工作领导人与值班员（工作许可人）双方在按下表内容填写并确认签字。

工作间断时间	工作领导人	值班员（工作许可人）	工作开始时间	工作领导人	值班员（工作许可人）
____月____日____时____分			____月____日____时____分		
____月____日____时____分			____月____日____时____分		
____月____日____时____分			____月____日____时____分		

6. 作业现场已出清，接地线、绝缘挡板、防护栅、标示牌已拆除，工作已于________年________月________日________时________分全部结束。

工作领导人：________（签字）

7. 临时接地线（或接地刀闸）共________组（数字大写）和临时绝缘挡板、防护栅、标示牌已拆除，并恢复了常设防护栅和标示牌，工作票于________年________月________日________时________分结束。

电力调度员：________（签字）

值班员（工作许可人）：________（签字）

备注：________

B站牵混所直流开关柜保护校验安全防护变电所（站）第一种工作票见表2-14。

表2-14　变电所（站）第一种工作票

B牵混所（站）　　　　第×××号

作业地点及内容	B站牵混所直流开关柜保护校验安全防护			
计划工作时间	自××××年××月××日××时××分至××××年××月××日××时××分止			
工作领导人	姓名：×××　　安全等级：三			
作业组成员姓名及安全等级（安全等级填在括号内）	×××　（三）	×××　（三）	×××　（　）	×××　（　）
	×××　（三）	（　）	（　）	（　）
	共计__五__人			

必须采取的安全措施 ［本栏由工作票签发人填写］	已经完成的安全措施 ［本栏由值班员（工作许可人）填写］
1. 断开（或合上）的断路器和隔离开关（按操作顺序填写）： （1）断开：DC 1 500 V 211、212、213、214、219、201、202开关，35 kV 306A、307A、309A断路器； （2）拉开：DC 1 500 V 2111、2121、2131、2141、QS、2011、2021隔离开关，35 kV 3061A、3071A、3091A隔离开关； （3）将断路器201、202、211、212、213、214、219小车摇至试验位。	1. 已经断开（或合上）的断路器和隔离开关：

续表

2. 安装接地线(或接地刀闸)的位置: 分别在35 kV 306A、307A、309A断路器馈出线端验明无电后,合上3061AD、3071AD、3091AD接地刀闸,合上306A、307A、309A断路器。 3. 装设绝缘挡板、防护栅、悬挂标示牌的位置: (1)在306A、307A、309A断路器上悬挂“禁止操作,有人工作”标示牌; (2)在直流开关柜处悬挂“在此工作”标示牌; (3)用隔离带将35 kV开关柜有电区域与无电区域隔开。 4. 应投切相关直流电源(空气开关、熔断器、连接片)、低压及二次回路: (1)作业前退出DC 1 500 V联跳柜各出线开关双边联跳功能; (2)作业前断开306A、307A、309A断路器二次回路电源; (3)作业前断开2111、2121、2131、2141上网隔离开关控制电源。 5. 注意作业地点附近有电的设备是: DC 1 500 V开关柜二次回路有电。 6. 其他安全措施: (1)勿走错间隔; (2)作业前验明设备无电及充分放电后方可开始工作; (3)作业完毕,出清现场并恢复设备正常状态。	2. 接地线(或接地隔离开关)已装设的位置及其编号: 3. 已装设绝缘挡板、防护栅、已挂标示牌装设的位置: 4. 已投切的相关直流电源(空气开关、熔断器、连接片)、低压及二次回路: 5. 注意作业地点附近有电的设备是: 6. 其他安全措施:

发票日期:________年________月________日　　　　工作票签发人:________(签字)

1. 根据电力调度员________的第________号命令准予在________年________月________日________时________分开始工作。

值班员(工作许可人):________(签字)

2. 经检查并确认安全措施已做好,实际于________年________月________日________时________分开始工作。

工作领导人:________(签字)

3. 变更作业组成员记录:____

工作票签发人:________(签字)

工作领导人:________(签字)

4. 经电力调度员________同意工作时间延长到________年________月________日________时________分。

值班员(工作许可人):________(签字)

工作领导人:________(签字)

5. 工作间断许可记录:工作领导人与值班员(工作许可人)双方在按下表内容填写并确认签字。

工作间断时间	工作领导人	值班员(工作许可人)	工作开始时间	工作领导人	值班员(工作许可人)
____月____日____时____分			____月____日____时____分		
____月____日____时____分			____月____日____时____分		
____月____日____时____分			____月____日____时____分		

6. 作业现场已出清,接地线、绝缘挡板、防护栅、标示牌已拆除,工作已于________年________月________日________时________分全部结束。

工作领导人:________(签字)

7. 临时接地线(或接地刀闸)共________组(数字大写)和临时绝缘挡板、防护栅、标示牌已拆除,并恢复了常设防护栅和标示牌,工作票于________年________月________日________时________分结束。

电力调度员:________

值班员(工作许可人):________(签字)

备注:

2. 35 kV 保护校验作业安全防护（以 35 kV Ⅰ段开关柜保护校验为例）

（1）断开（或合上）的断路器和隔离开关

①撤除本站 35 kV 母联开关备自投功能，如图 2-27 所示。

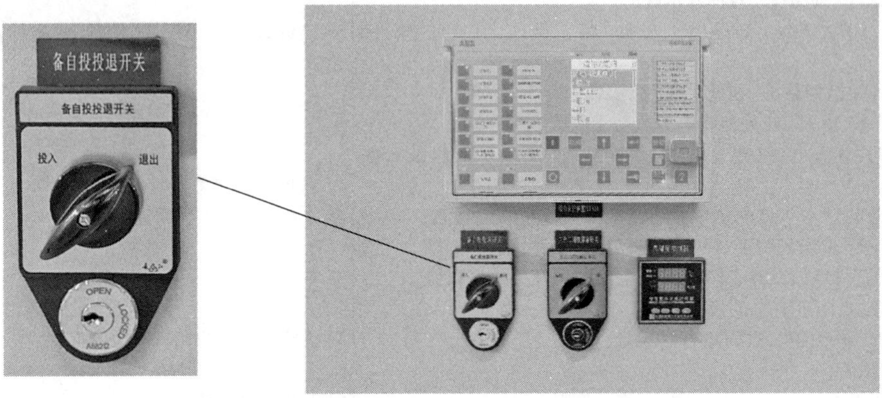

图 2-27　35 kV 母联开关备自投功能撤除

②断开下级站 35 kV Ⅰ段进线开关。

③依次断开本站 35 kV Ⅰ段馈线开关、出线开关、进线开关、母联开关。

④断开上级站 35 kV Ⅰ段出线开关。

⑤拉开下级站 35 kV Ⅰ段进线隔离开关。

⑥依次拉开本站 35 kV Ⅰ段馈线隔离开关、出线隔离开关、进线隔离开关、母联隔离开关。

⑦拉开上级站 35 kV Ⅰ段出线隔离开关。

（2）装设绝缘挡板、防护栅、悬挂标示牌

①在本站母联开关上悬挂“禁止操作，有人工作”标示牌，如图 2-28 所示。

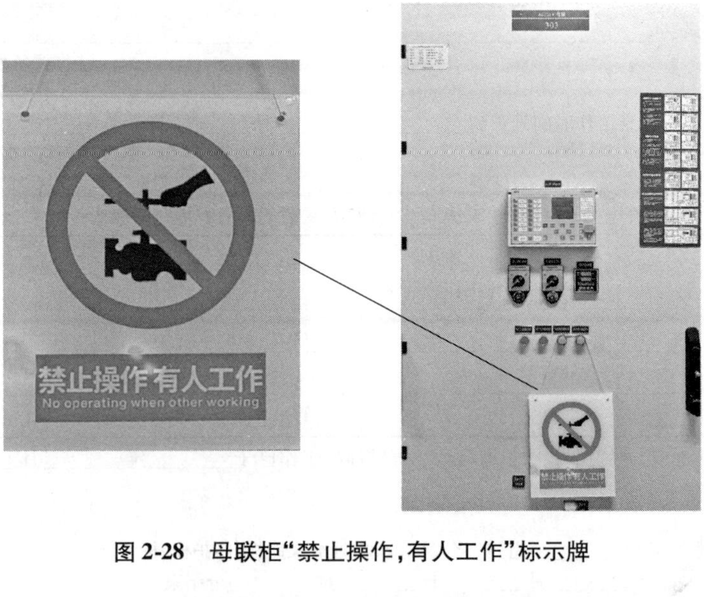

图 2-28　母联柜“禁止操作，有人工作”标示牌

②在本站 35 kV Ⅰ段开关柜上悬挂“在此工作”标示牌，如图 2-29 所示。

③用隔离带将 35 kV 开关柜Ⅱ段有电区域与Ⅰ段无电区域隔开，如图 2-30 所示。

图 2-29　35 kV Ⅰ段开关柜“在此工作”标示牌

图 2-30　隔离带对有电区域隔离

(3)投切相关直流电源(空气开关、熔断器、连接片)、低压及二次回路

断开本站母联断路器两端的隔离开关二次回路电源空气开关,防止母联合闸将电源输送至作业区域,如图 2-31 所示。

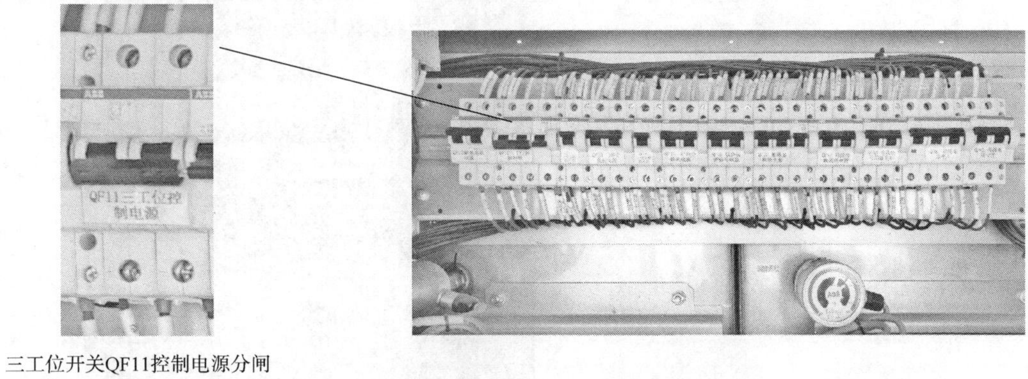

图 2-31　母联隔离开关二次电源空气开关断开

(4)作业后检查恢复

①作业完毕检查并恢复作业过程中拆除的二次端子和接线;按照规定扭矩紧固端子,确认接线正确无误、无松动。

②作业完毕重点检查并恢复作业过程中投切、修改的保护定值。

③作业完毕,出清现场并恢复设备正常状态。

3. DC 1 500 V 开关柜保护校验作业安全防护

(1)断开(或合上)的断路器和隔离开关

①依次断开 DC 1 500 V 馈线开关、进线开关。

②断开 35 kV 1 号、2 号整流变馈线开关,断开 35 kV 能馈变馈线开关。

③依次拉开 DC 1 500 V 馈线上网隔离开关、负极隔离刀闸。

④拉开 35 kV 1 号、2 号整流变馈线隔离开关,断开 35 kV 能馈变馈线隔离开关。

⑤将 201、202、211、212、213、214、219 小车摇至试验位。

（2）安装接地线（或接地刀闸）的位置

分别在 35 kV 整流变馈线开关馈出线端、35 kV 能馈变馈线开关馈出线端验明无电后，合上 35 kV 整流变馈线开关接地刀闸、能馈变馈线开关接地地刀，合上 35 kV 整流变馈线开关、能馈变馈线开关，完成 35 kV 馈线维护接地，如图 2-32 所示。

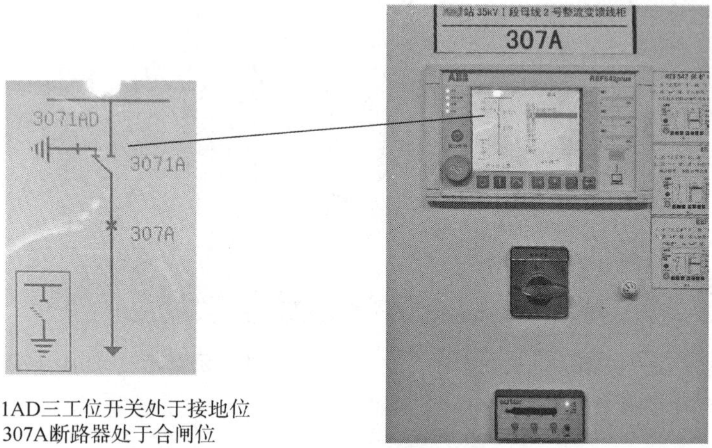

（a）35 kV开关柜维护接地状态(保护装置显示）

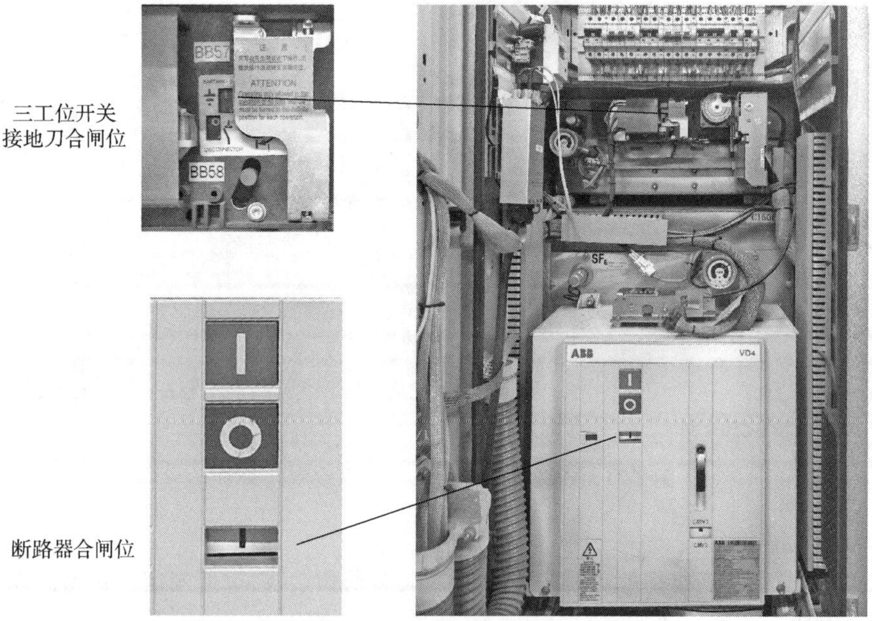

（b）35 kV开关柜维护接地状态(接地开关合位、断路器合位）

图 2-32　35 kV 开关柜维护接地

（3）装设绝缘挡板、防护栅、悬挂标示牌的位置

①在 35 kV 整流变馈线开关、能馈变馈线开关上悬挂“禁止操作，有人工作”标示牌，如图 2-33 所示。

②在直流开关柜处悬挂“在此工作”标示牌，如图 2-34 所示。

（4）应投切相关直流电源（空气开关、熔断器、连接片）、低压及二次回路

①作业前退出 DC 1 500 V 联跳柜各出线开关双边联跳功能，如图 2-35 所示。

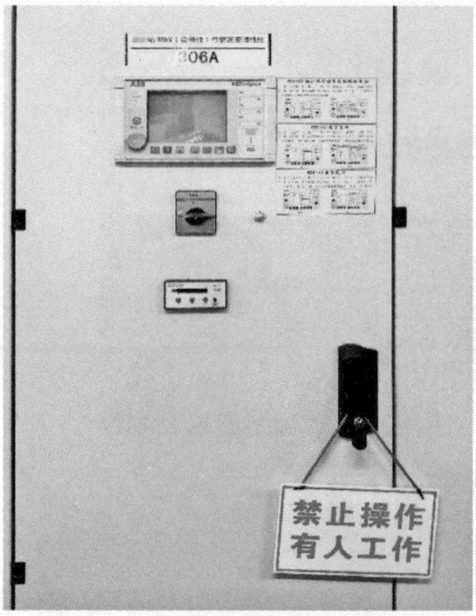

图 2-33 “禁止操作,有人工作”标示牌

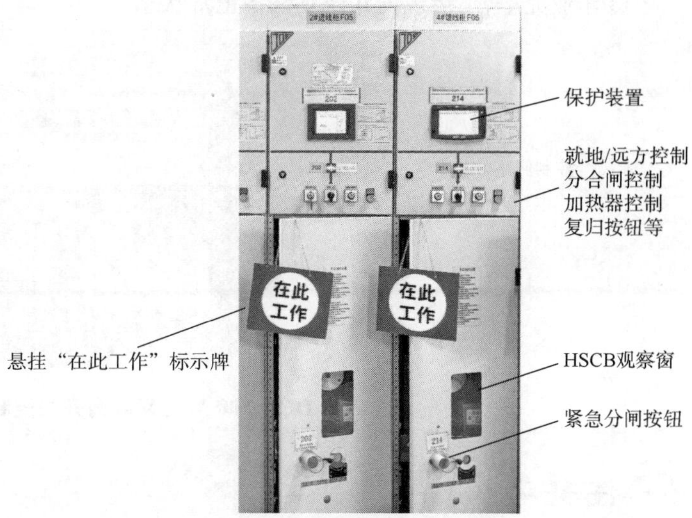

图 2-34 “在此工作”标示牌

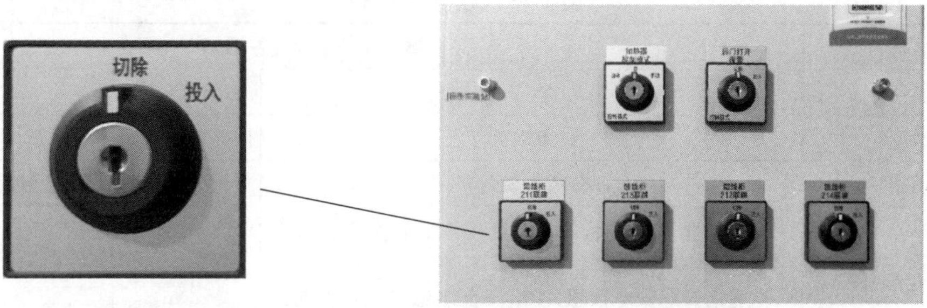

图 2-35 退出 DC 1 500 V 各出线开关双边联跳功能

②作业前断开 35 kV 整流变馈线开关、能馈变馈线开关二次回路电源,如图 2-36 所示。

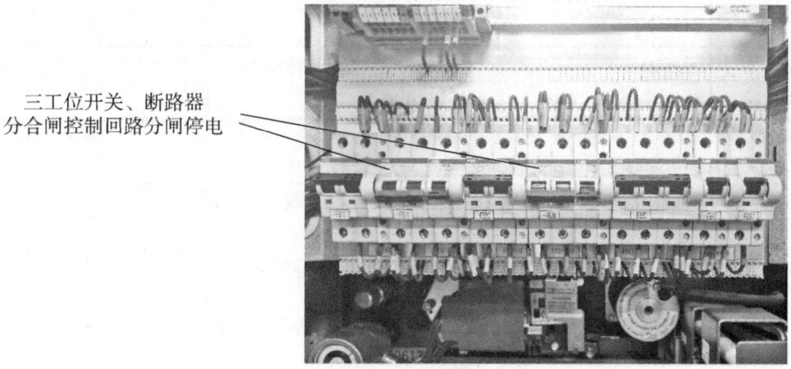

图 2-36 35 kV 馈线柜二次电源开关断开

③作业前断开 DC 1 500 V 出线上网隔离开关控制电源,如图 2-37 所示。

(5)作业后检查恢复

①作业完毕检查并恢复作业过程中拆除的二次端子和接线;按照规定扭矩紧固端子,确认接线正确无误、无松动。

②作业完毕重点检查并恢复作业过程中恢复对应开关闭合。

③作业完毕，出清现场并恢复设备正常状态。

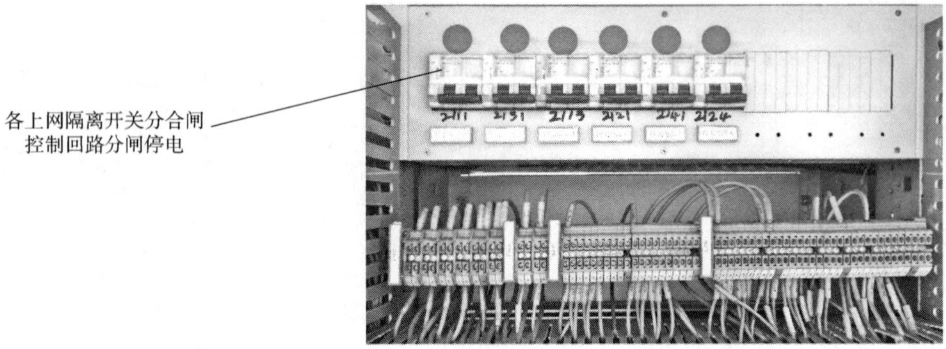

图 2-37　DC 1 500 V 上网隔离开关控制电源开关断开

任务考核

任务考核见表 2-15。

表 2-15　任务考核表

<table>
<tr><td colspan="2">任务名称</td><td colspan="5">保护测试作业安全防护训练</td></tr>
<tr><td colspan="2">姓名</td><td></td><td>学号</td><td></td><td>日期</td><td colspan="2"></td></tr>
<tr><td colspan="2">开始时间</td><td></td><td>结束时间</td><td></td><td>任务完成时间</td><td colspan="2"></td></tr>
<tr><td colspan="2">评分项目</td><td colspan="3">评分要素及标准</td><td>分值</td><td>小组互评</td><td>教师评分</td></tr>
<tr><td rowspan="5">作业操作流程</td><td>作业准备</td><td colspan="3">检查作业器材准备齐全，说出需要的作业器材名称、数量、作用(4 分)
作业前做好安全预想，指出安全注意事项及可能造成的影响(6 分)</td><td>10</td><td></td><td></td></tr>
<tr><td>35 kV 保护测试安全防护作业票识读</td><td colspan="3">指出作业地点及内容、计划工作时间、工作领导人及作业组成员姓名与安全等级(5 分)
说出工作票列举必须采取的安全措施项目、内容(15 分)</td><td>20</td><td></td><td></td></tr>
<tr><td>DC 1 500 V 开关柜保护测试安全防护作业票识读</td><td colspan="3">指出作业地点及内容、计划工作时间、工作领导人及作业组成员姓名与安全等级(5 分)
说出工作票列举必须采取的安全措施项目、内容(15 分)</td><td>20</td><td></td><td></td></tr>
<tr><td>35 kV 保护校验作业安全防护</td><td colspan="3">说出断开(或合上)的断路器和隔离开关名称及步骤(5 分)
说出装设绝缘挡板、防护栅、悬挂标示牌的位置、名称(5 分)
说出投切相关直流电源(空气开关、熔断器、连接片)、低压及二次回路(5 分)
说出作业后检查恢复的具体内容(5 分)</td><td>20</td><td></td><td></td></tr>
<tr><td>DC 1 500 V 开关柜保护校验作业安全防护</td><td colspan="3">说出断开(或合上)的断路器和隔离开关名称及步骤(5 分)
说出装设绝缘挡板、防护栅、悬挂标示牌的位置、名称(5 分)
说出投切相关直流电源(空气开关、熔断器、连接片)、低压及二次回路(5 分)
说出作业后检查恢复的具体内容(5 分)</td><td>20</td><td></td><td></td></tr>
</table>

作业后验证恢复	工器具、设备无损伤、人员无受伤(8分) 工器具摆放原位置,摆放整齐,出清现场(2分)	10		
时间要求	本任务限时30 min内完成,每超过1 min扣4分。超时10 min为不合格			
总分	(总分=小组互评×40%+教师评分×60%)			
	作业人员签字:	考评人员签字:		

巩固与练习

一、填空题

1. 保证安全的组织措施包括________、________、________、________和________;保证安全的技术措施包括________、________、________、________及________。

2. 工作票分为________和________。

3. 工作票是在变电所内进行作业的书面依据,要字迹清楚、正确、不得用铅笔书写、不得涂改。工作票要填写一式2份,1份交________,1份交________。

二、简答题

1. 工作票许可手续完成后,工作负责人、监护人应做哪些工作?
2. 工作负责人、监护人应当怎样进行作业安全监护?
3. 以309A为例,简述35 kV整流变压器馈线停电接地的操作过程。

任务4 分析与测试基本电流保护特性

任务导入

三段电流保护是城轨供电系统中输电线路最简单、常见的保护。结合线路工况,分析三段电流保护的实际动作和配合情况,是城轨交通供电检修岗位进行保护测试的基础和必要技能。

任务目标

(1)掌握电流速断保护、限时电流速断保护和定时限过电流保护的构成及工作原理。
(2)会根据实例进行电流保护动作值整定计算,能正确识读电流保护接线形式。
(3)使用继电保护测试仪,完成对某地铁某变电所线路三段电流保护功能测试。

知识准备

短路故障时,回路电流比正常运行时显著增大。因此,可利用短路与正常情况下电流数值上的差别构成继电保护。电流保护反映短路时电流幅值较正常负荷电流的突然增大(或幅值与相位变化),甄别故障及发生故障的元件,并将故障元件从电网中切除。这种反映电流增大到整定值时而动作的保护,叫作电流保护。电流保护包括电流速断保护、限时电流速断保护和定时限过电流保护。

城市轨道交通供电系统中110 kV及以上交流电压等级的电网,主要承担将电能引入主变电所的输电任务,采用中性点直接接地方式。35 kV交流中压网络主要承担将主变电所的电能向沿线的车站变电所传输的任务,主要采用中性点小电阻接地方式,为了便于继电保护的整定配合和运行管理,通常采用双电源互为备用、正常时单侧电源供电的运行方式。城市轨道交通110 kV及

35 kV 线路主保护一般均由纵联保护担任，能将全线路上任意点故障快速切除。原理最简单、实现最方便、发明最早、应用最广泛的电流保护也是城市轨道交通 35 kV 及以下电力网络内采用的主要保护。几乎所有的用电设备上都配备有过电流继电器（或熔断器），用于切除电流超过安全电流值的设备，保证电力设备长期安全运行。

一、单侧电源网络相间短路时电流量值特征

图 2-38 为单侧电源供电网络，正常运行时，各条线路中流过负荷电流，越靠近电源侧的线路，流过的负荷电流越大。负荷电流的大小，取决于用户负荷接入的多少，当用户的负荷同时都接入时，形成最大负荷电流。负荷电流与供电电压之间的相位角就是通常所说的功率因数角，一般小于 30°。各条线路中流过的最大负荷电流幅值如图 2-38 中折线 1 所示。

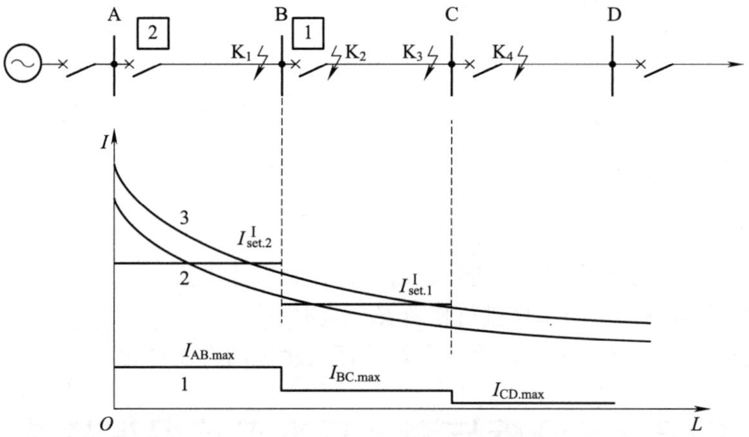

图 2-38　单侧电源供电网络

如图 2-38 所示，在相同地点发生相同类型短路时，流过保护安装处的电流为最大时称为系统最大运行方式，同样，在相同地点发生相同类型的短路时，流过保护安装处的电流为最小时称为系统最小运行方式。

取最大运行方式下三相短路和最小运行方式下两相短路，经计算后绘出流经保护安装处的短路电流随短路点距离变化的两条曲线，如图 2-38 中曲线 3、2 所示。在系统所有的运行方式下，在不同地点发生不同类型短路时流过保护安装处的电流都介于这两条短路电流曲线之间。

比较折线 1 与曲线 2、3，可以发现，在保护范围内短路电流的幅值总是大于负荷电流的幅值，而且要大很多。可见正常运行与短路状态间的差别明显，利用流过保护安装处电流幅值的大小来区分运行状态，实现保护简单可靠、方便易行。但是，流过保护安装处短路电流的大小与以下因素紧密相关：

（1）电力系统运行方式的变化。

（2）电力系统正常运行状态的变化。

（3）不同的短路类型。

（4）短路电流随短路点距电源的距离连续变化，距离越远电流越小，在本线路末端和下级线路出口短路时电流没有差别。

以上特点，都是在构成完善的电流保护时必须考虑的问题。

二、电流速断保护

1. 工作原理

视频

电流速断保护

反映短路电流幅值增大而瞬时动作的电流保护,称为电流速断保护。为了保证其选择性,一般只能保护线路的一部分。以图 2-38 所示的网络接线为例,假定在每条线路上均装有电流速断保护,当线路 AB 上发生短路故障时,希望保护 2 能瞬时动作,而当线路 BC 上发生短路故障时,希望保护 1 能瞬时动作,但是它们的保护范围是否能达到本线路的全长,需要做具体分析。

以保护 2 为例,当相邻线路 BC 的始端(习惯上又称为出口处)K_2 点短路时,按照选择性的要求,速断保护 2 就不应该动作,因为该处的故障应由速断保护 1 动作切除。而当 AB 线路末端 K_1 点短路时,希望速断保护 2 能够瞬时动作切除故障。但是实际上,K_1 点和 K_2 点短路时,从保护 2 安装处所流过的电流的数值几乎是一样的。因此,希望 K_1 点短路时速断保护 2 能动作,而 K_2 点短路时又不动作的要求就不可能同时得到满足。同样,保护 1 也无法区别 K_3 点和 K_4 点的短路。

为解决这个矛盾可以有两种办法。一种方法是优先保证动作的选择性,即从保护装置启动参数的整定上保证下一条线路出口处短路时不启动,在继电保护技术中,这又称为按躲开下条线路出口处短路的条件整定。另一种办法就是在个别情况下,当快速切除故障是首要条件时,就采用无选择性的速断保护,而以自动重合闸来纠正这种无选择性动作。以下只介绍有选择性的电流速断保护。

对反映电流升高而动作的电流速断保护而言,能使该保护装置启动的最小电流值称为保护装置的整定电流,以 I_{set} 表示,显然仅当实际的短路电流 $I_k > I_{set}$ 时,保护装置才会动作。保护装置的整定电流 I_{set},是用电力系统一次侧的参数表示的。它所代表的意义是:当在被保护线路的一次侧电流达到这个数值时,安装在该处的这套保护装置就能够动作。以保护 2 为例,为保证动作的选择性,保护装置的整定电流用 $I_{set.2}^{\mathrm{I}}$ 表示(“2”表示保护 2;因为阶段式电流保护中电流速断保护为Ⅰ段,因此用符号“Ⅰ”表示电流速断保护)。因为电流速断保护要保证动作的选择性,电流速断保护整定值设置要保证下一条线路出口处短路时不启动,因此电流速断保护整定值必须大于下一条线路出口处短路时可能的最大短路电流,从而也造成在本线路末端短路时保护不能启动。保护不能启动的范围随运行方式、故障类型的变化而变化。

2. 电流速断保护的整定计算原则

(1)动作电流的整定

为了保证电流断保护动作的选择性,对保护 1 来讲,其整定的动作电流 $I_{set.1}^{\mathrm{I}}$ 必须大于 K_4 点短路时可能出现的最大短路电流,即大于在最大运行方式下变电所 C 母线上三相短路时电流 $I_{k.C.max}$。即

$$I_{set.1}^{\mathrm{I}} > I_{k.C.max} \tag{2-1}$$

引入大于 1 的可靠系数 K_{rel}^{I},一般取 1.2 ~ 1.3,则式(2-1)可表达为

$$I_{set.1}^{\mathrm{I}} = K_{rel}^{\mathrm{I}} I_{k.C.max} \tag{2-2}$$

引入可靠系数 K_{rel}^{I} 是考虑非周期分量的影响下实际的短路电流可能大于计算值、保护装置的实际动作值可能小于整定值以及一定的裕度等因素。

对于保护 2,按照同样的原理,其动作电流应整定的大于变电所 B 母线上短路时的最大短路电流 $I_{k.B.max}$,即

$$I_{set.2}^{\mathrm{I}} = K_{rel}^{\mathrm{I}} I_{k.B.max} \tag{2-3}$$

计算出保护的一次动作电流后,还须求出继电器的二次动作电流

$$I_{OP}^{I}=\frac{I_{set}^{I}}{n_{TA}}K_{con} \tag{2-4}$$

式中 n_{TA}——电流互感器的变比；

K_{con}——电流互感器的接线系数，其值与电流互感器的接线方式有关。当电流互感器的二次侧为三相星形或两相星形接线时其值为 1，当二次侧为三角形接线时其值为 $\sqrt{3}$。

电流速断保护的动作时间取决于继电器本身固有的动作时间，一般小于 10 ms。考虑到躲过线路中避雷器的放电时间为 40～60 ms，一般加装一个动作时间为 60～80 ms 的保护出口中间继电器，一方面提供延时，另一方面扩大触点的容量和数量。

（2）保护范围的校验

在已知保护的动作电流后，大于一次动作电流的短路电流对应的短路点区域，就是保护范围。保护的范围随运行方式、故障类型的变化而变化。在各种运行方式下发生各种短路保护都能动作切除故障的短路点的最小范围称为最小保护范围 L_{min}，在系统最小运行方式下两相短路时出现。例如保护 2 的最小的保护范围为图 2-38 中直线 $I_{set.2}^{I}$ 与曲线 2 的交点前面的部分。一般情况下，最小保护范围要求大于被保护线路全长的 15%～20%。

3. 电流速断保护的构成

电流速断保护的单相原理接线如图 2-39 所示。每个电器的线圈和触点都画在一个图形内，所有元件都用设备文字符号标注，BC 表示过电流继电器，KSG 表示信号继电器。过电流继电器 BC 接于电流互感器 TA 的二次侧，当流过它的电流大于它的动作电流 I_{OP}^{I} 后，测量比较环节 BC 有输出。在某些特殊情况下需要闭锁跳闸回路，因此设置闭锁环节。闭锁环节在保护不需要闭锁时输出为 1，在保护需要闭锁时输出为 0。当测量比较环节 BC 有输出并且不被闭锁时，与门有输出，发出跳闸命令的同时启动信号回路的信号继电器 KSG。

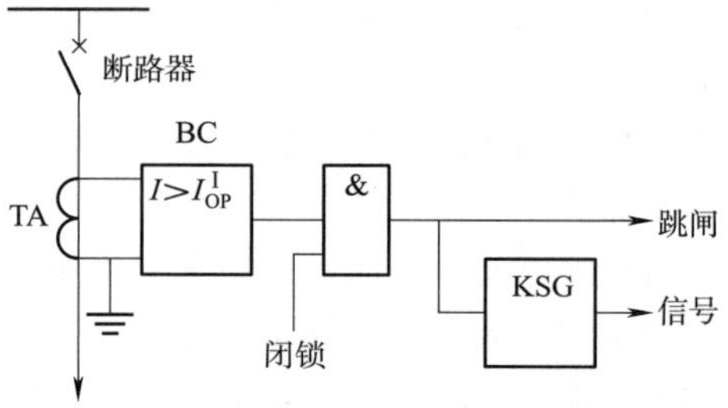

图 2-39　电流速断保护的单相原理接线

4. 电流速断保护优缺点

电流速断保护的主要优点是接线简单可靠、动作迅速，因而得到了广泛应用。它的缺点是不能保护本段线路的全长，并且保护范围受系统运行方式变化的影响。若系统运行方式变化很大，电流速断保护可能没有保护范围；在最大运行方式下整定后，在最小运行方式下可能没有保护范围；当被保护线路的长度很短时，电流速断保护也可能没有保护范围。

因此在城市轨道交通的各级保护中，虽然电流速断保护应用很广，但是它不能作为主保护单独存在，必须与其他的保护配合共同实现主保护的功能。

三、限时电流速断保护

视频

限时电流速断保护

1. 工作原理

由于有选择性的瞬时电流速断保护不能保护本线路的全长，因此可考虑增加一套新的保护，用来切除线路上瞬时电流速断保护范围以外的故障，同时也能作为电流速断保护的后备，这就是限时电流速断保护。

对限时电流速断保护的要求，首先是在任何情况下都能保护本线路的全长，并且具备足够的灵敏度；其次是在满足上述要求的前提下，力求具有最小的动作时限；同时在下级线路短路时，保证下级保护优先切除故障，满足选择性要求。

如图 2-40 所示，由于要求限时电流速断保护必须可靠保护本线路的全长，因此它的保护范围必然要延伸到下级线路中，这样当下级线路出口发生短路时，上级限时电流速断保护就会启动。在这种情况下，为了保证动作的选择性，就必须使保护的动作带有一定的时限，此时限的大小与其延伸的范围有关。为了使这一时限尽量缩短，首先考虑使它的保护范围不超出下一级线路电流速断保护的范围，而动作时限则比下一条线路的速断保护高出一个时间阶梯，此时间阶梯以 Δt 表示，如图 2-41 所示。通过上下级保护间保护定值与动作时间的配合，使全线路的故障都可以在一个 Δt 内灵敏切除。少数限时电流速断保护与下级限时电流速断保护配合，则动作时限为两个 Δt。

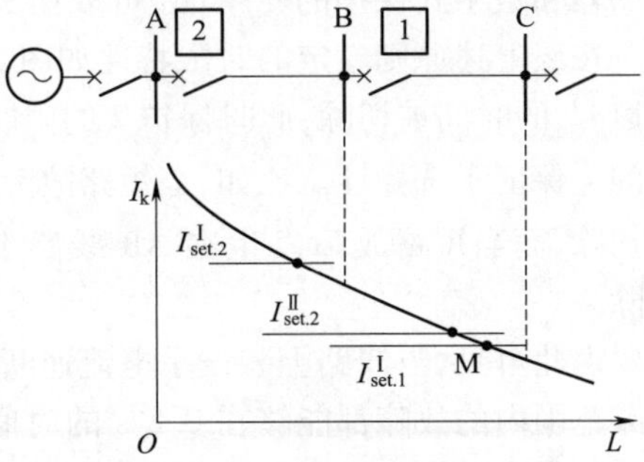

图 2-40　限时电流速断动作特性分析

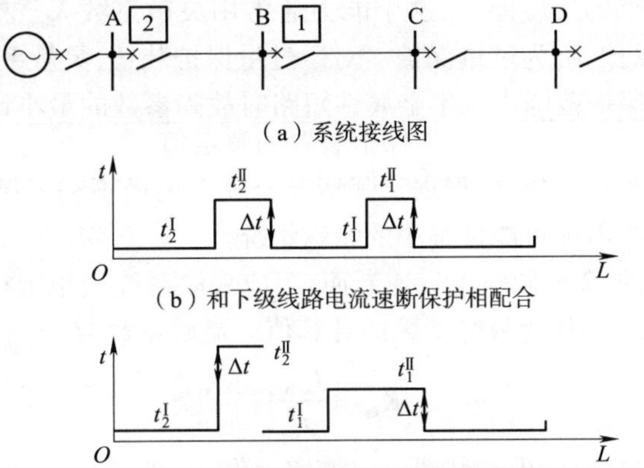

（a）系统接线图

（b）和下级线路电流速断保护相配合

（c）和下级线路限时电流速断保护相配合

图 2-41　限时电流速断动作时限的配合关系

2. 限时电流速断保护的整定

（1）动作电流的整定

如图2-40 所示，BC 线路保护 1 的电流速断保护动作电流 $I_{\text{set. 1}}^{\text{I}}$，数值按式（2-2）计算，它与最大短路电流变化曲线的交点为 M，M 点到母线 B 为保护 1 电流速断的最大保护范围。当 M 点发生短路，短路电流为 $I_{\text{set. 1}}^{\text{I}}$ 时，电流速断保护刚好动作。根据以上分析，AB 线路保护 2 的限时电流速断保护的范围不应超出保护 1 电流速断的范围。因此在单侧电源供电方式时，限时电流速断保护的动作电流应该整定为

$$I_{\text{set. 2}}^{\text{II}} \geqslant I_{\text{set. 1}}^{\text{I}} \tag{2-5}$$

引入可靠系数 $K_{\text{rel}}^{\text{II}}$，则得

$$I_{\text{set. 2}}^{\text{II}} = K_{\text{rel}}^{\text{II}} I_{\text{set. 1}}^{\text{I}} \tag{2-6}$$

可靠系数 $K_{\text{rel}}^{\text{II}}$，考虑到短路电流中的非周期分量已经衰减，故可选取得比电流速断保护的 $K_{\text{rel}}^{\text{I}}$ 小一些，一般取为 1. 1 ~ 1. 2。

（2）动作时限的选择

从以上分析中已经得出，线路 AB 限时电流速断的动作时限 t_2^{II} 应选择得比下一条线路 BC 电流速断保护的动作时限高出一个时间级差 Δt，即

$$t_2^{\text{II}} = t_1^{\text{I}} + \Delta t \tag{2-7}$$

Δt 的大小要保证在重叠保护区内发生故障时保护动作的选择性，若过大则速动性差，过小则不能保证选择性。在工程上考虑各种因素，Δt 的数值一般取 0. 3 ~ 0. 5 s，通常取 0. 5 s。随着真空

断路器和数字式保护的使用，Δt 可取 0.3 s 左右。

按照上述原则整定的时限特性如图 2-41(b)所示，在保护 1 电流速断范围以内的短路故障，将以 t_1^{I} 的时间被切除，此时保护 2 的限时电流速断即使启动，但由于 t_2^{II} 较 t_1^{I} 大一个 Δt，因而从时间上保证了选择性。比如，当短路故障发生在保护 2 电流速断的范围以内时，则将以 t_2^{I} 的时间被切除，而当短路故障发生在 AB 线路上保护 2 电流速断的范围以外时，则将以 t_2^{II} 的时间被切除。

由此可见，当线路上装设了电流速断和限时电流速断保护以后，它们联合工作就可以保证全线路范围内的故障都能够在 0.5 s 的时间以内予以切除，在一般情况下都能够满足速动性的要求。具有这种快速切除全线各种故障能力的保护称为该线路的"主保护"。

3. 保护装置灵敏性的校验

为了能够保护本线路的全长，限时电流速断保护必须保证在系统最小运行方式下线路末端发生两相短路时，具有足够的反应能力，这个能力通常用灵敏系数 K_{sen} 来衡量。电流保护属于反映于数值上升而动作的保护，称为过量保护。对于过量保护装置，灵敏系数的含义是

$$K_{\mathrm{sen}} = \frac{\text{保护范围内发生金属性短路时故障参数的最小计算值}}{\text{保护装置的整定值}} \tag{2-8}$$

式中，故障参数的最小计算值，应根据实际情况合理采用最不利于保护动作的系统运行方式和故障类型来选定，但不必考虑可能性很小的特殊情况。

比如，对图 2-41 中保护 2 的限时电流速断而言，应采取系统最小运行方式下线路 AB 末端发生两相短路时短路电流 $I_{\mathrm{k.B.min}}$ 作为故障参数的计算值。灵敏系数为

$$K_{\mathrm{sen}} = \frac{I_{\mathrm{k.B.min}}}{I_{\mathrm{set.2}}^{\mathrm{II}}} \tag{2-9}$$

为了保证在线路末端短路时保护装置一定能够动作，一般要求 $K_{\mathrm{sen}} \geqslant 1.3 \sim 1.5$。

当校验灵敏度系数不能满足要求时，那就意味着将来真正发生内部故障时，保护可能启动不了，也就是达不到保护线路全长的目的，这是不允许的。因此通常降低限时电流速断的整定值，使之与下级线路的限时电流速断相配合，同时使其动作时限比下级线路限时速断的时限增加 Δt，此时限时电流速断的动作时限为 1.0～1.2 s。按照这个原则整定的时限特性如图 2-41(c)所示，此时

$$t_2^{\mathrm{II}} = t_1^{\mathrm{II}} + \Delta t \tag{2-10}$$

可见，保护范围的伸长，必然导致动作时限的升高。

4. 限时电流速断保护原理接线

限时电流速断保护的单相原理接线如图 2-42 所示。它与电流速断保护接线(见图 2-39)的主要区别是增加了延时元件 BK，这样当电流继电器 BC 启动后，还必须经过延时 t_2^{II} 才能动作于跳闸。而如果在 t_2^{II} 以前故障已经切除，则电流继电器 BC 立即返回，整个保护随即复归原状，而不会形成误动作。

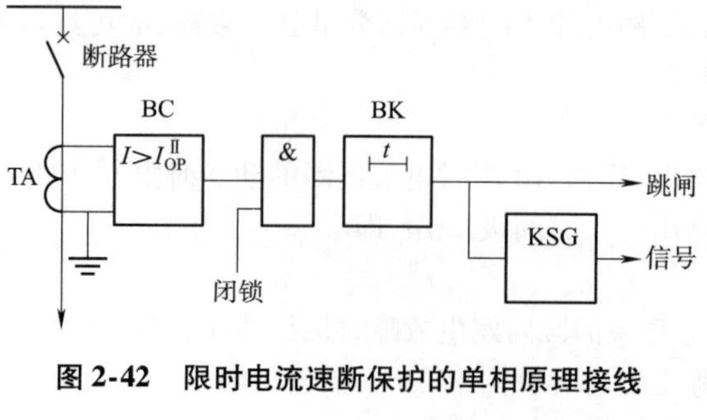

图 2-42　限时电流速断保护的单相原理接线

5. 限时电流速断保护评价

限时电流速断保护结构简单、动作可靠，它能以较快的动作时间切除短路故障，可作为本级线路电流速断保护的后备保护，保护本线路全长，但不作为相邻元件（下级线路）的后备保护。

四、定时限过电流保护

过电流保护通常是指其动作电流按照躲开最大负荷电流来整定的保护，即当电流的幅值超过最大负荷电流值时启动。在一般情况下，它不仅能够保护本线路的全长，而且能保护相邻线路的全长。因此过电流保护可作为下级线路主保护拒动和断路器拒动时的远后备保护，同时作为本线路主保护拒动时的近后备保护，也可作为过负荷时的保护。过电流保护有两种：一种是保护启动后出口动作时间是固定的整定时间，称为定时限过电流保护，另一种是出口动作时间与过电流的倍数相关，电流越大，出口动作越快，称为反时限过电流保护。

视频

定时限过电流保护

1. 工作原理和动作电流计算

为保证在正常情况下各条线路上的过电流保护绝对不动作，显然保护装置的动作电流必须大于该线路上出现的最大负荷电流 $I_{\mathrm{L.max}}$，同时还必须考虑在外部故障切除后电压恢复、负荷自启动电流作用下保护装置必须能够返回，其返回电流应大于负荷自启动电流。例如在图 2-43 所示的接线中，当 K_2 点短路时，短路电流将通过保护 5、4、3、2，这些保护都要启动，但是按照选择性的要求应由保护 2 动作切除故障，保护 3、4、5 由于电流已经减小而立即返回。

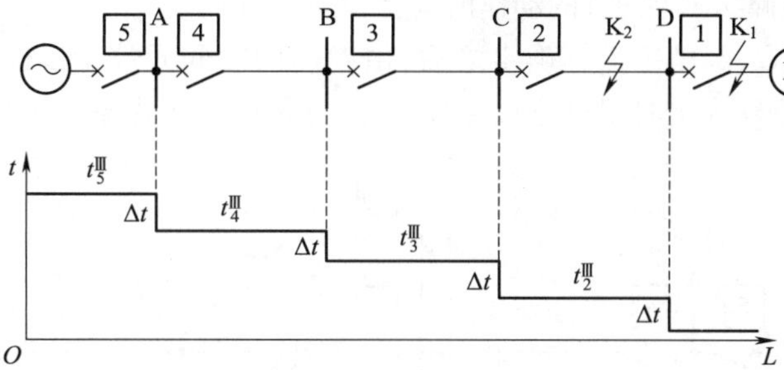

图 2-43 单侧电源放射形网络中过电流保护

实际上当 K_2 点故障切除后，流经保护 3、4、5 的电流是仍然在继续运行中的负荷电流。还必须考虑到，由于短路时电压降低，变电所 A、B、C 母线上所接负荷的电动机被制动，因此，在故障切除后电压恢复时，电动机要有一个自启动的过程。电动机的自启动电流要大于它正常工作的电流。因此引入一个自启动系数 K_{SS} 来表示自启动时最大电流 $I_{\mathrm{SS.max}}$ 与正常运行时最大负荷电流 $I_{\mathrm{L.max}}$ 之比，即

$$I_{\mathrm{SS.max}}=K_{\mathrm{SS}}I_{\mathrm{L.max}} \tag{2-11}$$

保护 3、4、5 在各自启动电流的作用下必须立即返回。为此应使保护装置的返回电流（一次值）I'_{re} 大于 $I_{\mathrm{SS.max}}$。引入可靠系数 $K_{\mathrm{rel}}^{\mathrm{III}}$，则

$$I'_{\mathrm{re}}=K_{\mathrm{rel}}^{\mathrm{III}}I_{\mathrm{SS.max}}=K_{\mathrm{rel}}^{\mathrm{III}}K_{\mathrm{SS}}I_{\mathrm{L.max}} \tag{2-12}$$

电流继电器返回电流和动作电流之比称为继电器的返回系数 K_{re}，则保护装置的动作电流即为

$$I_{\mathrm{set}}^{\mathrm{III}}=\frac{1}{K_{\mathrm{re}}}I'_{\mathrm{re}}=\frac{K_{\mathrm{rel}}^{\mathrm{III}}K_{\mathrm{SS}}}{K_{\mathrm{re}}}I_{\mathrm{L.max}} \tag{2-13}$$

式中 $K_{\mathrm{rel}}^{\mathrm{III}}$——可靠系数，一般采用 1.15～1.25；

K_{SS}——自启动系数，数值大于 1，应由网络具体接线和负荷性质确定；

K_{re}——电流继电器的返回系数，一般采用 0.85～0.95。

由这一关系可见，当 K_{re} 越小时则保护装置的启动电流越大，其灵敏性就越差，这是不利的，因此要求过电流继电器应有合适的返回系数。

2. 过电流保护的动作时限

如图 2-43 所示，假定在每个电力元件上均装有过电流保护，各保护的启动电流均按照躲开被保护元件上各自的最大负荷电流来整定。这样当 K_1 点短路时，保护 1 ~ 5 在短路电流的作用下都可能启动。为满足选择性要求，应该只有保护 1 动作切除故障，而保护 2 ~ 5 在故障切除之后应立即返回。这个要求只有依靠使各保护装置带有不同的时限来满足。

保护 1 位于电力系统的最末端，当发生电动机内部故障时可以瞬时动作予以切除，因此 t_1^{III} 为保护装置本身的固有动作时间。对保护 2 来讲，为了保证 K_1 点短路时动作的选择性，则应整定其动作时限 $t_2^{\mathrm{III}} > t_1^{\mathrm{III}}$。引入时间阶段 Δt，则保护 2 的动作时限为

$$t_2^{\mathrm{III}} = t_1^{\mathrm{III}} + \Delta t \tag{2-14}$$

依此类推，保护 3、4、5 的动作时限均应比相邻各元件保护的动作时限高出至少一个 Δt，只有这样才能充分保证动作的选择性。例如，在图 2-44 所示的电力系统中，对保护 4 而言即应同时满足

$$t_4^{\mathrm{III}} = \max\{t_1^{\mathrm{III}} + \Delta t, t_2^{\mathrm{III}} + \Delta t, t_3^{\mathrm{III}} + \Delta t\} \tag{2-15}$$

式中　t_1^{III}——保护 1（电动机保护）的动作时间；

t_2^{III}——保护 2（变压器保护）的动作时间；

t_3^{III}——保护 3（线路 B-C 保护）的动作时间。

这种保护的动作时限，经整定计算确定之后，由专门的时间元件予以保证，其动作时限与短路电流的大小无关，因此称为定时限过电流保护，实现保护的单相式原理接线与图 2-42 相同。

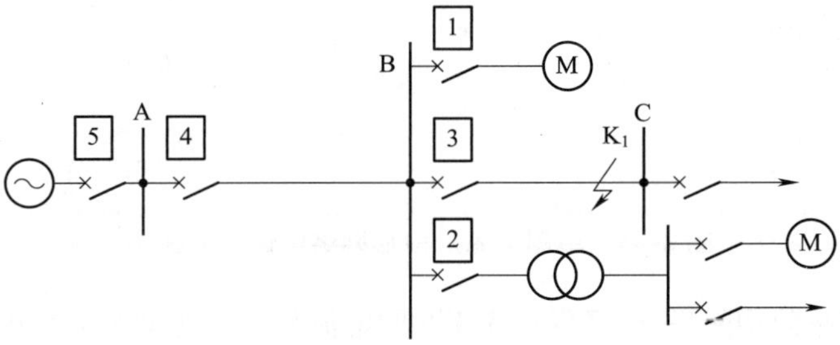

图 2-44　选择过电流保护动作时间的网络接线图

3. 过电流保护灵敏系数的校验

过电流保护灵敏系数的校验仍采用式(2-8)。当过电流保护作为本线路的主保护或近后备时，应采用最小运行方式下本线路末端两相短路时的电流进行校验，要求 $K_{sen} > 1.3 \sim 1.5$；当作为相邻线路的远后备保护时，则应采用最小运行方式下相邻线路末端两相短路时的电流进行校验，此时要求 $K_{sen} > 1.2$。此外，在各个过电流保护之间，还必须要求灵敏系数互相配合，即对同一故障点而言要求越靠近故障点的保护应具有越高的灵敏系数。例如，在图 2-43 所示的网络中，当 K_1 点短路时，应要求各保护的灵敏系数之间具有下列关系

$$K_{sen.1} > K_{sen.2} > K_{sen.3} > K_{sen.4} > \cdots \tag{2-16}$$

在后备保护之间，只有当灵敏系数和动作时限都互相配合时，才能切实保证动作的选择性，这一点在复杂网络的保护中尤其应该注意。以上要求同样适用于以后要讲的零序电流Ⅲ段保护和距离Ⅲ段保护。

4. 定时限过电流保护评价

定时限过电流保护的优点是保护范围广，能够保护被保护线路全长，也能够保护相邻线路全长，具有远后备保护的优势。其缺点是在具有多级保护的线路中，靠近电源端的过电流保护动作时限长、速动性差，而且在重负荷线路中，其灵敏度系数较低。定时限过电流保护一般作为本线路近后备保护及相邻线路的远后备保护使用。

五、阶段式电流保护测试

视 频

三段电流保护

将电流速断保护、限时电流速断保护和过电流保护组合起来，构成的一整套保护称为三段电流保护，属于阶段式电流保护。

电流速断保护、限时电流速断保护和过电流保护都是由于电流升高而动作的保护。它们之间的主要区别在于按照不同的原则来选择启动电流和动作时间。

由于电流速断保护不能保护线路全长，限时电流速断保护又不能作为相邻元件的后备保护，因此为保证迅速而有选择性地切除故障，常常将电流速断保护、限时电流速断保护和过电流保护组合在一起，构成阶段式电流保护。其中，电流速断保护称为Ⅰ段、限时电流速断保护称为Ⅱ段，定时限过电流保护称为Ⅲ段。Ⅰ段和Ⅱ段保护共同组成线路的主保护，Ⅲ段保护作为本线路Ⅰ段和Ⅱ段保护的近后备，也作为下一条线路的远后备。具体应用时，可以只采用速断保护保护加过电流保护，或限时速断保护加过电流保护，也可以三者同时采用。现以图2-45所示的网络接线为例予以说明。

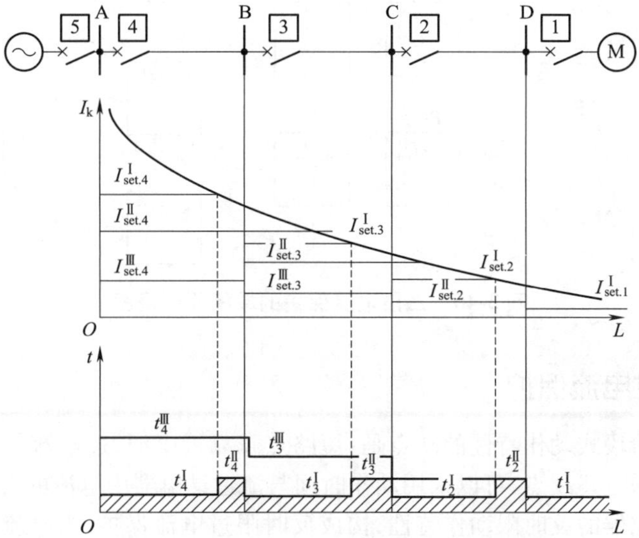

图2-45 阶段式电流保护配合和动作时间示意图

在电网最末端的用户电动机或其他受电设备上，保护1采用瞬时动作的过电流保护即满足要求，其动作电流按躲开电动机启动时的最大电流整定，与电网中其他保护的定值和时限上都没有配合关系。在电网的倒数第二级上，如果在线路CD没有提出故障瞬时切除的要求时，保护2可只装设一个0.5 s动作的过电流保护；而如果要求线路CD上的故障必须快速切除时，则可增设一个电流速断保护，即保护2由一个电流速断保护加过电流保护构成两段电流保护。线路BC保护3的过电流保护由于要和保护2配合，因此动作时限要整定为1.0～1.2 s，一般在这种情况下，需要考虑增设电流速断保护或同时装设电流速断保护和限时速断保护，此时保护3可能是两段保护也可能是三段保护。越靠近电源端，过电流保护的动作时限就越长，因此，一般都需要装设三段保护。

由图 2-45 可见,当全系统任意一点发生短路时,如果不发生保护或断路器拒绝动作的情况,则故障都可以在 0.5 s 以内的时间予以切除。

具有电流速断保护、限时电流速断保护和过电流保护的单相原理框图如图 2-46 所示。电流速断部分由电流元件 BC^{I} 和信号元 $\mathrm{KSG}^{\mathrm{I}}$ 组成;限时电流速断部分由电流元件 $\mathrm{BC}^{\mathrm{II}}$、时间元件 $\mathrm{BK}^{\mathrm{II}}$ 和信号元件 $\mathrm{KSG}^{\mathrm{II}}$ 组成;过电流部分则由电流元件 $\mathrm{BC}^{\mathrm{III}}$、时间元件 $\mathrm{BK}^{\mathrm{III}}$ 和信号元件 $\mathrm{KSG}^{\mathrm{III}}$ 组成。三段的动作电流和动作时间整定的均不相同,因此必须分别使用三个串联的电流元件和两个不同时限的时间元件,而信号元件则分别用以发出Ⅰ、Ⅱ、Ⅲ段动作的信号。

使用Ⅰ段、Ⅱ段或Ⅲ段组成的阶段式电流保护,其主要的优点就是简单、可靠,并且在一般情况下也能够满足快速切除故障的要求,因此在电网中特别是在 35 kV 及以下较低电压的网络中获得广泛的应用。此保护的缺点是它直接受电网的接线以及电力系统的运行方式变化的影响,例如整定值必须按系统最大运行方式来选择,而灵敏性则必须用系统最小运行方式来校验,这就使它往往不能满足灵敏系数或保护范围的要求。

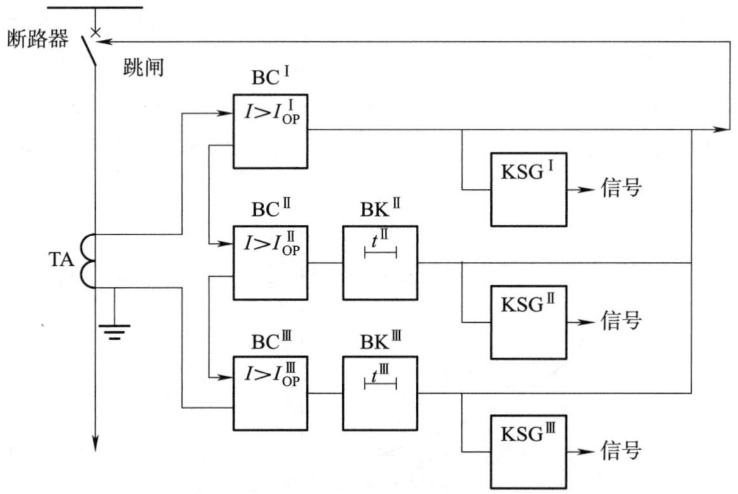

图 2-46　三段电流保护的单相原理框图

六、反时限过电流保护

● 视频
反时限过电流保护

阶段式动作特性的缺点是:短路点越靠近电源,过电流保护段动作时间越长。为克服上述缺点,可以采用动作时间与流过继电器中电流的大小有关的继电器,利用继电器的反时限动作特性,构成反时限过电流保护,当电流大时,保护的动作时限短,而电流小时动作时限长。

反时限过电流继电器时限特性如图 2-47 所示。近处故障时动作时限短,而远处故障时动作时限自动加长,可以同时满足速动性和选择性的要求。对于图 2-47 所示的常规反时限特性,一般用动作电流 I_{OP}、瞬时动作电流 I_{OP}^{I}(瞬时动作触点闭合时间 t_b)和反时限特性曲线 $t=f(I)$ 三个参数来描述。常用的反时限过电流继电器动作特性方程为

$$t=\frac{0.14K}{\left(\frac{I}{I_{OP}}\right)^{0.02}-1} \tag{2-17}$$

当流过继电器的电流小于动作电流 I_{OP} 时,继电器不启动。当电流大于瞬时动作电流 I_{OP}^{I} 时继

电器以最小动作时间 t_b 动作。当电流在以上两者之间时，电流继电器启动后，延时触点的闭合时间与电流倍数（流过继电器的电流 I 与动作电流 I_{OP} 之比）有关。K 为时间整定系数，选择不同的 K 值，可以获得不同的动作时间曲线，K 值越大，动作时间越长。因此在数字式保护中，改变式(2-17)的系数 K 可以获得不同的动作特性，选定系数 K 后，实时测量输入电流，当大于动作电流时，实时计算动作时间。常规反时限过电流继电器的电流-时间对数特性曲线簇如图 2-48 所示。

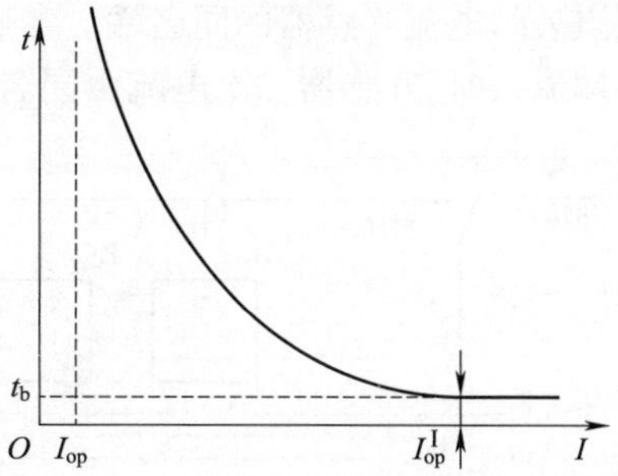

图 2-47　反时限过电流继电器时限特性

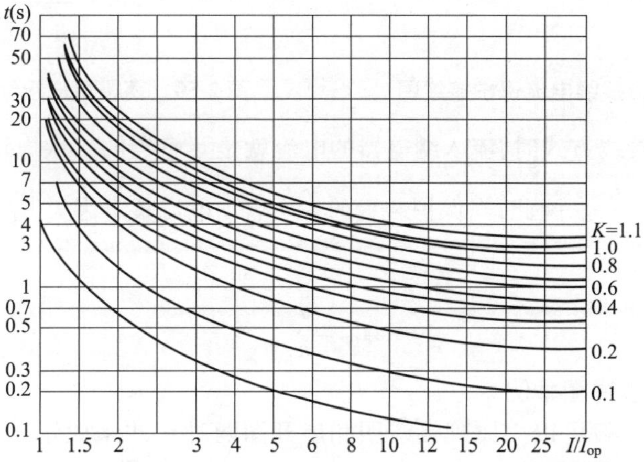

图 2-48　常规反时限过电流继电器的电流-时间对数特性曲线簇

七、电流保护的接线

上述电流保护原理均是以单相为例，而对于实际三相系统时，是否需要每相都装设单相式保护需要分析后决定。

1. 接线方式

电流保护的接线方式，就是指保护中电流继电器与电流互感器二次绕组之间连接方式。对相间短路的电流保护，目前广泛采用的是三相星形接线和两相星形接线这两种方式。三相星形接线电流保护接线图如图 2-49 所示。它是将三个电流互感器与三个电流继电器分别按相连接在一起，互感器和继电器均接成星形，在中线上流回的电流为 $\dot{I}_a+\dot{I}_b+\dot{I}_c$，正常时此电流约为零，在发生接地短路时则为三倍零序电流 $3\dot{I}_0$。三个继电器的触点是并联连接的，相当于“或”回路，当其中任一接点闭合后均可动作于跳闸或启动时间继电器等。由于在每相上均装有电流继电器，因此，它可以反映各种相间短路和中性点直接接地系统中的单相接地短路。两相星形接线电流保护接线图如图 2-50 所示。它用装设在 A、C 相上的两个电流互感器与两个电流继电器分别按相连接在一起，它和三相星形接线的主要区别在于 B 相上不装设电流互感器和相应的继电器，因此，它不能反映 B 相中所流过的电流。在这种接线中，中线上流回的电流是 $\dot{I}_a+\dot{I}_c$。因 $\dot{I}_a+\dot{I}_c=-\dot{I}_b$，如果在中线内接入一继电器，这种接线称为两相三继电器接线，和三相星形接线的作用基本相同。

使用电流、电压互感器时，其一、二次电量的相位关系用同名端标记，图 2-49 和图 2-50 中的黑点表示电流互感器的同名端。参照电磁感应定律的相关规定，同名端含义为：当一次电流从同名端流入时，互感器二次电流由同名端流出，此时一次、二次电流同相位。

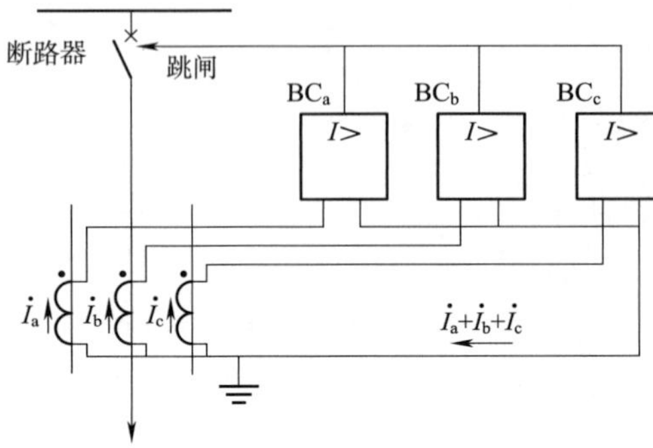

图 2-49　三相星形接线电流保护接线图

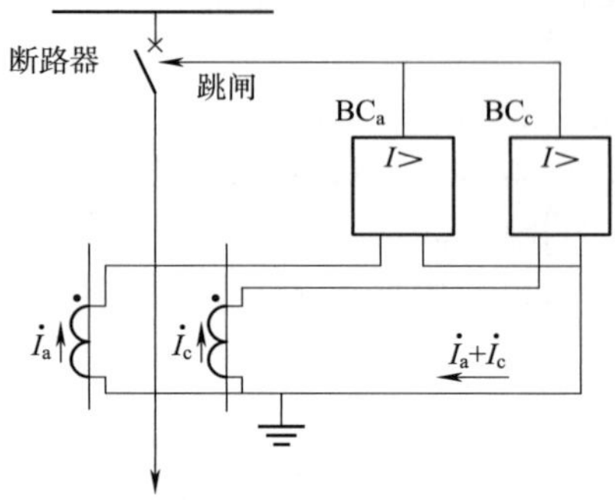

图 2-50　两相星形接线电流保护接线图

当采用以上两种接线方式时，流入继电器的电流就是互感器的二次电流 I_2，设电流互感器的变比为$n_{TA}=\dfrac{I_1}{I_2}$，则 $I_2=\dfrac{I_1}{n_{TA}}$。因此，当保护装置的一次启动电流整定为 I_{set}时，则反映到继电器上的动作电流即应为

$$I_{OP}=\frac{I_{set}}{n_{TA}} \tag{2-18}$$

2. 三段电流保护接线图举例

继电保护接线图一般可以用原理接线图和展开图两种形式来表示。原理接线图中的每个功能块，在由电磁型继电器实现时可能是一个独立的元件，但在数字式保护和集成电路式保护中，往往将几个功能块用一个元件实现。三段电流保护原理如图 2-51 所示。图 2-51(a)中，每个电器的线圈和触点都画在一个图形内，所有元件都用设备文字符号标注，如 BC 表示电流继电器，BK 表示时间继电器，KSG 表示信号继电器等。原理接线图对整个保护的工作原理能给出一个完整的概念使初学者容易理解，但是交、直流回路合在一张图上，有时难以进行回路的分析和检查。

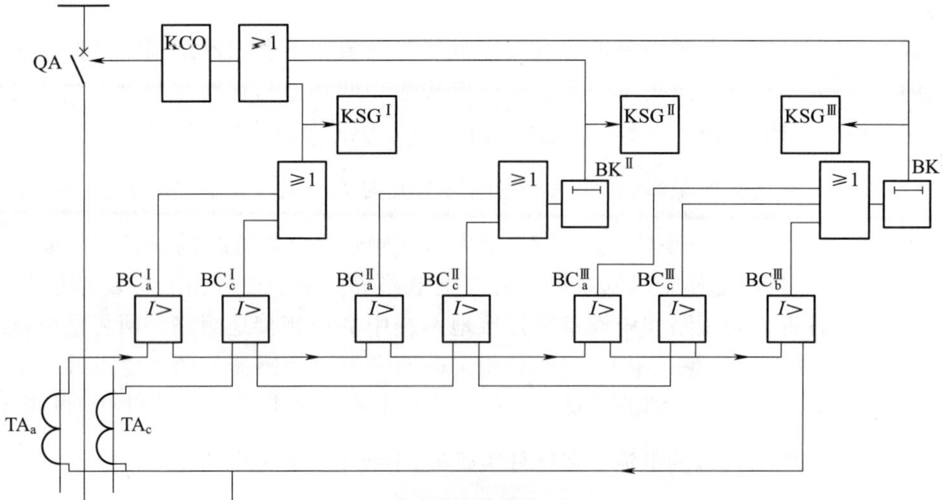

(a) 原理接线图

图　2-51

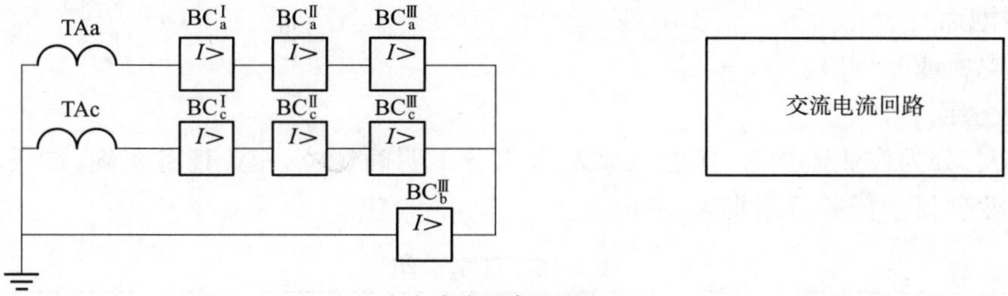

（b）交流回路展开图

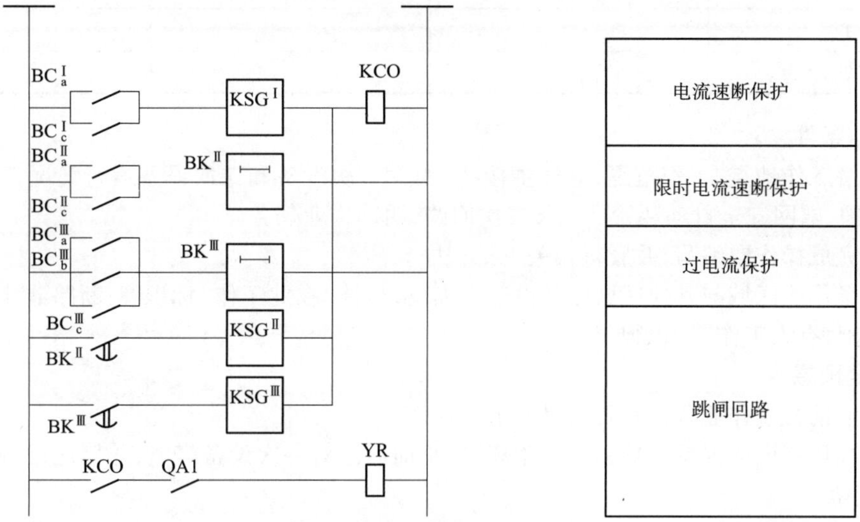

（c）直流回路展开图

KCO—保护跳闸继电器；YR—断路器的跳闸线圈；QA1—断路器 QA 的位置辅助触点。

注：各触点的位置对应于被保护线路的正常运行状态。

图 2-51 三段电流保护原理图

展开图中交流回路和直流回路分开表示，分别如图 2-51（b）、图 2-51（c）所示。其特点是每个继电器的输入量（线圈）和输出量（触点）根据实际动作的回路情况分别画在图中不同的位置上，但仍然用同一个符号来标注，以便查对。在展开图中，继电器线圈和触点的连接尽量按照故障后动作的顺序，自左而右，自上而下依次排列。展开图接线简单，层次清楚，在掌握了其构成的原理以后，更便于阅读和检查，因此在生产中得到广泛的应用。

图 2-51 中，电流速断保护和限时电流速断保护采用两相星形接线方式，而过电流保护采用两相三继电器接线。每段保护动作后，都由自己的信号继电器给出动作信号。

任务实施

一、任务准备

1. 任务器材

PCS-9611 A 线路保护测控装置，继电保护测试仪 1 台，螺丝刀 1 套，低压验电笔 1 支，万用表 1 块，试验用导线、封闭遮栏、警示标志牌若干，个人安全防护用品，变电站二次部分图纸一套，定值单 1 套（三段电流保护投入：瞬时电流速断保护/Ⅰ段，2 A 0.1 s；限时电流速断保护/Ⅱ段，1.5 A 0.5 s；定时限过电流保护/Ⅲ段，1.1 A 0.8 s）。

2. 任务地点

地铁变电所或实训室。

3. 任务分组

每组2人，分为作业监护人、作业完成人，2人分工明确到位，作业任务明确，责任清楚。各组独立完成作业项目。任务分组见表2-16。

表2-16　任务分组

序号	小组成员	任务分工	注意事项
1			
2			

4. 作业条件

(1)了解工作地点、工作范围、电气主接线、相关一次设备和二次设备运行情况，熟悉二次图纸、继电保护、电网安全自动装置及相关二次回路，明确作业任务。

(2)已完成操作票编写，并履行相关审批程序。

(3)现场作业区域与其他区域已装设遮拦隔离，悬挂“在此工作”标识牌；断路器、隔离开关悬挂“禁止合闸，有人工作”标识牌。

5. 安全预想

(1)作业前检查作业条件是否满足要求。

(2)与高压带电体保持足够的安全距离；试验前后已对一次设备停电，并接地；作业过程中勿走错作业间隔。

(3)坚持谁拆线谁恢复原则，坚持谁投退保护谁恢复原则，坚持自控、互控、他控原则。作业完毕务必双人检查确认恢复。本次作业需要断开某变电所35 kV侧TA电流输入测试端子连片XT1:112、XT1:122、XT1:133三处，作业完成后，应恢复对应端子连接三处。

(4)作业后，核对保护定值及保护投退、控制字情况，核对端子恢复连接情况。

(5)作业完成后，检查所有物品，出清作业现场，不得遗漏、影响设备正常运行。

二、任务步骤

1. 保护定值核对

(1)如图2-52(a)所示，在PCS-9611 A线路保护测控装置主菜单中选择控制字定值，将Ⅰ段过流保护、Ⅱ段过流保护、Ⅲ段过流保护压板控制字分别置1投入，保护经复压闭锁控制字均设为0。

(2)如图2-52(b)所示，在PCS-9611 A线路保护测控装置主菜单中选择保护功能定值，核对保护定值。保护定值设置如下：

过流Ⅰ段(瞬时电流速断保护)：2 A　0.1 s；

过流Ⅱ段(限时电流速断保护)：1.5 A　0.5 s；

过流Ⅲ段(定时限过电流保护)：1.1 A　0.8 s。

2. 电流输入端子接线

电流互感器二次回路电流采样端子设备原理如图2-53(a)所示，A相采样端子为XT1:112，B相采样端子为XT1:122，C相采样端子为XT1:133，N相采样端子为公共端XT1:132/121/111/110。断开保护装置模拟量输入回路与电流互感器二次回路的纵向连片。

连接继电保护测试仪与继电保护装置电流模拟量输入回路采样端子。开关柜电流互感器二次回路电流采样端子实物如图2-53(b)所示，在端子排的XT1:112、XT1:122、XT1:133端子中分别插入黄绿红色测试导线，XT1:110中插入黑色测试导线，分别与测试仪的各相电流输出端子连接。

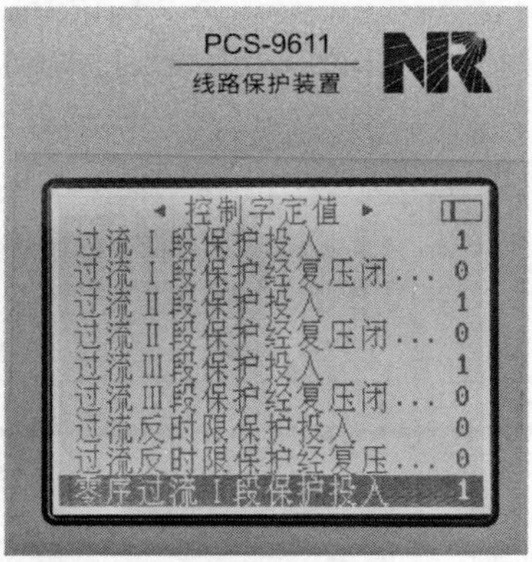

（a）控制字核对

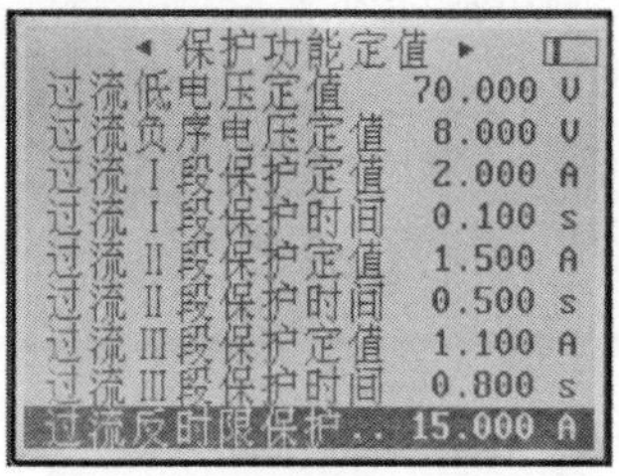

（b）保护定值核对

图 2-52　保护装置定值核对

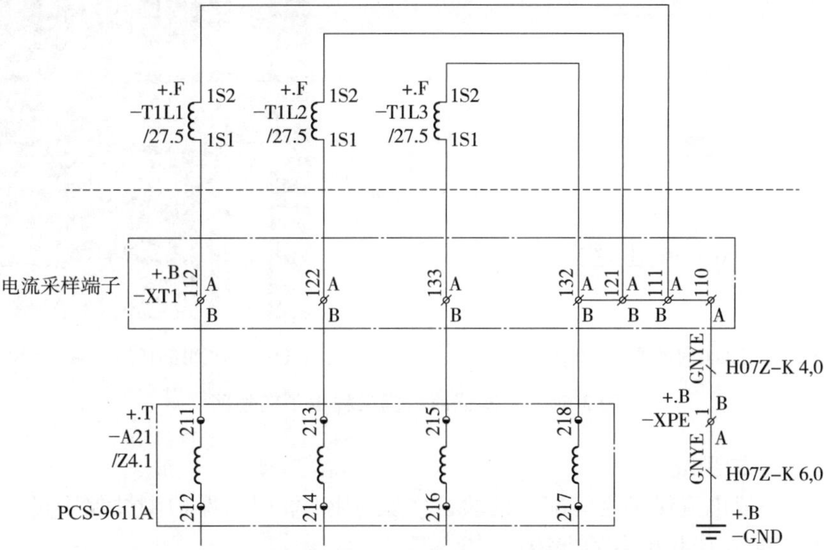

（a）电流互感器二次回路电流采样端子设备原理图

测试导线

XT1：110、112、122、133

（b）电流互感器二次回路电流采样端子实物图

图 2-53　开关柜电流采样端子接线

3. 时间采样端子接线

二次回路时间采样原理如图 2-54(a)所示,保护跳闸开出回路端子为 XC30:320、XC30:305。二次回路时间采样端子实物如图 2-54(b)所示,测试时,将保护跳闸开出回路端子 XC30:320、XC30:305 与保护测试仪的开关量输入端子并联,用来将保护动作信号回馈给测试仪。

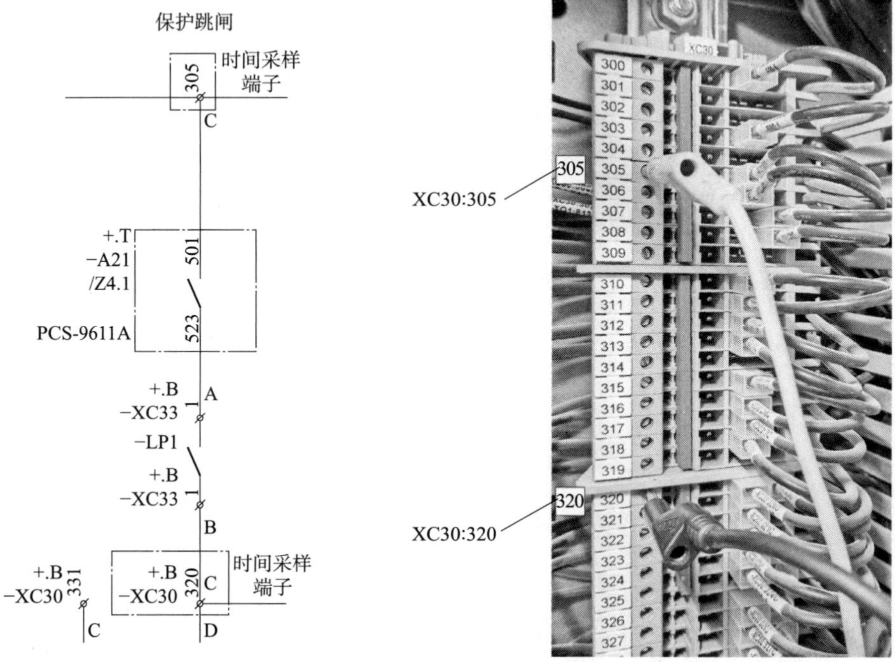

(a)二次回路时间采样原理图　　(b)二次回路时间采样端子实物图

图 2-54　二次回路时间采样端子实物图

4. 三段电流保护测试

本次测试是三段电流保护之间配合的验证实验,因此采用在保护测试仪中设置模拟故障电流,加量后观察保护动作和配合的方法。

(1)Ⅰ段电流保护特性测试

①继电保护测试仪时间采样线接点设置。

如图 2-55 所示,继电保护测试仪动作接点输入和保护跳闸开出回路端子连接,连接接点和设置一致,接点类型为常开。当需要使用断路器辅助接点采样时,辅助接点类型(常开或常闭)和动作接点输入类型一致。

②设置继电保护测试仪电流、时间控制参数。

如图 2-56 所示,在继保仪中设置模拟故障电流。过流Ⅰ段(瞬时电流速断保护)定值为 2 A　0. 1 s;因此,故障电流大小设置为 2. 1 A(大于过流Ⅰ段整定电流);如图 2-57 所示,设置继电保护测试仪时间控制参数,将故障电流持续时间设置为 0. 3 s(大于过流Ⅰ段整定动作时间)。

③测试动作特性。

如图 2-58 所示,启动继电保护测试仪测试至保护动作。如图 2-59(a)所示,在保护装置上查看保护动作电流值。如图 2-59(b)所示,在继电保护测试仪上查看保护动作时间值。将动作电流值、动作时间值填抄在表 2-17 实验结果统计中。

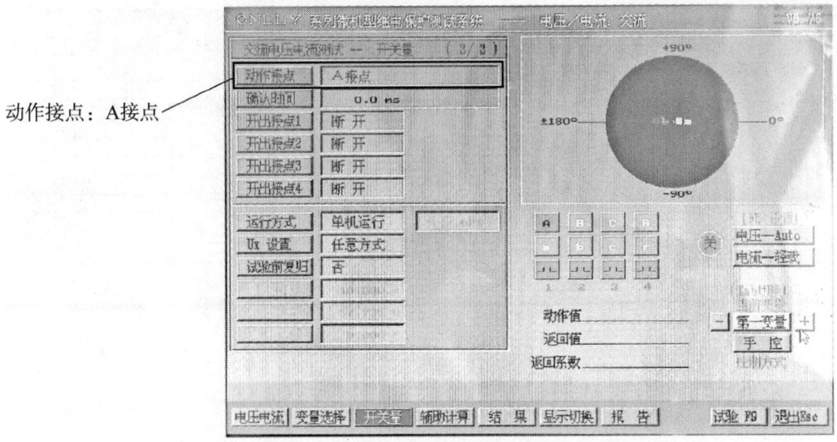

图 2-55 继电保护测试仪时间采样线接线接点选取

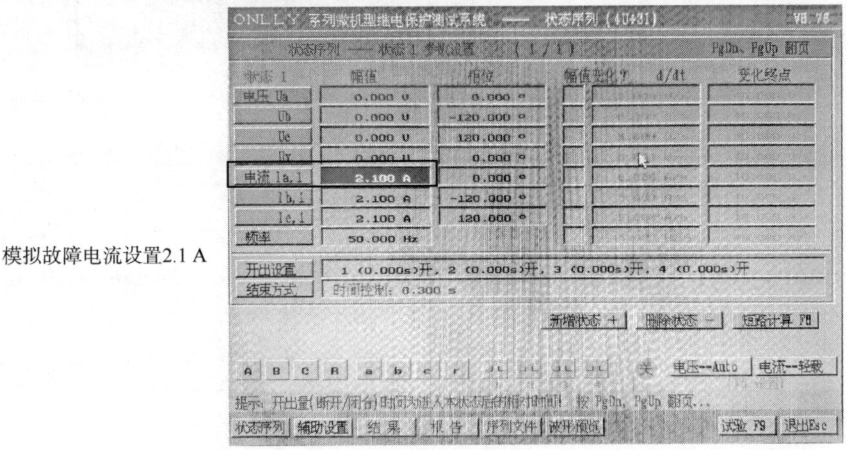

图 2-56 继电保护测试仪电流参数设置

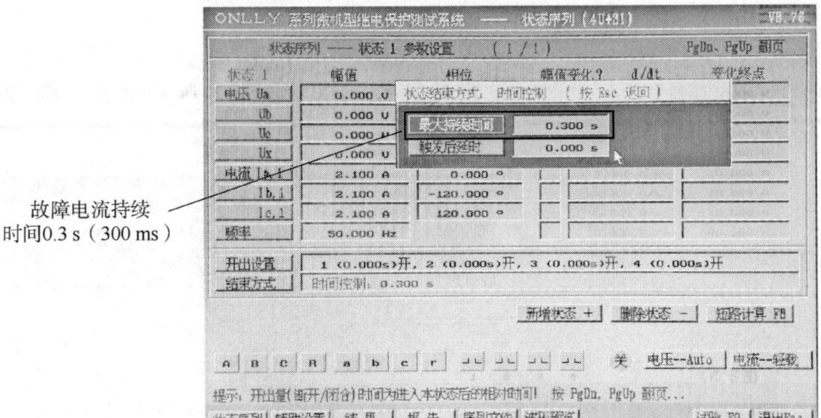

图 2-57 继电保护测试仪时间控制参数设置

（2）Ⅱ段电流保护特性测试

①继电保护测试仪时间采样线接线接点设置。

同Ⅰ段电流保护特性设置中继保仪时间接点设置。

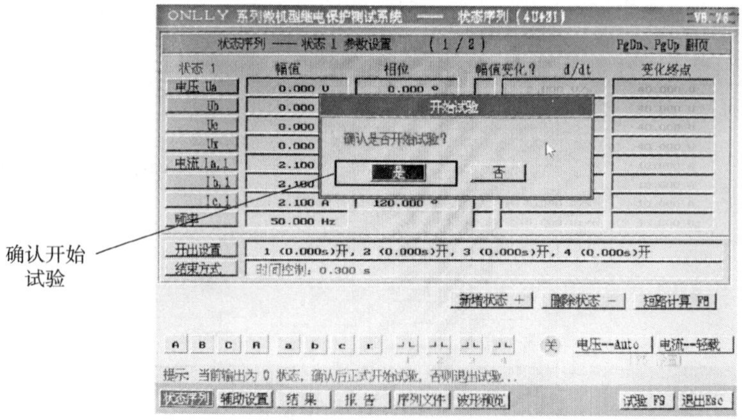

图 2-58　启动继电保护测试仪试验

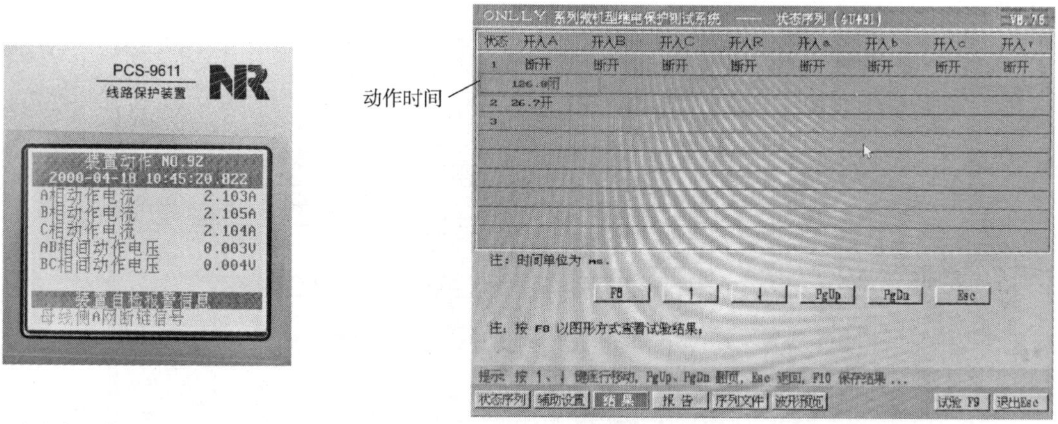

（a）保护装置动作电流记录　　（b）测试动作时间记录

图 2-59　动作情况

②设置继电保护测试仪电流、时间控制参数。

如图 2-60 所示，将继电保护测试仪输出模拟故障电流设置为 1.6 A；如图 2-61 所示，将继电保护测试仪输出模拟故障电流持续时间设置为 0.6 s（600 ms）。原因和过流 1 段（瞬时电流速断保护）测试时一致，在此不再赘述。

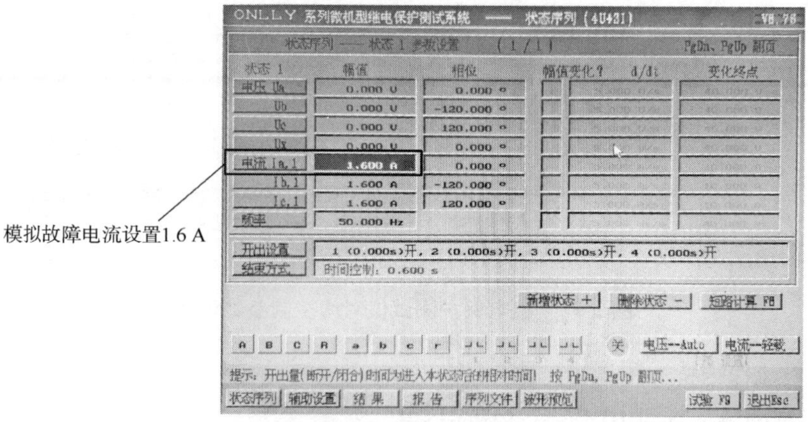

图 2-60　继电保护测试仪电流参数设置

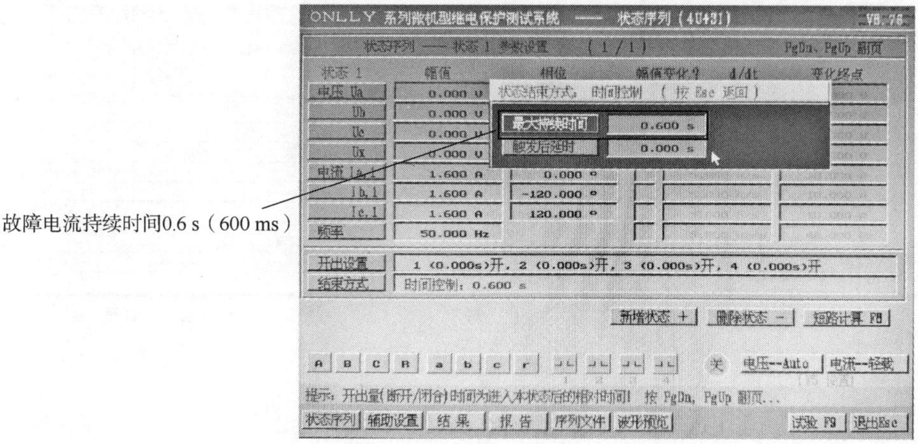

图 2-61　继电保护测试仪时间控制参数设置

③测试动作特性。

启动继电保护测试仪测试至保护动作。如图 2-62(a)所示，在保护装置上查看保护动作电流值。如图 2-62(b)所示，在继电保护测试仪上查看其动作时间值。将动作电流值、动作时间值填抄在表 2-17 实验结果统计中。

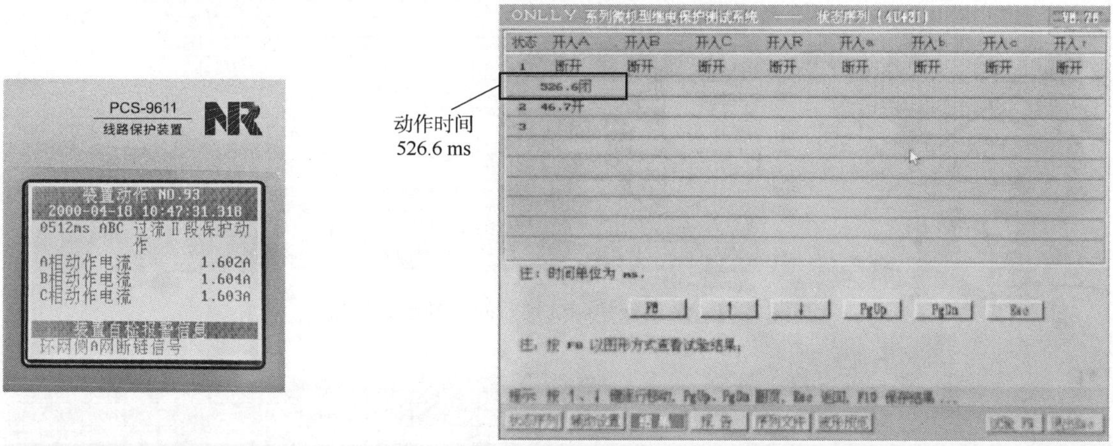

（a）保护装置动作电流记录　　（b）测试动作时间记录

图 2-62　动作情况

（3）Ⅲ段电流保护特性测试

①继电保护测试仪时间采样线接点设置。

同Ⅰ段电流保护特性设置中继保仪时间接点设置。

②设置继电保护测试仪电流、时间控制参数。

如图 2-63 所示，将继保仪输出模拟故障电流设置为 1.2 A；如图 2-64 所示，将继保仪输出模拟故障电流持续时间设置为 1 s(1 000 ms)。

③测试动作特性。

启动继电保护测试仪测试至保护动作。如图 2-65(a)所示，在保护装置上查看保护动作电流值。如图 2-65(b)所示，在继电保护测试仪上查看其动作时间值。将动作电流值、动作时间值填抄在表 2-17 实验结果统计中。

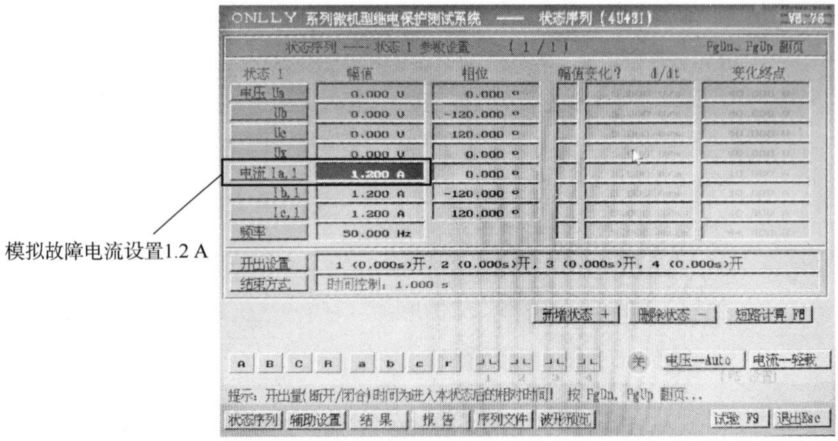

图 2-63　继电保护测试仪电流参数设置

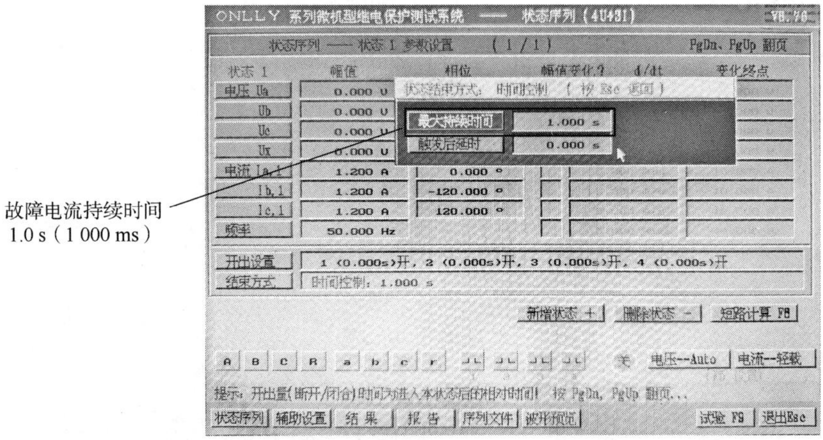

图 2-64　继电保护测试仪时间控制参数设置

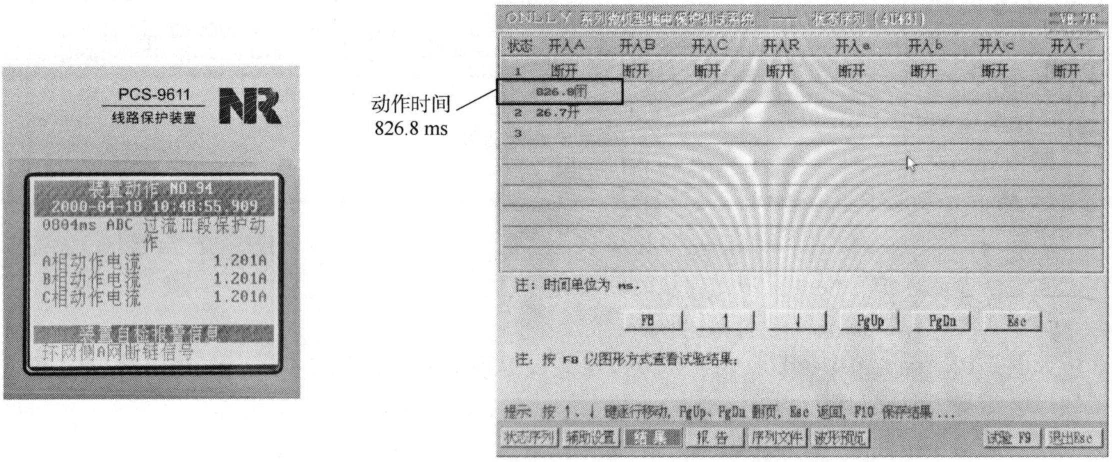

（a）保护装置动作电流记录　　（b）保护测试动作时间记录

图 2-65　动作情况

（4）Ⅰ、Ⅱ、Ⅲ段电流保护特性配合测试

①继电保护测试仪时间采样线接点设置。

同Ⅰ段电流保护特性设置中继保仪时间接点设置。

②设置继电保护测试仪电流、时间控制参数。

如图2-66所示，将继电保护测试仪输出模拟故障电流设置为2.1 A；如图2-67所示，将继电保护测试仪输出模拟故障电流持续时间设置为1 s（1 000 ms）。

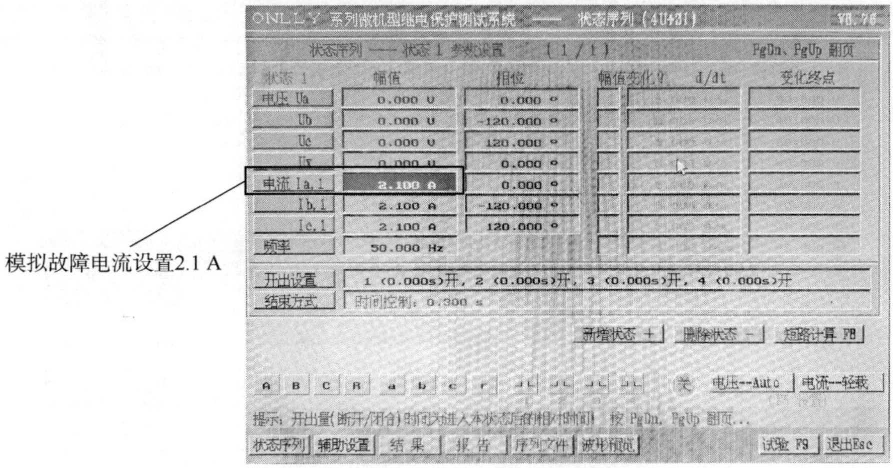

图2-66 继电保护测试仪电流参数设置

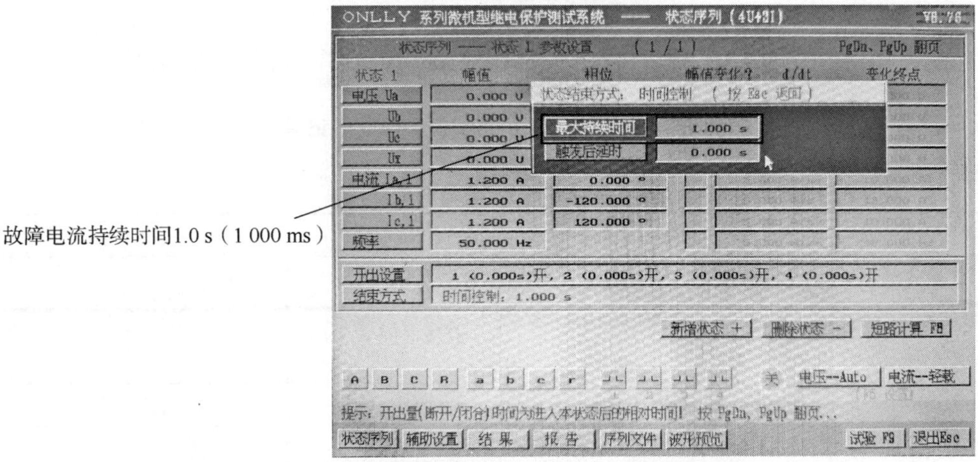

图2-67 继电保护测试仪时间控制参数设置

③测试动作特性。

启动继电保护测试仪测试至保护动作。如图2-68所示，在保护装置上查看过流保护动作情况及电流值。如图2-69所示，在继电保护测试仪上查看过流保护动作时间值。将动作电流值、动作时间值填抄在表2-17实验结果统计中。

（5）实验结束后在PCS-9611 A线路保护测控装置按复归按键，进行信号复归，可以开始下一组实验。

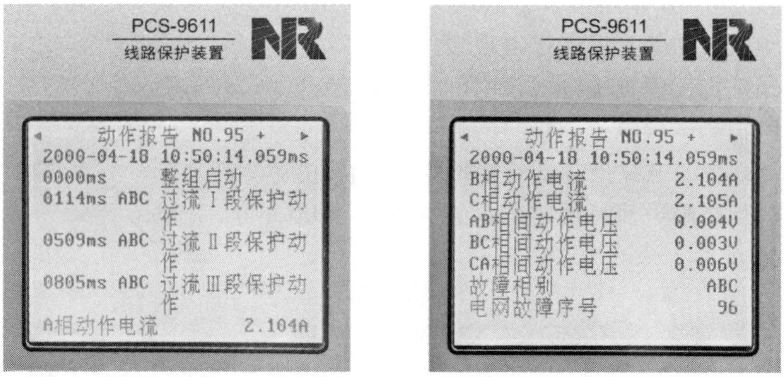

（a）保护装置电流保护动作记录　　（b）保护装置电流保护动作记录

图 2-68　动作情况

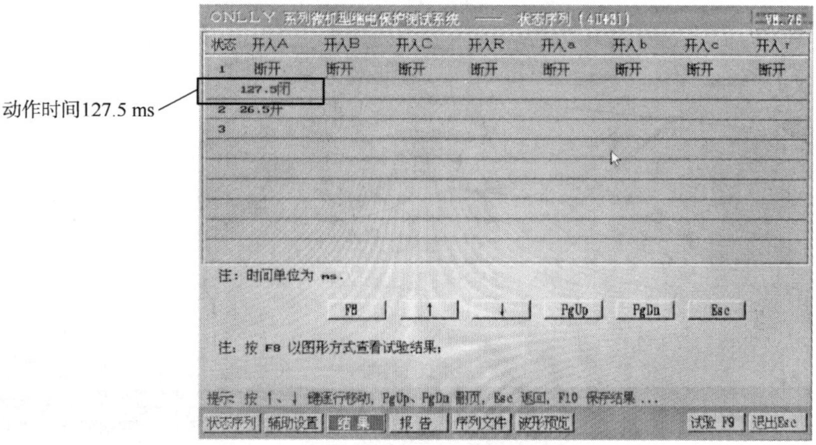

图 2-69　继电保护测试仪动作时间记录

表 2-17　实验结果统计

实验内容	整定值	故障电流	动作情况
Ⅰ段特性校验	Ⅰ段:2 A　0.1 s	2.1 A 持续时间 0.3 s	
	Ⅱ段:1.5 A　0.5 s		
	Ⅲ段:1.1 A　0.8 s		
Ⅱ段特性校验	Ⅰ段:2 A　0.1 s	1.6 A 持续时间 0.6 s	
	Ⅱ段:1.5 A　0.5 s		
	Ⅲ段:1.1 A　0.8 s		
Ⅲ段特性校验	Ⅰ段:2 A　0.1 s	1.2 A 持续时间 1 s	
	Ⅱ段:1.5 A　0.5 s		
	Ⅲ段:1.1 A　0.8 s		
Ⅰ、Ⅱ、Ⅲ段特性配合	Ⅰ段:2 A　0.1 s	2.1 A 持续时间 1 s	
	Ⅱ段:1.5 A　0.5 s		
	Ⅲ段:1.1 A　0.8 s		

根据表 2-17 记录的实验结果，分析保护装置动作的正确性。

任务考核

任务考核见表2-18。

表2-18 任务考核表

<table>
<tr><td colspan="2">任务名称</td><td colspan="6">分析与测试基本电流保护特性</td></tr>
<tr><td colspan="2">安全监护人</td><td></td><td>作业完成人</td><td></td><td>日期</td><td colspan="2"></td></tr>
<tr><td colspan="2">开始时间</td><td></td><td>结束时间</td><td></td><td>任务完成时间</td><td colspan="2"></td></tr>
<tr><td colspan="2">评分项目</td><td colspan="3">评分要素及标准</td><td>分值</td><td>小组互评</td><td>教师评分</td></tr>
<tr><td colspan="2">作业准备</td><td colspan="3">检查工器具准备齐全(5分)
穿戴好个人安全防护用品(5分)
做好安全条件复核、安全预想全面(5分)</td><td>15</td><td></td><td></td></tr>
<tr><td rowspan="6">作业操作流程</td><td>保护装置外观及接线检查</td><td colspan="3">前面板检查能识别各个指示灯状态、作用(5分)
检查后面板各线束整齐牢固(5分)</td><td>10</td><td></td><td></td></tr>
<tr><td>定值核对</td><td colspan="3">能正确完成定值核对(5分)
未经授权改动定值、配置本项目考核不合格</td><td>5</td><td></td><td></td></tr>
<tr><td>保护投入</td><td colspan="3">能正确完成电流Ⅰ段过流保护、Ⅱ段过流保护、Ⅲ段过流保护压板投入(10分)
未经授权改动定值、配置本项目考核不合格</td><td>10</td><td></td><td></td></tr>
<tr><td>完成电流输入端子接线、时间端子接线</td><td colspan="3">能从二次原理图中找到电流端子、保护跳闸出口端子部分(5分)
能找到屏柜对应端子(5分)
正确断开电流采样端子(5分)
完成测试接线(5分)</td><td>20</td><td></td><td></td></tr>
<tr><td>设置故障</td><td colspan="3">正确完成线路故障设置(15分)</td><td>15</td><td></td><td></td></tr>
<tr><td>记录完整，结果分析正确</td><td colspan="3">记录完整清晰(10分，缺失一项扣5分，记录不规范扣5分)
结果分析正确(5分)</td><td>15</td><td></td><td></td></tr>
<tr><td colspan="2">作业后恢复</td><td colspan="3">工器具、设备无损伤、无违章作业(8分)
工器具恢复原位置，摆放整齐，出清现场(2分)</td><td>10</td><td></td><td></td></tr>
<tr><td colspan="2">操作限时</td><td colspan="6">本任务限时45 min内完成，每超过1 min扣4分。超时10 min为不合格</td></tr>
<tr><td colspan="2">总分</td><td colspan="6">(总分=小组互评×40%+教师评分×60%)</td></tr>
<tr><td colspan="8">作业人员签字： 考评人员签字：</td></tr>
</table>

巩固与练习

一、选择题

1. 动作电流按躲过最大负荷电流整定的保护称为(　　)。

   A. 电流速断保护　　B. 限时电流速断保护

   C. 过电流保护　　D. 阶段式电流保护

2. 当限时电流速断保护的灵敏度不满足要求时，可考虑(　　)。

   A. 采用过电流保护

   B. 与下一级过电流保护相配合

C. 与下一级电流速断保护相配合

D. 与下一级限时电流速断保护相配合

3. 当电流超过某一预定数值时,反映电流升高而动作的保护装置叫作(　　)。

A. 过电压保护　　B. 过电流保护　　C. 电流差动保护　　D. 欠电压保护

二、判断题

1. 瞬时电流速断保护的保护范围为本线路的全长。(　　)

2. 过电流保护可以独立使用。(　　)

3. 在进行电流保护装置灵敏系数计算时,系统运行方式应取最小运行方式。(　　)

4. 对于反映电流升高而动作的电流保护来讲,能使该保护装置启动的最小电流称为保护装置的动作电流。(　　)

知识拓展

行业工匠——中国继电保护开创者事迹　中国微机继电保护之父:杨奇逊

北京四方继保自动化股份有限公司的掌舵人杨奇逊,堪称我国电力系统微机继电保护领域的开山巨匠。1994 年,杨奇逊凭借卓越成就,荣膺中国工程院首批院士。

1982 年 6 月,杨奇逊展现出非凡的学术能力,提前一年圆满完成专业研究,顺利被新南威尔士大学授予博士学位。以他在科技领域的突出成果、个人卓越才能与响亮名气,加上澳方的极力挽留,他本可选择在当时科研条件较为优越的澳大利亚开启辉煌发展之路。然而,杨奇逊毅然决然地选择回到祖国,他坚定地表示:“祖国才是最需要我的地方,我的学识、科研成果以及我的全部身心,都永远属于我的祖国和人民。”

回国后,杨奇逊入职华北电力大学,迅速投身到我国微机继电保护设备的研制开发工作当中。彼时,学校面临经费短缺、设备匮乏的困境,他便亲自动手设计、组装急需的辅助设备。在那年的整个暑期,酷热难耐的实验室里,杨奇逊心无旁骛,全身心投入研究。正是凭借这股拼搏劲头,我国首台微机继电保护装置从研发到问世,仅耗时半年。1984 年,该装置亮相全国首届微机应用成果展览会,并一举斩获一等奖。

杨奇逊及其带领的课题组,接连推出三代微机继电保护装置,迅速在国内电力运行单位广泛应用,为电网安全稳定运行筑牢坚实根基。为进一步加速科技成果转化为生产力,实现“产、学、研”的深度融合,杨奇逊领导的华北电力大学微机保护研究室,与当时业内几家极具影响力的国有企业携手合作、优势互补,共同创立了北京市四方保护控制有限公司(即北京四方继保自动化股份有限公司前身),杨奇逊亲自担任总经理一职,短短几年间,公司产品迅速占据全国市场的重要份额。

项目3

城市轨道交通110 kV线路保护测试

项目描述

110 kV 电缆是连接城轨交通外部电源城市公共电网和主变电所的输电线,与城轨供电系统的安全稳定密不可分。110 kV 电缆一般以光纤电流纵联差动保护作为主保护,距离保护、零序电流保护作为后备保护。

本项目以全面支持数字化变电站的国电南自 PSL 621U 110 kV 线路保护装置为例,学习 110 kV 线路主要保护配置;对接地铁供电检修岗位作业项目,理实一体学习城轨交通 110 kV 线路纵联差动保护、距离保护、零序保护的基本原理、整定计算方法与测试作业。

学习目标

知识目标

(1)掌握城轨交通 110 kV 线路保护的基本配置。

(2)理解线路纵联差动保护、距离保护、零序电流保护的作用、工作原理。

技能目标

(1)完成 110 kV 线路纵联电流差动保护测试。

(2)完成 110 kV 线路距离保护测试。

(3)完成 110 kV 线路零序电流保护测试。

素养目标

(1)拥有遵章守规、试验安全的职业素养。

(2)提升规范作业、标准化作业的职业能力。

(3)养成吃苦耐劳、爱岗敬业的职业精神。

(4)秉持团结协作、认真细致的工作态度。

任务1 110 kV 线路纵联电流差动保护测试

任务导入

110 kV 线路保护装置是保障 110 kV 线路安全运行的重要二次设备。线路纵联电流差动保护测试是城轨供电检修岗位的一项典型工作任务,是验证 110 kV 线路保护功能可靠性的重要措施,其测试结果是评判继电保护装置是否正常的依据。

任务目标

(1)掌握城轨供电系统 110 kV 线路继电保护配置。

(2)理解 110 kV 线路纵联电流差动保护的基本原理。

(3)能进行线路纵联电流差动保护测试。

知识准备

一、110 kV 线路保护配置及保护装置

城轨供电系统集中供电方式下,主变电所(简称主所)的 110 kV 电缆线路保护的对象是主所进线断路器到上一级变电所馈线柜间的 110 kV 电力电缆,其 110 kV 电缆保护配置应按照城市电力主管部门要求,满足可靠性、选择性、速动性、灵敏性的要求,各级保护应协调配合。

如图 3-1 所示,集中供电方式的城轨供电系统主所有两路 110 kV 三相外部电源,进线 GIS 开关设备配置 110 kV 线路保护装置用于对外部电源电缆线路的保护。出于经济和安全考虑,大部分地铁主变电站的 110 kV 电缆线路设计距离较短,且多采用埋地方式敷设。

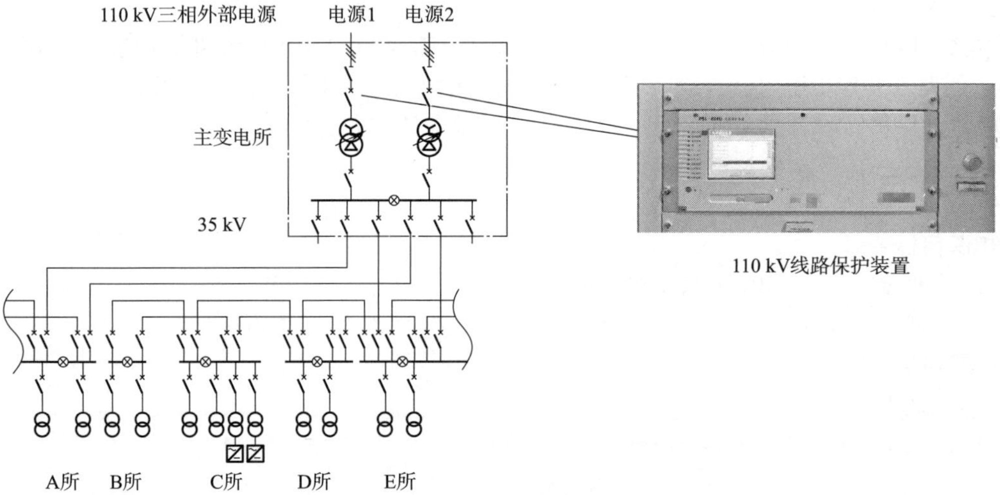

图 3-1　110 kV 外部电源电缆线路保护装置

110 kV 电缆一般两侧均配置光纤纵联电流差动保护(对端在上一级变电所馈线柜)作为主保护,可迅速切除保护区内各种短路故障。同时配置完整的三段相间距离保护、三段接地距离保护、四段零序方向过流保护,用于切除相间短路、单相接地故障,实现后备保护功能。此外装置还配备三相一次重合闸功能、过负荷告警功能,以满足系统稳定性要求。

实际运行时经常投入的保护及自动功能有:纵联差动保护、零序方向过流保护、过负荷告警功能。距离保护、重合闸功能则通常选择“退出”。

二、线路纵联保护概述

电流保护仅利用被保护元件(如线路)一侧的电气量构成保护判据,不可能快速区分本线路末端和相邻线路始端故障,因而只能采用阶段式的配合关系实现故障元件的选择性切除,这就造成线路末端故障需要Ⅱ段保护延时切除,难以满足高电压等级电力系统快速切除故障、保障系统稳定性的要求。输电线路的纵联保护则利用线路两侧的电气量,可以快速、可靠地区分本线路内

部任意点短路与外部短路，达到有选择、快速地切除全线路任意点短路的目的。

1. 线路纵联保护组成

输电线路的纵联保护通过比较线路两端的电气量实现保护目的，两端比较的电气量可以是流过两端的电流、流过两端电流的相位和流过两端功率的方向等，比较两端不同电气量的差别构成不同原理的纵联保护。同时，将一端的电气量或其用于被比较的特征传送到对端，可以根据不同的信息传送通道条件，采用不同的传输技术。理论上，这种纵联保护仅反映线路内部故障，不反映正常运行工况和外部故障工况，因而具有输电线路内部短路时动作的绝对选择性。输电线路纵联保护结构如图 3-2 所示。

图 3-2 中继电保护装置通过电压互感器 TV、电流互感器 TA 获取本端的电压、电流，根据不同的保护原理，两端保护分别提取本侧的用于两端比较的电气量特征，一方面通过通信设备将本端的电气量特征传送到对端，另一方面通过通信设备接收对端发送过来的电气量特征，并将两端的电气量特征进行比较，若符合动作条件则跳开本端断路器并告知对端，若不符合动作条件则不动作。可见，一套完整的纵联保护包括两端保护装置、通信设备和通信通道。

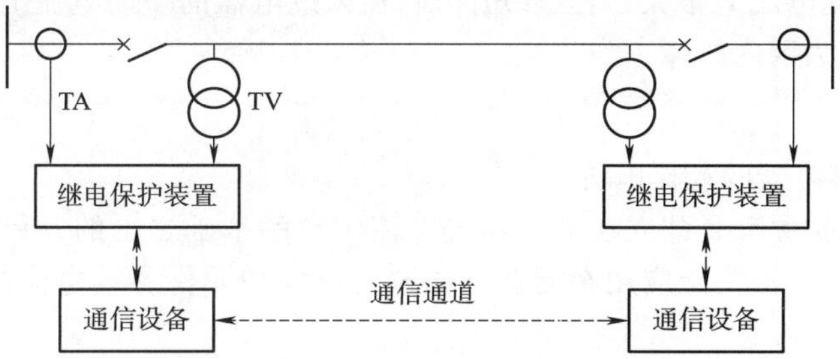

图 3-2 输电线路纵联保护结构框图

2. 线路纵联保护分类

线路发生区内故障时与其他运行状态（包括区外故障和正常运行）相比，两端电气量特征存在多种明显差异，由此可构成不同原理的纵联保护，包括纵联电流差动保护、纵联电流相位差动保护、方向比较式纵联保护等。

通信通道虽然只是传送信息的媒介，但纵联保护采用的原理往往受到通道的制约。通道按照技术出现的时间顺序分为下列 4 种：导引线通道、电力线载波通道、微波通道和光纤通道。近年来光纤通道已经成为纵联保护的主要通道形式。

在城轨交通 110 kV 和 35 kV 中压环网线路中，普遍采用专用光纤芯的纵联电流差动保护作为线路的主保护。

三、纵联电流差动保护原理

如图 3-3 所示为线路纵联电流差动保护的基本原理图。图 3-3 中线路两端电流 $\dot{I}_M$、$\dot{I}_N$的参考方向（正电流方向）都是母线指向线路。在线路的 M 和 N 两端装设特性和变比完全相同的电流互感器，两侧电流互感器一次侧同名端均接母线侧，二次侧同名端并联。图中 BDF 为差动电流测量元件（差动继电器），流经 BDF 的电流为 $\dot{I}_r$，称为继电器的差动电流。

设 TA 的变比为n_{TA}，忽略 TA 的励磁电流，差动电流 $\dot{I}_r$为

$$\dot{I}_r = \dot{I}_m + \dot{I}_n = \frac{\dot{I}_M + \dot{I}_N}{n_{TA}} \tag{3-1}$$

当被保护线路外部（如 K_2 点）短路时，按规定的电流正方向看，M 侧电流为正，N 侧电流为

负，两侧电流大小相等、方向相反，即 $\dot{I}_m + \dot{I}_n = 0$。显然，当线路正常运行或 M 侧反向短路时，也有 $\dot{I}_m + \dot{I}_n = 0$。而当线路内部短路（如 K_1 点）时，流经输电线两侧的故障电流均为正方向，且 $\dot{I}_m + \dot{I}_n = \dot{I}_K$（$\dot{I}_K$为 K_1 点短路电流）。

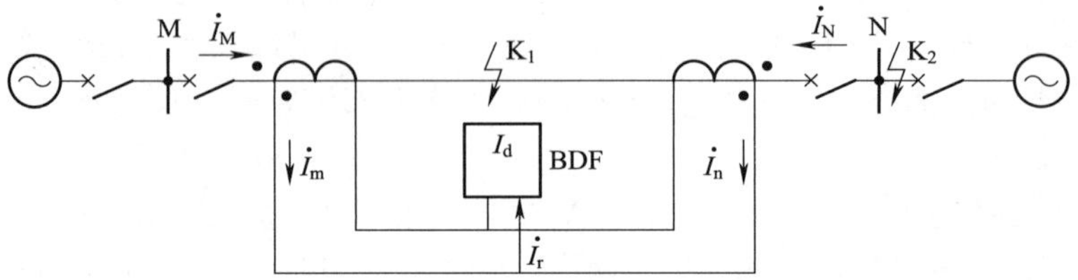

图 3-3　纵联电流差动保护基本原理图

利用被保护元件两侧电流在区内短路与区外短路时的差异构成电流差动保护。当区内短路时，流入继电器的差动电流 $\dot{I}_r$很大，当区外短路时，流入继电器的差动电流 $\dot{I}_r$几乎为零。因此，当以下判据满足时判定为区内故障

$$|\dot{I}_r| > I_{set} \tag{3-2}$$

其中 I_{set}为差动继电器的动作电流。

纵联电流差动保护原理是建立在基尔霍夫电流定理的基础之上的，原理简单，能够灵敏、快速地切除区内各种故障，被广泛应用在能够方便取得被保护元件各端电流的线路、变压器、母线保护中。

流过差动继电器的电流是电流互感器的二次侧电流之和，由于两个电流互感器总是具有励磁电流，且励磁特性不会完全相同，所以在正常运行及外部故障时，流过差动继电器的电流不等于零，此电流称为不平衡电流 I_{unb}。

差动保护判据式（3-2）的实现有两种思路：其一是躲过最大不平衡电流 $I_{unb.max}$，这种方法可以防止区外短路的误动，但对区内故障则往往达不到灵敏度要求；其二是考虑到区外故障时流过差动回路的不平衡电流与短路电流的大小有关，短路电流越小，不平衡电流也越小，可表示为 $I_{unb} = f(I_{res})$，因此可以根据短路电流的大小调整差动保护的动作门槛，即采用浮动门槛，这就是带制动特性的差动保护。带制动特性的差动保护在差动保护中引入一个能够反映线路穿越电流大小的制动电流 I_{res}，即动作电流不是按躲过最大不平衡电流 $I_{unb.max}$整定，而是根据制动电流自动调整，可有效提高保护的灵敏度。

外部短路时穿过两侧电流互感器的实际短路电流 I_{res}可以按照式（3-3）和式（3-4）计算。

（1）平均电流制动

$$I_{res} = \frac{I_M + I_N}{2} \tag{3-3}$$

（2）复式电流制动

$$I_{res} = \frac{|\dot{I}_M - \dot{I}_N|}{2} \tag{3-4}$$

在差动继电器的设计中，差动动作门槛随着 I_{res}的增大而增大，I_{res}起制动作用，称为制动电流；差动电流 I_r起动作作用，称为动作电流；具有制动特性的电流差动保护的动作方程为

$$I_r > K_{res} I_{res} \tag{3-5}$$

式中，K_{res}——制动系数，根据差动保护原理应用于不同的被保护元件（线路、变压器、发电机等）时选取不同的值。

将差动电流 I_r与制动电流 I_{res}的关系在一个平面坐标上表示，如图 3-4 所示。显然，只有当差动电流处于曲线 $K_{res} f(I_{res})$的上方时差动继电器才能动作并且肯定动作。$K_{res} f(I_{res})$曲线称为差

动继电器的制动特性曲线，而处于制动特性上方的区域称为差动继电器的动作区，处于制动特性下方的区域相应地称为制动区。

由于电流互感器的饱和与许多因素有关，制动特性中非线性部分的具体数值是不易确定的。实用的制动特性要进行简化，在数字式电流差动保护中，常常采用一段与坐标横轴平行的直线和一段斜线构成的两折线特性，折线用 $I_{res.r}$ 表示，如图 3-4 所示。

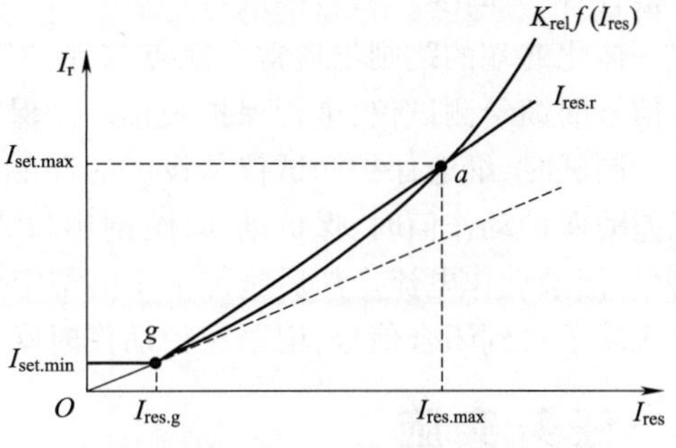

图 3-4　差动继电器的制动特性

该折线的斜线部分穿过 a 点（此时，线路穿越电流等于最大区外故障电流 $I_{k.max}$，差动继电器的不平衡电流也达到最大值 $I_{unb.max}$，差动继电器的动作电流和制动电流也达到最大，分别为 $I_{set.max}$ 和 $I_{res.max}$），其延长线穿过坐标原点。

折线的水平直线与斜线相交于 g 点，g 点所对应的动作电流 $I_{set.min}$ 称为最小动作电流，而对应的制动电流 $I_{res.g}$ 称为拐点电流。$I_{set.min}$ 是为了躲避线路电容电流等模型误差以及装置测量回路的杂散噪声产生的不平衡电流，与制动电流无关。

制动特性的数学表达式为：

$$I_{set.r}=\begin{cases}I_{set.min} & I_{res}<I_{res.g}\\ KI_{res} & I_{res}\gg I_{res.g}\end{cases} \tag{3-6}$$

其中，K 为制动特性的斜率

$$K=\frac{I_{set.max}-I_{set.min}}{I_{res.max}-I_{res.g}} \tag{3-7}$$

由于电流互感器饱和是非线性的，K 的整定计算十分困难，在实际应用中一般由运行经验来确定，通常取 $K=0.4\sim1.0$。

四、线路纵联电流差动保护测试原理

线路纵联电流差动保护测试，是通过继电保护测试仪输出一路三相交流模拟信号，模拟电流互感器 TA 二次电流的方式来进行保护性能测试。

本作业项目采用项目 2 的图 2-1(b)中的方式进行测试。具体的试验接线如图 3-5 所示。

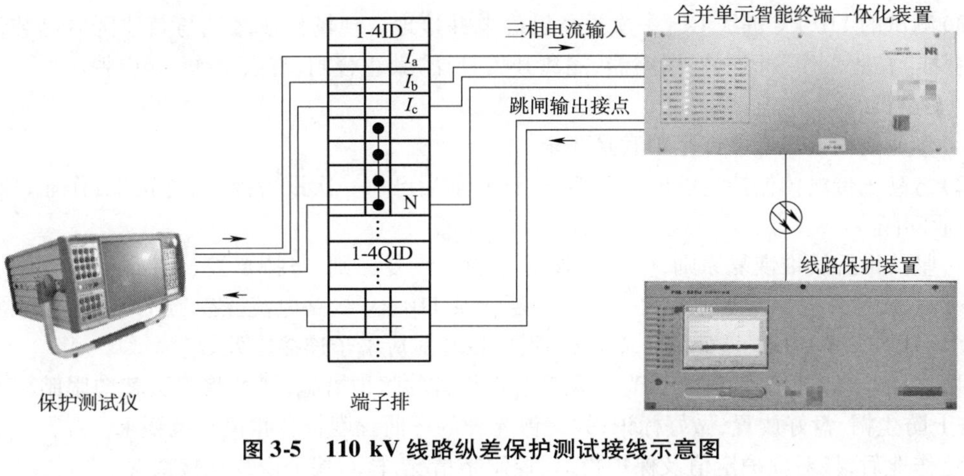

图 3-5　110 kV 线路纵差保护测试接线示意图

图 3-5 中,保护测试仪用来模拟电流互感器 TA 二次电流,测试仪输出用测试电缆通过端子排连接合智一体化终端,转换成数字信号后,再通过光纤通信发送至 110 kV 线路保护装置,同时,合智一体化终端的跳闸出口常开触点与保护测试仪的开关量输入端子通过端子排并联,用来将动作信号回馈给测试仪,进行保护装置差动保护动作特性的测试。

测试时,继电保护测试仪从设定的起始电流值,按照一定步长增加电流,当电流达到纵联电流差动保护动作值时,保护动作,跳闸出口常开触点闭合,保护测试仪开关量输入端子收到闭合信号,记录动作电流。然后施加 1.2 倍整定电流信号,跳闸出口常开触点闭合,保护测试仪开关量输入端子收到闭合信号,记录保护动作时间。

任务实施

一、任务准备

1. 任务器材

螺丝刀 1 套,低压验电笔 1 支,继电保护测试仪 1 台,万用表 1 块,试验用导线、封闭遮栏、警示标志牌若干,个人安全防护用品,主变电所二次图纸 1 套。

2. 任务地点

地铁主变电所或实训室。

3. 任务分组

每组 2 人,分为现场作业监护人、作业执行人,分工明确到位,作业任务明确,责任清楚。各组独立完成作业项目。任务分组见表 3-1。

表 3-1 任务分组

序号	小组成员	任务分工	注意事项
1			
2			

4. 作业条件

(1)了解工作地点、工作范围、电气主接线、相关一次设备和二次设备运行情况,熟悉二次图纸,继电保护、电网安全自动装置及相关二次回路,明确作业任务。

(2)已完成操作票编写,并履行相关审批程序。

(3)测试的 110 kV 进线 GIS 一次设备已停电并接地。现场作业区域与其他区域已装设遮拦隔离,悬挂“在此工作”标识牌;断路器、隔离开关悬挂“禁止合闸,有人工作”标识牌。

5. 安全预想

(1)作业前检查作业条件是否满足要求。

(2)与高压带电体保持足够的安全距离;试验前后已对一次设备停电,并接地;作业过程中勿走错作业间隔。

(3)坚持谁拆线谁恢复原则,坚持谁投退保护谁恢复原则,坚持自控、互控、他控原则。作业完毕务必双人检查确认恢复。本次作业需要断开某 110 kV 线路电流互感器 TA 电流输入测试端子连片 1-4ID:1 ~ 1-4ID:3 三处。作业完成后,应恢复对应端子连接三处。

(4)拔插光纤时应采取防止激光对人眼造成伤害的防护措施,严禁将插头朝向眼睛。光纤拔出后盖上防尘帽,盘好放置,做好标识,并确保光纤的弯曲程度符合相关规范要求。

(5)作业后,核对保护定值及保护投退、控制字情况,核对端子恢复连接情况。

(6)作业完成后,检查所有物品,出清作业现场,不得遗漏,影响设备正常运行。

二、任务步骤

1. 保护装置外观及接线检查

如图 3-6、图 3-7 所示,检查 110 kV 线路保护装置外观、输入输出插件、通信接线是否正常。

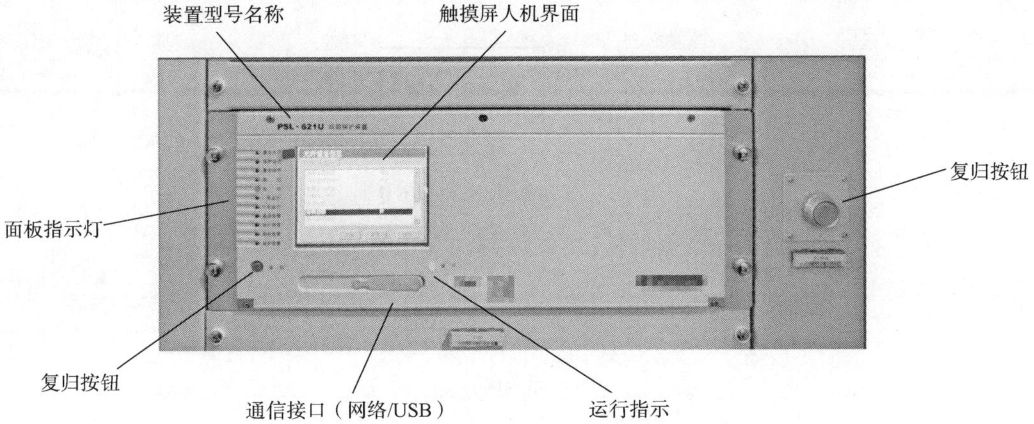

图 3-6 110 kV 线路保护装置前面板

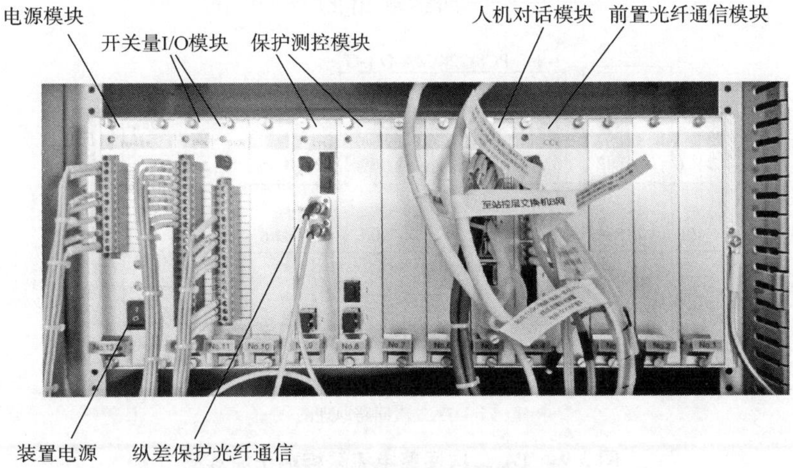

图 3-7 110 kV 线路保护装置后面板

2. 保护定值核对

如图 3-8 所示为 110 kV 线路保护装置纵联电流差动保护装置定值参数,根据保护定值单核对110 kV 线路纵联电流差动保护整定值正确性,抄填在保护测试报告上。

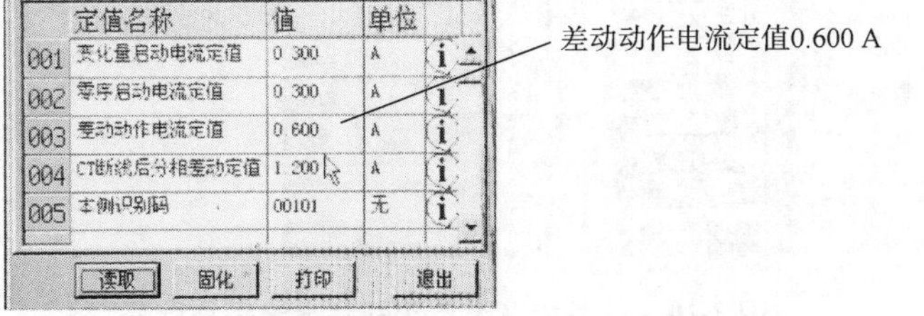

图 3-8 110 kV 线路保护装置纵联电流差动保护定值参数

例如某 110 kV 线路电流互感器 TA 变比为 800/1，纵联电流差动保护动作电流定值为 0.6 A，(0.6 A 是 TA 二次侧定值)，那么 TA 一次侧保护动作电流定值为 0.6×800 A = 480 A。

3. 电流输入端子接线

通过查询设备二次回路电流采样端子原理图(见图 3-9)，结合现场开关柜二次采样线接线情况(见图 3-10)，找出 110 kV 线路两侧电流采样二次端子，断开合智一体化设备与 TA 二次回路纵向连片。

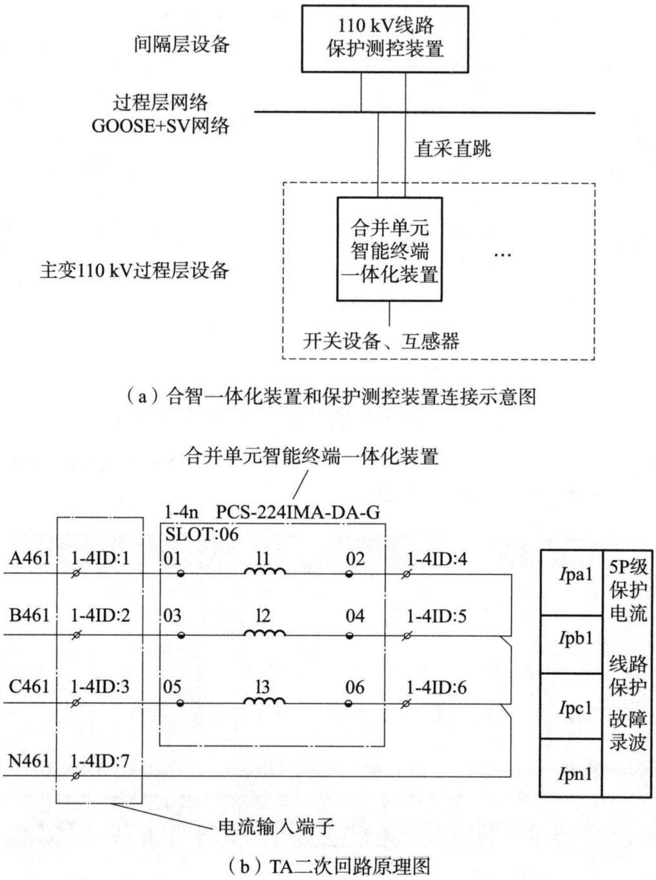

(a) 合智一体化装置和保护测控装置连接示意图

(b) TA二次回路原理图

图 3-9 TA 二次回路电流采样端子原理图

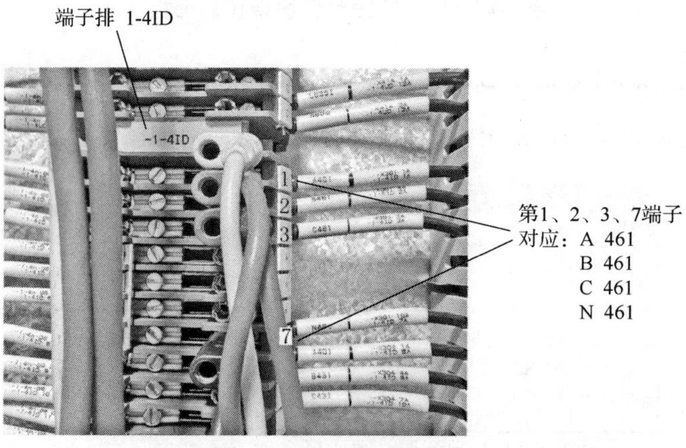

图 3-10 开关柜 TA 二次回路电流采样端子

4. 时间采样端子接线

通过查询设备二次回路时间采样端子原理图(见图3-11)找到合智一体化设备时间采样端子(见图3-12中的1-4Q1D:5和1-4Q1D:9端子),如果不需要做跳闸出口和传动系统试验,还需要断开断路器保护跳闸连片4CLP1。

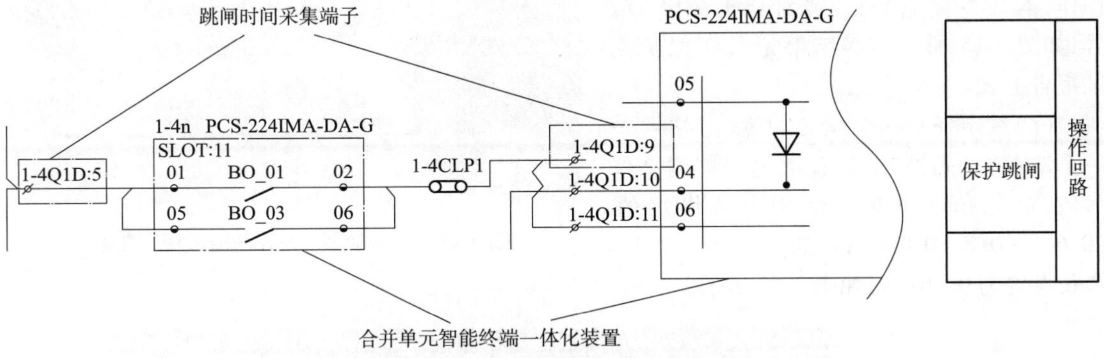

图3-11 二次回路时间采样端子原理图

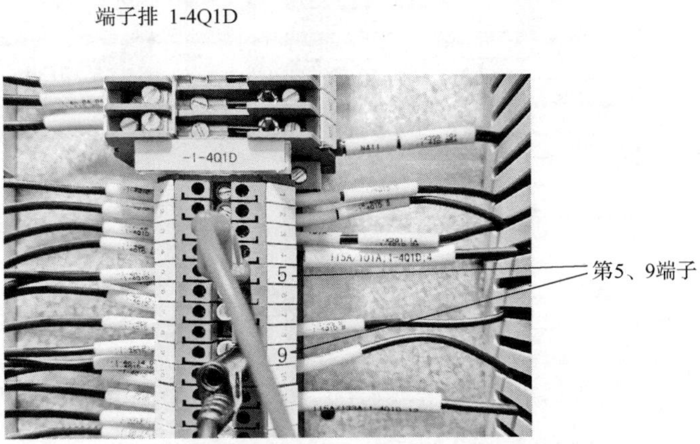

图3-12 开关柜二次回路时间采样端子

5. 加量测试

(1)确认继电保护测试仪与合智一体化装置电流模拟量输入回路采样端子连接是否正确;确认合智一体化装置时间采样端子与保护测试仪的开关量输入端子并联是否正确,如图3-13、图3-14所示。

图3-13 现场保护测试接线

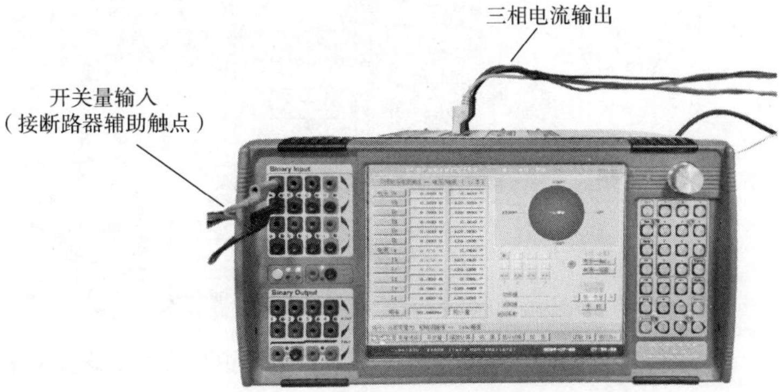

图3-14 继电保护测试仪接线图

（2）约定任意一个站先做“主站”，另一个站后做“副站”，拔下主站光纤收发一端（光纤接头见图 3-7），副站查看是否有“光纤通道故障”信号，确认后再由另外一个站操作，本站查看是否有“光纤通道故障”信号，如图 3-15 所示。将结果记录在保护测试报告上。

（3）约定任意一个站先加量（主站），另一个站查看（副站）。设置继电保护测试仪参数，起始值为 0.8 倍保护电流设定值（0.6 A×0.8 = 0.480 A），如图 3-16 所示。步长设置为 0.001 A，如图 3-17 所示。

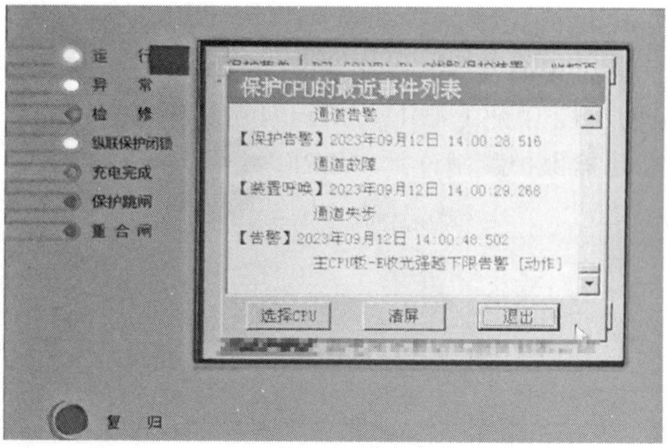

图 3-15　保护装置“光纤通道故障”信号

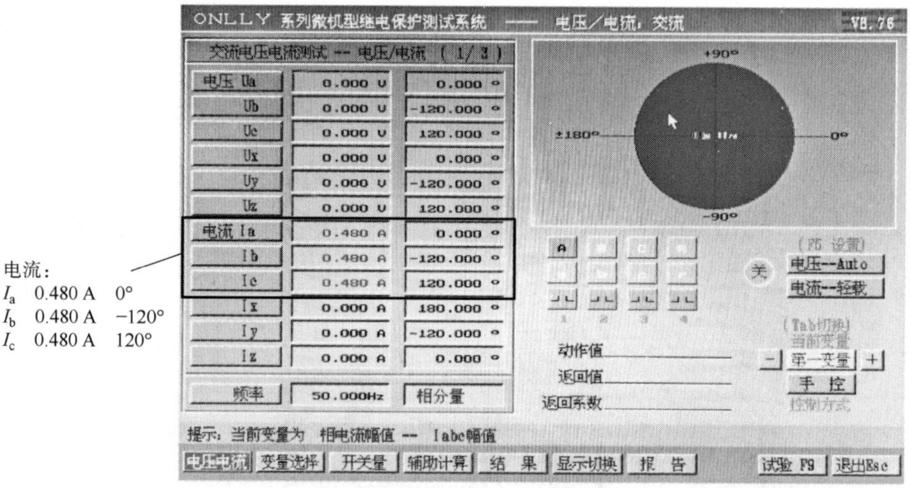

图 3-16　继电保护测试仪电流起始参数设置

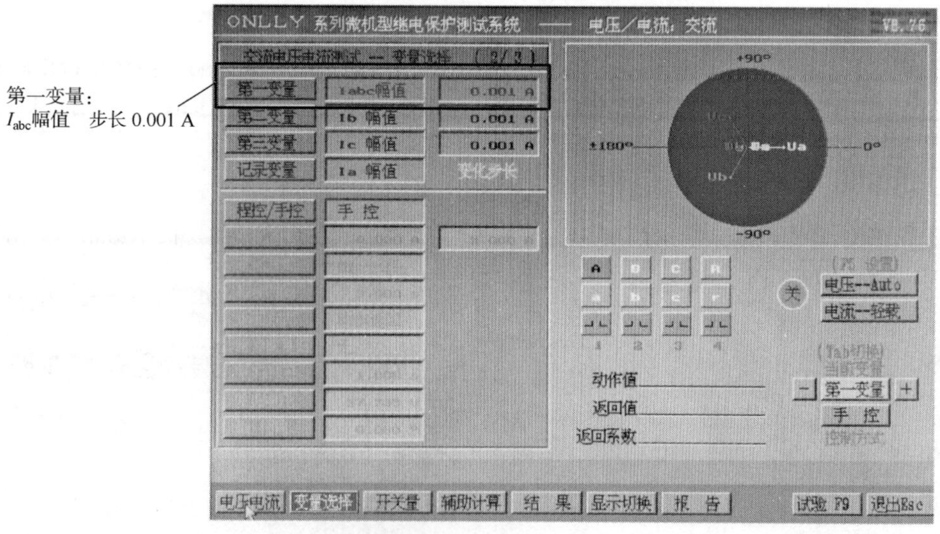

图 3-17　继电保护测试仪步长参数设置

(4)启动继电保护测试仪测试按钮,如图 3-18 所示,至各保护动作,查看继电保护测试仪记录的动作电流值,如图 3-19 所示。将动作电流值填抄在测试报告上。

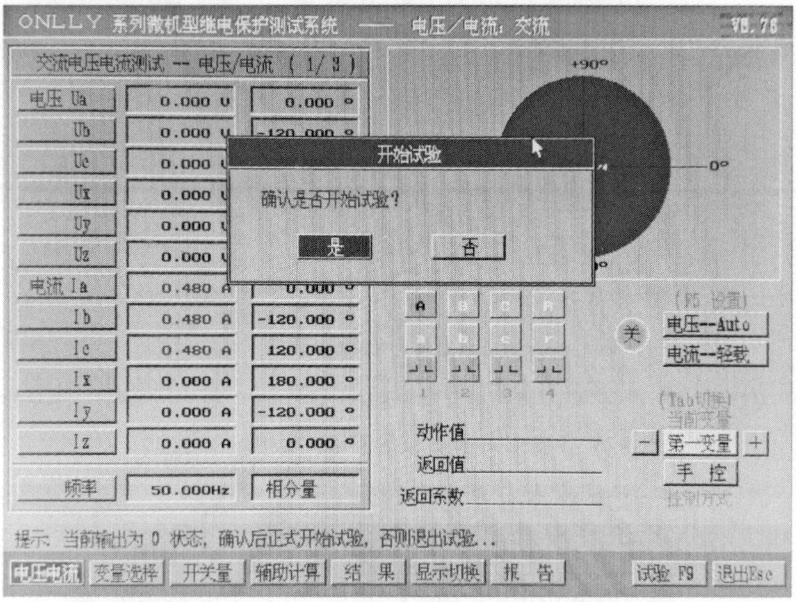

图 3-18　启动继电保护测试仪

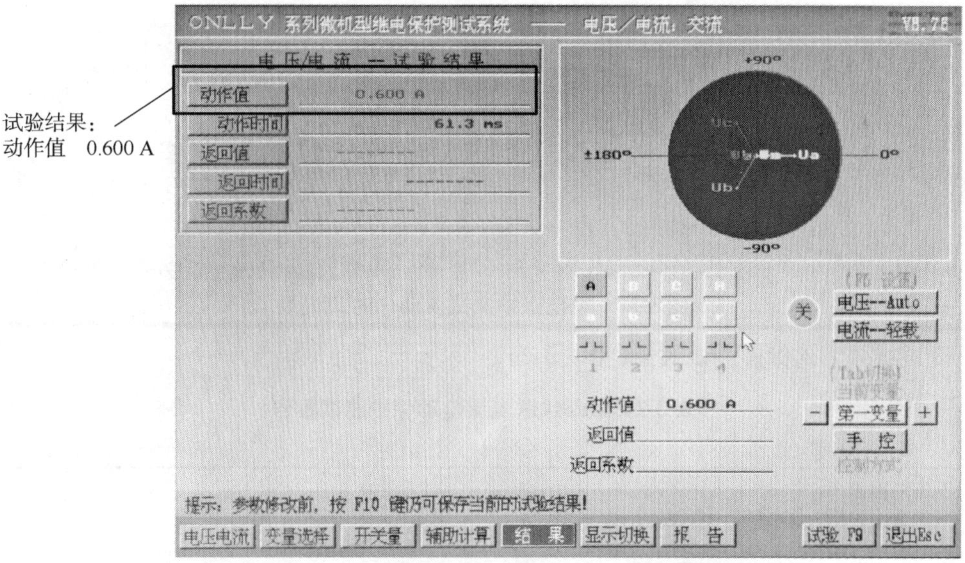

图 3-19　继电保护测试仪动作电流记录

(5)根据现场选取的保护装置时间返回接点类型(常开或常闭),设置继电保护测试仪的接线接点类型(常开或常闭),时间返回接点类型与继电保护测试仪接线接点类型须保持一致。加保护电流动作值的 1.2 倍电流值测试保护动作时间(若保护装置厂家对测试保护动作时间的电流整定倍数有要求的,按厂家说明书要求执行),如图 3-20 所示,至保护动作,查看继电保护测试仪记录的动作时间值,如图 3-21 所示。将动作时间值填抄在测试报告上。

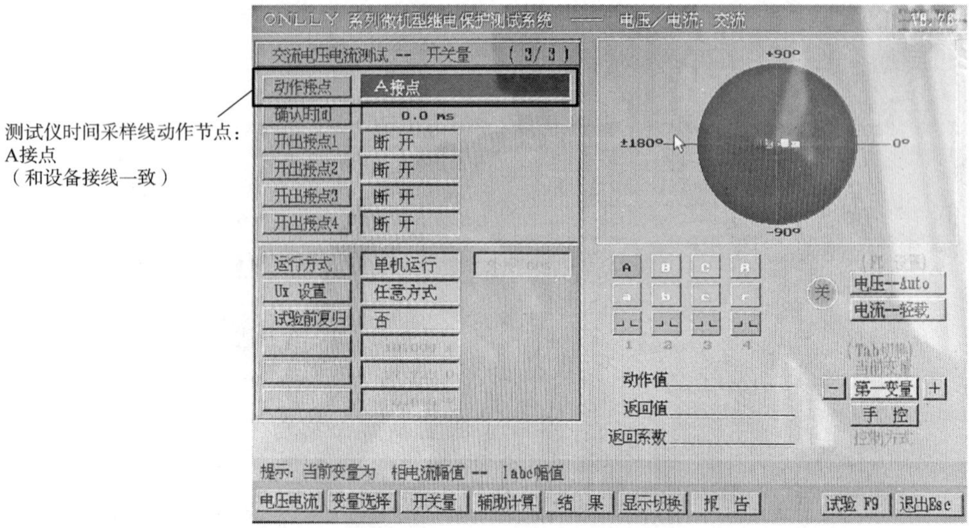

图 3-20 继电保护测试仪时间采样线接线接点选取

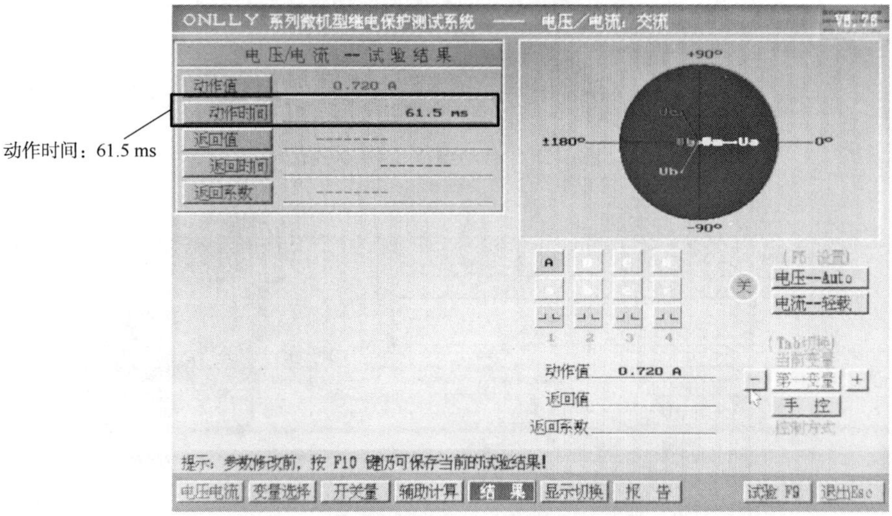

图 3-21 继电保护测试仪动作时间记录

6. 测试结果填入保护测试报告(见表 3-2)。

表 3-2 线路纵联电流差动保护测试报告

作业开关柜：________ 监护人：________ 执行人：________

<table>
<tr><td colspan="2">安装地点</td><td></td><td colspan="2">试验日期</td><td colspan="2"></td></tr>
<tr><td colspan="2">温度℃</td><td></td><td colspan="2">湿度%</td><td colspan="2"></td></tr>
<tr><td colspan="2">开关柜名</td><td></td><td colspan="2">电压互感器变比</td><td colspan="2"></td></tr>
<tr><td colspan="2">电流互感器变比</td><td></td><td colspan="2"></td><td colspan="2"></td></tr>
<tr><td rowspan="5">保护装置名称：</td><td colspan="2">光纤通道完好性</td><td colspan="4"></td></tr>
<tr><td rowspan="2">保护种类</td><td rowspan="2">参数</td><td rowspan="2">整定值</td><td colspan="3">动作值</td></tr>
<tr><td>A 相</td><td>B 相</td><td>C 相</td></tr>
<tr><td rowspan="2">纵联电流差动保护</td><td>动作电流/A</td><td></td><td></td><td></td><td></td></tr>
<tr><td>动作时间 t/s</td><td></td><td></td><td></td><td></td></tr>
</table>

7. 测试结果分析

测试结果合格标准：

(1)保护动作出口、告警跳闸信号等功能与设计一致。

(2)实测动作值与整定值误差不得超过 ±5%。

(3)实测 110 kV 线路纵联保护动作时间不应大于 40 ms(若保护装置厂家对保护动作时间误差有明确要求的,按保护装置说明书要求执行)。

8. 作业后检查恢复

(1)检查保护投退情况及保护定值与保护整定通知单一致。

(2)拆除采样线,恢复连接连片,按照规定扭矩紧固端子,确认接线正确无误、无松动。

任务考核

任务考核见表 3-3。

表 3-3 任务考核表

<table>
<tr><td colspan="2">任务名称</td><td colspan="6">110 kV 线路纵联电流差动保护测试</td></tr>
<tr><td colspan="2">安全监护人</td><td></td><td>作业完成人</td><td></td><td>日期</td><td colspan="2"></td></tr>
<tr><td colspan="2">开始时间</td><td></td><td>结束时间</td><td></td><td>任务完成时间</td><td colspan="2"></td></tr>
<tr><td colspan="2">评分项目</td><td colspan="3">评分要素及标准</td><td>分值</td><td>小组互评</td><td>教师评分</td></tr>
<tr><td colspan="2">作业准备</td><td colspan="3">检查工器具准备齐全(5 分)
穿戴好个人安全防护用品(5 分)
做好安全条件复核、安全预想全面(5 分)</td><td>15</td><td></td><td></td></tr>
<tr><td rowspan="6">作业操作流程</td><td>保护装置外观及接线检查</td><td colspan="3">前面板检查能识别各个指示灯状态、作用(5 分)
检查后面板各线束整齐牢固(5 分)</td><td>10</td><td></td><td></td></tr>
<tr><td>定值核对</td><td colspan="3">能正确完成定值核对(5 分)
未经授权改动定值、配置本项目考核不合格</td><td>5</td><td></td><td></td></tr>
<tr><td>完成电流输入端子接线、时间端子接线</td><td colspan="3">能从二次原理图中找到电流端子、保护跳闸出口端子部分(5 分)
能找到屏柜对应端子(5 分)
正确断开电流采样端子(5 分)
完成测试接线(5 分)</td><td>20</td><td></td><td></td></tr>
<tr><td>光纤通道完好性测试</td><td colspan="3">正确完成光纤通道测试(5 分)
防止激光伤害,保护尾纤(5 分)</td><td>10</td><td></td><td></td></tr>
<tr><td>加量测试</td><td colspan="3">正确完成参数计算和输入(5 分)
完成测试过程(5 分)
测试结果正确(5 分)</td><td>15</td><td></td><td></td></tr>
<tr><td>记录完整,结果分析正确</td><td colspan="3">记录完整清晰(10 分,缺失一项扣 5 分,记录不规范扣 5 分)
结果分析正确(5 分)</td><td>15</td><td></td><td></td></tr>
<tr><td colspan="2">作业后恢复</td><td colspan="3">工器具、设备无损伤、无违章作业(8 分)
工器具恢复原位置,摆放整齐,出清现场(2 分)</td><td>10</td><td></td><td></td></tr>
<tr><td colspan="2">操作限时</td><td colspan="6">本任务限时 45 min 内完成,每超过 1 min 扣 4 分。超时 10 min 为不合格</td></tr>
<tr><td colspan="2">总分</td><td colspan="6">(总分 = 小组互评 ×40% + 教师评分 ×60%)</td></tr>
<tr><td colspan="8">作业人员签字: 考评人员签字:</td></tr>
</table>

巩固与练习

简答题

1. 线路纵联保护可分为哪几类？
2. 线路纵联保护一般由哪几部分组成？
3. 简述纵联电流差动保护原理。

任务 2　110 kV 线路距离保护测试

任务导入

110 kV 线路保护装置是保障 110 kV 线路安全运行的重要二次设备。保护装置内设距离保护是保障输电线路安全运行的重要保护。距离保护测试是城轨供电维护岗位的一项重要典型工作任务，也是供电维护需要掌握的一项工作技能。距离保护仅在城轨供电系统 110 kV 进线为环进环出接线等特定情况下投入。

任务目标

（1）掌握城轨交通供电系统 110 kV 线路距离保护的基本原理。

（2）能独立使用继电保护测试仪，完成对某地铁线路主所 110 kV 线路保护装置距离保护功能测试。

知识准备

输电线路电流、电压保护的主要优点是简单、经济、可靠，但也存在不足。电流、电压保护最主要的缺点是：保护性能易受系统运行方式变化的影响，在较小运行方式下灵敏度很低、保护范围很小，甚至没有保护范围；在复杂结构的电网中，整定配合非常困难，甚至无法完全配合。相比较而言，距离保护性能更加完善，可以满足高电压等级复杂输电网络快速、有选择性地切除输电线路故障的要求。

当主所 110 kV 侧进线采用环进环出接线时，需要设置距离保护作为 110 kV 电缆线路的后备保护之一。

一、距离保护基本概念

保护装置位于被保护输电线路的一端（保护安装处），线路故障发生处到保护安装处之间的线路距离称为故障距离，与故障距离对应的线路区段称为故障区段。故障距离可采用故障区段的线路阻抗（简称故障区段阻抗）来表示：设故障距离为 L_k，线路单位长度的阻抗为 z，则故障区段阻抗 Z_k 可表示为 $Z_k = L_k z$，即故障区段阻抗与故障距离成正比。

距离保护是一种装设于被保护输电线路的任一端，通过保护安装处电压和电流估计故障区段阻抗来反映输电线路短路故障距离的保护，当故障距离在保护安装处到整定距离范围内时距离保护动作，切除故障。线路短路故障区段阻抗简称为短路阻抗，因此距离保护又称为阻抗保护。在距离保护中，故障区段阻抗 Z_k 一般通过测量阻抗 Z_m 来进行估计。测量阻抗为保护安装处测量电压 $\dot{U}_m$ 与测量电流 $\dot{I}_m$ 之比，即 $Z_m = \dfrac{\dot{U}_m}{\dot{I}_m}$。

距离保护原理如图 3-22 所示，图 3-22（a）中，M 处距离保护 1 的保护线路为 MN。当线路正常运行时，Z_m反映的是负荷阻抗，其模值很大，相角为负荷阻抗角（取决于功率因数，通常不大于30°，当功率因数为0.9时，负荷阻抗角为25.8°），如图3-22（b）中相量Z_{Load}所示。当线路上K_1处发生金属性三相短路故障时，Z_m反映的是与故障距离L_{k_1}对应线路的故障区段阻抗，如图3-22（b）中相量Z_{K_1}所示，其模值明显减小，相角为线路阻抗角（与线路结构和电压等级有关，220 kV及以上线路通常不小于75°）。

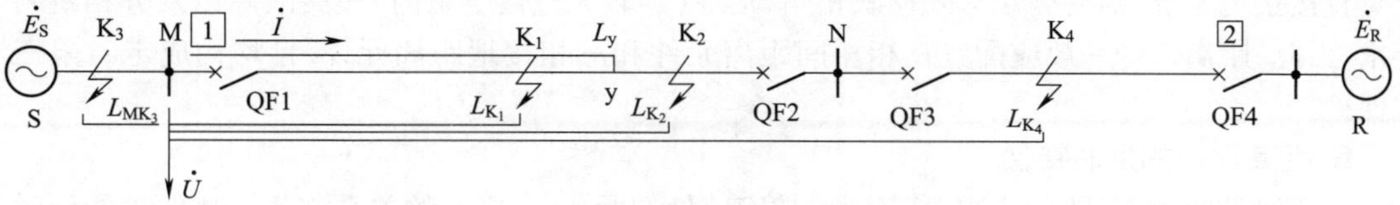

（a）具有双侧电源的输电线路单线图

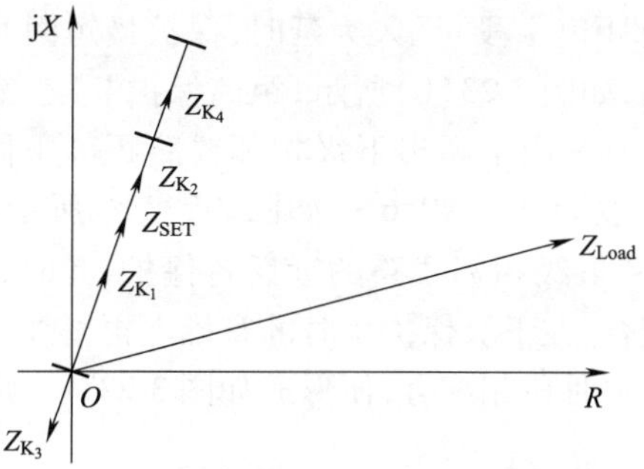

（b）负荷阻抗与不同短路故障距离的线路阻抗

图3-22 距离保护原理示意图

在图3-22（a）中，对于M侧距离保护1的瞬时速动段，事先确定距离保护范围为线路MN上从母线M开始的一段距离（即L_y），其长度记为$0<L_y<L_{MN}$，该保护范围用这段线路对应的线路阻抗表示，称为整定阻抗，记为Z_{set}。因其保护正方向为由母线M指向线路MN，故假定电流正向为从母线指向线路。当线路MN上发生金属性三相短路时，如果短路点在线路上L_y范围内（正向区内故障），如图3-22（a）中的K_1点，则故障距离$L_{K_1}<L_y$，测量阻抗$Z_m=Z_{K_1}<Z_{set}$；如果短路点在线路上y点以外（正向区外故障），如图3-22（a）中的K_2点，则故障距离$L_{K_2}>L_y$，测量阻抗$Z_m=Z_{K_2}>Z_{set}$；如果短路点位于保护安装处背后（反向区外故障），如图3-22（a）中的K_3点，则故障距离$L_{K_3}<0$，由于电流反向，Z_{K_3}与Z_{set}的相位相反，测量阻抗$Z_m=Z_{K_3}<0$。

综上分析，只要距离保护在测量阻抗Z_m满足条件$0<Z_m<Z_{set}$时动作，就能仅反映线路正向保护区内的短路故障，满足选择性要求。当测量阻抗小于整定阻抗时，距离保护动作，表明距离保护属于欠量动作保护。

距离保护是一种采用线路单侧（保护安装处）工频电量构成的保护，与电流保护类似，无法区分被保护线路末端和下级相邻线路首端的短路故障，因此距离保护的瞬时速动段也不能保护线路全长。不过，单侧量保护无须线路对侧信息，有利于提高保护的动作速度和可靠性（可依赖性）。距离保护反映故障线路的阻抗（线路的固有参数）基本不受系统运行方式变化的影响，或者说在系统运行方式变化时具有比较稳定的保护区，因而距离保护的瞬时速动段具有较长的保护区，通常可达线路全长的80%~85%。同时，距离保护可使其他各段距离保护的保护范围也得到明显改善，并且距离保护的整定计算也相对简单。基于这些优点，距离保护在网络拓扑复杂的输电线路中得到广泛的应用。

二、三段式距离保护

与电流保护一样，距离保护也广泛采用三段式的配置逻辑和配合形式，即将距离保护分为瞬时速动段（距离保护Ⅰ段）、限时速动段（距离保护Ⅱ段）和定时限动作段（距离保护Ⅲ段），从而构成完整的线路主保护和后备保护。由于距离保护主要用于较高电压等级的输电线路，多属中性点直接接地系统，需要满足有效反映相间、接地（经较大过渡电阻的）短路故障以及分相跳闸等要求，因此，距离保护一般应配置三相相间距离元件和三相接地距离元件，且均构成定时限三段式保护。

1. 距离保护的延时特性

距离保护的动作延时 t 与故障点到保护安装处的距离 L_k 之间的关系称为距离保护的延时特性。与电流保护类似，三段式距离保护的时限特性如图 3-23 所示，以单侧电源射线状网络为例，其中保护 x（x 为保护编号，$x=1,2,3,\cdots$）为对应线路的距离保护（如保护 1 为对应线路 AB 的 A 侧保护）。距离保护Ⅰ段（简称距离Ⅰ段）无人为延时，保护最短固有动作时间记为 t_1^{I}，距离Ⅰ段的保护范围不超出本线路末端，如图 3-23(b) 所示；距离保护Ⅱ段（简称距离Ⅱ段）保护本线路全长，经短延时动作，通常其保护范围应不超出下级相邻线路距离Ⅰ段的保护范围，此时距离Ⅱ段时延 t_1^{II} 为一个时限阶段 Δt，一般为 0.3～0.6 s，如图 3-23(b) 所示；距离保护Ⅲ段（简称距离Ⅲ段）作为本线路的近后备保护和下级相邻线路的远后备保护，其时延 t_1^{III} 一般须与相邻下级线路的距离Ⅱ段或距离Ⅲ段保护配合，在下级保护延时的基础上再增加一个时限阶段 Δt，如果距离Ⅲ段均与各自下游相邻线路的距离Ⅲ段相配合，便形成如图 3-23(c) 所示的阶梯型延时后备段。

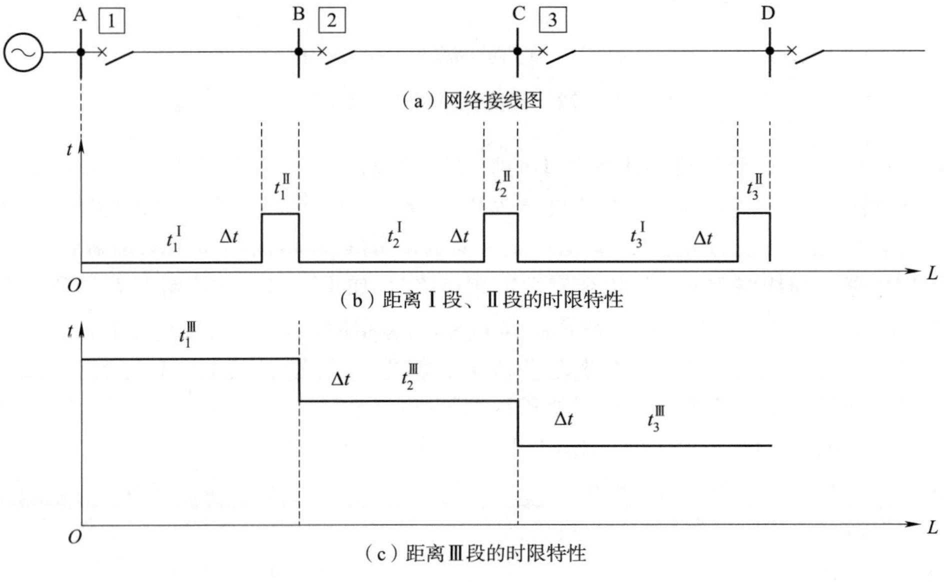

图 3-23　三段式距离保护时限特性

2. 三段距离保护的整定计算

(1) 距离保护Ⅰ段的整定

距离Ⅰ段只反映本线路的故障，当下级相邻线路出口发生短路故障时，应可靠不动作，所以其距离元件的整定阻抗应躲过本线路末端短路时的测量阻抗。以图 3-23(a) 中保护 1 为例，整定阻抗的计算式为

$$Z_{\mathrm{set.1}}^{\mathrm{I}} = K_{\mathrm{rel}}^{\mathrm{I}} Z_{\mathrm{AB}} \tag{3-8}$$

$$Z_{AB}=L_{AB}z_1 \tag{3-9}$$

式中 $Z_{set.1}^{I}$——保护1距离Ⅰ段的整定阻抗；

Z_{AB}——被保护线路AB的正序阻抗；

L_{AB}——线路AB的长度；

z_1——线路的单位长度正序阻抗；

K_{rel}^{I}——距离Ⅰ段可靠系数，由于距离保护为欠量动作，所以 $K_{rel}^{I}<1$，考虑到保护装置测量误差、互感器误差和线路参数误差等因素，一般取0.80～0.85。

(2)距离保护Ⅱ段的整定

距离Ⅰ段只能保护本线路全长的80%～85%，这是一个严重缺点。为了切除本线路末端15%～20%范围以内的故障，就需设置距离保护Ⅱ段。距离Ⅱ段整定值的选择与限时电流速断相似，即应使其不超出下一条线路距离Ⅰ段的保护范围，同时带有高出一个 Δt 的时限，以保证选择性。例如在图3-23(a)单侧电源网络中，当保护2第Ⅰ段末端短路时，保护1的测量阻抗 Z_1 为

$$Z_1=Z_{AB}+Z_{set.2}^{I} \tag{3-10}$$

引入可靠系数 K_{rel}^{II}，则保护1的Ⅱ段动作阻抗为

$$Z_{set.1}^{II}=K_{rel}^{II}(Z_{AB}+Z_{set.2}^{I})=K_{rel}^{II}(Z_{AB}+K_{rel}^{I}Z_{BC}) \tag{3-11}$$

距离Ⅰ段与Ⅱ段的联合工作构成本线路的主保护。距离Ⅰ段和Ⅱ段的可靠系数应根据保护装置的类型，考虑线路的具体情况，按规程规定选取。

(3)距离保护Ⅲ段的整定

为了作为下级相邻线路保护装置和断路器拒绝动作时的后备保护，同时也作为本线路距离Ⅰ、Ⅱ段的后备保护，还应该装设距离保护Ⅲ段。

对距离Ⅲ段整定值的考虑与过电流保护相似，其动作阻抗要按躲开正常运行时的最小负荷阻抗来选择，而动作时限整定的原则应使其比距离Ⅲ段保护范围内下级各线路保护的最大动作时限高出一个 Δt。

距离元件动作特性的基本分析方法是进行事故分析的关键。阻抗平面分析法可简明清晰地描述距离元件的基本动作特性和边界。不同的阻抗特性在阻抗平面上可以表示为不同的几何图形，比如常见的有圆形和四边形特性。

地铁主变电所110 kV线路保护装置，比如PSL 621U线路保护装置具备各种相间距离、接地距离保护功能，可根据实际运行时现场需求选择是否投入。

三、距离保护测试原理

线路距离保护测试作业接线如图3-24所示。线路保护装置通过点对点光纤连接合并单元智能终端一体化装置，合并单元智能终端一体化装置通过电缆利用端子排连接继电保护测试仪。

继电保护测试仪输出两路三相交流模拟信号，一路为三相交流电流信号，一路为三相交流电压信号，分别模拟电流互感器TA二次电流和电压互感器TV二次电压。保护测试仪通过端子排连接合智一体化终端，将两路三相交流信号转换成数字信号后，再通过光纤通信发送至110 kV线路保护装置。同时，合智一体化终端的跳闸出口常开触点与保护测试仪的开关量输入端子并联，用来将距离保护动作信号回馈给测试仪，进行保护动作特性的测试。

距离保护分为相间距离和接地距离两类，可同时进行测试。测试时，根据设计定值单在继保仪上设置相间距离保护阻抗和时间定值、接地距离保护阻抗和时间定值；选择测试项目和测试内容，整定值测试(勾选)0.95的电流整定值和1.05的电流整定值；设置故障触发类型(分为自启动和按键启动两种)。核对返回接点、设置计算模型；启动测试，保护仪自动进行各项测试，全部项目测试结束后抄录数据。

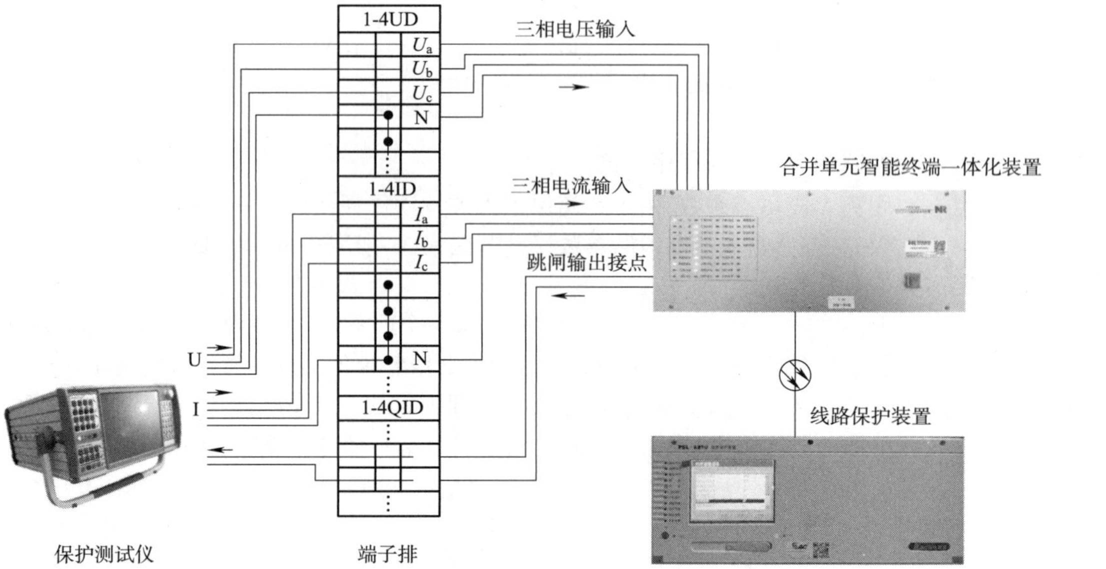

图 3-24　线路距离保护测试作业接线图

任务实施

一、任务准备

1. 任务器材

螺丝刀 1 套，低压验电笔 1 支，继电保护测试仪 1 台，万用表 1 块，试验用导线、封闭遮栏、警示标志牌若干，个人安全防护用品，主变电所二次图纸 1 套。

2. 任务地点

地铁主变电所或实训室。

3. 任务分组

每组 2 人，分为现场作业监护人、作业执行人，分工明确到位，作业任务明确，责任清楚。各组独立完成作业项目。任务分组见表 3-4。

表 3-4　任务分组

序号	小组成员	任务分工	注意事项
1			
2			

4. 作业条件

（1）了解工作地点、工作范围、电气主接线、相关一次设备和二次设备运行情况，熟悉二次图纸、继电保护及安全自动装置和相关二次回路，明确作业任务。

（2）已完成操作票编写，并履行相关审批程序。

（3）测试 110 kV 进线 GIS 一次设备已停电并接地。现场作业区域与其他区域已装设遮拦隔离，悬挂“在此工作”标识牌；断路器、隔离开关悬挂“禁止合闸，有人工作”标识牌。

5. 安全预想

（1）检查作业条件是否满足要求。

(2)与高压带电体保持足够的安全距离;试验前后已对一次设备停电,并接地;作业过程中勿走错作业间隔。

(3)坚持谁拆线谁恢复原则,坚持谁投退保护谁恢复原则,坚持自控、互控、他控原则。作业完毕务必双人检查确认恢复。本次作业需要断开某 110 kV 线路 TA 电流输入测试端子连片 1-4ID:1 ~3 三处,线路 TV 电压输入测试端子连片 1-4UD:1 ~3 三处。作业完成后,应恢复端子连接六处。

(4)作业后,核对保护定值及保护投退、控制字情况,核对端子恢复连接情况。

(5)作业完成后,检查所有物品,不得遗漏,影响设备正常运行。

二、任务步骤

1. 保护装置外观及接线检查

本部分内容和本项目的任务 1 的任务步骤 1 内容相同。

2. 保护定值核对

根据保护定值单核对 110 kV 线路距离保护整定值正确后,抄填在保护测试报告上。如图 3-25 为 110 kV 线路距离保护定值参数。

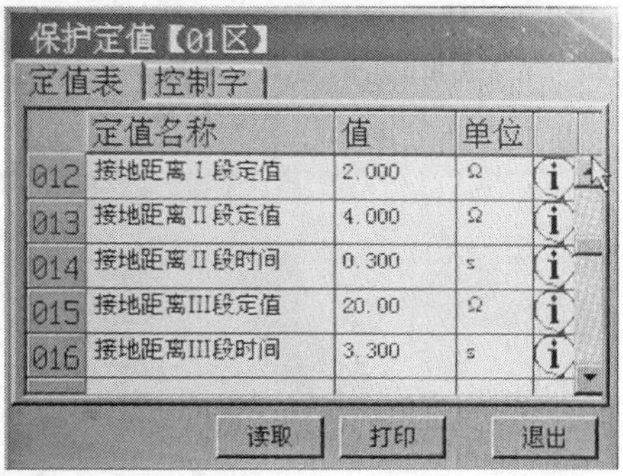

图 3-25　110 kV 线路距离保护定值参数

3. 电压电流输入端子接线

通过查询设备二次原理图,结合现场合智一体化装置二次采样接线情况,分别找准电压、电流采样二次端子,如图 3-26 至图 3-28 所示,断开保护装置模拟量输入回路与 TV、TA 二次回路纵向连片,图 3-26 的线路 TV 电压输入测试端子连片 1-4UD:1 ~3 三处,图 3-27 的 TA 电流输入测试端子连片 1-4ID:1 ~3 三处。

完成开关柜 TV、TA 二次回路电流采样端子接线。将继电保护测试仪的三相电压、三相电流输出端与保护装置的电压、电流模拟量输入回路采样端子(即线路 TV 电压输入测试端子连片 1-4UD:1 ~3、线路 TA 电流输入测试端子连片 1-4ID:1 ~3)相连。

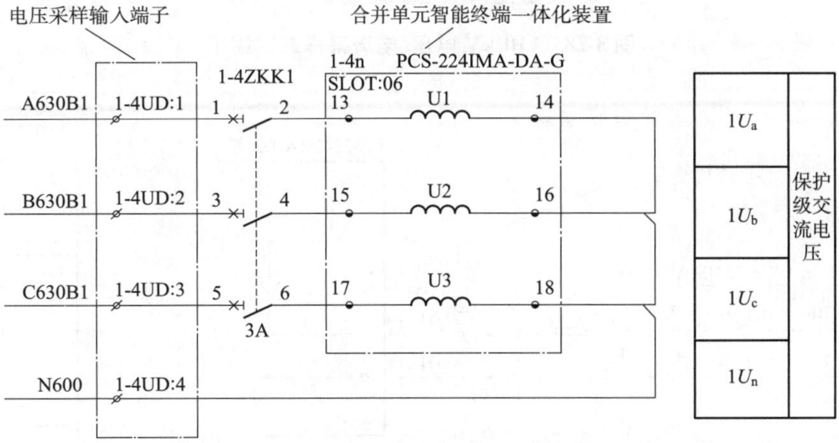

图 3-26　TV 二次回路电压采样端子设备原理图

4. 时间采样端子接线

查询设备二次回路时间采样端子设备原理图(见图 3-29),查找合智一体化装置时间采样端子(如图 3-29 中的 1-4Q1D:5 和 1-4Q1D:9 端子)。

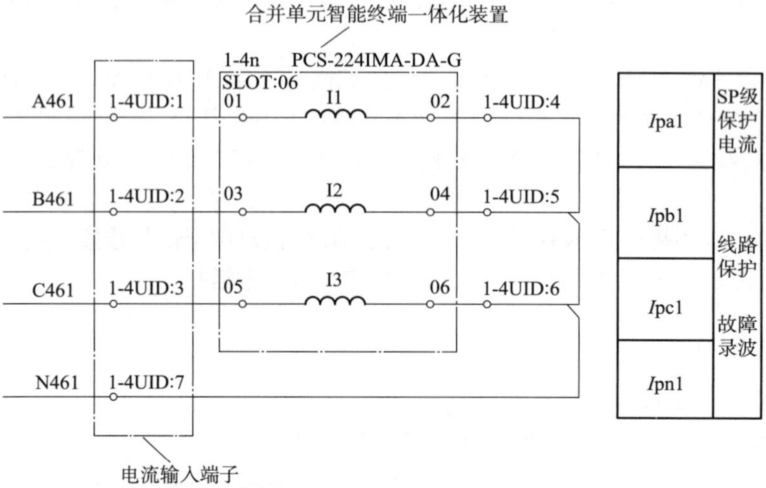

图 3-27 TA 二次回路电流采样端子设备原理图

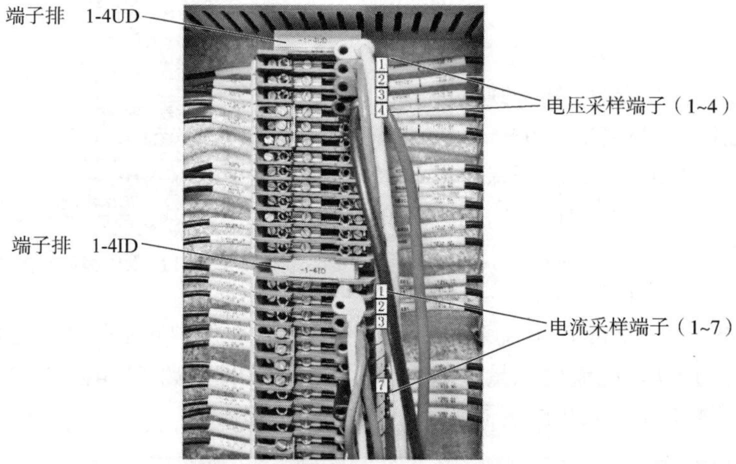

图 3-28 110 kV 电压、电流采样二次端子

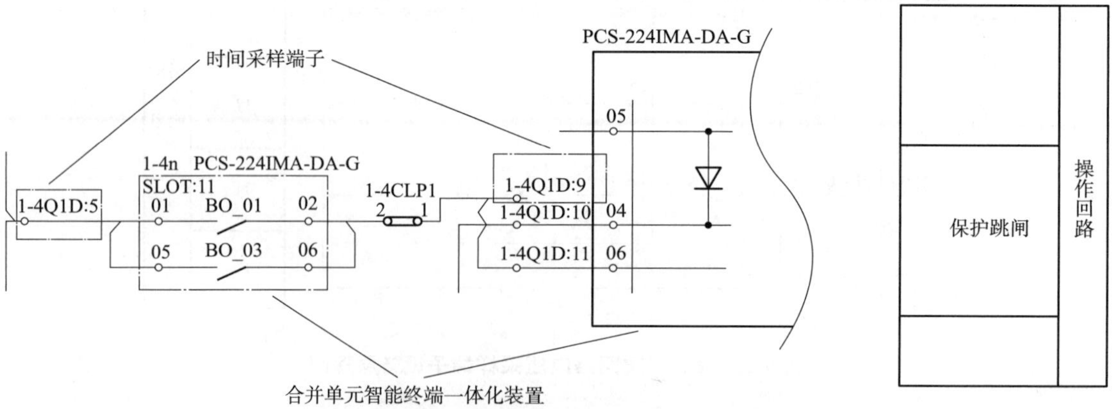

图 3-29 二次回路时间采样端子设备原理图

完成开关柜二次回路时间采样端子接线，即将继电保护测试仪的开关量输入端子与合智一体化装置的时间采样端子 1-4Q1D:5 和 1-4Q1D:9 并联，如图 3-30 所示。

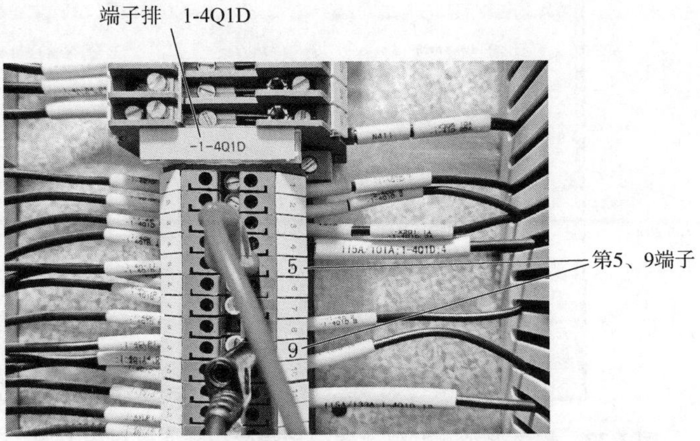

图 3-30　开关柜二次回路时间采样端子

5. 加量测试

（1）确认继电保护测试仪和保护装置连接正确

确认继电保护测试仪的三相电压、三相电流输出端与合智一体化装置的电压、电流模拟量输入回路采样端子连接正确。

确认继电保护测试仪的开关量输入端子与合智一体化装置的时间采样端子并联正确，如图 3-31 所示。

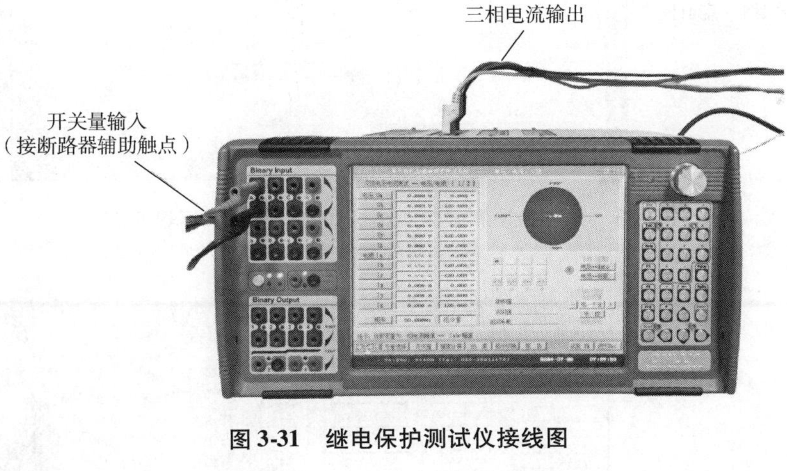

图 3-31　继电保护测试仪接线图

（2）进入保护测试界面

如图 3-32、图 3-33 所示，选择继电保护测试仪主界面中“线路保护定值校验”“距离保护-定值校验”测试项目，进入测试界面。

（3）设置继电保护测试仪参数

如图 3-34 相间距离保护定值设置和图 3-35 接地距离保护定值设置图所示，按照保护装置中的定值设置表分别填写相间距离保护、接地距离保护的阻抗和时间定值。注意角度使用定值单上的“正序灵敏角”，试验电压使用继电保护测试仪自动生成的默认值即可。

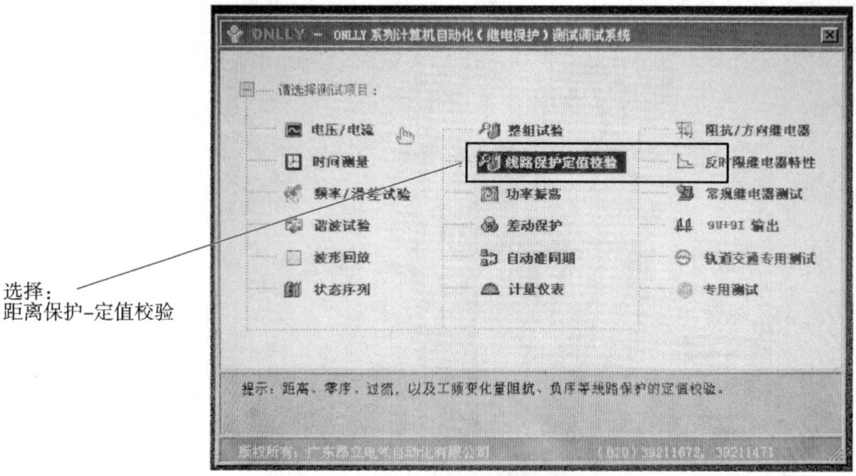

图 3-32　继电保护测试仪线路保护定值测试选择界面 1

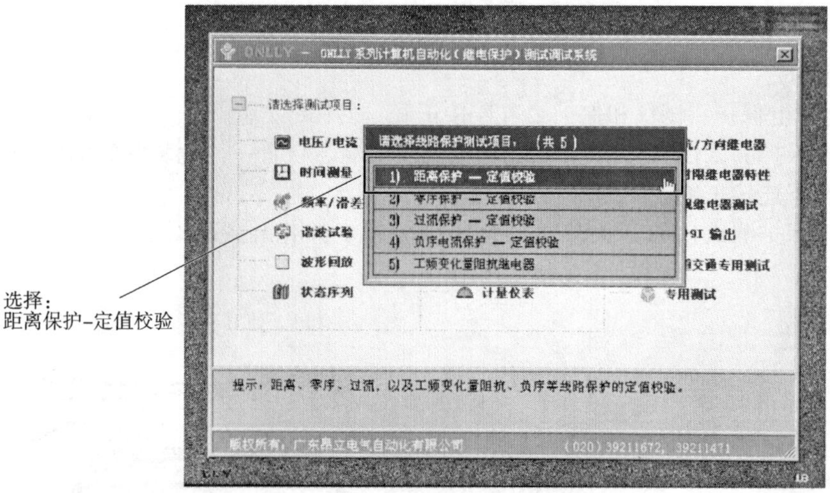

图 3-33　继电保护测试仪距离保护定值测试选择界面 2

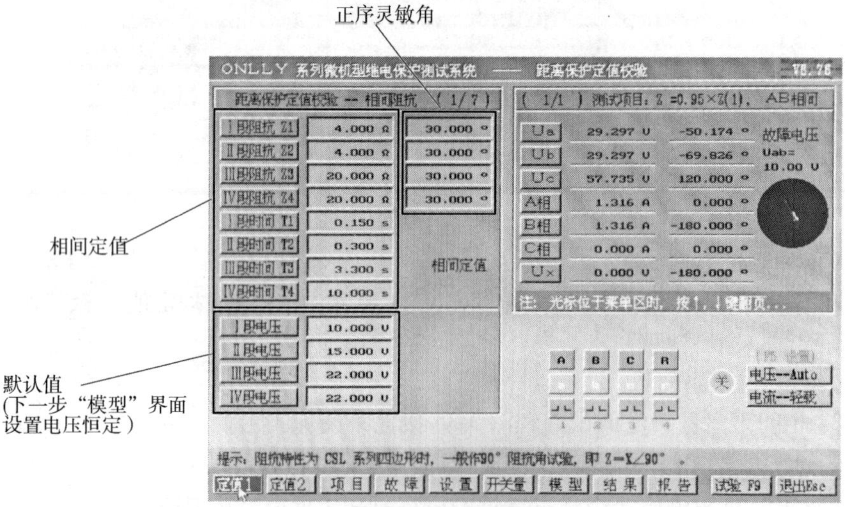

图 3-34　相间距离保护定值设置

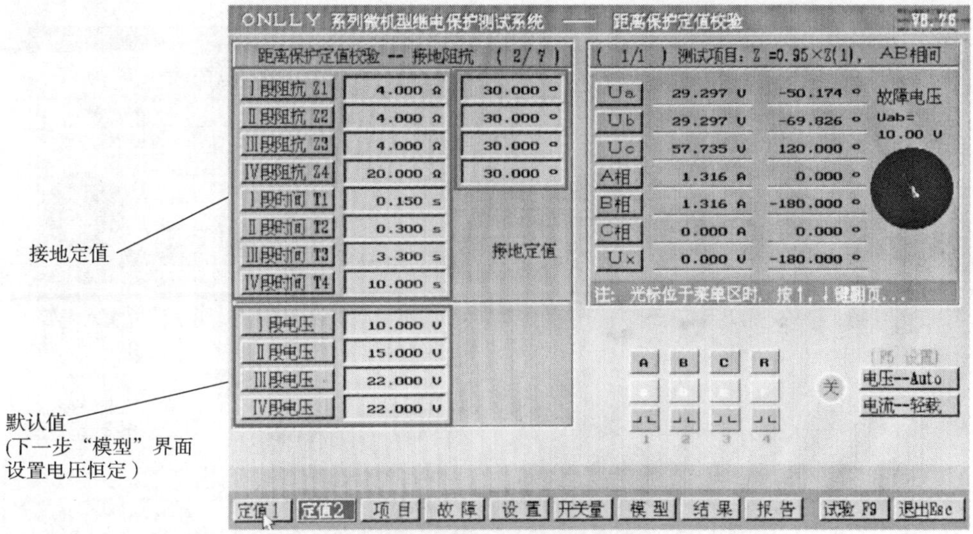

图 3-35　接地距离保护定值设置

（4）选择测试项目

如图 3-36 所示，在距离保护定值测试中勾选 0.95 倍和 1.05 倍的电流整定值。图中以Ⅱ段、Ⅲ段距离保护测试为例。

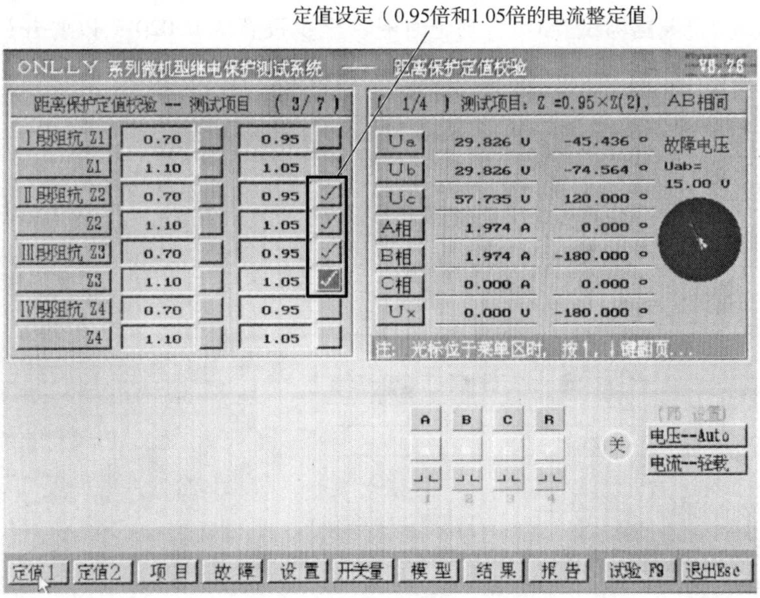

图 3-36　测试项目设置

（5）选择测试内容

根据检修报告项目选择测试内容，如图 3-37 所示，勾选全部单相接地和相间距离同时进行测试，三相短路保护不作要求。

如果时间允许，单相接地距离和相间距离保护可以各项独立测试，测试结果则会独立显示，比较清晰易读。

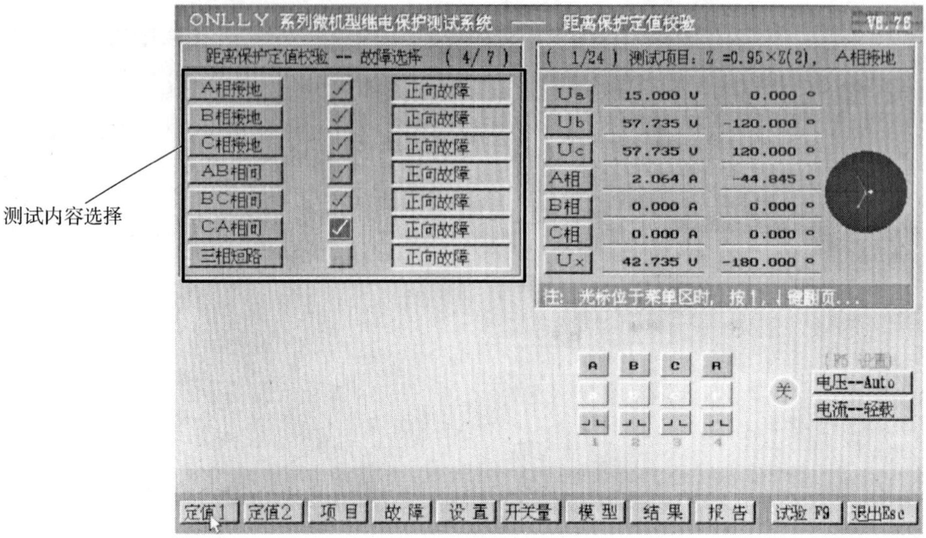

图 3-37　测试内容界面设置

（6）设置故障触发类型

如图 3-38 所示，采用“按键启动 + 瞬时性故障 + PT 位于母线侧 + 电流指向线路 + 合闸角随机 + 不叠加直流分量”，设置故障类型即可。注意时间限时设置为 5. 000 s，保证其应大于最大保护动作时间。同时，带断路器试验时，合闸延时建议至少设置为 0. 020 s，以躲开三相重合时间不一致的影响。

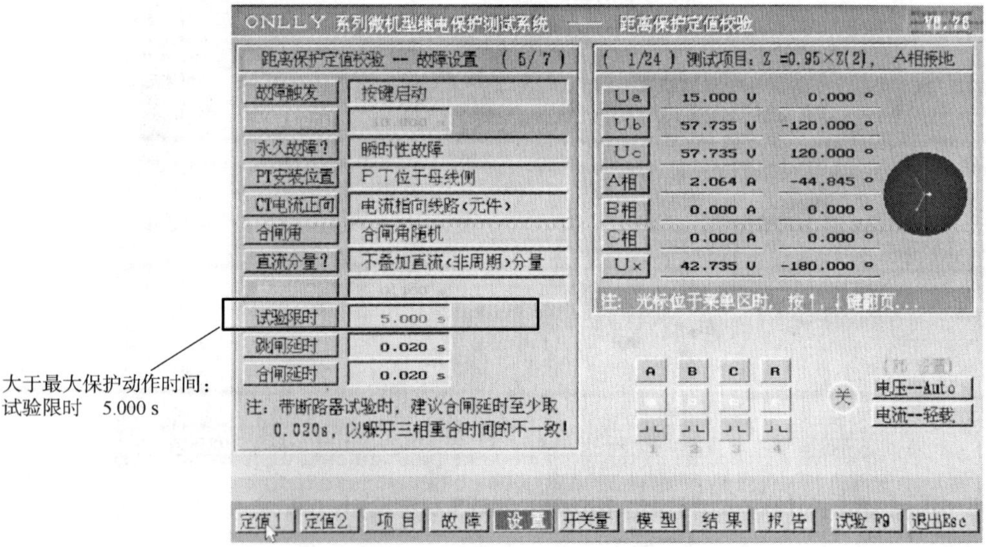

图 3-38　故障触发类型设置

（7）开关量设置

如图 3-39 所示，当有多对接点及重合闸接点时，如多个接点由同一跳闸触发返回并测量时间，注意在仪器上短接返回点负极，提高测量准确性。

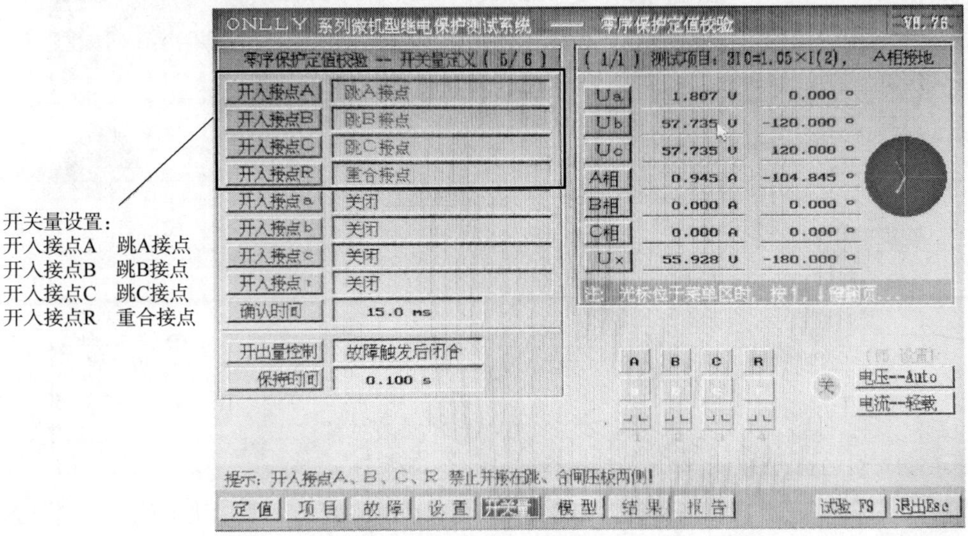

图 3-39　开关量设置

(8)计算模型设置

如图 3-40 所示,计算模型选择“电压恒定”,即保持电压恒定用电流变化来模拟阻抗变化,额定电压 57.735 V,频率 50 Hz,零序电流的补偿系数 *K*1 和角度(零序补偿)参考定值单,其他参数使用默认值。

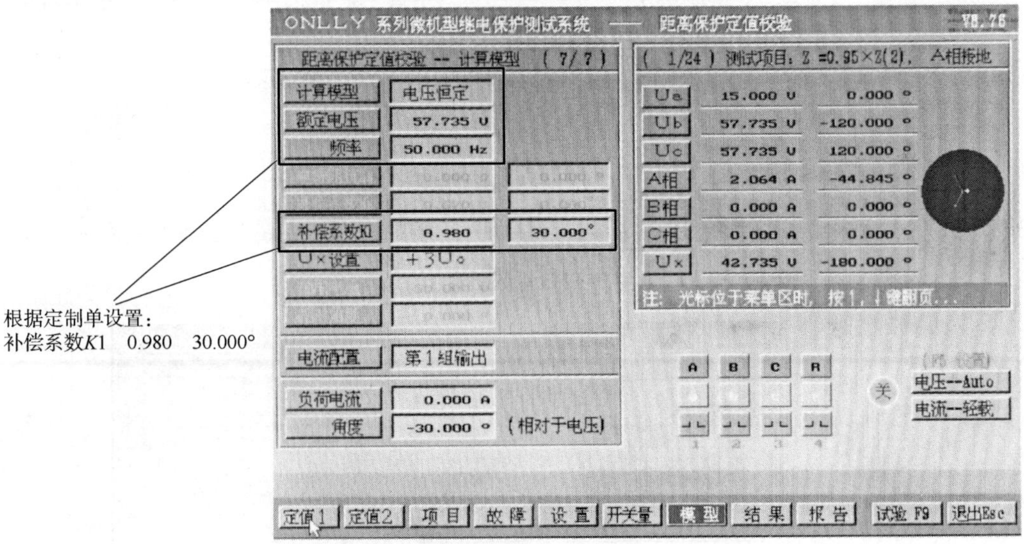

图 3-40　计算模型设置

(9)开始试验及抄录数据

如图 3-41 所示,启动保护测试。

如图 3-42 所示,开始试验后待“TV 断线”信号复归后进入故障状态,保护动作。注意每次进入故障状态前都要复归保护装置,合上断路器,重复至测试项目结束。

如图 3-43 所示,仪器会对被勾选的各项试验内容自动测试并实时显示结果,耐心等待全部项目试验结束后抄录数据。

图 3-41　启动继电保护测试仪

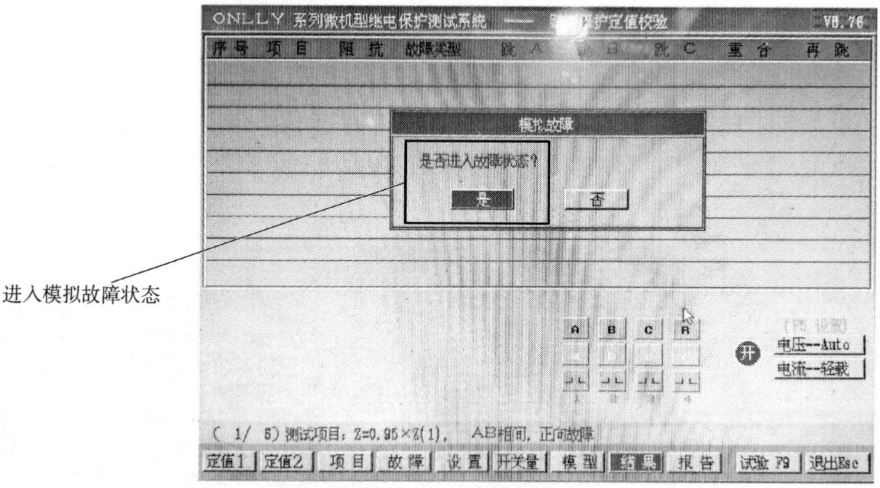

图 3-42　进入故障状态

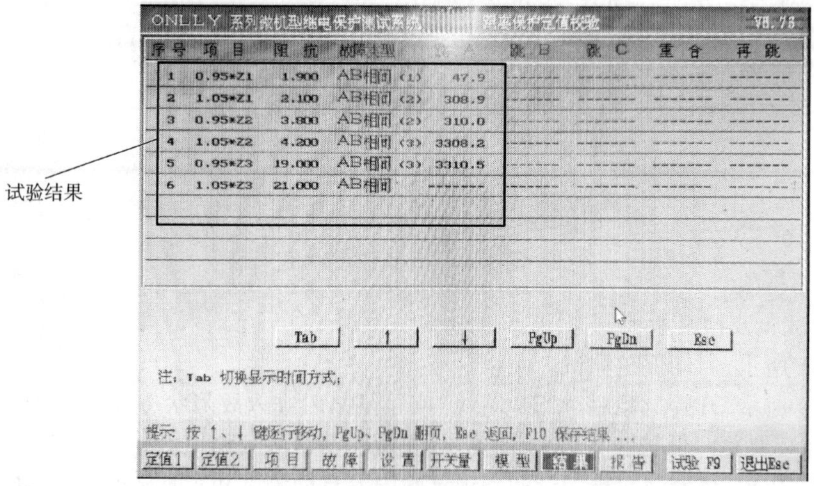

图 3-43　试验结果抄录

6. 测试结果保护测试报告填入表 3-5

表 3-5　线路距离保护测试报告

作业开关柜：________　　　　监护人：________　　　　执行人：________

安装地点			试验日期					
温度℃			湿度%					
开关柜名			电压互感器变比					
电流互感器变比								
保护装置名称：	保护种类	参数	整定值			动作值		
	相间距离保护		AB 相间Ⅰ段	AB 相间Ⅱ段	AB 相间Ⅲ段	AB 相间Ⅰ段	AB 相间Ⅱ段	AB 相间Ⅲ段
		相间短路阻抗/Ω						
		动作时间/s						
	接地距离保护		A 相接地Ⅰ段	A 相接地Ⅱ段	A 相接地Ⅲ段	A 相接地Ⅰ段	A 相接地Ⅱ段	A 相接地Ⅲ段
		接地短路阻抗/Ω						
		动作时间/s						

7. 测试结果分析

合格标准：

（1）保护动作出口、告警跳闸信号等功能与设计一致。

（2）实测动作值与整定值误差不得超过 ±5%。

（3）实测相间距离Ⅰ段（0.7 倍整定值）、接地距离Ⅰ段（0.7 倍整定值）保护动作时间与设计定值单相比应不大于 30 ms。

8. 作业后检查恢复

（1）检查保护投退情况及保护定值与保护整定通知单一致。

（2）拆除采样线，恢复连接连片，确认接线正确无误、无松动。

任务考核

任务考核见表 3-6。

表 3-6　任务考核表

任务名称		110 kV 线路距离保护测试				
安全监护人			作业完成人		日期	
开始时间			结束时间		任务完成时间	
评分项目		评分要素及标准		分值	小组互评	教师评分
作业准备		检查工器具准备齐全（5 分） 穿戴好个人安全防护用品（5 分） 做好安全条件复核、安全预想全面（5 分）		15		
作业操作流程	保护装置外观及接线检查	前面板检查能识别各个指示灯状态、作用（5 分） 检查后面板各线束整齐牢固（5 分）		10		
	定值核对	能正确完成定值核对（5 分） 未经授权改动定值、配置本项目考核不合格		5		

作业操作流程	完成电流输入端子接线、时间端子接线	能从二次原理图中找到电流端子、电压端子、保护跳闸出口端子部分(5 分) 能找到屏柜对应端子(5 分) 正确断开电流采用端子(5 分) 完成测试接线(5 分)	20		
	加量测试	正确完成参数计算和输入(5 分) 完成测试过程(10 分) 测试结果正确(10 分)	25		
	记录完整,结果分析正确	记录完整清晰(10 分,缺失一项扣 5 分,记录不规范扣 5 分) 结果分析正确(5 分)	15		
作业后恢复		工器具、设备无损伤,无违章作业(8 分) 工器具恢复原位置,摆放整齐,出清现场(2 分)	10		
操作限时		本任务限时 45 min 内完成,每超过 1 min 扣 4 分。超时 10 min 为不合格			
总分		(总分 = 小组互评 ×40% + 教师评分 ×60%)			
作业人员签字:			考评人员签字:		

巩固与练习

简答题

1. 什么是距离保护,距离保护的优缺点有哪些?
2. 三段式距离保护的保护范围与动作时间如何配合?
3. 三段式距离保护的动作值如何整定?

任务 3　110 kV 线路零序电流保护测试

任务导入

110 kV 线路保护装置内设的零序保护是保障输电线路安全运行的重要保护。零序保护测试是验证 110 kV 线路保护功能可靠性的重要措施,其测试结果是评判继电保护装置是否正常的依据。零序保护测试是城轨供电检修岗位的一项重要典型工作任务,也是供电检修岗位需要掌握的一项工作技能。

任务目标

(1)掌握零序电流保护的基本原理。

(2)会进行 110 kV 线路零序电流保护测试。

知识准备

110 kV 及以上电压等级的电网中,其变压器中性点直接接地,又称大接地电流系统。正常运行时,系统是三相对称的,其零序、负序电流和电压理论上为零。城轨 110 kV 系统中绝大多数故障是单相接地短路和两相接地短路,当发生接地短路时将出现很大的零序电压和电流。利用零序电压、电流来构成接地短路的保护,具有灵敏度高等显著的优点。

一、接地短路时零序电压、电流和功率的分布

如图3-44(a)所示,在电力系统中发生接地短路时,可以利用对称分量法将电流和电压分解为正序、负序、零序分量,并利用复合序网来表示它们之间的关系。用于短路计算的零序等效网络如图3-44(b)所示,可见零序电流是由在故障点施加的零序电压$\dot{U}_{K0}$产生的,经过线路、接地变压器的接地支路(中性点接地)构成回路。零序电流的规定正方向,采用由母线流向线路为正,零序电压的正方向规定为线路高于大地的电压为正。

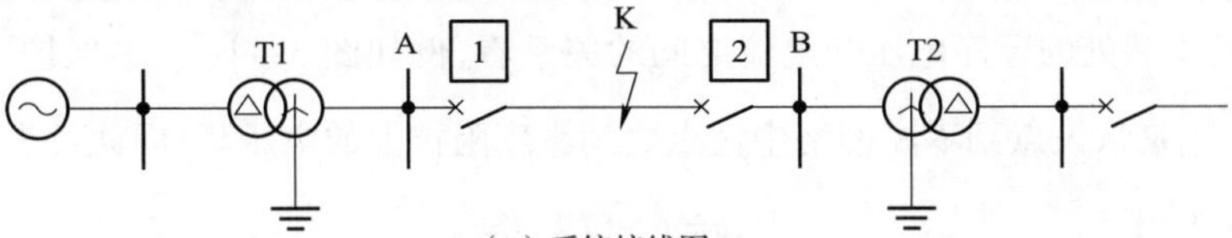

(a)系统接线图

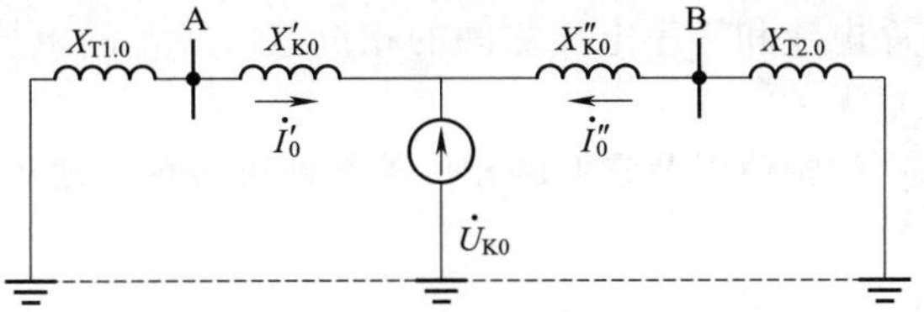

(b)零序网络图

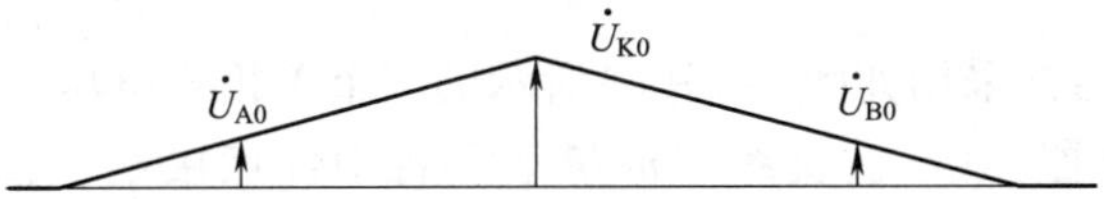

(c)零序电压分布

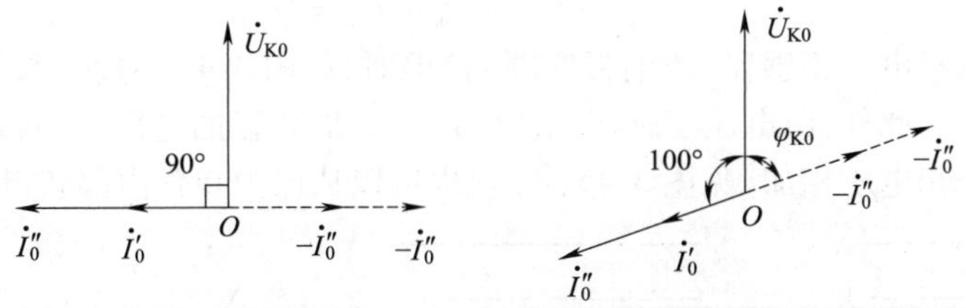

(d)忽略电阻的相量图　(e)计算电阻时的相量图(设φ_{K0}=80°)

图3-44　接地短路时的零序等效网络

1. 零序电压

零序电源在故障点,故障点的零序电压最高,系统中距离故障点越远处的零序电压越低,零序电压的大小取决于测量点到中性点(大地)间阻抗的大小,零序电压的分布如图3-44(c)所示。可见,在电力系统运行方式变化时,如果输电线路和中性点接地变压器位置、数目不变,则零序阻抗和零序等效网络不变,而系统正序阻抗和负序阻抗则要随着运行方式而变化,正、负序阻抗的变化使得三序阻抗比值变化,从而引起故障点处三序电压及三序电流之间的分配改变,从而间接影响零序分量的大小。

2. 零序电流

零序电流由零序电压$\dot{U}_{K0}$产生,由故障点经由线路流向大地(中性点)。当忽略回路的电阻时,按照规定的正方向画出的零序电流、电压的相量图如图3-44(d)所示。可见,流过故障点两侧

线路保护的电流 $\dot{I}'_0$和 $\dot{I}''_0$超前 $\dot{U}_{K0}$ 90°。当计算回路电阻时,例如取零序阻抗角为 $\varphi_{K0}=80°$,相量图如图 3-44(e)所示,$\dot{I}'_0$和 $\dot{I}''_0$超前 $\dot{U}_{K0}$100°。

零序电流的分布,主要决定于输电线路的零序阻抗和中性点接地变压器的零序阻抗,与电源的数目和位置无关,例如在图 3-44(a)中,如果变压器 T2 的中性点不接地时,则 $\dot{I}''_0=0$。

3. 零序功率及电压、电流相位关系

对于发生故障的线路,两端零序功率方向与正序功率方向相反,零序功率方向实际上都是由线路流向母线的。

从任一保护安装处的零序电压和电流之间的关系看,例如图 3-44(a)中保护 1,由于 A 母线上的零序电压 $\dot{U}_{A0}$是从该点到零序网络中性点之间零序阻抗上的电压降,因此可表示为

$$\dot{U}_{A0}=(-\dot{I}'_0)Z_{T1.0} \tag{3-12}$$

式中 $Z_{T1.0}$——变压器 T1 的零序阻抗。

可见保护安装处的零序电流和零序电压之间的相位差由 $Z_{T1.0}$的阻抗角决定,与被保护线路的零序阻抗及故障点的位置无关。

用零序电流和零序电压的幅值以及它们的相位关系即可实现接地短路时的零序电流和方向保护。

二、零序电压、电流滤过器

1. 零序电压滤过器

为了取得零序电压,通常采用如图 3-45(a)所示的三个单相式电压互感器或如图 3-45(b)所示的三相五柱式电压互感器,其一次绕组接成星形并将中性点接地,其二次绕组接成开口三角形,这样从 m、n 端子可得到输出电压为

$$\dot{U}_{mn}=\dot{U}_a+\dot{U}_b+\dot{U}_c=3\dot{U}_0 \tag{3-13}$$

当电源中性点经电压互感器(或消弧线圈)接地时,如图 3-45(c)所示,从它的二次绕组中也能够取得零序电压。此外,由电压互感器二次侧接入保护装置的电压变换器取得三个相电压后,利用加法器将三个相电压相加[见图 3-45(d)],也可以从保护装置内部获得零序电压。

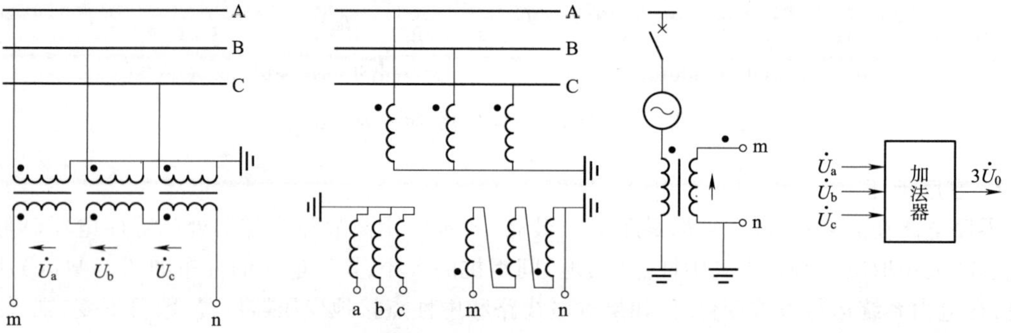

(a)用三个单相式电压互感器　(b)用三相五柱式电压互感器　(c)接于电源中性点的电压互感器　(d)保护装置内部合成零序电压

图 3-45　取得零序电压的接线图

在正常运行和电网相间短路时,理论上没有零序电压,但是由于电压互感器的误差以及三相系统对中性点不完全平衡,在开口三角形侧可能有数值不大的零序电压输出,此电压称为不平衡电压,以 $\dot{U}_{unb}$表示。此外,当系统中存在三次谐波分量时,因为三相中的三次谐波电压同相位,因

此零序电压过滤器的输出端有三次谐波电压输出。对反映于零序电压幅值而动作的保护装置，应该考虑躲过它们的影响。

2. 零序电流滤过器

为了取得零序电流，通常将三相电流互感器按图 3-46(a)接线，此时流入继电器回路中的电流为

$$\dot{I}_r = \dot{I}_a + \dot{I}_b + \dot{I}_c = 3\dot{I}_0 \tag{3-14}$$

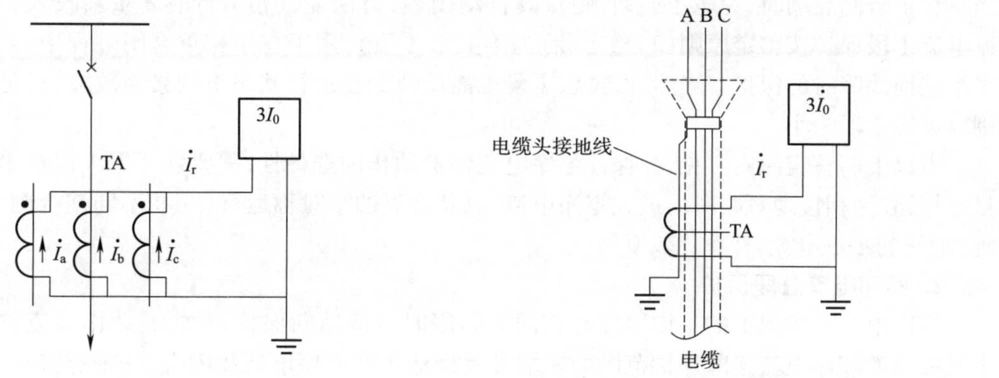

(a) 零序电流滤过器原理接线图　　(b) 电流互感器套在三相电缆外接线图

图 3-46　零序电流过滤器原理接线图

零序电流滤过器也会产生不平衡电流，是由三个电流互感器励磁电流不相等而产生的，当发生相间短路时，不平衡电流也会达到最大值，用 $\dot{I}_{unb.max}$ 表示。

城轨 110 kV 线路采用电缆引出的输电线路，广泛地采用了零序电流互感器的接线以获得 $3\dot{I}_0$并可减小不平衡电流，如图 3-46(b)所示。此电流互感器就套在三相电缆的外面，互感器的一次电流是 $\dot{I}_A + \dot{I}_B + \dot{I}_C$，只当一次侧有零序电流时，在互感器的二次侧才有相应的 $3\dot{I}_0$输出，故称它为零序电流互感器。零序电流互感器和零序电流滤过器相比，主要的优点是没有不平衡电流，接线也更简单。

三、零序三段电流保护

1. 零序电流 Ⅰ 段(速断)保护

视频

零序电流保护

发生单相接地短路或两相接地短路时，会出现较大的零序电流，可以求出零序电流 $3\dot{I}_0$随保护安装处到短路点的线路长度 L 变化的关系曲线，然后根据与相间短路电流保护相似的原则，进行保护范围的逐级配合与定值的整定计算。

零序电流速断保护的整定原则如下：

(1)躲开下级线路出口处单相或两相接地短路时可能出现的最大零序电流 $3I_{0.max}$，引入可靠系数 K_{rel}^{I}(一般取为 1.2 ~ 1.3)，即

$$I_{set}^{I} = K_{rel}^{I} 3I_{0.max} \tag{3-15}$$

(2)躲开断路器三相触头不同期合闸时出现的最大零序电流 $3I_{0.unb}$，引入可靠系数 K_{rel}^{I}即

$$I_{set}^{I} = K_{rel}^{I} 3I_{0.unb} \tag{3-16}$$

零序电流速断保护整定值应选取以上两者中较大者，但在有些情况下，如按照整定原则(2)整定使动作电流过大而使保护范围缩小时，也可以采用在手动合闸以及三相自动合闸时，使零序电流 Ⅰ 段保护带有一个小的延时(约 0.1 s)，以躲开断路器三相不同期合闸的时间，这样在定值

上就无须考虑条件(2)了。

(3)当线路上采用单相自动重合闸时,按能躲开在非全相运行状态下发生系统振荡时所出现的最大零序电流整定。按此原则整定时,其定值较高,正常情况下发生接地故障时,保护范围会缩小,不能充分发挥零序电流Ⅰ段保护的作用。因此,为了解决这个矛盾,通常是设置两个零序电流Ⅰ段保护:一个是按整定原则(1)或(2)整定(由于其定值较小,保护范围较大,因此称为灵敏Ⅰ段),它的主要任务是对全相运行状态下的接地故障起保护作用,具有较大的保护范围。而当单相重合闸启动时,为防止误动,则将其自动闭锁,待恢复全相运行时才重新投入。另一个零序电流Ⅰ段保护按整定原则(3)整定(称为不灵敏Ⅰ段),用于在单相重合闸过程中,其他两相又发生接地故障时的保护。当然,不灵敏Ⅰ段也能反映全相运行状态下的接地故障,只是其保护范围较灵敏Ⅰ段为小。

由以上的整定原则可见,为保证零序电流保护动作的选择性,需要躲开下级保护出口处单相接地短路、两相接地短路时的最大零序电流,以及常见的不对称运行(三相不同期合闸、单相重合闸)期间的零序电流,计算比较复杂。

2. 零序电流Ⅱ段保护

零序电流Ⅱ段保护的工作原理与相间短路限时电流速断保护一样,其动作电流首先考虑与下级线路的零序电流速断保护范围的末端最大接地短路零序电流相配合,并带有高出一个 Δt 的时限,以保证动作的选择性。不考虑有分支电路影响时,零序Ⅱ段的动作电流应整定为

$$I_{\mathrm{set.2}}^{\mathrm{II}} = K_{\mathrm{rel}}^{\mathrm{II}} I_{\mathrm{set.1}}^{\mathrm{I}} \tag{3-17}$$

$$t_2^{\mathrm{II}} = t_1^{\mathrm{I}} + \Delta t \tag{3-18}$$

零序Ⅱ段保护的灵敏系数 $K_{\mathrm{rel}}^{\mathrm{II}}$,应按照本线路末端接地短路时的最小零序电流来测试,并应满足 $K_{\mathrm{sen}} \geqslant 1.5$ 的要求。当由于下级线路比较短或运行方式变化比较大,而不能满足对灵敏系数的要求时,除考虑与下级线路的零序Ⅱ段保护配合外,还可以考虑采用下列方式解决:

(1)用两个灵敏度不同的零序Ⅱ段保护。保留 0.5 s 的零序Ⅱ段保护,快速切除正常运行方式和最大运行方式下线路上所发生的接地故障;同时再增加一个与下级线路零序Ⅱ段保护配合的Ⅱ段保护,它能保证在各种运行方式下线路上发生短路时,保护装置具有足够的灵敏系数。

(2)从电网接线的全局考虑,改用接地距离保护。

3. 零序电流Ⅲ段保护

零序Ⅲ段保护的作用相当于相间短路的过电流(Ⅲ段)保护,一般情况下作为后备保护使用,在中性点直接接地系统中的终端线路上也可作为主保护使用。

在零序过电流保护中,继电器的动作电流原则上按躲开在下级线路出口处相间短路时所出现的最大不平衡电流 $I_{\mathrm{unb.max}}$ 来整定,引入可靠系数 $K_{\mathrm{rel}}^{\mathrm{III}}$,即

$$I_{\mathrm{set}}^{\mathrm{III}} = K_{\mathrm{rel}}^{\mathrm{III}} I_{\mathrm{unb.max}} \tag{3-19}$$

同时,还必须要求各保护之间在灵敏系数上要互相配合,满足式(2-16)的要求。当满足灵敏系数配合的要求时,对零序过电流保护的整定计算,必须按逐级配合的原则来考虑,具体说就是本保护零序Ⅲ段的保护范围,不能超出相邻线路的零序Ⅲ段保护的保护范围。

作为相邻元件的后备保护时,保护装置的灵敏系数应按照相邻元件末端接地短路时流过本保护的最小零序电流来测试。

按上述原则整定的零序过电流保护,动作电流一般都很小(在二次侧约为 2 ~ 3 A),因此,在本电压级网络中发生接地短路时,它都可能启动,这时为了保证保护的选择性,各保护的动作时限也应按照图 2-43 所示的原则来确定。如图 3-47 所示的网络接线中,安装在受电端变压器 T1 上的零序过电流保护 4 可以瞬时动作,由于 Yd 接线变压器低压侧的任何故障都不能在高压侧引起零序电流,因此就无须考虑和保护 1 ~ 3 的配合关系。按照选择性的要求,保护 5 应比保护 4 高

出一个时间阶段,保护6又应比保护5高出一个时间阶段等。

为了便于比较,图3-47中也绘出了相间短路过电流保护的动作时限,它是从保护1开始逐级配合的。由此可见,在同一线路上,与相间短路的过电流保护相比,零序过电流保护具有较小的时限,这也是它的一个优点。

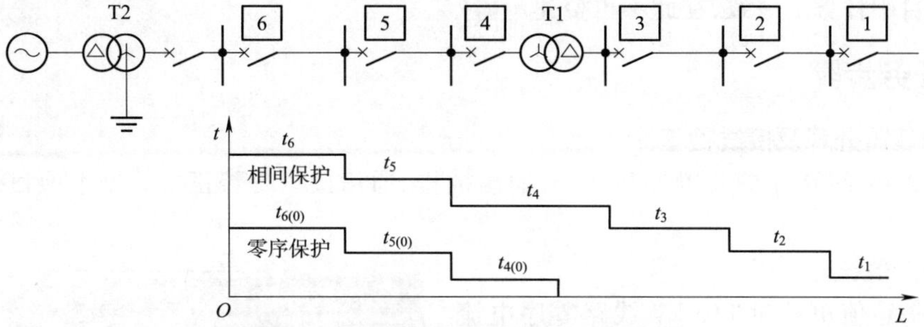

图3-47 零序过电流保护的时限特性

四、零序电流保护的优势

在城轨交通110 kV线路中,零序电流保护简单、经济、可靠,广泛应用于辅助保护和后备保护。与相电流保护相比,零序电流保护具有以下独特的优点:

(1)相间短路的过电流保护按照大于负荷电流整定,保护的动作电流一般为5~7 A,零序过电流保护则按照躲开不平衡电流的原则整定,动作电流一般为2~3 A。发生单相接地短路时,故障相的电流与零序电流$3I_0$相等,因此零序过电流保护的灵敏度高。此外,由图3-47可见,零序过电流保护的动作时限也较相间保护短。

(2)相间短路的电流速断保护和限时电流速断保护受系统运行方式变化的影响很大,零序电流保护受系统运行方式变化的影响小。此外,由于线路零序阻抗远较正序阻抗大,$X_0=(2.0\sim3.5)X_1$,故线路始端与末端短路时,零序电流变化显著,曲线较陡,因此零序Ⅰ段保护的保护范围较大且稳定,零序Ⅱ段保护的灵敏系数也易于满足要求。

(3)当系统中发生某些不正常运行状态(如系统振荡、短时过负荷等)时,三相是对称的,相间短路的电流保护均可能误动作,因而需要采取必要的措施予以防止,而零序电流保护则不受它们的影响。

(4)在110 kV及以上的高压和超高压电网中,单相接地故障约占全部故障的70%~90%,而且其他的故障也往往是由单相接地故障发展起来的,可见零序保护为绝大部分故障情况提供了保护,具有显著的优越性。

五、线路零序保护测试原理

线路零序保护测试作业接线图与本项目任务1图3-5的110 kV线路纵差保护测试接线示意图一致。线路保护装置通过点对点光纤连接合并单元智能终端一体化装置,合并单元智能终端一体化装置通过电缆利用端子排连接继电保护测试仪。

继电保护测试仪输出一路三相交流电流模拟信号,模拟电流互感器TA二次电流。保护测试仪通过端子排连接合智一体化终端,将三相交流信号转换成数字信号后,再通过光纤通信发送至110 kV线路保护装置。同时,合智一体化终端的跳闸出口常开触点与保护测试仪的开关量输入端子并联,用来将零序保护动作信号回馈给测试仪,进行保护动作特性的测试。

选择测试项目和测试内容,设置继电保护测试仪参数,选择故障模拟,设置故障信息,使得保护动作。仪器会对被勾选的各项试验内容自动测试并实时显示结果,全部项目测试结束后抄录数据。

任务实施

一、任务准备

与本项目中任务 1 一致,在此不再赘述。

二、任务步骤

1. 保护装置外观及接线检查

检查 110 kV 线路保护装置外观、输入输出插排、通信接线是否正常。见本项目任务 1 中的图 3-6 和图 3-7。

2. 保护定值核对

根据保护定值单核对 110 kV 线路零序电流保护整定值正确性,抄填在保护测试报告上。110 kV 线路保护装置零序电流保护定值设置如图 3-48 所示。

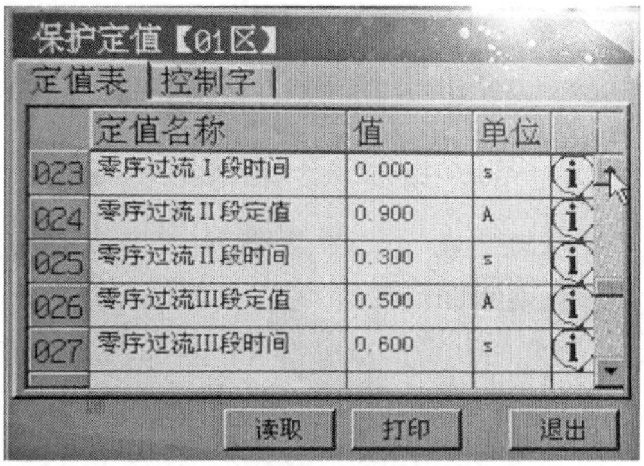

图 3-48　110 kV 线路保护装置零序电流保护定值设置

3. 找准采样点、断开 TA 连片

通过查询设备二次原理图,结合现场开关柜二次采样线接线情况,根据设计图纸结合现场设备,找准电流采样二次端子,断开保护装置模拟量输入回路与 TA 二次回路纵向连片。

TA 二次回路电流采样端子原理图、开关柜 TA 二次回路电流采样端子、二次回路时间采样端子原理图、开关柜二次回路时间采样端子分别见本项目任务 1 中的图 3-9 至图 3-12。

4. 加量测试

(1)连接继电保护测试仪与保护装置电流模拟量输入回路采样端子。保护测试接线示意图、继电保护测试仪接线图分别见本项目任务 1 中的图 3-13 和图 3-14。

(2)进入测试界面,选择继电保护测试仪主界面中“线路保护定值测试”“零序保护-定值校验”测试项目,进入测试界面,如图 3-49 所示。

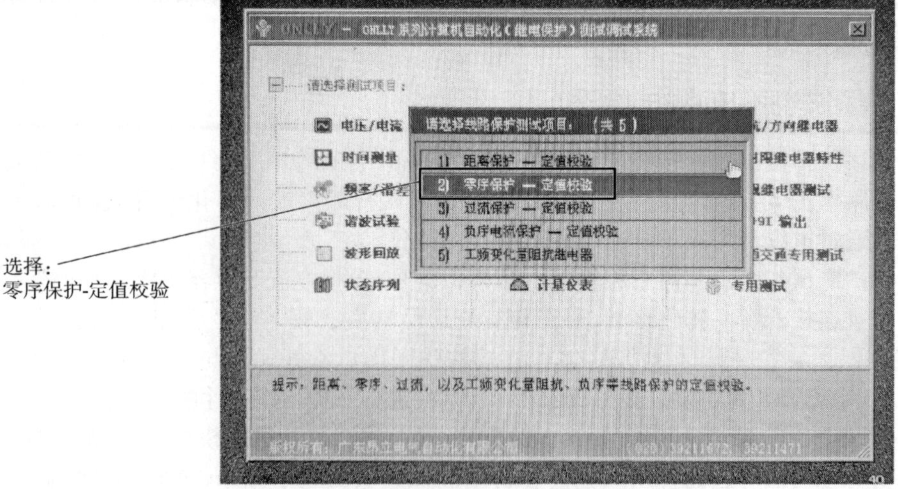

图 3-49　继电保护测试仪选择界面

(3)设置继电保护测试仪参数,根据定值单填写零序保护定值和延时时间,如图3-50所示。

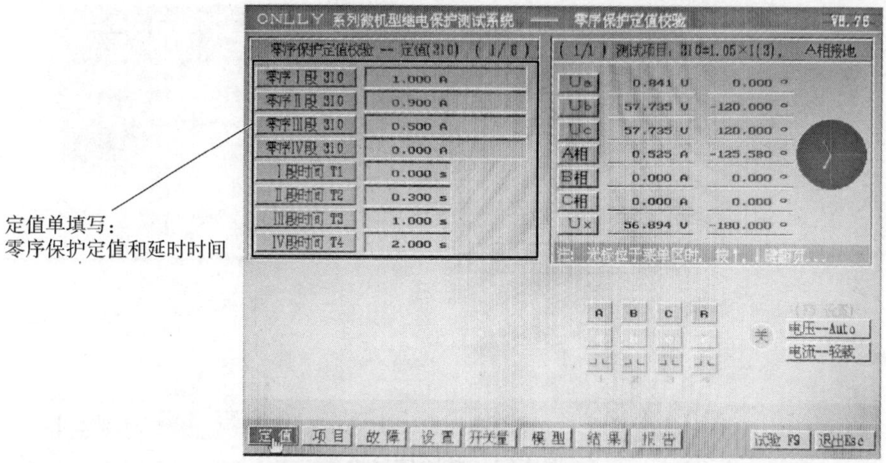

图3-50 零序保护定值设置

(4)选择测试项目,以零序Ⅱ段、1.05倍动作值为例,选择需要测试的保护,如图3-51所示。

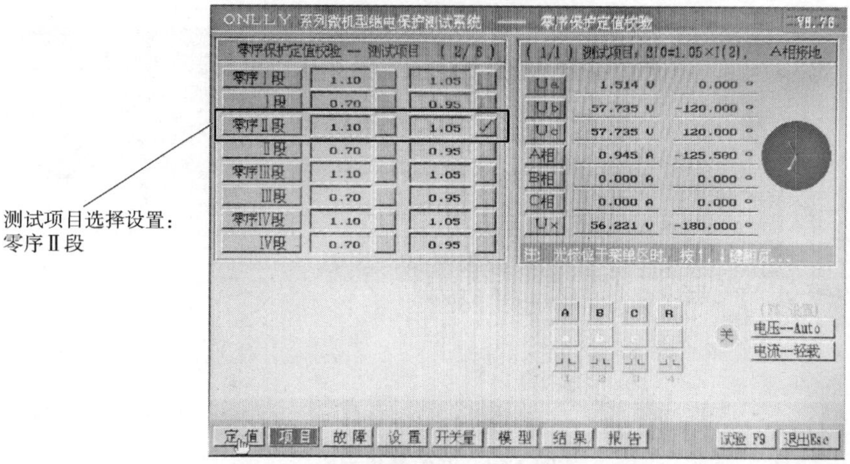

图3-51 测试项目选择设置(零序Ⅱ段)

(5)选择故障模拟,选择A相接地、正向故障,模拟零序保护动作,如图3-52所示。

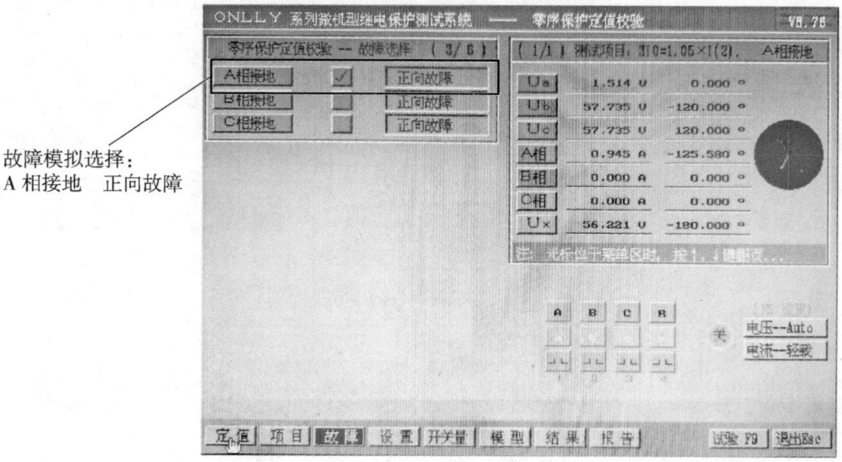

图3-52 故障模拟选择设置

（6）设置故障信息，要求试验限时大于所需保护的延时时间，使得保护动作，如图 3-53 所示。

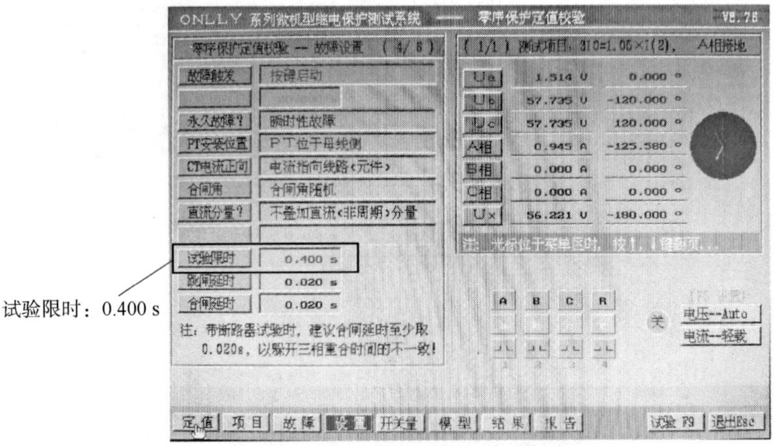

图 3-53　故障信息设置

（7）核对返回接点，特别是有多对接点及重合闸接点时。如多个接点由同一保护跳闸触发并测量时间，注意在仪器上短接返回接点负极，提高测量准确性，如图 3-54 所示。

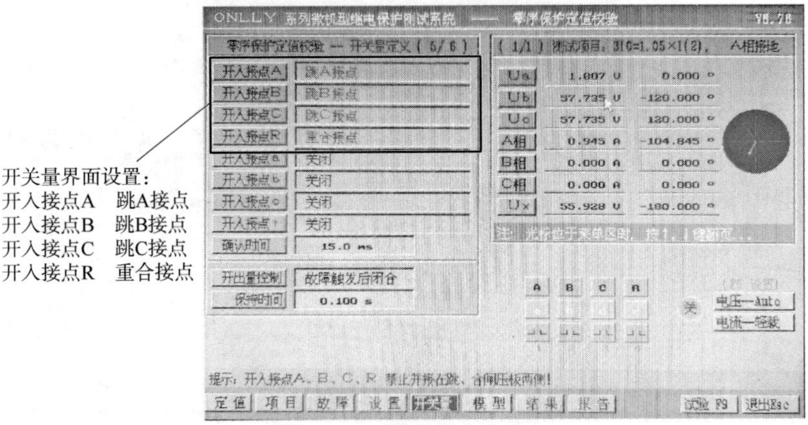

图 3-54　开关量界面设置

（8）设置计算模型，补偿系数 *K*1 和角度参考定值单，其他参数使用默认，如图 3-55 所示。

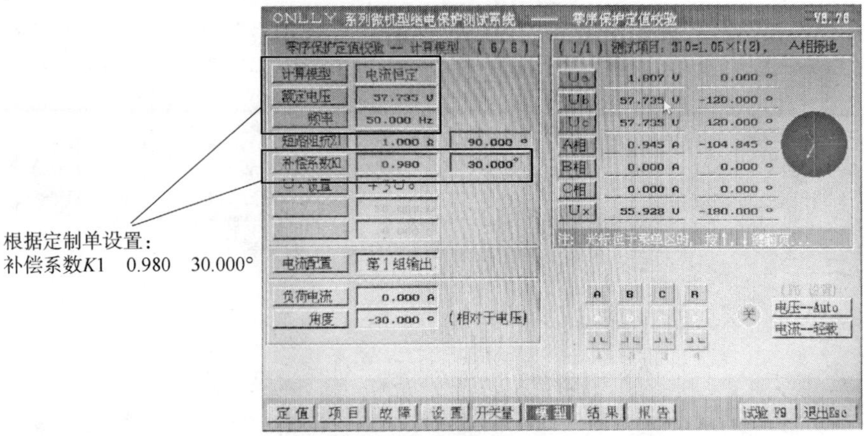

图 3-55　模型界面设置

（9）如图3-56所示开始试验，仪器会对被勾选的各项试验内容自动测试并实时显示结果，耐心等待全部项目试验结束后再抄录数据。

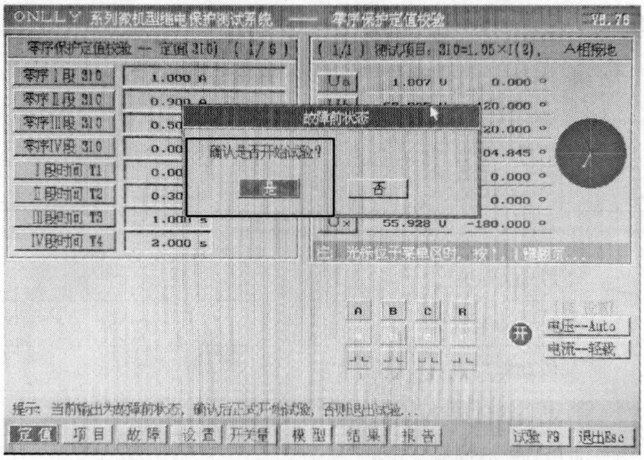

图3-56 启动继电保护测试仪

（10）开始试验后待“PT断线”信号复归后进入故障状态，断路器保护动作，如图3-57所示。

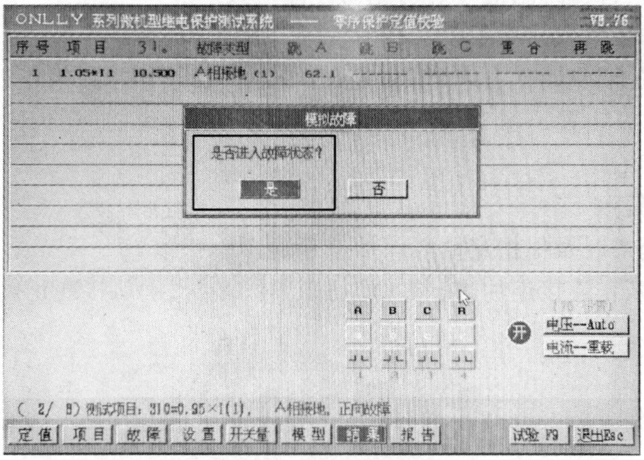

图3-57 进入故障状态

（11）进入故障状态。注意每次进入故障状态前都要复归保护装置，合上断路器，重复至测试项目结束。试验结果如图3-58所示，将其抄录到测试报告（见表3-7）。

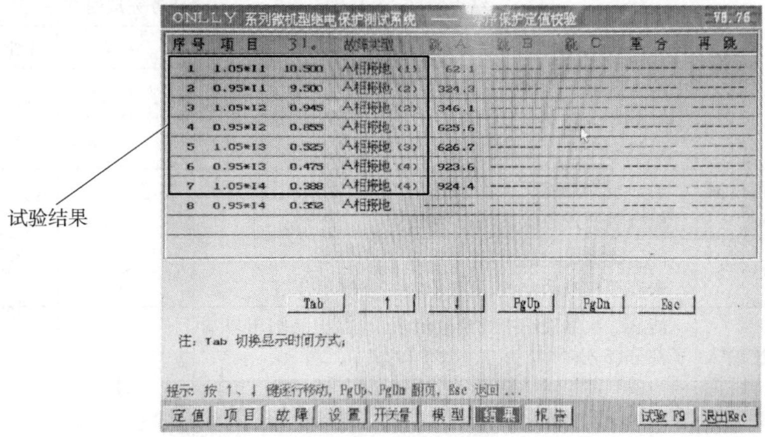

图3-58 试验结果

保护测试报告见表 3-7。

表 3-7　线路零序保护测试报告

作业开关柜:________　　　　监护人:________　　　　执行人:________

安装地点			试验日期	
温度℃			湿度%	
开关柜名			电流互感器变比	
保护装置名称:	保护种类	参数	整定值	动作值
	零序电流保护	Ⅰ段启动电流/A		
		Ⅰ段动作时间/s		
		Ⅱ段启动电流/A		
		Ⅱ段动作时间/s		
		Ⅲ段启动电流/A		
		Ⅲ段动作时间 t/s		

5. 测试结果分析

(1)保护动作出口、告警跳闸信号等功能与设计一致。

(2)实测动作值与整定值误差不得超过 ±5%。

(3)实测零序过流保护动作(1.2 倍整定值)时间与设计定值单相比,应不大于(延时定值 ×1% +40)ms(若保护装置厂家对保护动作时间误差有明确要求的,按保护装置说明书要求执行)。

6. 作业后检查恢复

(1)检查保护投退情况及保护定值与保护整定通知单一致。

(2)拆除采样线,恢复连接连片,按照规定扭矩紧固端子,确认接线正确无误、无松动。

任务考核

任务考核见表 3-8。

表 3-8　任务考核表

任务名称	110 kV 线路零序保护测试				
安全监护人		作业完成人		日期	
开始时间		结束时间		任务完成时间	
评分项目		评分要素及标准	分值	小组互评	教师评分
作业准备		检查工器具准备齐全(5 分) 穿戴好个人安全防护用品(5 分) 做好安全条件复核、安全预想全面(5 分)	15		
作业操作流程	保护装置外观及接线检查	前面板检查能识别各个指示灯状态、作用(5 分) 检查后面板各线束整齐牢固(5 分)	10		
	定值核对	能正确完成定值核对(5 分) 未经授权改动定值、配置本项目考核不合格	5		
	完成电流输入端子接线、时间端子接线	能从二次原理图中找到电流端子、保护跳闸出口端子部分(5 分) 能找到屏柜对应端子(5 分) 正确断开电流采样端子(5 分) 完成测试接线(5 分)	20		

作业操作流程	加量测试	正确完成参数计算和输入(5 分) 完成测试过程(10 分) 测试结果正确(10 分)	25		
	记录完整,结果分析正确	记录完整清晰(10 分,缺失一项扣 5 分,记录不规范扣 5 分) 结果分析正确(5 分)	15		
作业后恢复		工器具、设备无损伤,无违章作业(8 分) 工器具恢复原位置,摆放整齐,出清现场(2 分)	10		
操作限时		本任务限时 45 min 内完成,每超过 1 min 钟扣 4 分。超时 10 min 为不合格			
总分		(总分 = 小组互评 ×40% + 教师评分 ×60%)			
		作业人员签字:	考评人员签字:		

巩固与练习

简答题

1. 接地短路时,零序电流和零序电压的分布有什么特点?
2. 零序电流保护用于反映什么故障?简述其工作原理。
3. 零序电流保护有哪些优势?

项目4
主变电所继电保护测试

项目描述

视频

主变电所设备继电保护配置

主变压器是城市轨道交通主变电所的核心设备，如果发生故障将给供电可靠性和系统安全运行带来严重的影响，因此应根据变压器容量等级和重要程度装设性能良好、动作可靠的继电保护装置。

本项目结合城轨主变电所变压器继电保护实例，分析电力变压器的故障类型、不正常运行状态，学习主变压器保护设置。掌握主变压器纵差动保护的基本原理和接线方式，分析动作特性。了解不平衡电流产生的原因以及消除或鉴别的方法。结合主变压器相间短路、接地短路故障以及过负荷，分析主变压器后备保护的原理。学习主所站用变压器继电保护配置。完成地铁供电专业岗位作业项目：主变压器纵联差动保护测试、主变压器后备过流保护测试、主变压器非电量保护测试、站用变压器继电保护测试。

学习目标

知识目标

(1)列举电力变压器的故障及不正常运行类型状态特点。

(2)掌握主变压器保护设置、站用变压器保护设置。

(3)理解主变压器纵联差动保护的基本原理及动作特性。

(4)分析主变压器纵联差动保护不平衡电流产生的原因，了解不平衡电流消除或鉴别的方法。

(5)理解主变压器后备保护的基本原理及动作特性。

技能目标

(1)测试变压器差动启动电流、差动速断电流、差动动作时间以及差动比率制动系数，核对保护定值。

(2)测试主变压器高低压侧的负序电压闭锁、低电压闭锁、过流Ⅰ段、Ⅱ段、过负荷保护及校验动作时间。

(3)校验变压器瓦斯保护、温度保护、压力释放保护以及油位异常保护功能。

(4)测试站用变压器过电流保护、温度保护。

素养目标

(1)拥有遵章守规、安全试验的职业素养。

(2)提高规范作业、标准化作业的职业能力。

(3)养成严谨细致、精益求精的工匠精神。

(4)养成良好沟通、齐心协作的团队精神。

任务1　主变压器纵联差动保护测试

任务导入

主变压器保护装置是保障主变压器安全运行的重要二次设备。主变压器纵联电流差动保护测试是城轨供电检修岗位的一项典型工作任务，其测试结果是验证主变压器保护功能可靠性的重要依据。

任务目标

(1)掌握城轨交通供电系统主变电所主变压器继电保护配置。

(2)理解主变压器纵联电流差动保护的基本原理，不平衡电流产生原因、消除或鉴别的方法。

(3)会进行主变压器纵联电流差动保护测试。

知识准备

一、主变压器的故障类型和不正常运行状态

主变压器除了正常运行状态之外，会出现故障和不正常运行状态，必须要配置相应的主保护和后备保护装置。

城市轨道交通主变电所，设置两台主变压器。主变压器为三相油浸电力变压器，一般为110/35 kV两绕组变压器，少数采用110/10 kV两绕组变压器。接线形式可选用三相Y,y0或Y,d接线。Y,y0接线的主变压器110 kV高压侧采用星形绕组中性点经放电间隙接地，带有载调压开关和自动调压装置;35 kV(10 kV)中压侧采用星形绕组中性点经小电阻接地，或采用三角形绕组。两台主变压器互为备用，正常情况下分列运行，各承担约50%的用电负荷。主变电所的主变压器可以放置在室内，也可放置在室外，下方设置储油设施。

变压器的故障可以分为油箱外故障和油箱内故障两类。油箱外故障，主要是套管和引出线上发生的相间短路、接地短路。油箱内的故障包括绕组的相间短路、接地短路、匝间短路以及铁芯的烧损等。实践表明，变压器套管和引出线上的相间短路、接地短路和油箱内绕组的匝间短路是比较常见的故障形式，而变压器油箱内发生相间短路的情况比较少。油箱内故障时会产生电弧，不仅会损坏绕组的绝缘、烧毁铁芯，还由于绝缘材料和变压器油受热分解而产生大量的气体，有可能引起变压器油箱的喷油、爆炸。对于变压器发生的各种故障，保护装置应能尽快地将变压器切除。

变压器的不正常运行状态主要有变压器外部短路引起的过电流、负荷长时间超过额定容量引起的过负荷、风扇故障或漏油等原因引起冷却能力的下降等，这些不正常运行状态会使绕组和铁芯过热。此外，对于中性点不接地运行的星形接线变压器，外部接地短路时有可能造成变压器中性点过电压，威胁变压器的绝缘;大容量变压器在过电压或低频率等异常运行工况下会使变压器过励磁，引起铁芯和其他金属构件的过热。变压器处于不正常运行状态时，继电保护应根据其严重程度，发出告警信号，使运行人员及时发现并采取相应的措施，以确保变压器的安全。

变压器油箱内发生故障时，除了引起变压器各侧电流、电压变化外，油箱内的油、气、温度等非电量也会发生变化。因此，变压器可以配置电量保护和非电量保护。线路保护中采用的如过电流保护、纵联差动保护等保护类型，在变压器的电量保护中都有应用，但在配置上有区别。非电量保护包括温度、油量和瓦斯保护等。

二、主变压器保护设置

根据上述故障类型和不正常运行状态，主变压器一般应装设下列保护。

1. 主保护

（1）瓦斯保护

瓦斯保护的主要元件是气体继电器，它安装在油箱和油枕之间的连接管道上，如图 4-1 所示。气体继电器有两个输出接点：一个反映变压器油箱内部的不正常情况或轻微故障，称为轻瓦斯接点；另一个反映变压器油箱内的严重故障，称为重瓦斯接点。轻瓦斯动作于信号，使运行人员能够迅速发现故障并及时处理；重瓦斯动作于跳开变压器各侧断路器。

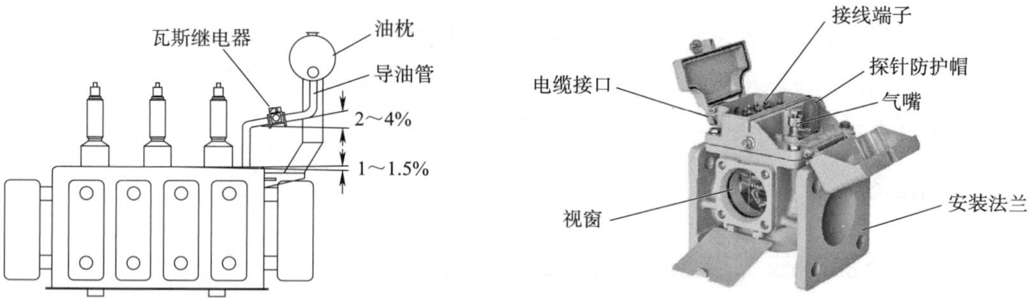

（a）安装位置　　（b）实物图

图 4-1　瓦斯继电器

（2）纵联差动保护

纵联差动保护可以作为线路的主保护，不但能够正确区分保护区内外故障，而且不需要与其他元件的保护配合，可以无延时地切除区内各种故障，具有独特的优点，因而这种保护也被广泛地用作变压器的主保护，习惯上称为纵差动保护。纵联差动保护反映主变压器两侧电流互感器之间范围内发生的绕组相间短路、匝间短路和接地短路等故障，动作后跳开高低压两侧的断路器。

但是纵联差动保护不能反映绕组匝数很少的匝间短路故障、油面降低等，因此存在一定的保护死区，而瓦斯保护不能反映油箱外部的短路故障。因此，纵联差动保护和瓦斯保护共同作为变压器的主保护，构成双重化快速保护。保护动作后，均应跳开变压器各电源侧断路器。同时，纵联差动保护和瓦斯保护虽然已构成变压器的双重化快速保护，但是变压器外部引出线上的故障只有一套快速保护，当变压器故障而纵联差动保护拒动时，将由带延时的后备保护切除故障。因此为了保证在任何情况下都能快速切除故障，主变压器一般装设双重纵联差动保护。

2. 后备保护

（1）后备过流保护

主变压器后备过流保护分为高后备过流保护和低后备过流保护，高后备过流保护动作于变压器高低压侧断路器跳闸，低后备过流保护动作于变压器低压侧断路器跳闸。

高后备过流保护配置：高压侧复合电压闭锁过流保护、放电间隙过流保护、过负荷保护；低后备保护配置：低压侧复合电压闭锁过流保护、零序电流保护、过负荷保护。

变压器长期过负荷运行时，绕组会因发热而受到损伤。考虑到变压器过负荷时三相往往是对称的，因此过负荷保护接于电流互感器二次侧一相绕组上，并延时作用于信号，也可设置为动作于自动减负荷或跳闸。

（2）其他非电量保护

对变压器温度及油箱内压力升高和冷却系统故障,应按现行有关变压器的标准要求,专设可动作于信号或动作于跳闸的非电量保护,包括:油位异常保护、压力释放保护、绕组温度保护、油面温度保护。

三、主变压器纵差动保护的基本原理和接线方式

如图 4-2 所示,以双绕组单相变压器纵差动保护的原理接线图为例,分析变压器纵差动保护的基本原理。

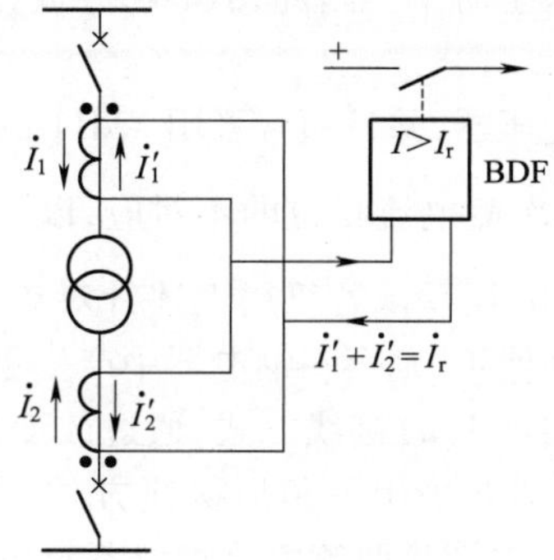

I_r—差动电流; BDF—差动继电器。

图 4-2　双绕组单相变压器纵差动保护的原理接线图

图 4-2 中的电流互感器的参考方向假定一次侧电流从同名端流入,二次侧电流从同名端流出;而变压器各侧电流的参考方向总是母线指向变压器。$\dot{I}_1$、$\dot{I}_2$分别为变压器一次侧和二次侧的电流,参考方向为母线指向变压器;$\dot{I}_1'$、$\dot{I}_2'$为相应的电流互感器二次电流。流入差动继电器 BDF 的差动电流为

$$\dot{I}_r = \dot{I}_1' + \dot{I}_2' \tag{4-1}$$

纵差动保护的动作判据为

$$I_r > I_{set}$$
$$I_r = |\dot{I}_1' + \dot{I}_2'| \tag{4-2}$$

式中　I_{set}——纵差动保护的动作电流;

I_r——差动电流的有效值。

设变压器的变比为 $n_T = U_1/U_2$,n_{TA1}、n_{TA2}为两侧电流互感器的变比,式(4-1)可进一步表示为

$$\dot{I}_r = \frac{\dot{I}_2}{n_{TA2}} + \frac{\dot{I}_1}{n_{TA1}} \tag{4-3}$$

变形为

$$\dot{I}_r = \frac{n_T \dot{I}_1 + \dot{I}_2}{n_{TA2}} + \left(1 - \frac{n_{TA1} n_T}{n_{TA2}}\right)\frac{\dot{I}_1}{n_{TA1}} \tag{4-4}$$

若选择电流互感器的变比,使之满足

$$\frac{n_{TA2}}{n_{TA1}} = n_T \tag{4-5}$$

则式(4-4)变为

$$\dot{I}_{r}=\frac{n_{T}\dot{I}_{1}+\dot{I}_{2}}{n_{TA2}} \tag{4-6}$$

忽略变压器的损耗，正常运行和区外故障时一次电流的关系为 $n_{T}\dot{I}_{1}+\dot{I}_{2}=0$。根据式(4-6)，正常运行和变压器外部故障时，差动电流为零，保护不会动作；变压器内部(包括变压器与电流互感器之间的引线)任何一点故障时，相当于变压器内部多了一个故障支路，流入差动继电器的差动电流等于故障点电流(变换到电流互感器二次侧)，只要故障电流大于差动继电器的动作电流，差动保护就能迅速动作。因此，式(4-5)成为变压器纵差动保护中电流互感器变比选择的依据。

城轨交通主变压器都是三相变压器，并且通常采用 Y,d11 的接线方式，如图 4-3(a)所示。这样的接线方式造成了变压器一、二次侧电流相位的不对应，以 A 相为例，正常运行时，由于 $\dot{I}_{dA}=\dot{I}_{da}-\dot{I}_{db}$，$\dot{I}_{dA}$超前 $\dot{I}_{da}$30°，如图 4-3(b)所示。若仍用上述针对单相变压器的差动继电器的接线方式，将一、二次侧电流直接引入差动保护，则会在继电器中产生很大的差动电流。

模拟式的差动保护都是采用图 4-3(a)接线方式，通过改变电流互感器的接线方式消除这个电流，即将变压器星形侧的电流互感器采用三角形接线方式，变压器三角形侧电流互感器采用 Y,y12 的接线方式，通过上述方式可以消除两侧电流相位不对应。但是由于变压器星形侧采用三角形接线方式时流入差动继电器的是电流互感器二次侧两相电流差，因此流入差动继电器的电流增大到原来的$\sqrt{3}$倍。所以为了保证正常运行及外部故障情况下差动回路没有电流，该侧电流互感器的变比也要相应地增大到$\sqrt{3}$倍，即两侧电流互感器变比的选择应该满足

$$\frac{n_{TA2}}{n_{TA1}}=\frac{n_{T}}{\sqrt{3}} \tag{4-7}$$

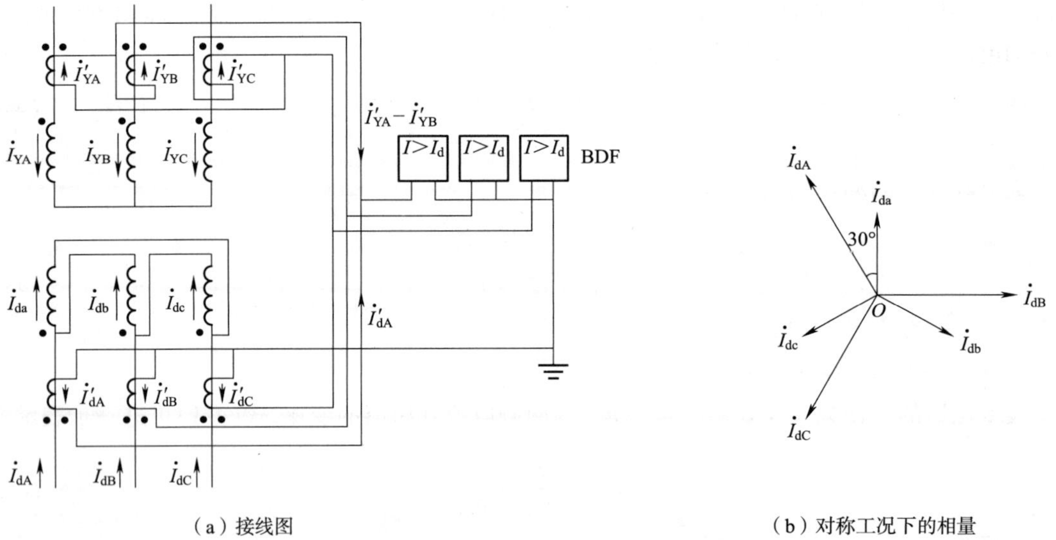

(a) 接线图　　　　(b) 对称工况下的相量

图 4-3　双绕组三相变压器纵差动保护原理接线图

对于数字式差动保护，一般不改变变压器两侧的电流互感器接线方式，可由计算机软件实现图 4-3(a)的移相和改变电流互感器变比的功能。

四、主变压器纵差动保护的不平衡电流

主变压器纵差动保护和线路纵差动保护一样会产生不平衡电流，且产生的因素更加复杂。

下面对其不平衡电流产生的原因和消除或鉴别方法分别加以讨论。

1. 计算变比与实际变比不一致产生的不平衡电流

主变压器两侧的电流互感器都是根据产品目录选取的标准变比，其规格种类是有限的。主变压器的变比也是有标准的，三者的关系很难完全满足式(4-5)，因此将会在差动继电器中产生不平衡电流。在区外故障且流过变压器最大短路电流时，由电流互感器和变压器变比不一致产生的不平衡电流最大。

由电流互感器和变压器计算变比与实际变比不一致产生的最大不平衡电流 $I_{unb.max}$ 为

$$I_{unb.max} = \Delta f_{za} I_{k.max} \tag{4-8}$$

式中 Δf_{za}——变比差系数，$\Delta f_{za} = \left| 1 - \frac{n_{TA1} n_T}{n_{TA2}} \right|$；

$I_{k.max}$——区外故障时流过变压器的最大短路电流，也称最大穿越电流。

可见由电流互感器和变压器计算变比与实际变比不一致产生的不平衡电流可以通过计算得出，因此数字式变压器纵差动保护装置只须进行简单的计算就能够实现补偿。

2. 由变压器带负荷调节分接头产生的不平衡电流

主变压器可利用改变分接头的位置来保持系统的运行电压。改变分接头的位置，实际上就是改变变压器的变比 n_T。电流互感器的变比选定后不可能根据运行方式进行调整，只能根据变压器分接头未调整时的变比进行选择。因此，由于改变分接头的位置产生的最大不平衡电流为

$$I_{unb.max} = \Delta U I_{k.max} \tag{4-9}$$

式中 ΔU——由变压器分接头改变引起的相对误差，考虑到电压可以从正负两个方向进行调整，一般 ΔU 可取调整范围的一半。

对由于改变分接头位置而产生的不平衡电流，也应在纵联差动保护的整定中予以考虑。

3. 电流互感器传变误差产生的不平衡电流

变压器高低压侧采用的电流互感器型号不同，因此各侧电流互感器励磁电流和饱和特性不同会产生不平衡电流。电流互感器传变误差产生的最大不平衡电流为：

$$I_{unb.max} = 0.1 K_{np} K_{st} I_{k.max} \tag{4-10}$$

式中 K_{np}——非周期性分量系数，一般取1.5～2.0；

K_{st}——同型系数，当两个电流互感器型号相同时，取0.5，否则取1。线路纵差动保护中，K_{st}取0.5；主变压器保护中，K_{st}取1。

4. 变压器励磁电流产生的不平衡电流

变压器具有励磁支路，且变压器的励磁电流仅流经变压器的某一侧，故该电流通过电流互感器反映到纵差动继电器中不能被平衡。因此，变压器的励磁电流是纵差动保护不平衡电流产生原因之一。在正常运行情况下此电流很小，一般不超过额定电流的2%～5%；在外部故障时，由于电压降低，励磁电流比正常运行时更小。因此，变压器励磁电流在正常运行与外部故障情况下对纵联差动保护的影响往往可以忽略不计。但是当变压器空载投入或外部故障切除后电压恢复时，变压器电压会从零或很小的数值突然上升到运行电压。在这个电压上升的暂态过程中，变压器可能会严重饱和，产生很大的暂态励磁电流。这个暂态励磁电流称为励磁涌流，最大励磁涌流 $I_{\mu.max}$ 为

$$I_{\mu.max} = K_{\mu} I_N \tag{4-11}$$

式中 I_N——变压器额定电流；

K_{μ}——最大励磁电流 $I_{\mu.max}$ 与 I_N 之间的倍数。

K_{μ} 与变压器的额定容量 S_T 有关，小容量的变压器 K_{μ} 为4～8，大容量变压器的 K_{μ} 较小，但衰减更慢。由于励磁涌流幅值很大且仅流经变压器一侧，将引起变压器纵差动保护产生很大的差

流，导致差动保护误动作跳闸。因此，在励磁涌流情况下必须采取有效措施闭锁差动保护防止误动。这也是变压器纵差动保护的核心问题。励磁涌流可利用它本身的特征进行识别，并进行纵差动保护的闭锁。励磁涌流的鉴别方法将在后续讲解。

此外电流互感器二次回路断线也会产生不平衡电流，数字式纵差动保护可根据电流互感器二次回路断线和变压器故障时的电气量特征差异识别并闭锁纵差动保护。

综上所述，励磁涌流和二次回路断线引起的不平衡电流可以通过识别并闭锁纵差动保护的方法防止保护误动，而变压器纵差动保护中的其他不平衡电流则都与区外故障的穿越电流有关，其最大值可表示为

$$I_{\text{unb. max}} = (\Delta f_{za} + \Delta U + 0.1K_{np}K_{st})I_{\text{k. max}} \tag{4-12}$$

可通过调整动作特性躲过不平衡电流的影响。

五、主变压器纵差动保护的动作特性和参数范围

1. 变压器纵联差动保护动作电流的整定原则

（1）在正常运行情况下，为防止电流互感器二次回路断线时引起差动保护误动作，保护装置的动作电流应大于等于变压器的最大负荷电流。

目前微机差动保护一般可以判断电流互感器是否断线，并且在断线情况下将差动保护闭锁，此时整定值可不用考虑断线影响。

（2）躲开保护范围外部短路时的最大不平衡电流，动作电流整定为

$$I_{\text{set}} = K_{\text{rel}}I_{\text{unb. max}} \tag{4-13}$$

式中，可靠系数 K_{rel} 一般取 1.3；$I_{\text{unb. max}}$ 为保护外部短路时的最大不平衡电流，可由式（4-12）计算得到。

（3）无论按上述哪一个原则整定变压器纵联差动保护的动作电流，都还必须能够不受变压器励磁涌流的影响。当变压器纵联差动保护采用措施识别励磁涌流时，它本身就具有躲开励磁涌流的性能，定值一般无须再作考虑。

2. 纵联差动保护灵敏系数的校验

按照要求，变压器纵联差动保护的灵敏系数 K_{sen} 一般不应低于 2。当不能满足要求时，则需要采用具有比率制动特性的差动保护。必须指出，即使灵敏系数的校验能够满足要求，但对变压器内部的匝间短路、轻微故障等情况，纵联差动保护往往也不能动作。运行经验表明，在此情况下常常都是瓦斯保护首先动作，然后待故障进一步发展时差动保护才动作。显然，差动保护的整定值越大，则对变压器内部故障的反应能力也就越低。

因此，主变压器也和线路纵差动保护一样，广泛采用具有拐点电流的制动特性的数字式纵差动保护，如图 4-4 所示。制动电流的选取方法与线路电流差动保护类似，见式（3-3）、式（3-4）。

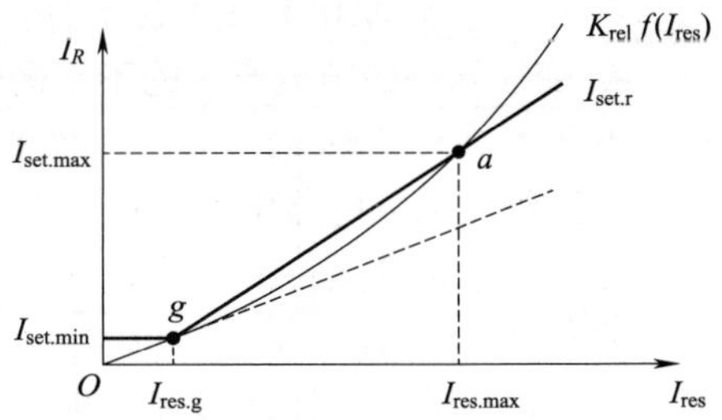

图 4-4　纵差动保护的制动特性

$$I_{\text{set. r}} = \begin{cases} I_{\text{set. min}} & I_{\text{res}} < I_{\text{res. g}} \\ KI_{\text{res}} & I_{\text{res}} \gg I_{\text{res. g}} \end{cases} \tag{4-14}$$

根据运行经验，式（4-14）各参数的整定范围为

$$K = 0.4 \sim 1.0 \tag{4-15}$$

$$I_{\text{res}} = (0.6 \sim 1.1)I_{\text{N}} \tag{4-16}$$

$$I_{\text{set. min}} = (0.2 \sim 0.5)I_{\text{N}} \tag{4-17}$$

$$K = \frac{I_{set.max} - I_{set.min}}{I_{res.max} - I_{res.g}} \tag{4-18}$$

式中 I_N——变压器的额定电流；

$I_{set.r}$——变压器纵差动保护的动作电流；

$I_{set.min}$——变压器纵差动保护的最小动作电流；

I_{res}——变压器纵差动保护的制动电流；

$I_{res.g}$——变压器纵差动保护的最小制动电流；

$I_{res.max}$——变压器纵差动保护的最大制动电流；

K——变压器纵差动保护的制动系数。

采用制动特性差动继电器后，最小动作电流 $I_{set.min}$ 不需要考虑式(4-12)的最大不平衡电流影响。

六、变压器的励磁涌流及鉴别方法

1. 主变压器励磁涌流特征

励磁涌流是由于变压器铁芯饱和造成的。主变压器励磁涌流具有以下特征：

(1)由于三相电压之间有120°的相位差，因而三相励磁涌流不会相同，任何情况下空载投入变压器，至少在两相中要出现不同程度的励磁涌流。

(2)三相中至少两相为偏离时间轴一侧的非对称性涌流。非对称性涌流含有大量的非周期分量。

(3)三相励磁涌流中有一相或两相二次谐波含量比较小，但至少有一相比较大。

(4)励磁涌流的波形是间断的。铁芯饱和程度越高，涌流越大，间断角也越大。

2. 鉴别励磁涌流的二次谐波制动法

(1)二次谐波制动原理

二次谐波制动方法是根据励磁涌流中含有大量二次谐波分量的特点，当检测到差电流中二次谐波含量大于整定值时，就将差动保护闭锁，以防止励磁涌流引起误动。采用这种方法的保护称为二次谐波制动的差动保护。二次谐波制动元件的动作判据为

$$I_2 > K_2 I_1 \tag{4-19}$$

I_1、I_2 分别为差动电流中的基波分量和二次谐波分量的幅值；K_2 称为二次谐波制动比，按躲过各种励磁涌流下最小的二次谐波含量整定，整定范围通常为

$$K_2 = 15\% \sim 20\% \tag{4-20}$$

K_2 具体数值根据现场空载合闸试验或运行经验来确定。

由于三相励磁涌流中至少有一相励磁涌流二次谐波含量比较高，因此采用三相或门制动方案，即三相差动电流中只要有一相的二次谐波含量超过制动比 K_2，就将三相差动继电器全部闭锁。采用三相或门制动方案后，K_2 仍可按式(4-20)的范围整定。

(2)差动速断保护

在纵差保护区内发生严重短路故障时，如果电流互感器出现饱和而使其二次侧电流波形发生畸变，则二次侧电流中含有大量谐波分量，从而使涌流判别元件误判为励磁涌流，致使差动保护拒动或延迟动作，严重损坏变压器。因此，为了保证与加快大型变压器内部故障时动作的可靠性与故障切除速度，需要设置差动速断保护。差动速断保护只反映差流中工频分量的大小，不考虑差流中谐波及波形畸变的影响。

差动速断保护的整定值应按躲过变压器最大励磁涌流或外部短路最大不平衡电流整定，其值可达4～10倍额定电流。当区内(特别是变器绕组端部)故障时差流达到差动速断整定值时，

差动速断元件快速动作出口，跳开变压器各侧断路器。

(3)二次谐波制动差动保护逻辑

二次谐波制动差动保护总体逻辑如图 4-5 所示，变压器任一相差动速断保护动作即可出口跳开变压器。而对于变压器比率差动保护，须经过各相二次谐波的或门制动，以及 TA 断线闭锁(TA 断线时是否闭锁比率差动保护可根据具体情况和各地区的运行经验通过对 KG 控制字的设置来更改)判断才可以动作。

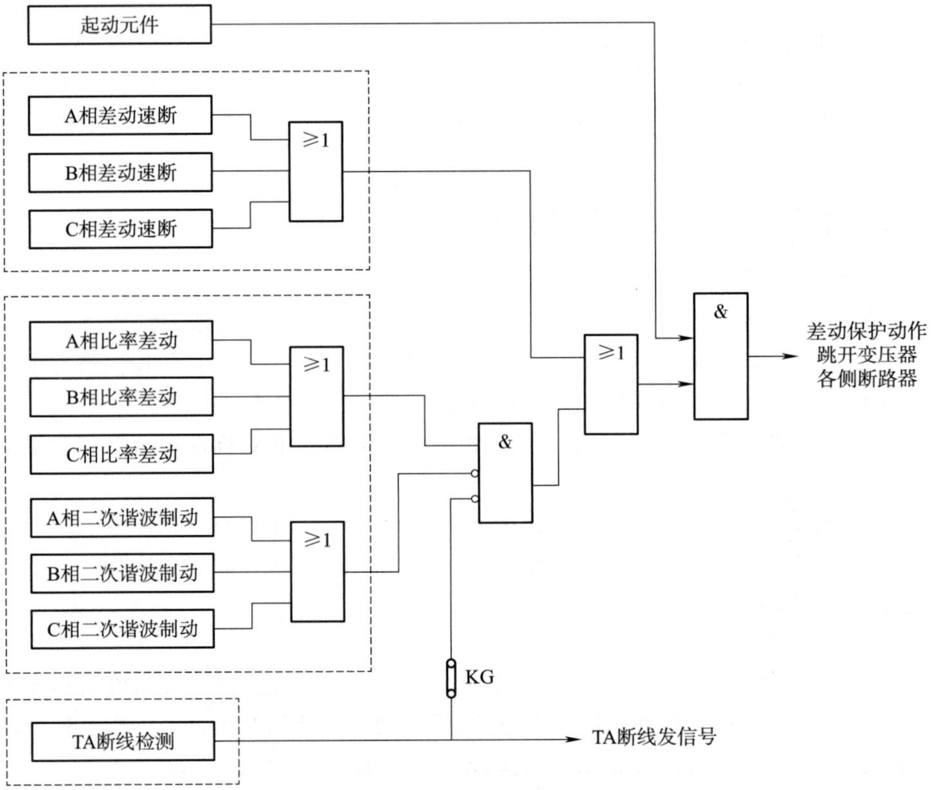

图 4-5　二次谐波制动差动保护总体逻辑图

二次谐波制动的差动保护原理在具体实现时需要用滤波技术(或算法)从差动电流中分离出基波分量和二次谐波分量。

二次谐波制动纵差动保护原理简单、调试方便、灵敏度高，在变压器纵差动保护中获得了非常广泛的应用。但是若空载合闸前变压器已经存在故障，合闸后故障相为故障电流，非故障相为励磁涌流，采用以上三相或门制动的方案时，差动保护必将被闭锁，直至励磁涌流衰减之后纵差动保护才会动作。同时由于励磁涌流衰减很慢，保护的动作时间可能会长达数百毫秒，这是二次谐波制动差动保护的主要缺点。

七、测试原理

本作业项目具体的试验接线如图 4-6 所示。继电保护测试仪输出两路三相交流模拟信号，分别模拟主变压器 110 kV 和 35 kV 侧的电流互感器 TA 二次电流，通过端子排分别连接 110 kV 和 35 kV 各侧的合智一体化终端，转换成数字信号后，再通过光纤通信发送至主变压器保护装置。同时，110 kV 和 35 kV 各侧的合智一体化终端的跳闸出口常开触点分别与保护测试仪的开关量输入端子连接，用来将变压器高低压侧的保护动作信号回馈给测试仪，进行保护装置纵差动保护动作特性的测试。测试时,电压输入测试线加量是为了消除电压互感器 TV 断线告警。

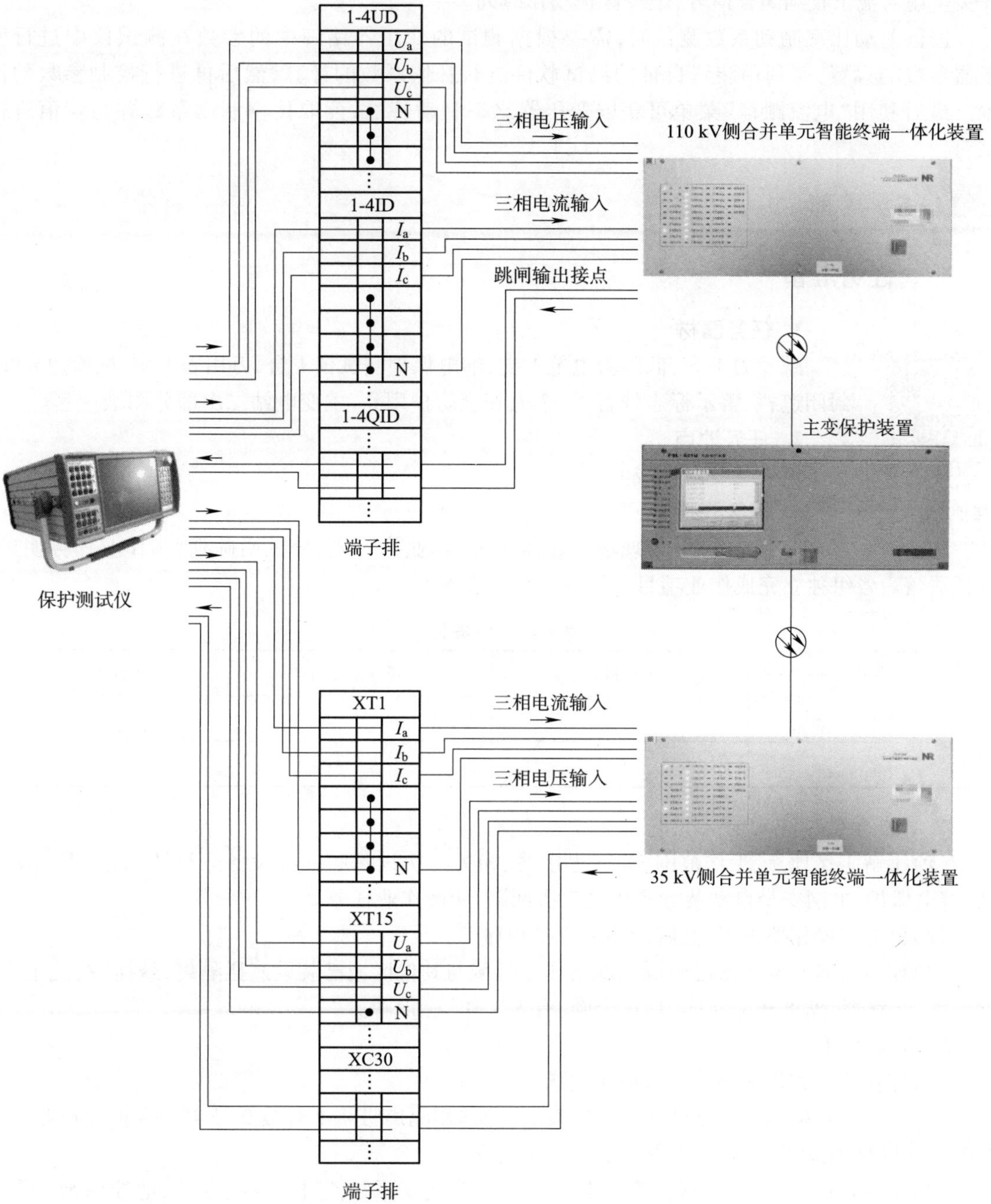

图 4-6 主变纵差动保护测试作业接线示意图

测试时,依据主变压器差动保护装置设定的整定值和保护装置说明书中差动保护比率制动系数,计算出比率差动启动电流值。然后,根据实测动作值与整定值误差不得超过 ±5% 的要求,在测试仪中分别进行测试电流设置(0.95 倍动作电流和 1.05 倍动作电流),然后分别手动加量。当电流设置 0.95 倍比率差动保护电流值时,保护不应该动作。当电流设置 1.05 倍比率差动保护电流值时,保护会动作跳闸出口,常开触点闭合,保护测试仪开关量输入端子收到闭合信号,记录动作电流。

在进行动作时间测试时，施加1.5倍的整定电流信号，当跳闸出口常开触点闭合，保护测试仪开关量输入端子收到闭合信号，记录保护动作时间。

进行差动比率制动系数测试时，需要根据测试的变压器铭牌中的参数在测试仪中进行变压器参数的设置，并利用装置自带的测试软件进行补偿系数的计算，然后再进行控制参数的设置。最后利用“电流跟踪”菜单可获取变压器比率制动特性，读取比率制动系数并与定值进行核对。

任务实施

一、任务准备

视频

变压器差动保护、后备保护功能测试

1. 任务器材

螺丝刀1套，低压验电笔1支，继电保护测试仪1台，万用表1块，试验用导线、封闭遮栏、警示标志牌若干，个人安全防护用品，主变电站二次部分图纸一套。

2. 任务地点

城轨主变电所或实训室。

3. 任务分组

每组2人，分为现场作业监护人、作业执行人，分工明确到位，作业任务明确，责任清楚。各组独立完成作业项目。任务分组见表4-1。

表4-1　任务分组

序号	小组成员	任务分工	注意事项
1			
2			

4. 作业条件

(1)了解工作地点、工作范围、电气主接线、相关一次设备和二次设备运行情况，熟悉二次图纸，继电保护、电网安全自动装置及相关二次回路，明确作业任务。

(2)已完成操作票编写，并履行相关审批程序。

(3)作业所属的变压器已停电。现场作业区域与其他区域已装设遮拦隔离，悬挂“在此工作”标识牌；断路器、隔离开关悬挂“禁止合闸，有人工作”标识牌。

5. 安全预想

(1)作业前检查作业条件是否满足要求。

(2)与高压带电体保持足够的安全距离；作业前用隔离带将1号或2号主变保护屏作业区域与非作业区域隔离开；作业过程中勿走错作业间隔。

(3)坚持谁拆线谁恢复原则，坚持谁投退保护谁恢复原则，坚持自控、互控、他控原则。作业完毕务必双人检查确认恢复。本次作业需要断开某主变110 kV侧TA电流输入测试端子连片4ID:19～4ID:21三处，断开其35 kV侧TA电流输入测试端子连片XT1:1～XT1:3三处，作业完成后，应恢复对应端子连接六处。

(4)作业后，核对保护定值及保护投退、控制字情况，核对端子恢复连接情况。

(5)作业完成后，检查所有物品，不得遗漏，不得影响设备正常运行。

二、任务步骤

1. 继电保护装置外观及接线检查

如图 4-7 主变压器差动保护装置前面板、图 4-8 主变压器差动保护装置后面板所示，分别检查主变压器差动保护装置外观、输入输出插排、通信接线是否正常。

图 4-7　主变压器差动保护装置前面板

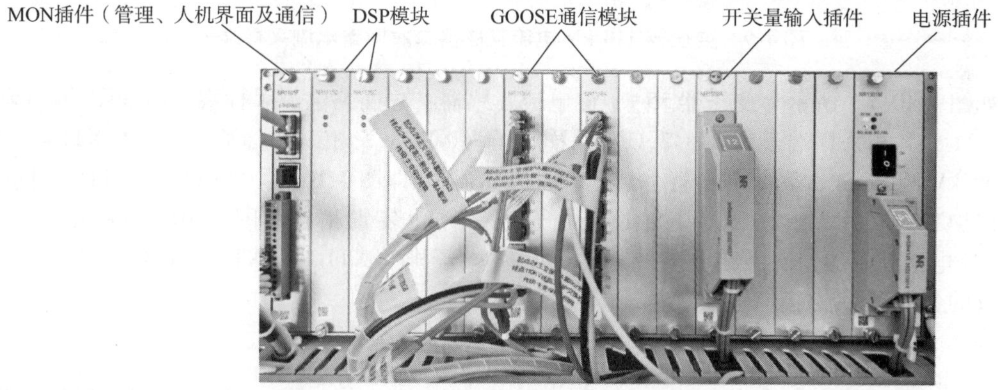

图 4-8　主变压器差动保护装置后面板

2. 保护定值核对

根据保护定值单核对主变压器纵差动保护整定值正确性，并抄填在保护测试报告上。见表 4-2 为某主变压器纵差动保护装置定值参数举例。

表 4-2　主变压器纵差动保护装置保护定值单

装置型号	用　　途	整定值名称	整定值	备　　注
PCS-9671D	110 kV 主变差动保护	差动电流启动值	$0.5I_e$	变压器容量 50 MAV 高压侧 TA 800/1 低压侧 TA 1600/1
		差动速断电流	$6I_e$	
		比率差动制动系数	0.5	
		二次谐波闭锁系数	0.15	

3. 电流输入端子接线

如图 4-9(a)所示为变压器 110 kV 侧电流互感器二次回路电流采样端子原理图，A 相采样端子为 1-4ⅠD:19，B 相采样端子为 1-4ID:20，C 相采样端子为 1-4ID:21，N 相采样端子为公共端 1-4ID:22/23/24/25。断开 110 kV 侧 TA 二次回路与合智一体化设备试验端子连片，即图 4-9(a)中 1-4ID:19 ~ 1-4ID:21。同时，将继电保护测试仪一组三相电流输出端与合智一体化装置相连。图 4-9(b)为变压器 110 kV 侧电流互感器二次回路电流采样端子实物，在端子排的 4ID:19 ~

4ID:21端子中分别插入黄绿红色测试导线,4ID:25 中插入黑色测试导线,分别与测试仪的各相电流输出端子连接。

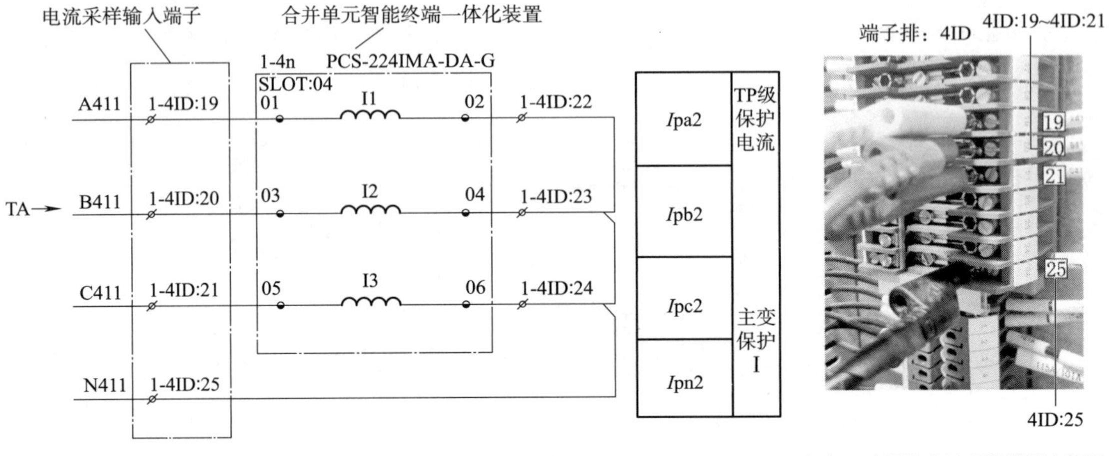

（a）二次回路电流采样端子原理图　　（b）二次回路电流采样端子实物图

图 4-9　变压器 110 kV 电流互感器二次回路电流采样端子

如图 4-10(a) 所示为变压器 35 kV 侧电流互感器二次回路电流采样端子原理图,A 相采样端子为 XT1:1,B 相采样端子为 XT1:2,C 相采样端子为 XT1:3,N 相采样端子为公共端 XT1:4/5/6/7。断开 35 kV 侧 TA 二次回路与合智一体化设备纵向连片,即图 4-10(a) 中 XT1:1 ~ XT1:3。同时,将继电保护测试仪另一组三相电流输出端与合智一体化装置相连。图 4-10(b) 所示为变压器 35 kV 侧电流互感器二次回路电流采样端子实物,端子排的 XT1:1 ~ XT1:3 端子和 XT1:7 分别与测试仪的各电流输出端子连接。

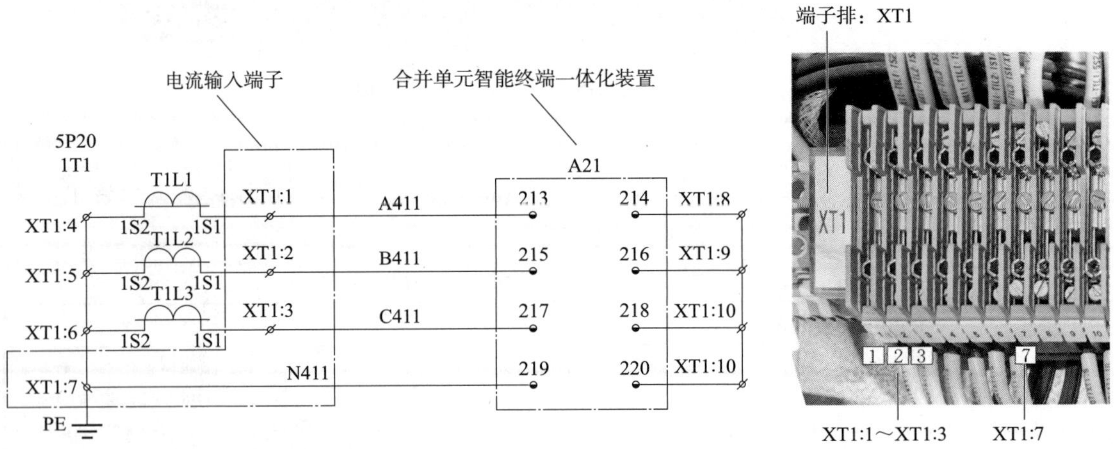

（a）二次回路电流采样端子原理图　　（b）二次回路电流采样端子实物图

图 4-10　变压器 35 kV 电流互感器二次回路电流采样端子

4. 时间采样端子接线

如图 4-11(a)所示为变压器 110 kV 侧二次回路时间采样端子原理图,合智一体化装置保护跳闸输出回路端子为 1-4Q1D:5、1-4Q1D:9。图 4-11(b)所示为变压器 110 kV 侧二次回路时间采样端子实物。测试时,保护跳闸输出回路端子 1-4Q1D:5、1-4Q1D:9 与保护测试仪的开关量输入端子并联,用来将变压器高压侧的动作信号回馈给测试仪。

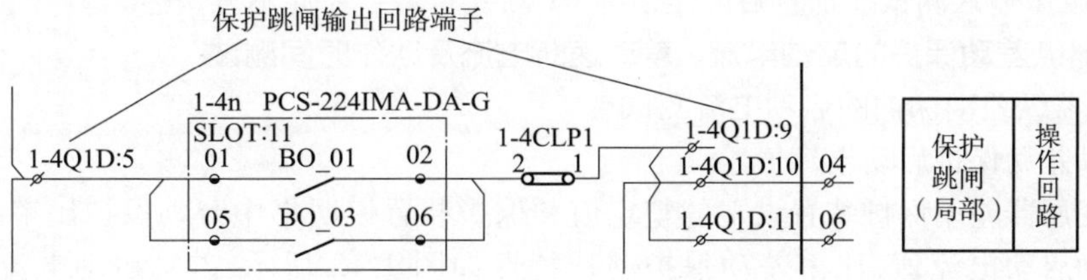

（a）变压器110 kV二次回路时间采样端子原理图

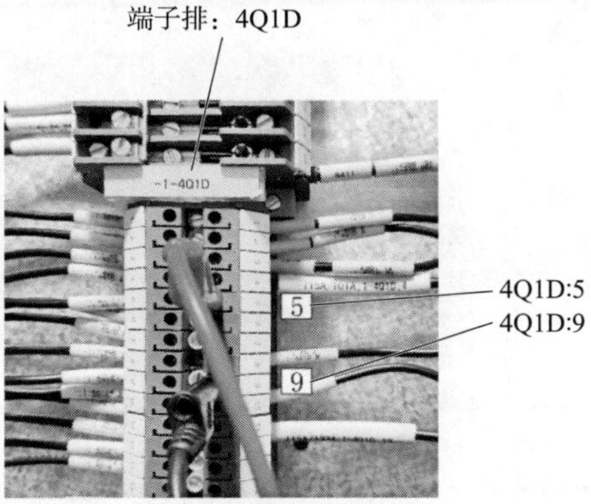

（b）变压器110 kV二次回路时间采样端子实物图

图4-11　变压器110 kV二次回路时间采样端子

如图4-12(a)所示为变压器35 kV侧二次回路时间采样端子原理图,保护跳闸输出回路端子为XC30:1、XC30:25,图4-12(b)所示为变压器35 kV侧二次回路时间采样端子实物。测试时,将保护跳闸开出回路端子XC30:1、XC30:25与保护测试仪的开关量输入端子并联,用来将变压器35 kV侧的动作信号回馈给测试仪。

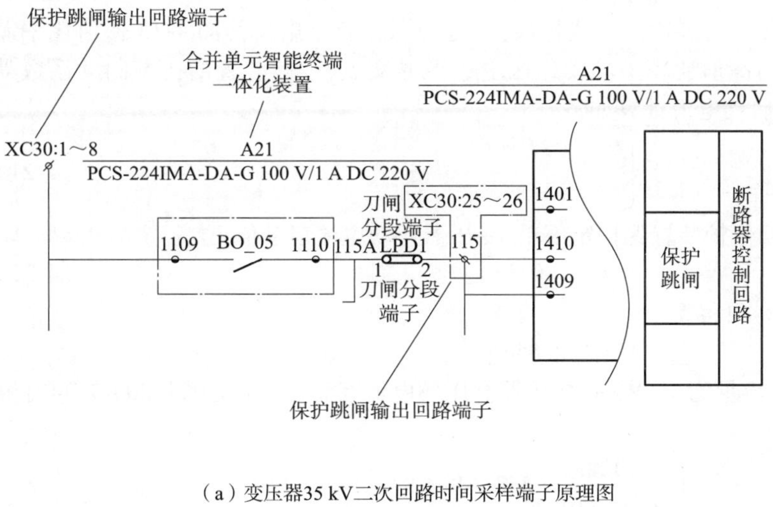

（a）变压器35 kV二次回路时间采样端子原理图

（b）变压器35 kV二次回路时间采样端子实物图

图4-12　变压器35 kV二次回路时间采样端子

测试时,电压输入测试线加量目的是消除 PT 断线告警。在此不再赘述。

5. 变压器纵差动保护的启动电流、差动速断电流及动作时间测试

(1)变压器纵差动保护的启动电流测试

①计算纵差动保护启动电流值。

依据主变压器差动保护装置设定的整定值和保护装置说明书中差动保护比率制动系数,计算出比率差动启动电流值,比率差动保护动作特性如图 4-13 所示,差动启动电流的计算方法如下:

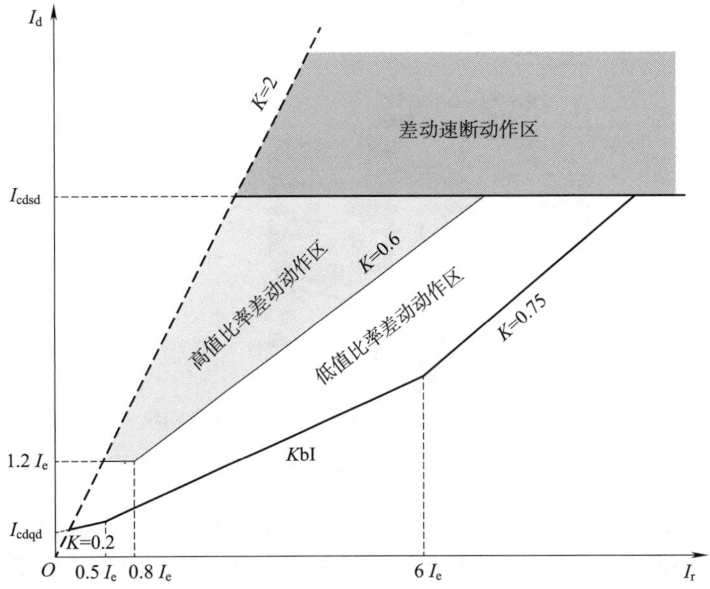

I_d—差动电流;I_r—制动电流;I_{cdqd}—比率差动起动定值;I_e—变压器额定电流。

图 4-13 比率差动保护动作特性

纵差动保护启动电流为图 4-13 中低值比率差动动作区下边界与高值比率差动动作区上边界的交点。低值比率差动动作区下边界为三折线特性,纵差动保护启动电流为图 4-13 低值比率差动动作区下边界第一段折线与高值比率差动动作区上边界的交点,一般装置的比率制动系数默认为 0.5。所以,纵差动保护启动电流计算如下

$$\begin{cases} I_d = 0.2I_r + I_{cdqd} \\ I_r = 0.5I_d \end{cases} \tag{4-21}$$

见表 4-2 主变压器纵差动保护装置保护定值单,变压器差动电流启动值 I_{cdqd} 整定为 $0.5I_e$,即

$$I_{cdqd} = 0.5I_e \tag{4-22}$$

根据式(4-21)和式(4-22)可得

$$I_d = 0.556I_e$$

根据变压器参数,变压器容量为 50 MVA,变压器高压侧电流互感器 TA 变比为 800/1;可计算出变压器高压侧额定电流为

$$I_e = \frac{50\ 000}{\sqrt{3} \times 110} = 262.44(\text{A})$$

变压器高压侧额定电流折算至电流互感器二次侧为

$$I_e = \frac{262.44}{800} = 0.328(\text{A})$$

因此变压器高压侧纵差启动电流折算到电流互感器二次侧为

$$I_d = 0.556I_e = 0.556 \times 0.328 = 0.182(\mathrm{A})$$

变压器低压侧计算方法同理，低压侧额定电流折算至电流互感器二次侧为 0.515 A。

变压器低压侧纵差启动电流折算到电流互感器二次侧为

$$I_d = 0.556I_e = 0.556 \times 0.515 = 0.286(\mathrm{A})$$

②比率差动保护启动电流测试(以高压侧加量为例)。

如图 4-14 所示，将测试电流设置为 0.95 倍的整定值，即

$$0.95I_d = 0.95 \times 0.556I_e = 0.95 \times 0.556 \times 0.328 = 0.173(\mathrm{A})$$

单击继电保护测试仪测试按钮，保护不动作。

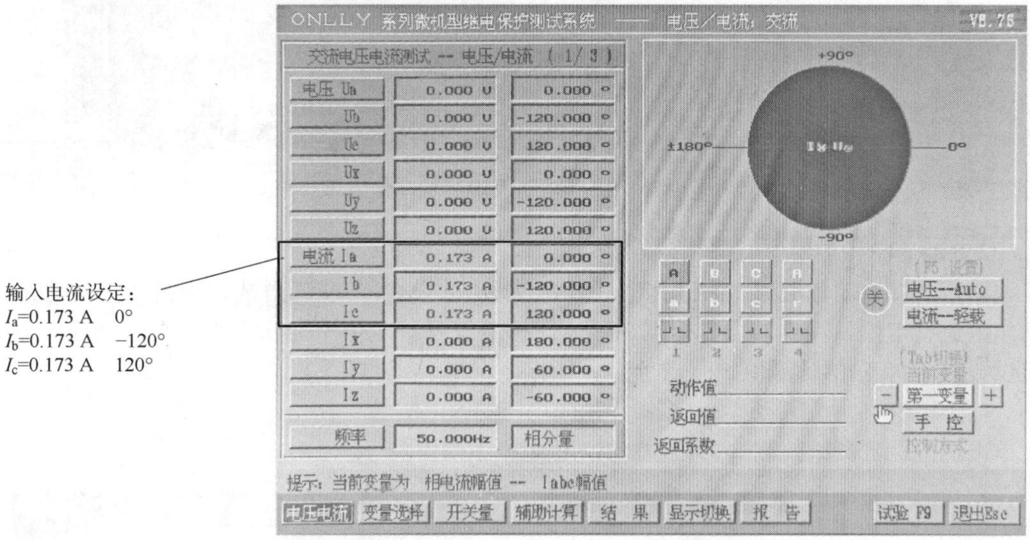

图 4-14 比率差动保护继电保护测试仪 0.95 倍电流参数设置

如图 4-15 所示，将测试电流设置为 1.05 倍的计算值，即

$$1.05I_d = 1.05 \times 0.556I_e = 1.05 \times 0.556 \times 0.328 = 0.191(\mathrm{A})$$

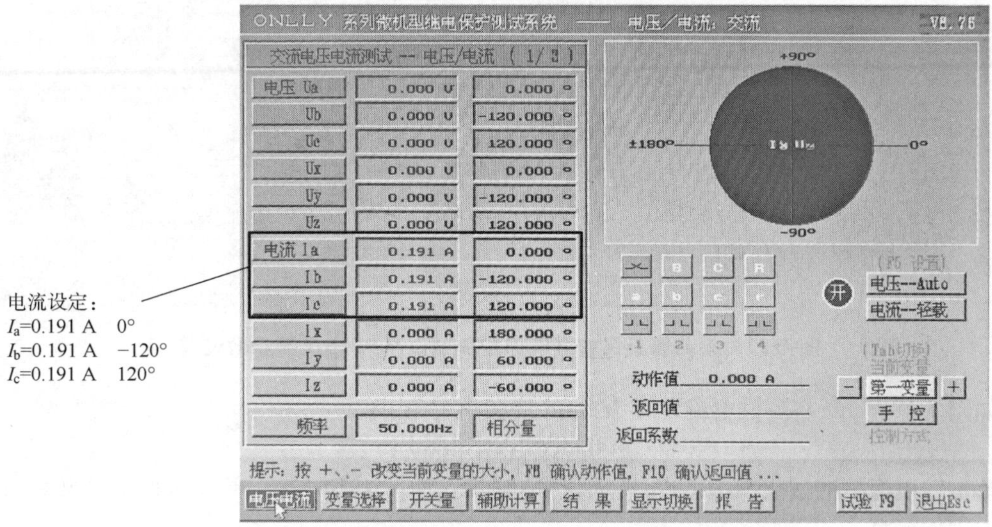

图 4-15 比率差动保护继电保护测试仪 1.05 倍电流参数设置

单击继电保护测试仪测试按钮，差动保护动作后，如图 4-16 所示，在变压器保护装置查看保护装置动作信息。

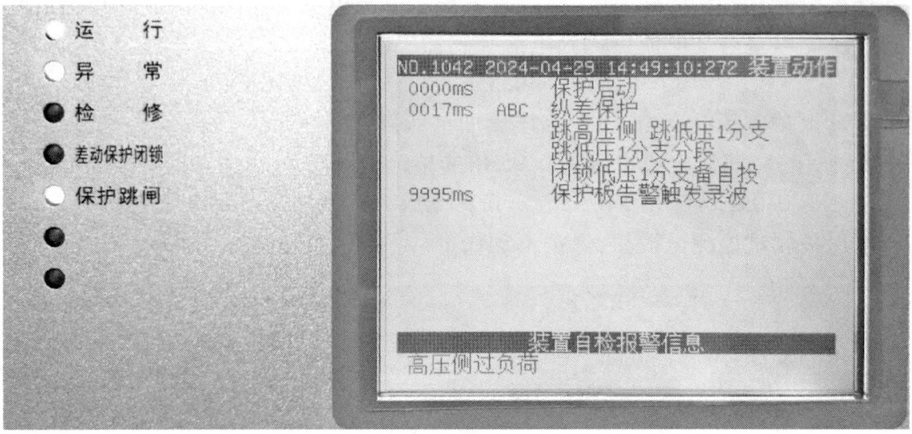

图 4-16　比率差动保护装置动作信息

(2)差动速断保护动作值测试

差动速断保护动作值测试方法和变压器纵差动保护的启动电流测试方法相同。差动速断保护动作电流整定值见表 4-2，主变压器纵差动保护装置保护定值单为 $6I_e$，如图 4-17 所示，将测试电流设置为 0.95 倍的计算值，即

$$0.95\times 6I_e = 1.869(\mathrm{A})$$

单击继电保护测试仪测试按钮，差动速断保护不动作。

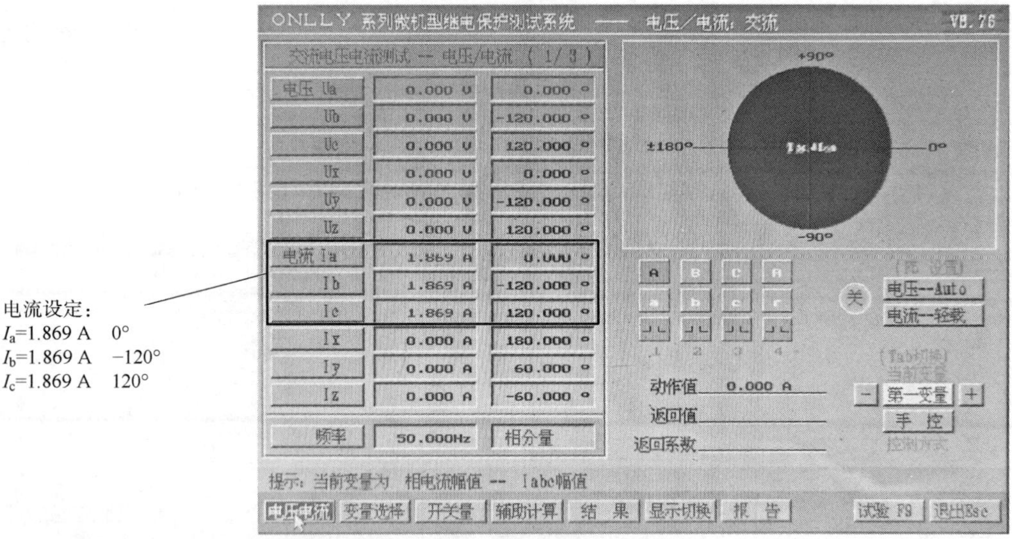

图 4-17　差动速断保护继电保护测试仪 0.95 倍电流参数设置

如图 4-18 所示，将测试电流设置为 1.05 倍的整定值，即

$$1.05\times 6I_e = 2.066(\mathrm{A})$$

单击继电保护测试仪测试按钮，差动保护动作后，如图 4-19 所示，在变压器保护装置查看保护装置动作信息。

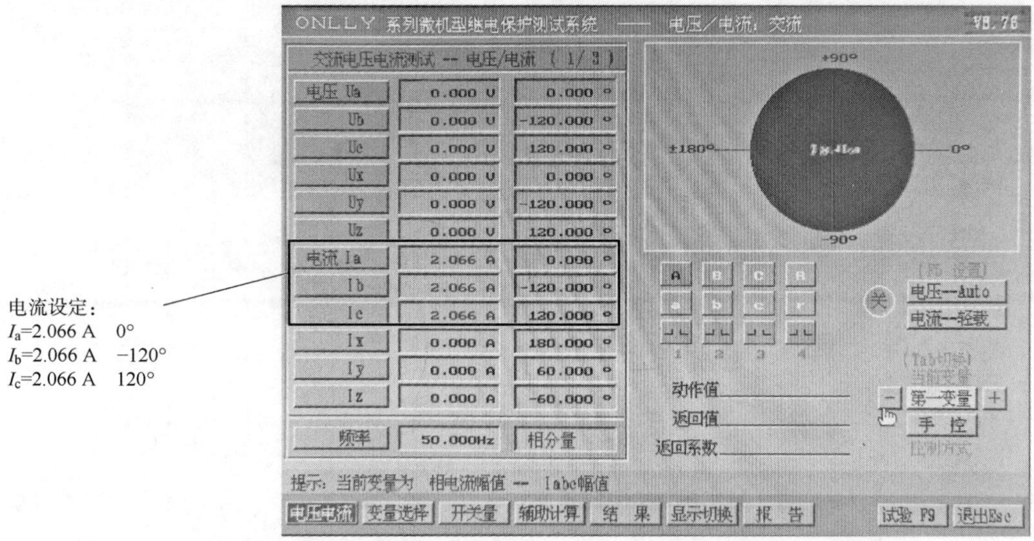

图 4-18 差动速断保护继电保护测试仪 1.05 倍电流参数设置

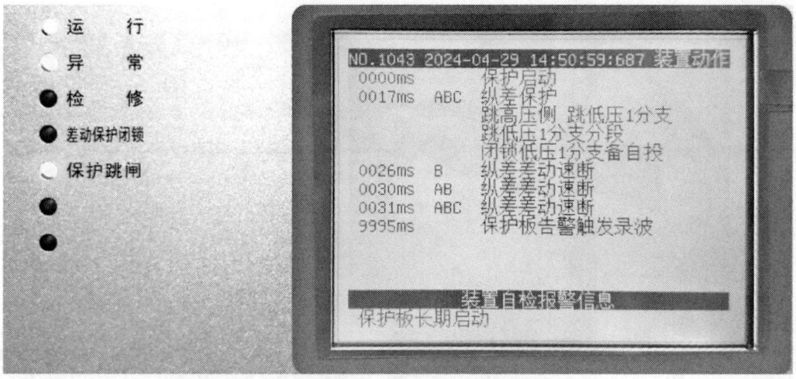

图 4-19 差动速断保护保护装置动作信息

(3)保护动作时间测试

如图 4-20 所示,设置继电保护测试仪的接线接点类型(A 接点),注意时间返回接点类型与继电保护测试仪接线接点类型须保持一致。加保护电流动作值的 1.5 倍电流值校验保护动作时间(如保护装置说明书对校验时间的动作电流倍数有要求的,按保护装置说明书设置),至保护动作。查看继电保护测试仪记录的动作时间值,将保护动作时间值填抄在检修报告上。

6. 变压器纵差动保护比率制动系数校验

(1)选择作业项目菜单

如图 4-21 所示,选择继保仪菜单:“差动保护”“扩展差动(6 路电流)”。

(2)输入变压器相关参数

根据变压器铭牌输入基本参数,根据保护装置要求选择差动保护的动作方程和制动方程,如图 4-22 所示,动作方程差动电流 I_d 取变压器两侧电流的矢量和的绝对值,即 $I_d = |I_1 + I_2|$,制动方程制动电流 I_r 取变压器两侧电流叠加值的平均值的二分之一,即 $I_r = |I_1 - I_2|/K$,K 值取 2。勾选标幺值。

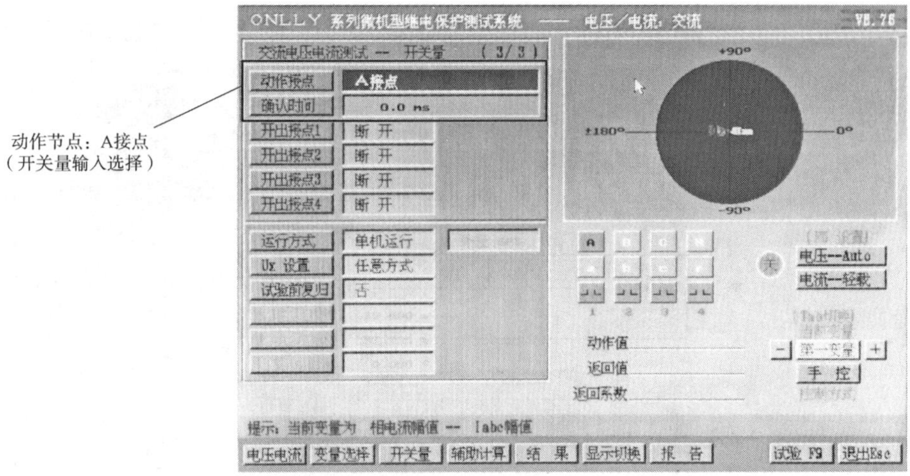

图 4-20 继电保护测试仪时间采样接点选取

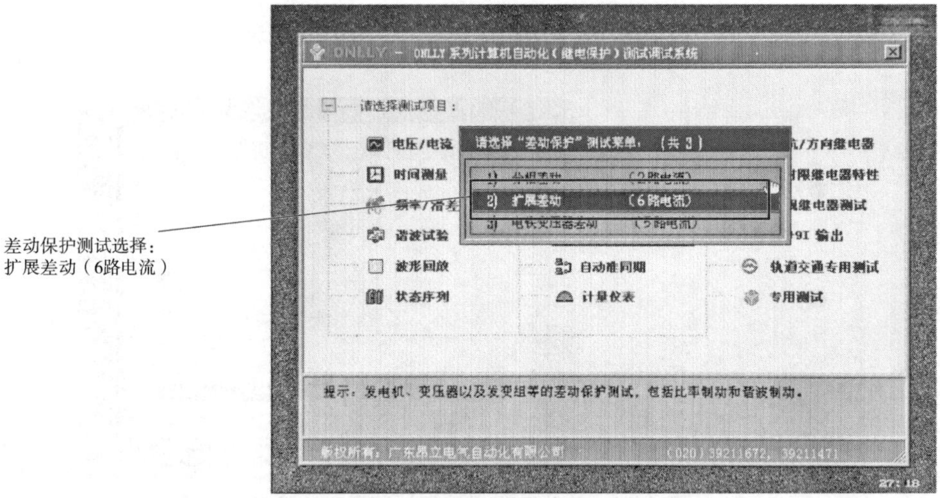

图 4-21 比率差动保护制动系数测试菜单选择界面

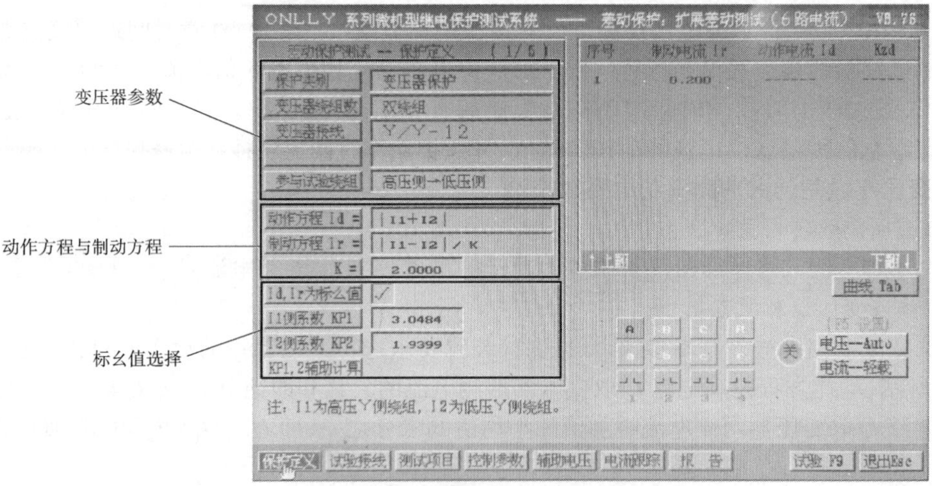

图 4-22 变压器参数设置界面

(3)利用计算软件进行补偿系数 *KP*1、*KP*2 辅助计算

如图 4-23 所示,在单击“*KP*1、2 辅助计算”后,进入补偿系数计算界面。根据变压器铭牌输入相关参数,系统会自动计算出额定电流与补偿系数(“额定电流”一栏为灰色不可更改),按 PgDn 键进行保存。

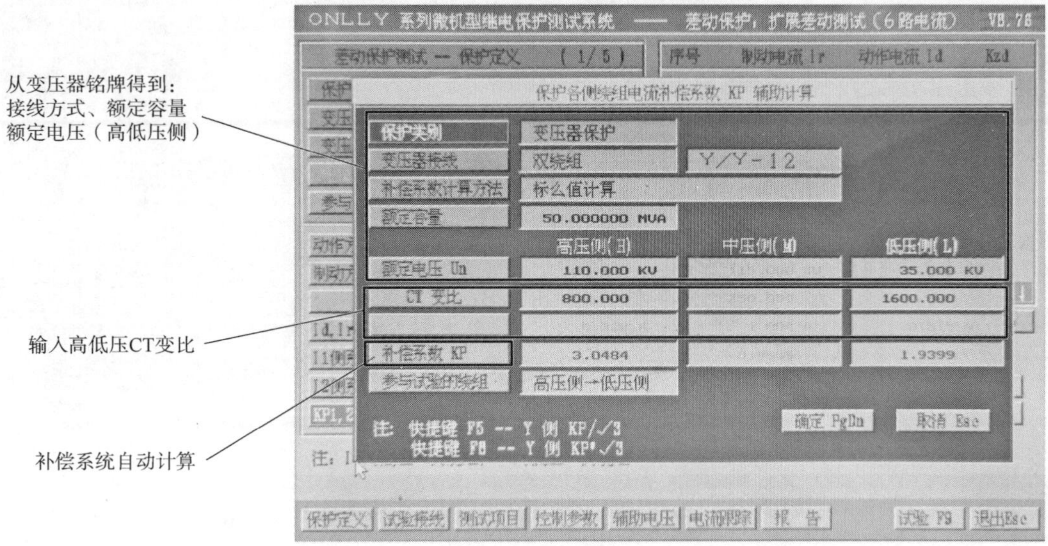

图 4-23　补偿系数辅助计算界面

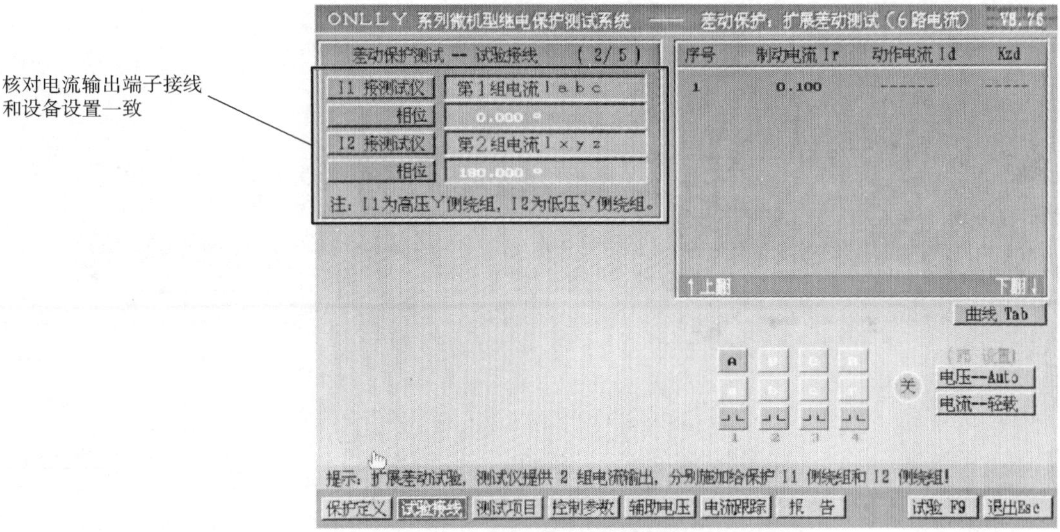

图 4-24　复查试验接线界面

(4)测试项目参数设置

如图 4-25 所示,测试项目选择“比率差动”,测试相别按检修报告要求选择;变化范围和步长根据需求填写;然后根据定值单填入差动启动值和速断动作值(这里均指标幺值)。

如图 4-26 所示,确认时间返回接点接线是否正确。

（5）开始试验，读取结果报告

如图 4-27 所示，在“电流跟踪”菜单实时查看制动电流与差动电流数值，并根据试验结果查看比率制动系数 K_{zd}。

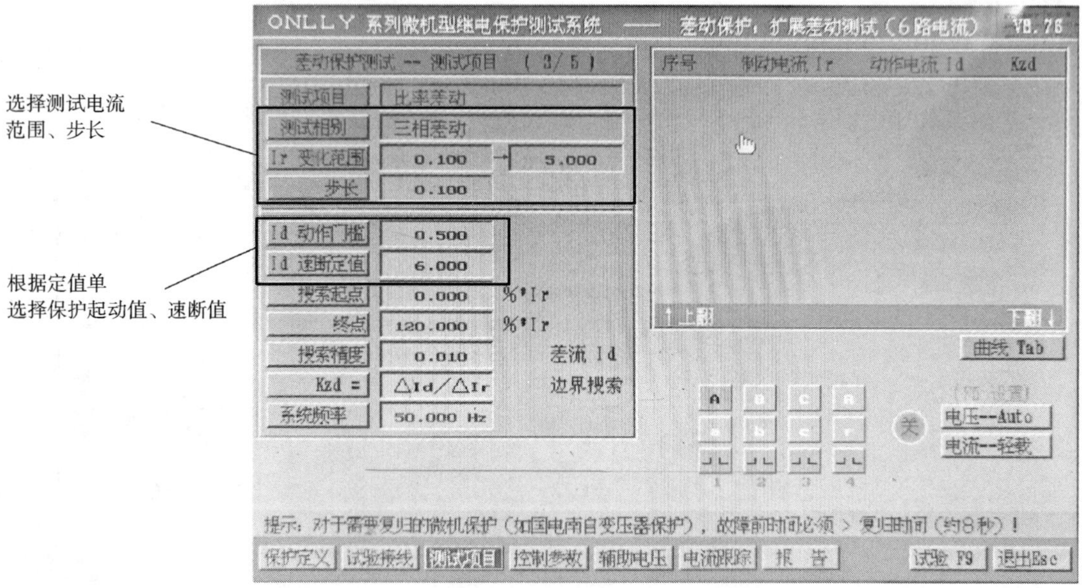

图 4-25 测试项目参数设置选择控制参数

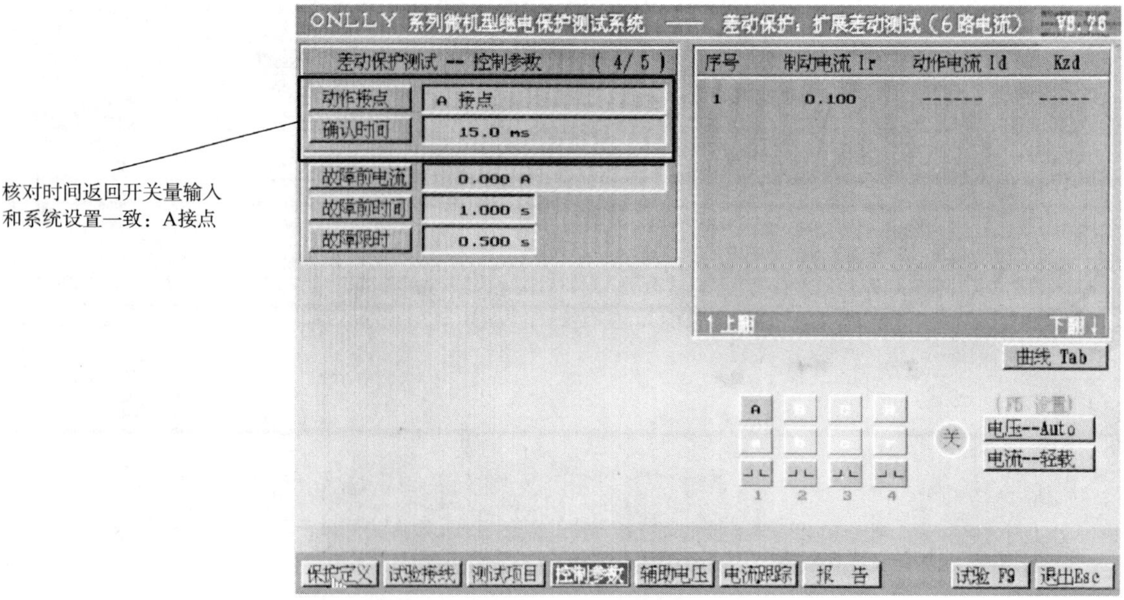

图 4-26 选择控制参数界面

如图 4-28 所示，试验过程中可查看屏幕右上方制动电流、动作电流显示状况，按 Tab 键可显示差动曲线；如果没有显示曲线，请检查返回接点接线端子是否出现松动。

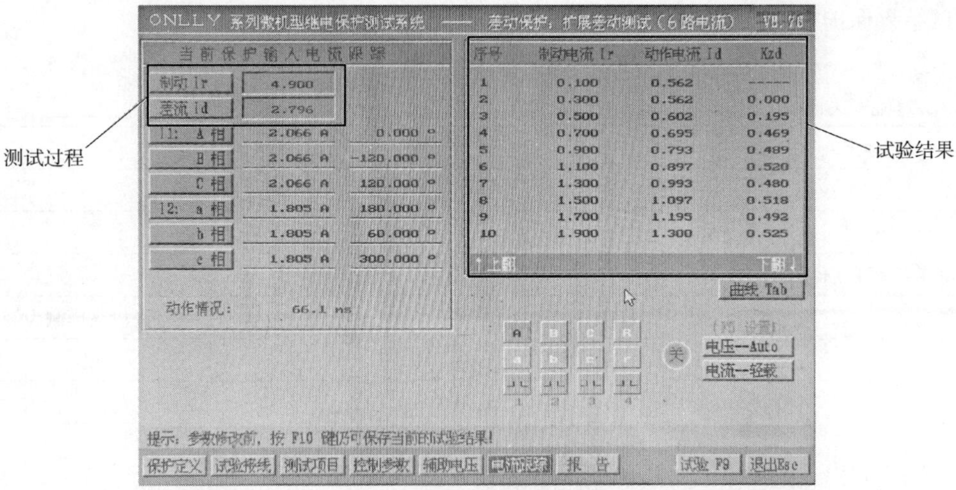

（a）试验结果查看界面1

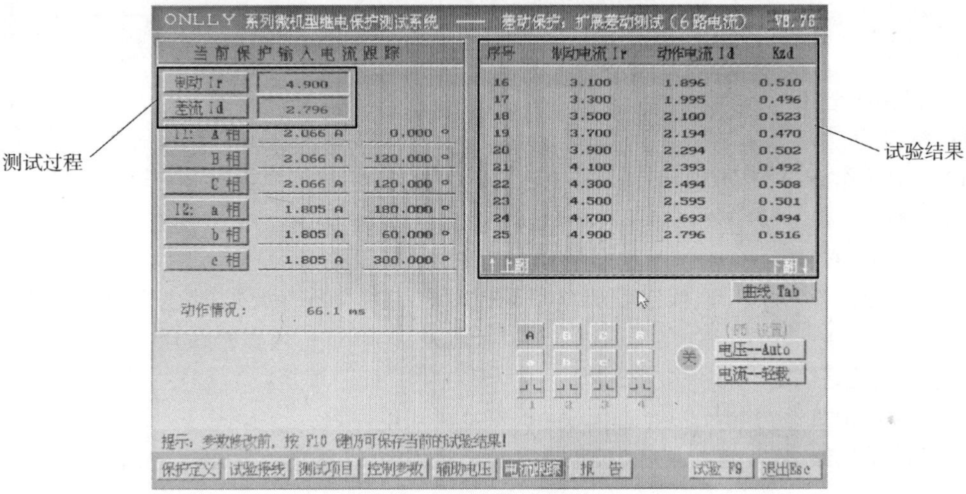

（b）试验结果查看界面2

图 4-27 试验结果

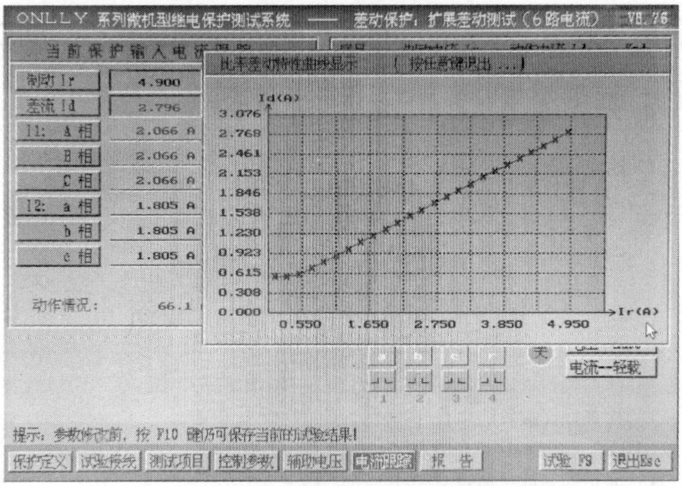

图 4-28 差动曲线查看界面

测试结果保护校验报告，见表4-3。

表4-3　主变压器纵差动保护测试结果校验报告

作业开关柜：________　　　　监护人：________　　　　执行人：________

<table>
<tr><td colspan="2">安装地点</td><td></td><td colspan="3">试验日期</td><td></td></tr>
<tr><td colspan="2">温度℃</td><td></td><td colspan="3">湿度%</td><td></td></tr>
<tr><td colspan="2">开关柜名</td><td></td><td colspan="3">电压互感器变比</td><td></td></tr>
<tr><td colspan="2">电流互感器变比</td><td></td><td colspan="3"></td><td></td></tr>
<tr><td rowspan="7">保护装置名称：</td><td rowspan="2">保护种类</td><td rowspan="2">参数</td><td rowspan="2">整定值</td><td colspan="3">动作值（以高压侧为例）</td></tr>
<tr><td>A相</td><td>B相</td><td>C相</td></tr>
<tr><td rowspan="5">主变压器纵联差动保护</td><td>比率纵差动启动电流/A</td><td></td><td></td><td></td><td></td></tr>
<tr><td>比率纵差动动作时间 t/s</td><td></td><td></td><td></td><td></td></tr>
<tr><td>差动速断电流/A</td><td></td><td></td><td></td><td></td></tr>
<tr><td>差动速断动作时间/s</td><td></td><td></td><td></td><td></td></tr>
<tr><td>比率制动系数 K_{zd}</td><td></td><td></td><td></td><td></td></tr>
</table>

7. 测试结果分析

合格标准为：

（1）保护动作出口、告警跳闸信号等功能与设计一致。

（2）实测动作值与整定值误差不得超过±5%。

（3）实测差动保护动作时间不应大于40 ms。

若保护装置厂家对保护电流定值误差和动作时间误差有特殊要求的，按厂家要求的合格标准执行。

8. 作业后检查恢复

（1）检查保护投退情况及保护定值与保护整定通知单一致。

（2）拆除采样线，恢复连接连片，按照规定扭矩紧固端子，确认接线正确、无松动。

任务考核

任务考核见表4-4。

表4-4　任务考核表

<table>
<tr><td colspan="2">任务名称</td><td colspan="6">主变压器纵联差动保护测试</td></tr>
<tr><td colspan="2">安全监护人</td><td></td><td>作业完成人</td><td></td><td>日期</td><td colspan="2"></td></tr>
<tr><td colspan="2">开始时间</td><td></td><td>结束时间</td><td></td><td>任务完成时间</td><td colspan="2"></td></tr>
<tr><td colspan="2">评分项目</td><td colspan="3">评分要素及标准</td><td>分值</td><td>小组互评</td><td>教师评分</td></tr>
<tr><td colspan="2">作业准备</td><td colspan="3">检查工器具准备齐全（5分）
穿戴好个人安全防护用品（5分）
做好安全条件复核、安全预想全面（5分）</td><td>15</td><td></td><td></td></tr>
<tr><td rowspan="2">作业操作流程</td><td>保护装置外观及接线检查</td><td colspan="3">前面板检查能识别各个指示灯状态、作用（5分）
检查后面板各线束整齐牢固（5分）</td><td>10</td><td></td><td></td></tr>
<tr><td>定值核对</td><td colspan="3">能正确完成定值核对（5分）
未经授权改动定值、配置本项目考核不合格</td><td>5</td><td></td><td></td></tr>
</table>

作业操作流程	完成电流输入端子接线、时间端子接线	能从二次原理图中找到电流端子、保护跳闸出口端子部分(5 分) 能找到屏柜对应端子(5 分) 正确断开电流采样端子(5 分) 完成测试接线(5 分)	20		
	加量测试	正确完成参数计算和输入(5 分) 完成测试过程(5 分) 测试结果正确(5 分)	15		
	记录完整,结果分析正确	记录完整清晰(10 分,缺失一项扣 5 分,记录不规范扣 5 分) 结果分析正确(5 分)	15		
作业后恢复		工器具、设备无损伤、无违章作业(8 分) 工器具恢复原位置,摆放整齐,出清现场(2 分)	10		
操作限时		本任务限时 45 min 内完成,每超过 1 min 扣 4 分。超时 10 min 为不合格			
总分		(总分 = 小组互评 ×40% + 教师评分 ×60%)			
		作业人员签字:	考评人员签字:		

巩固与练习

简答题

1. 简述主变压器纵差动保护的基本原理。
2. 简述主变压器纵差动保护不平衡电流产生的原因。
3. 简述变压器的励磁涌流产生的原因及鉴别方法。

任务 2　主变压器后备过流保护测试

任务导入

主变电所对主变压器保护装置中主变压器后备过流保护测试是城轨供电检修岗位的一项典型工作任务,内容包括主变压器高低压侧的负序电压闭锁、低电压闭锁、过流Ⅰ段、Ⅱ段、过负荷保护及动作时间测试作业。

任务目标

(1)理解主变压器相间短路的后备保护、主变压器接地短路的后备保护以及主变压器过负荷保护的基本原理。

(2)会进行主变压器后备过流保护测试。

知识准备

城轨交通主变电所主变压器装设后备过流保护,用于防止由外部故障引起的变压器绕组过电流,并作为相邻元件(母线或线路)保护的后备以及在可能的条件下作为变压器内部故障时主保护的后备。主变压器后备过流保护可分为相间短路的后备保护和接地短路的后备保护,一般在高、低压侧分别配置,构成高后备、低后备保护。各侧后备保护的作用有区别,电源侧的高后备主要作为变压器内部故障的后备保护及其低压侧母线故障的后备保护,低压侧的后备保护则主要作为相邻线路的后备保护。

一、主变压器相间短路的后备保护——复合电压闭锁的过电流保护

1. 保护组成及原理

主变压器在 110 kV 侧和 35 kV 侧均投入复合电压闭锁的过电流保护,作为变压器和相邻元件相间短路的后备保护,两侧保护的原理基本相同。110 kV 侧复合电压闭锁的过电流保护启动后延时跳变压器各侧断路器;35 kV 侧复合电压闭锁的过电流保护启动后延时跳变压器本侧断路器。

以图 4-29 所示的主变压器高压侧设置的复合电压闭锁的过电流保护为例,保护由复压闭锁元件、过电流元件构成。

复压闭锁元件由一个接于负序电压滤过器 U_2 上的负序过电压继电器 BV2 和一个接于线电压上的低电压继电器 BV1 组成。由于发生各种不对称故障(除去三相短路故障以外的其他形式的短路故障)时,都会出现负序电压,故负序过电压继电器 BV2 是作为不对称故障的电压保护元件,当发生保护范围内的不对称短路故障时,负序电压滤过器 U_2 上提取的负序电压将会大于负序过电压继电器 BV2 的整定电压,BV2 动作。低电压继电器 BV1 作为三相短路故障时的电压保护,当发生三相短路故障时,BV1 输入的线电压会低于整定值而动作。因此 BV1 或 BV2 动作,就满足了复合电压闭锁的过电流保护的所有电压闭锁条件。

过电流元件由接于电流互感器各相的三个电流继电器 BC 组成。当三相中出现任一相的电流大于整定电流时,将满足复合电压闭锁的过电流保护的电流条件。

当电压与电流条件同时满足时,复合电压闭锁的过电流保护动作。

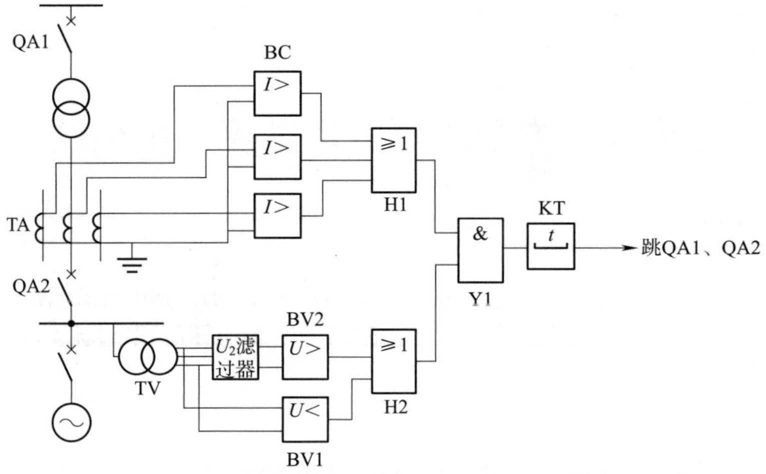

图 4-29　主变压器高压侧复合电压闭锁的过电流保护原理接线图

2. 保护整定原则

如项目 2 所述,过电流保护一般是按躲过可能出现的最大负荷电流整定的,但是这样整定电流会比较大,对于容量较大的降压变压器,灵敏度往往不能满足要求,为此采用了低电压闭锁元件。在出现对称短路故障时,负序电压元件 BV2 不动作,而低电压元件 BV1 动作,当电流元件也动作时,启动时间元件,经过预定的延时后动作于跳闸。同时采用低电压闭锁继电器后,电流继电器的整定值 I_{set} 就可以不再考虑躲过变压器最大负荷电流,而是可以按大于变压器的额定电流整定,见式(4-23);而低电压元件的动作电压 U_{set} 可按式(4-24)整定。

$$I_{set}=\frac{K_{rel}}{K_{re}}I_N \tag{4-23}$$

式中 I_N——变压器的额定电流；

K_{rel}——可靠系数，取1.2～1.3；

K_{re}——返回系数，取0.85～0.95。

$$U_{set}=\frac{U_{L.min}}{K_{rel}K_{re}} \tag{4-24}$$

式中 $U_{L.min}$——最低工作电压，一般取$0.9U_N$（U_N为变压器的额定电压）；

K_{rel}——可靠系数，取1.1～1.2；

K_{re}——低电压继电器的返回系数，取1.15～1.25。

负序过电压元件的动作电压$U_{2.set}$按躲过正常运行时的负序滤过器出现的最大不平衡电压来整定，通常取

$$U_{2.set}=(0.06\sim0.12)U_N \tag{4-25}$$

由此可见，复合电压闭锁的过电流保护在故障时灵敏度高，并且接线比较简单，因此应用比较广泛。

3. 复合电压闭锁的方向过流保护动作逻辑

如图4-30所示，复合电压闭锁的方向过流保护是在复合电压闭锁的过电流保护中增加了方向元件，用来判别短路功率的方向或短路后电流、电压之间的相位关系，从而判别发生故障的方向。方向元件可通过控制字选择是否投入。

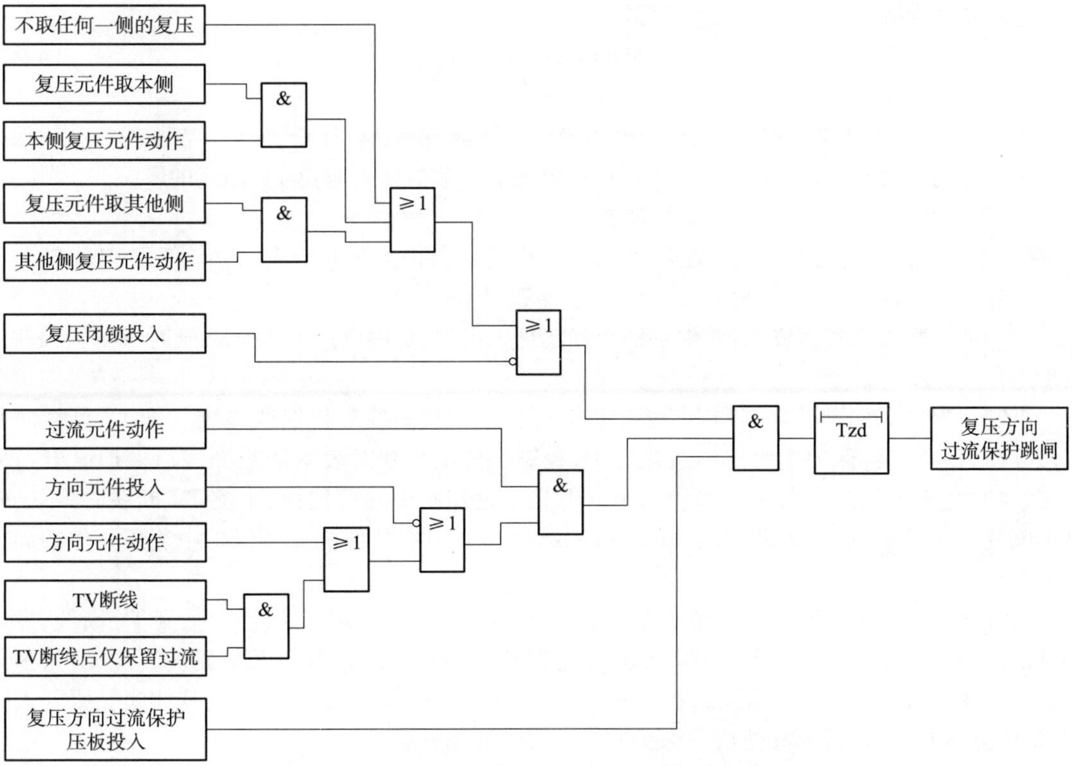

图4-30 复合电压闭锁的方向过电流保护动作逻辑图

在复合电压闭锁的方向过电流保护软压板投入后，当满足复合电压闭锁动作条件且满足方向过电流元件动作条件，并经过一定的延时后，复合电压闭锁的方向过电流保护跳闸，切断相应

的断路器。

复合电压闭锁元件由低电压和负序电压或门构成,如图 4-31 所示。

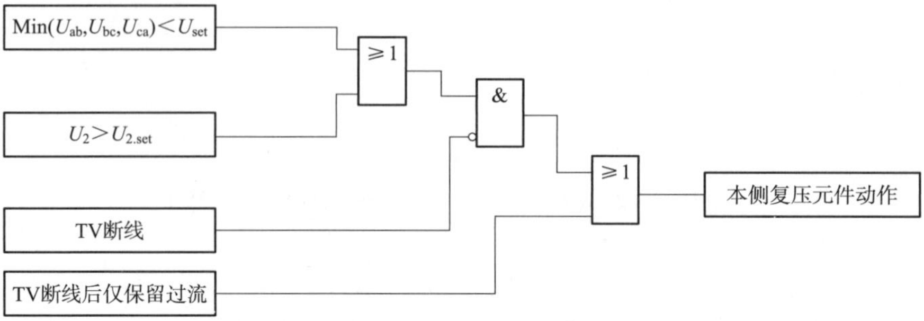

图 4-31 本侧复合电压闭锁元件的动作逻辑图

以图 4-31 本侧复合电压闭锁元件的动作逻辑图为例,其动作判据为:

$$\mathrm{Min}(U_{ab},U_{bc},U_{ca}) < U_{set} \text{或} U_2 > U_{2.set} \tag{4-26}$$

式中 U_{ab},U_{bc},U_{ca}——测量线电压;

U_{set}——低电压闭锁元件的整定值;

U_2——测量的负序电压;

$U_{2.set}$——负序电压闭锁元件整定值。

复压闭锁元件动作后输出三个出口,同时保护装置报告“复压闭锁开放”。

过流元件为按相动作方式,动作判据为:

$$\mathrm{Max}(I_a,I_b,I_c) > I_{set} \tag{4-27}$$

式中 I_{set}——过流元件整定值。

需要注意,由于功率方向元件、复合电压闭锁元件都要用到电压量,所以 TV 断线将会对保护产生影响,因此复合电压闭锁过流(方向)保护要采取一些措施来避免 TV 断线的影响。

TV 断线可以用下面两个判据进行判断:

(1)TV 三相断线判据:保护的启动元件未启动,正序电压小于 30 V,且任一相电流大于 $0.04I_N$ 或开关在合位状态,延时 10 s 报该侧母线 TV 异常。

(2)TV 一相或两相断线判据:保护的启动元件未启动,负序电压大于 5 V,延时 10 s 报该侧母线 TV 异常。

控制字提供了两种选择:控制字整定为 1 时表示“TV 断线后仅保留过流”,即 TV 断线时复压及方向自动满足,保护变为单纯过流保护;控制字整定为 0 时表示“TV 断线后保护退出”,即 TV 断线时复压闭锁的方向过流保护退出。但是无论控制字如何选择,本侧 TV 断线时,不会输出本侧复压满足的触点,因此本侧 TV 断线的结果不会影响其他侧后备保护中复压元件的动作结果。

同时复合电压元件正常时可由各侧复合电压的“或”逻辑构成。当判断某侧 TV 断线,发出 TV 断线告警信号,同时该侧复压闭锁方向过流保护中的复压元件采用其他侧的复压元件,另外将方向元件退出。实用中可用控制字设置复压闭锁取“本侧复压元件”或取“其他侧复压开入”,“其他侧复压开入”指接入其他后备保护的复压元件动作触点。

二、主变压器接地短路的后备保护——高压侧间隙保护

城市轨道交通主所变压器采用高压侧间隙保护作为接地短路故障的后备保护。主变压器高压侧中性点不接地,为了避免发生接地短路故障时,主变压器由于中性点电压升高造成中性点绝

缘的损坏，在主变压器高压侧中性点安装一个放电间隙，放电间隙的另一端接地。当中性点电压升高至一定值时，放电间隙击穿接地，变压器中性点的绝缘安全得到保护。放电间隙击穿接地后，放电间隙处将流过一个电流 $3\dot{I}_0$，该电流在相当于中性点接地的线上流过，利用该电流可以构成间隙零序电流保护。

1. 间隙保护原理接线

利用上述的放电间隙击穿以后产生的间隙零序电流 $3\dot{I}_0$ 和在接地故障时在故障母线 TV 的开口三角形绕组两端产生的零序电压 $3\dot{U}_0$ 构成"或"逻辑，组成间隙保护。保护的原理接线如图 4-32 所示。

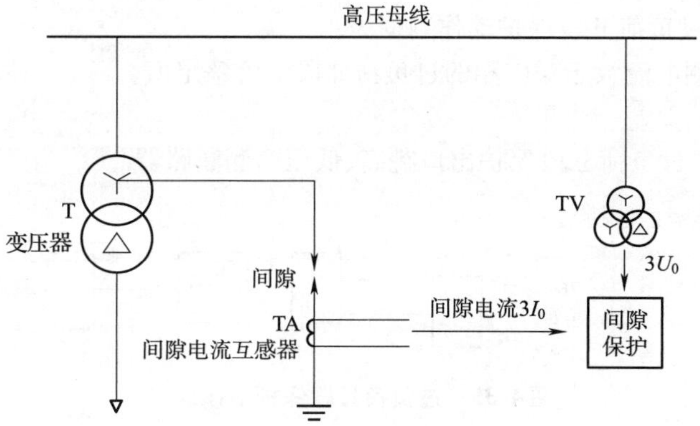

图 4-32 间隙保护原理图

2. 间隙保护动作方程及逻辑框图

间隙零序电流保护与零序电压保护的动作方程为

$$3I_0 \geqslant I_{0.\,set} \tag{4-28}$$

$$3U_0 \geqslant U_{0.\,set} \tag{4-29}$$

式中，$3I_0$ 为流过击穿间隙的电流（二次值）；$3U_0$ 为 TV 开口三角形电压；$I_{0.\,set}$ 为间隙保护动作电流，通常整定为 100 A；$U_{0.\,set}$ 为间隙保护动作电压，通常整定为 180 V。保护的逻辑框图如图 4-33 所示。

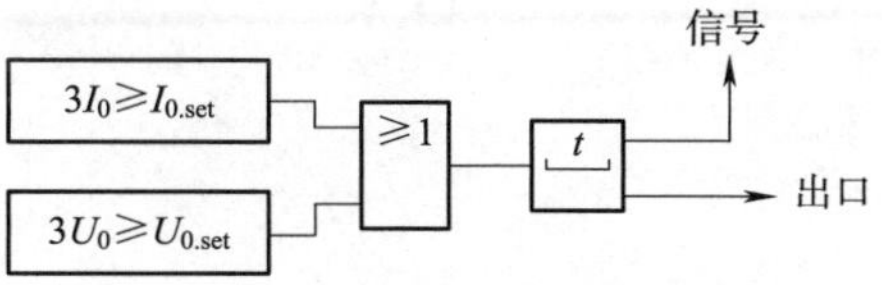

图 4-33 间隙保护逻辑框图

由图 4-33 所示，当流过击穿间隙的电流 $3I_0$ 或 TV 开口三角形零序电压 $3U_0$ 大于动作值时，间隙保护动作，经延时跳开变压器各侧断路器。

三、主变压器过负荷保护

主变压器高低压侧均投入了两段式过负荷保护。Ⅰ段动作于发出告警信号，Ⅱ段动作于跳闸。两段过负荷保护特性均可选择为定时限特性或一般反时限特性。

如图 4-34 所示，过负荷 Ⅰ 段保护动作判据为：

(1) 任一相高压侧电流大于对应相的过负荷 Ⅰ 段电流整定值。

(2) 延时时间到。

满足上述条件时，装置发过负荷 Ⅰ 段告警信号。

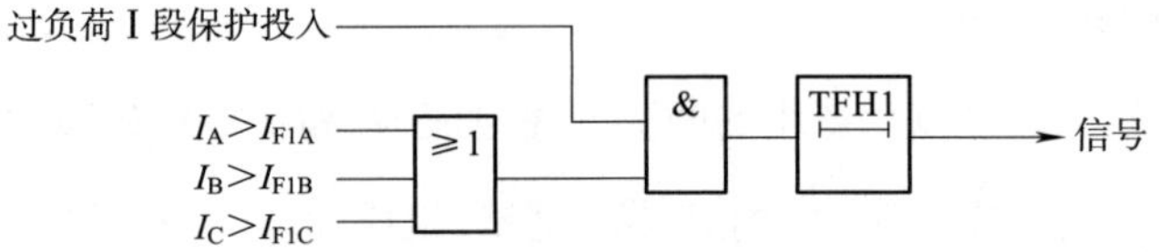

图 4-34　过负荷 Ⅰ 段保护逻辑

如图 4-35 所示，过负荷 Ⅱ 段保护动作判据为：

(1) 任一相高压侧电流大于对应相的过负荷 Ⅱ 段电流整定值。

(2) 延时时间到。

满足上述条件时，过负荷 Ⅱ 段保护出口跳高、低压两侧断路器。

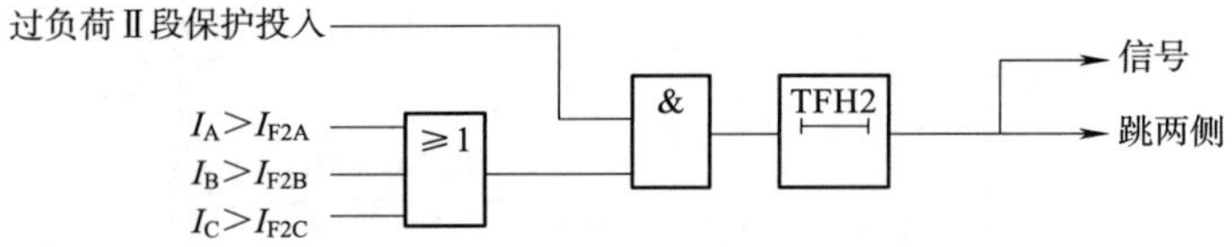

图 4-35　过负荷 Ⅱ 段保护动作逻辑

四、主变压器后备电流保护测试作业原理

本作业项目试验接线如任务 1 图 4-6 所示。

如图 4-6 所示，继电保护测试仪输出两路三相交流模拟信号，分别模拟主变压器 110 kV 和 35 kV 侧的电流互感器 TA 二次电流及 TV 二次电压，通过端子排分别连接 110 kV 和 35 kV 各侧的合智一体化终端，转换成数字信号后，再通过光纤通信发送至主变压器后备保护装置。同时，110 kV 和 35 kV 各侧的合智一体化终端的跳闸出口常开触点分别与保护测试仪的开关量输入端子并联，用来将变压器高低压侧的动作信号回馈给测试仪，进行变压器保护装置后备保护动作特性的测试。

任务实施

一、任务准备

1. 任务器材

螺丝刀 1 套，低压验电笔 1 支，继电保护测试仪 1 台，万用表 1 块，试验用导线、封闭遮栏、警示标志牌若干，个人安全防护用品，主变电站二次部分图纸一套。

2. 任务地点

城轨主变电所或实训室。

3. 任务分组

每组 2 人，分为现场作业监护人、作业执行人，分工明确到位，作业任务明确，责任清楚。各组独立完成作业项目。任务分组见表 4-5。

表 4-5 任务分组

序号	小组成员	任务分工	注意事项
1			
2			

4. 作业条件

(1)了解工作地点、工作范围、电气主接线、相关一次设备和二次设备运行情况,熟悉二次图纸、继电保护、电网安全自动装置及相关二次回路,明确作业任务。

(2)已完成操作票编写,并履行相关审批程序。

(3)作业所属的变压器已停电。现场作业区域与其他区域已装设遮拦隔离,悬挂"在此工作"标识牌;断路器、隔离开关悬挂"禁止合闸,有人工作"标识牌。

5. 安全预想

(1)作业前检查作业条件是否满足要求。

(2)与高压带电体保持足够的安全距离;作业前用隔离带将 1 号或 2 号主变压器保护屏作业区域与非作业区域隔离开。作业过程中勿走错作业间隔。

(3)坚持谁拆线谁恢复原则,坚持谁投退保护谁恢复原则,坚持自控、互控、他控原则。作业完毕务必双人检查确认恢复。本次作业需要断开某主变 110 kV 侧 TA 电流输入测试端子连片 1-4ID:1 ~3 三处,断开其 35 kV 侧 TA 电流输入测试端子连片 XT1:1 ~ XT1:3 三处,断开 110 kV 侧 TV 电压输入测试端子连片 1-4UD:1 ~3 三处,断开其 35 kV 侧 TV 电压输入测试端子连片 XT15:1 ~3 三处,作业完成后,应恢复该端子连接 12 处。

(4)作业后,核对保护定值及保护投退、控制字情况,核对端子恢复连接情况。

(5)作业完成后,检查所有物品,不得遗漏,影响设备正常运行。

二、任务步骤

1. 继电保护装置外观及接线检查

此步骤内容与本项目任务 1"任务步骤"中继电保护装置外观及接线检查内容相同,在此不再赘述。

2. 保护定值核对

主变压器高、低后备电流保护定值参数举例见表 4-6、表 4-7,核对整定值正确性,抄填在保护校验报告上。

表 4-6 主变压器高后备电流保护定值举例

继电器型号	整定值名称	继电器整定值	继电器整定值时间	备注
PCS-9681D-D(高后备)	后备投退控制字	/	/	过流Ⅰ段、过流Ⅱ段、过负荷投控制字:1,其他 0
	负序电压闭锁定值	4.0 V	/	
	低电压闭锁定值	70 V	/	
	过流Ⅰ、Ⅱ段保护	0.44 A	2.7 s	TA:800/1 动作后切高低压侧进线开关
	间隙零序过流定值	2.5 A	0.5 s	TA:100/5 动作后切高低压侧进线开关
	零序过压定值	180 V	0.5 s	TA:100/5 动作后切高低压侧进线开关
	闭锁调压电流定值	0.29 A	6 s	
	过负荷定值	0.29 A	6 s	告警

续表

继电器型号	整定值名称	继电器整定值	继电器整定值时间	备　注
PCS-9681D-D（高后备）	其他保护投退控制字：过流段经复压闭锁投、过流保护经其他侧复压锁投、零序过压一时限投、间隙零序过流一时限投、闭锁调压投	1	/	其他（启动风冷）控制字 0
	软压板：过流保护、不接地保护、本侧电压投入、远方控制压板投	1	/	其他（零序过流）控制字 0

表 4-7　主变压器低后备电流保护定值举例

继电器型号	整定值名称	继电器整定值	继电器整定值时间	备　注
PCS-9681D-D（低后备）	后备投退控制字	/	/	过流Ⅲ段、过负荷、零序电压告警投，控制字：1；过流Ⅰ段保护及其他为 0
	负序电压闭锁定值	4.0 V	/	
	低电压闭锁定值	70 V	/	
	过流Ⅲ段保护	0.5 A	2.4 s	
	零序电压告警定值	40 V	6 s	
	过负荷定值	0.45 A	6 s	告警
	其他保护投退控制字：过流Ⅱ、Ⅲ、Ⅳ、Ⅴ段经复压闭锁投	1	/	其他（启动风冷）控制字 0
	软压板：过流保护、不接地保护、本侧电压投入、远方控制压板投	1	/	其他（接地保护）控制字 0

3. 电流、电压、时间采样输入端子接线

（1）查询设备二次原理图并核对现场开关柜二次采样接线情况。

本任务的部分接线图与本项目中任务 1 内容相同，包括：图 4-9 变压器 110 kV 电流互感器二次回路电流采样端子、图 4-10 变压器 35 kV 电流互感器二次回路电流采样端子、图 4-11 变压器 110 kV 二次回路时间采样端子、图 4-12 变压器 35 kV 二次回路时间采样端子，可查阅相关内容。

另外，本任务还需要采集变压器 110 kV 侧电压互感器二次回路电压和变压器 35 kV 侧电压互感器二次回路电压信号。

变压器 110 kV 侧电压互感器二次回路电压采样端子原理图和实物照片如图 4-36（a）、图 4-36（b）所示，A 相电压采样端子为 1-4UD:1、B 相电压采样端子为 1-4UD:2、C 相电压采样端子为 1-4UD:3、N 相电压采样端子为 1-4UD:4。

变压器 35 kV 侧电压互感器二次回路电压采样端子原理图和实物照片如图 4-37（a）、图 4-37（b）所示，A 相电压采样端子为 XT15:1、B 相电压采样端子为 XT15:2、C 相电压采样端子为 XT15:3、N 相电压采样端子为 XT15:4。在测试时，要注意用绝缘胶布做好测试接线的绝缘措施。

（2）结合现场开关柜二次采样接线情况，找准变压器高压侧（110 kV 侧）、低压侧（35 kV 侧）的电流采样二次端子、电压采样二次端子及时间采样二次端子后，断开合智一体化终端模拟量输入回路与电流互感器二次回路的纵向连片，同时连接继电保护测试仪与合智一体化终端电流、电压模拟量输入回路采样端子及时间采样端子。

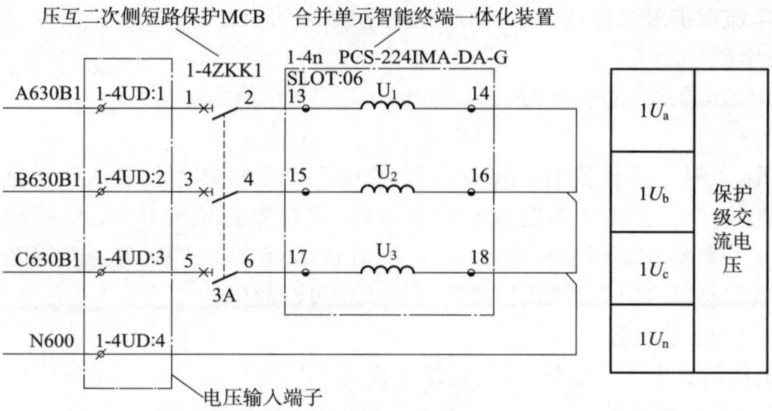

（a）变压器110 kV侧电压互感器二次回路电压采样端子原理图

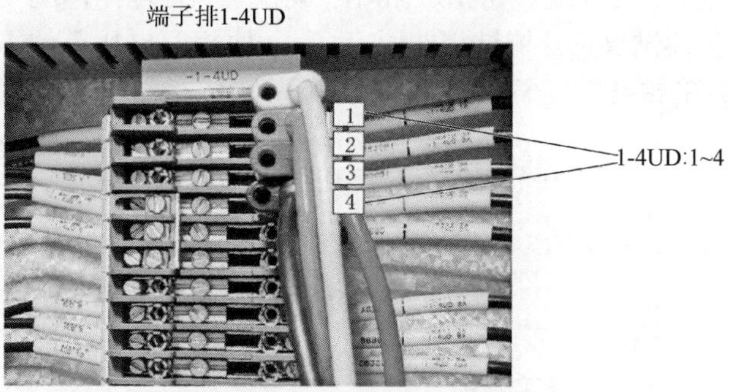

（b）变压器110 kV侧电压互感器二次回路电压采样端子实物照片

图 4-36 变压器 110 kV 侧电压互感器二次回路电压采样端子

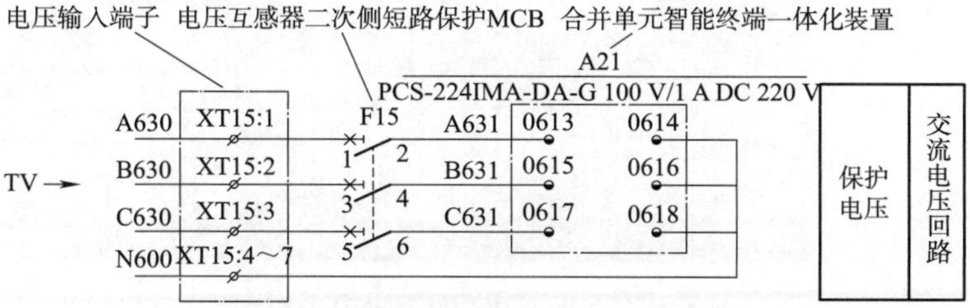

（a）变压器35 kV侧电压互感器二次回路电压采样端子原理图

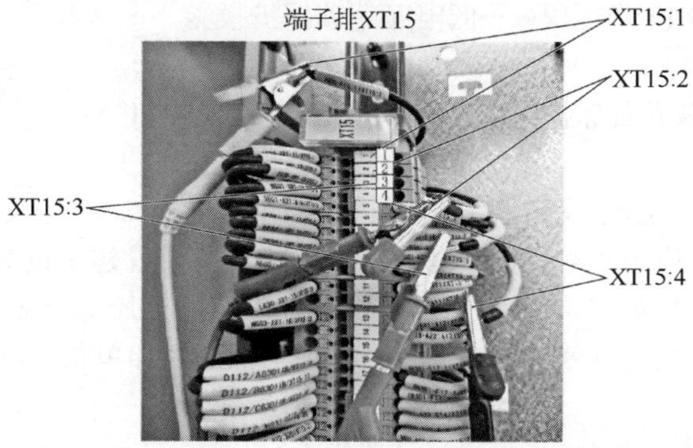

（b）变压器35 kV侧电压互感器二次回路电压采样端子实物照片

图 4-37 变压器 35 kV 侧电压互感器二次回路电压采样端子

4. 高后备电流保护测试作业 1——负序电压闭锁保护测试

(1)核对整定值

见表 4-6 主变压器高后备保护定值,负序电压闭锁整定值为 4 V。

(2)参数设置

如图 4-38 所示,选定继保仪上“电压/电流:交流”项目,三相电压填入正常电压值(57.7 V)及单相过电流值(建议设为 1.2 倍定值来模拟故障,设计整定值为 0.44 A,则测试参数设置为 1.2 ×0.44 A =0.528 A)。若设备停电后因无压造成设备出现“PT 断线”警告,则先加三相 57.7 V 电压充电数秒消除“PT 断线”告警后再加单相过流故障。

(3)第一变量和步长设置

将过流相电压设置为第一变量,步长建议设置为 1 V。

(4)开始试验并观察结果

开始试验,将电压手动递减,利用三相不平衡产生负序电压,负序电压 <4 V 闭锁,负序电压 >4 V 跳闸。继电保护测试仪正常测试相电压 57.7 V,两相间电压差的 1/3 为负序电压 4 V,两相间电压为 12 V,折算单相电压为 57.7 – 12 =45.7(V)。

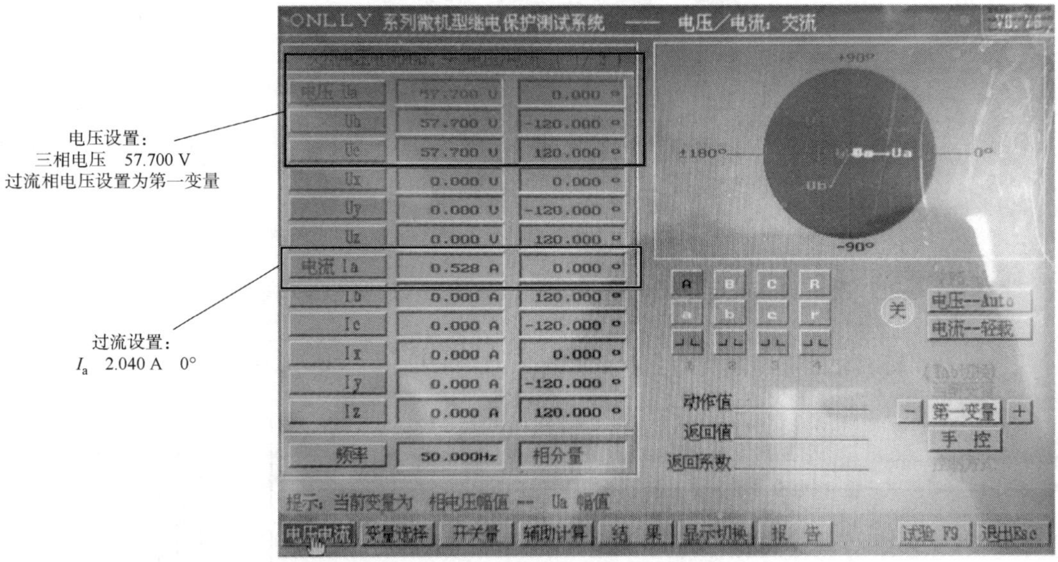

图 4-38 负序电压闭锁校验参数设置

5. 高后备电流保护校验作业 2——低电压闭锁保护校验

(1)确认整定值

见表 4-6 主变压器高后备保护定值,低电压闭锁整定值为 70 V。

(2)参数设置

选定继保仪上“电压/电流:交流”项目,三相加上正常电压 57.7 V 及单相过流。见表 4-6 中过流Ⅰ、Ⅱ段保护设计定值为 0.44 A,则单相过流测试参数设置建议设为 1.2 倍定值模拟故障,为 1.2 ×0.44 A =0.528 A,如图 4-38 所示。若设备停电后因无压造成设备存在“PT 断线”情况,则先加三相 57.7 V 电压充电数秒消除“PT 断线”告警,然后再加单相过流。

(3)变量及步长设置

将三相电压设置为第一变量,步长建议设置为 1 V。

(4)开始试验,并观察结果

开始试验,手动递减电压,电压三相同时下降,观察线电压,线电压 >70 V 时保护闭锁,当线

电压 <70 V 时保护跳闸(折算相电压为 70 V ÷ 1.732 = 40.4 V)。

6. 高后备电流保护校验作业 3——过流 I 段、II 段保护动作及时间校验作业

(1)菜单选择

如图 4-39 所示,选择继保仪主菜单"状态序列"功能。

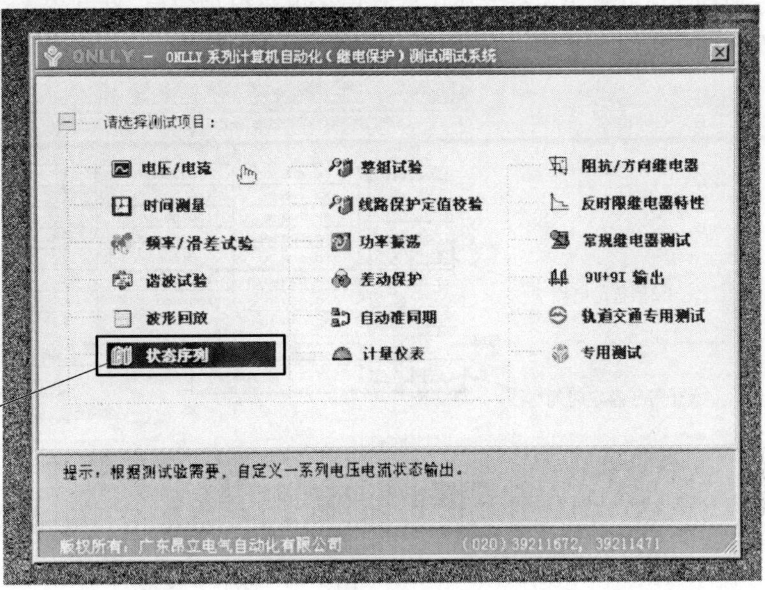

图 4-39 进入状态序列界面

(2)状态 1 设置

如图 4-40 所示,"状态 1"设置为正常状态,即相电压为 57.735 V,A、B、C 三相按照正序变化,将时间控制设置大于 PT 断线信号复归所需时间 12 s(充电约 12 s 后 PT 断线信号复归),目的是复归"PT 断线"信号。

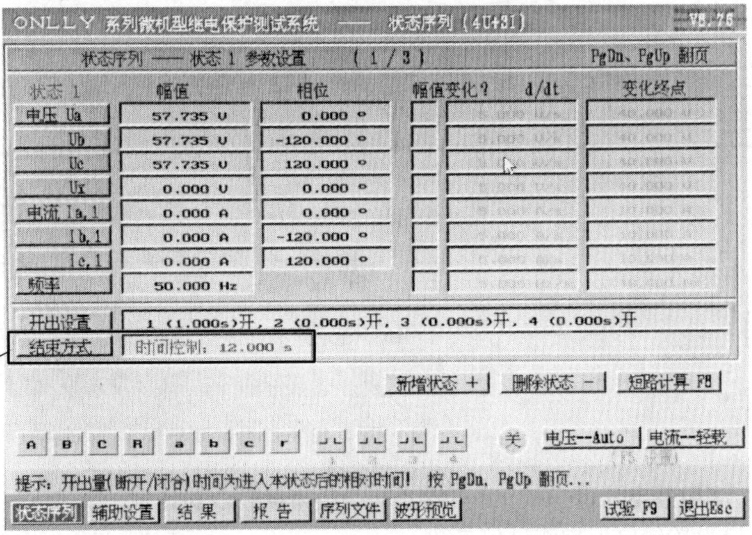

图 4-40 状态 1 设置

(3)状态2设置

如图4-41所示,按“+”号增加“状态2”,“状态2”用来模拟A相产生负序电压触发复压闭锁过电流的故障状态,将电流设置为整定值的1.2倍,即0.528 A(见表4-6主变压器高后备保护定值,过电流Ⅰ、Ⅱ段保护电流整定值为0.44 A,因此0.44 A×1.2=0.528 A),“时间控制”设置为整定时间2.7 s(见表4-6主变压器高后备电流保护定值,过电流Ⅰ、Ⅱ段保护动作时间整定为2.7 s),作业时也可设置为略大于整定时间。

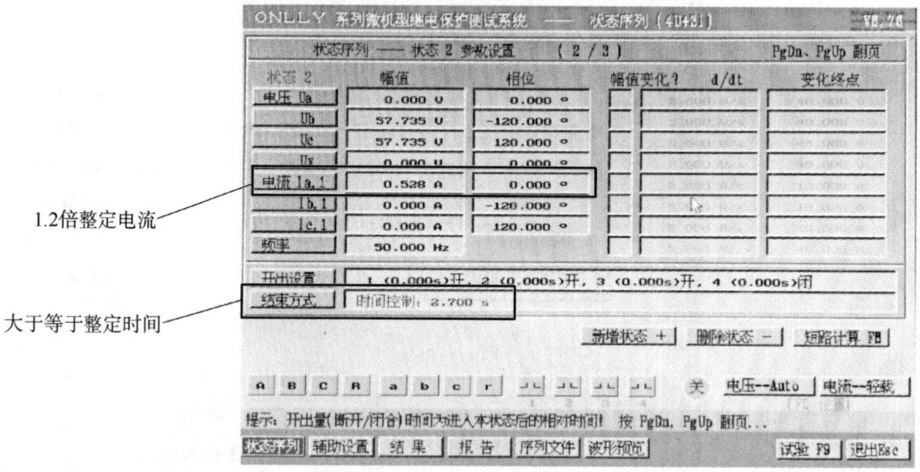

图 4-41　状态2设置

(4)开始试验并查看结果

如图4-42所示,开始试验,断路器动作后,查看试验结果:2 733.6 ms负序电压触发复压过流保护动作。

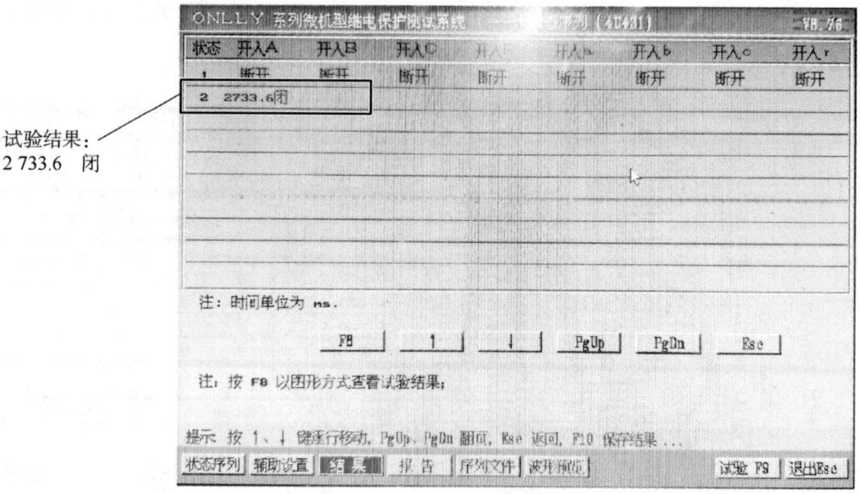

图 4-42　查看试验结果

7. 高后备电流保护校验作业4——过负荷保护校验作业

(1)设置继电保护测试仪参数

如图4-43所示,设置继电保护测试仪参数,起始值为0.8倍保护电流启动设定值(见表4-6主变压器高后备电流保护定值,过负荷保护电流整定值为0.29 A,因此0.29 A×0.8=0.232 A),步长设置为0.01 A。

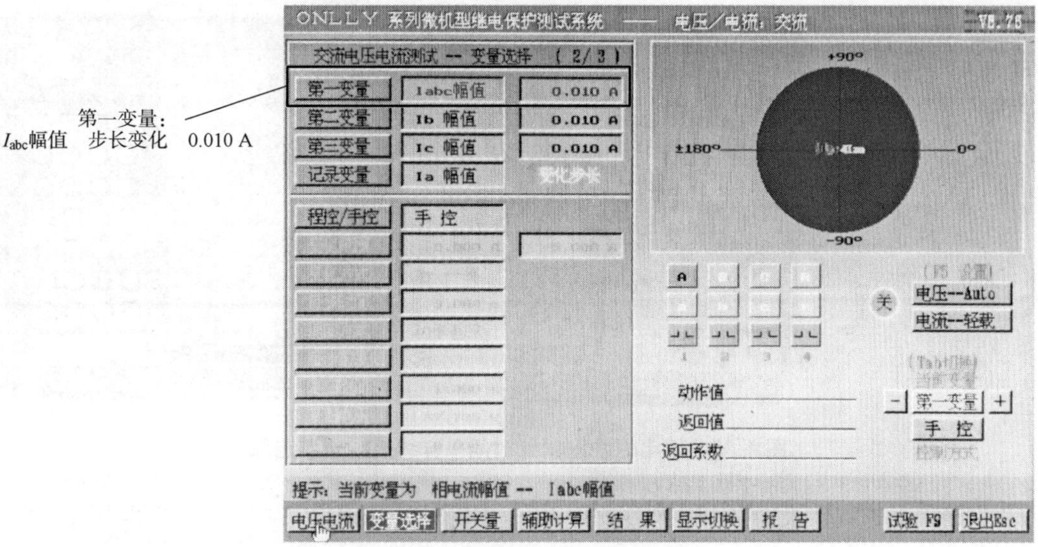

图 4-43 继电保护测试仪步长参数设置

（2）开始测试并记录结果

如图 4-44 所示，启动继电保护测试仪测试按钮，至保护动作，查看继电保护测试仪记录的动作电流值，将动作电流值填抄在检修报告上。

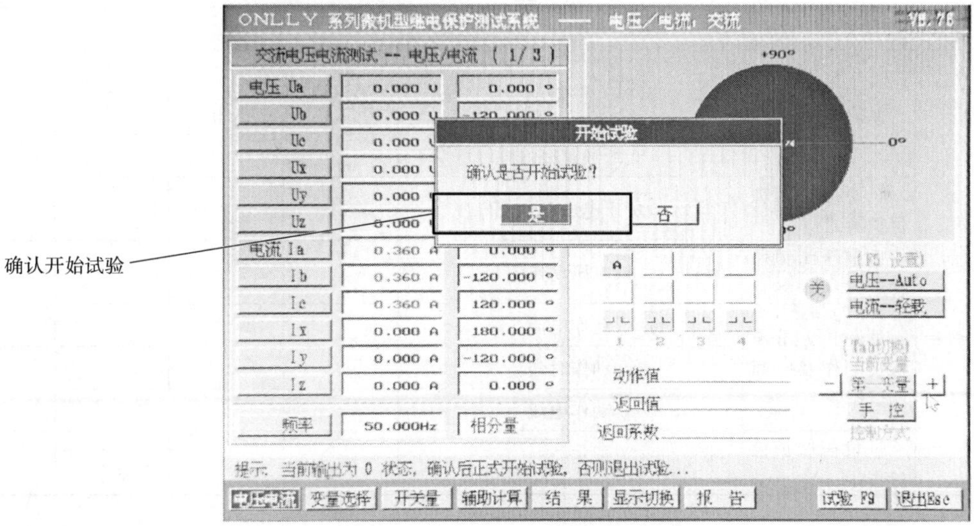

图 4-44 开始测试界面

（3）校验保护动作时间

如图 4-45 所示，根据现场选取的保护装置时间返回接点类型（常开 A 接点），设置继电保护测试仪的接线接点类型（常开），时间返回接点类型与继电保护测试仪接线接点类型须保持一致。加保护电流动作值的 1.2 倍电流值校验保护动作时间，至保护动作。

（4）查看继电保护测试仪记录的动作时间值，将动作时间值填抄在测试报告上。

8. 低后备电流保护校验

低后备电流保护的低电压闭锁、负序电压闭锁、保护动作电流及时间校验方法与高后备复压闭锁过流保护校验相同，在此不再赘述。

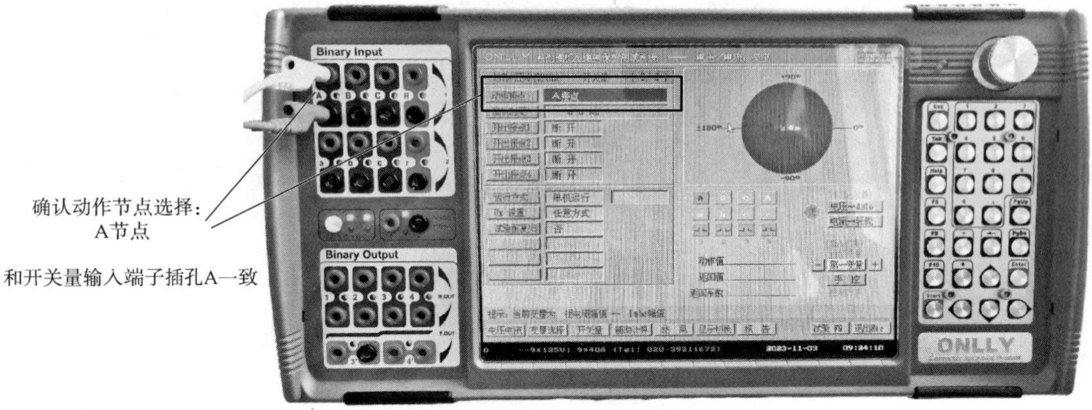

图 4-45　继电保护测试仪时间采样线接线节点选取

测试结果保护测试报告见表 4-8。

表 4-8　主变压器后备保护测试报告

作业开关柜：________　　　　监护人：________　　　　执行人：________

<table>
<tr><td colspan="2">安装地点</td><td></td><td colspan="2">试验日期</td><td colspan="2"></td></tr>
<tr><td colspan="2">温度℃</td><td></td><td colspan="2">湿度%</td><td colspan="2"></td></tr>
<tr><td colspan="2">开关柜名</td><td></td><td colspan="2">电压互感器变比</td><td colspan="2"></td></tr>
<tr><td colspan="2">电流互感器变比</td><td></td><td colspan="2"></td><td colspan="2"></td></tr>
<tr><td rowspan="9">保护装置名称：</td><td rowspan="3">保护种类</td><td rowspan="2">参数</td><td rowspan="2">整定值</td><td colspan="3">动作值</td></tr>
<tr><td>A 相</td><td>B 相</td><td>C 相</td></tr>
<tr><td>光纤通道完好性</td><td colspan="4"></td></tr>
<tr><td>负序电压闭锁保护测试</td><td>负序电压动作值</td><td></td><td></td><td></td><td></td></tr>
<tr><td>低电压闭锁保护测试</td><td>低电压动作值</td><td></td><td></td><td></td><td></td></tr>
<tr><td rowspan="3">过流Ⅰ段、Ⅱ段保护动作及时间测试作业</td><td>动作电流</td><td></td><td></td><td></td><td></td></tr>
<tr><td>动作时间</td><td></td><td></td><td></td><td></td></tr>
<tr><td>动作电流</td><td></td><td></td><td></td><td></td></tr>
<tr><td>过负荷保护校验作业</td><td>动作时间</td><td></td><td></td><td></td><td></td></tr>
</table>

9. 测试结果分析

合格标准为：

(1)保护动作出口、闭锁、告警跳闸信号等功能与设计一致。

(2)实测动作值与整定值误差不得超过 ±2.5%。

(3)实测动作时间与整定时间相对误差不超过 ±1% 或绝对误差不超过 ±40 ms。

若保护装置厂家对保护电流定值误差和动作时间误差有特殊要求的，按厂家要求的合格标准执行。

10. 作业后检查恢复

(1)检查保护投退情况及保护定值与保护整定通知单一致。

(2)拆除采样线，恢复连接连片，按照规定扭矩紧固端子，确认接线正确无误、无松动。

任务考核

任务考核见表4-9。

表4-9 任务考核表

<table>
<tr><td colspan="2">任务名称</td><td colspan="6">主变压器后备电流保护测试</td></tr>
<tr><td colspan="2">安全监护人</td><td></td><td>作业完成人</td><td></td><td>日期</td><td colspan="2"></td></tr>
<tr><td colspan="2">开始时间</td><td></td><td>结束时间</td><td></td><td>任务完成时间</td><td colspan="2"></td></tr>
<tr><td colspan="2">评分项目</td><td colspan="3">评分要素及标准</td><td>分值</td><td>小组互评</td><td>教师评分</td></tr>
<tr><td colspan="2">作业准备</td><td colspan="3">检查工器具准备齐全(5分)
穿戴好个人安全防护用品(5分)
做好安全条件复核、安全预想全面(5分)</td><td>15</td><td></td><td></td></tr>
<tr><td rowspan="5">作业操作流程</td><td>保护装置外观及接线检查</td><td colspan="3">前面板检查能识别各个指示灯状态、作用(5分)
检查后面板各线束整齐牢固(5分)</td><td>10</td><td></td><td></td></tr>
<tr><td>定值核对</td><td colspan="3">能正确完成定值核对(5分)
未经授权改动定值、配置本项目考核不合格</td><td>5</td><td></td><td></td></tr>
<tr><td>完成电流输入端子接线、时间端子接线</td><td colspan="3">能从二次原理图中找到电流端子、保护跳闸出口端子部分(2分)
能找到屏柜对应端子(3分)
正确断开电流采样端子(2分)
完成测试接线(3分)</td><td>10</td><td></td><td></td></tr>
<tr><td>加量测试</td><td colspan="3">完成负序电压闭锁校验(10分)
完成低电压闭锁校验作业(10分)
过流Ⅰ段、Ⅱ段保护动作及时间校验作业(10分)
完成过负荷保护校验作业(5分)</td><td>35</td><td></td><td></td></tr>
<tr><td>记录完整，结果分析正确</td><td colspan="3">记录完整清晰(10分，缺失一项扣5分，记录不规范扣5分)
结果分析正确(5分)</td><td>15</td><td></td><td></td></tr>
<tr><td colspan="2">作业后恢复</td><td colspan="3">工器具、设备无损伤、无违章作业(8分)
工器具恢复原位置，摆放整齐，出清现场(2分)</td><td>10</td><td></td><td></td></tr>
<tr><td colspan="2">操作限时</td><td colspan="3">本任务限时45 min内完成，每超过1 min扣4分。超时10 min为不合格</td><td></td><td></td><td></td></tr>
<tr><td colspan="2">总分</td><td colspan="3">(总分=小组互评×40%+教师评分×60%)</td><td></td><td></td><td></td></tr>
<tr><td colspan="8">作业人员签字：　　　　　　考评人员签字：</td></tr>
</table>

巩固与练习

简答题

1. 简述主变压器相间短路后备保护的组成及工作原理。
2. 主变压器相间短路后备保护如何整定动作值?
3. 简述主变压器过负荷保护的工作原理。

任务3　主变压器非电量保护测试

任务导入

主变压器非电量保护功能测试是城轨供电检修岗位的一项典型工作任务，测试作业项目包括完成测试主变压器瓦斯保护、油位异常保护、温度保护等。

任务目标

（1）掌握主变压器非电量保护的基本原理。

（2）会进行主变压器瓦斯保护、油位异常保护、温度保护等非电量保护测试。

知识准备

一、瓦斯保护

主变压器通常是利用变压器油作为绝缘和冷却介质。当变压器油箱内故障时，在故障电流和故障点电弧的作用下，变压器油和其他绝缘材料会受热分解，产生大量气体。气体排出的多少和速度与变压器故障的严重程度有关。利用这种气体来实现保护的装置，称为瓦斯保护装置。瓦斯保护能够反映变压器油箱内的各种轻微故障（如绕组轻微的匝间短路、铁芯烧损等），但不能反映变压器绝缘子闪络等油箱外的故障。容量为800 kVA及以上的油浸式变压器和400 kVA及以上的车间内油浸式变压器，应装设瓦斯保护。城市轨道交通主变压器容量一般为几十MVA，瓦斯保护是主变压器的主保护之一。

瓦斯继电器基本工作原理如下：变压器发生轻微故障时，油箱内产生的气体较少且速度慢，由于油枕处在油箱的上方，气体沿管道上升，气体继电器内的油面下降，当下降到动作门槛时，轻瓦斯动作，发出警告信号；变压器发生严重故障时，故障点周围的温度剧增而迅速产生大量的气体，变压器内部压力升高，迫使变压器油从油箱经过管道向油枕方向冲去，当气体继电器感受到的油速达到动作门槛时，重瓦斯动作，瞬时作用于跳闸回路，切除变压器，以防事故扩大。

另外，地铁主变电所的主变压器为有载调压变压器，又称为带负荷调压变压器。变压器在带负荷的情况下，利用有载调压开关进行绕组间分接头切换，改变高低压绕组匝数比，即改变变压器高低压侧变比来实现电压调整的目的。有载调压可根据实际运行电压进行实时自动调整，调压范围大，无须停电，容易满足城轨供电系统对电压偏差的要求，是在各种运行方式下保证电压质量的关键手段之一。

城市轨道交通中主变压器的有载调压分接开关接在高压绕组上，因为高压绕组内流过的电流较小，分接开关本身流过的电流也小，有利于有载分接开关的绝缘设计。有载调压开关在变压器中设置独立油室，并安装独立的呼吸器、油枕及瓦斯继电器等。因此，主变压器瓦斯保护分布于主变压器本体和有载调压箱两处，包括主变压器本体重瓦斯保护、主变压器本体轻瓦斯保护、有载调压开关箱重瓦斯保护和有载调压开关箱轻瓦斯保护。

二、其他非电量保护

对变压器温度及油箱内压力升高和冷却系统故障，应按现行有关变压器的标准要求，专设可动作于信号或动作于跳闸的非电量保护，包括：油位异常保护、压力释放保护、绕组温度保护、油面温度保护。

1. 油位异常保护

油位异常通过油位计实现，通常设置于变压器的储油柜上，能够对储油柜内油位的变化提供可视的告警信号，如图 4-46 所示。内部浮球连杆通过油位计磁耦合方式与外表盘同步在 120°角度内联动，按此联动方式，油位的任何变化均通过磁体的耦合转动引起油位计表盘的同步指示。

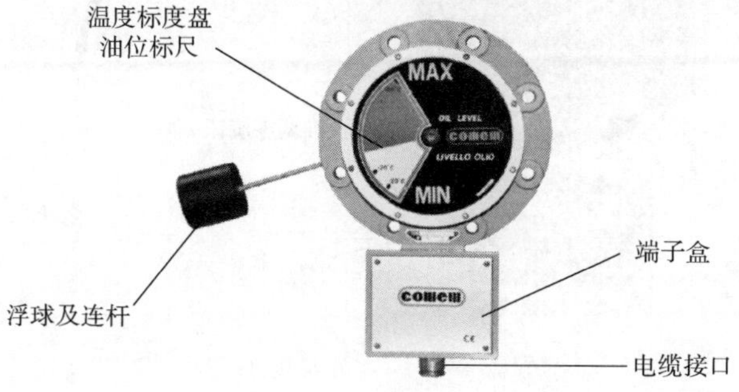

图 4-46 油位计

油位异常保护包括变压器本体油位异常和有载调压器油位异常保护，动作后均发出告警信号。

2. 压力释放保护

压力释放保护设置于主变压器本体和有载调压箱两处。有的压力释放保护装置仅发出告警信号，有的可以动作于变压器高低压侧断路器跳闸。

在变压器发生故障时，如果油箱内的压力超过压力释放阀压力弹簧的压力时，变压器油可在压力释放阀内喷出，从而释放油箱内超常压力保护油箱。当油箱内的压力迅速释放掉后，内部压力降低，金属膜盘在弹簧作用下回位，并重新密封油箱。压力释放阀动作后，顶端的红色指示杆弹出，如图 4-47 所示。

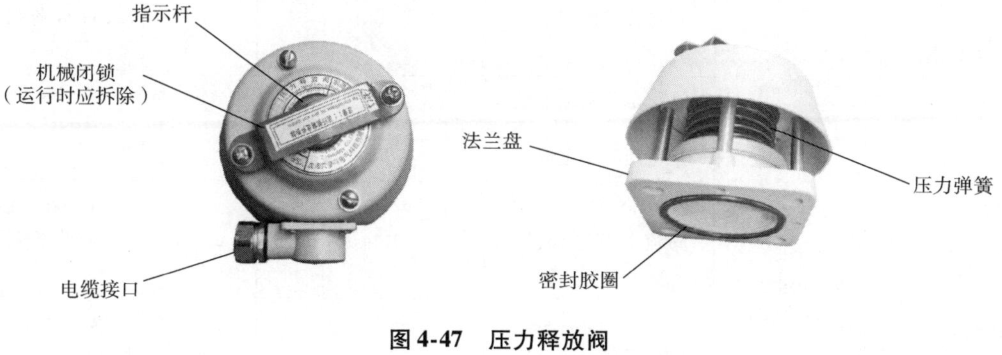

图 4-47 压力释放阀

3. 绕组温度保护

按测量温度部位不同，油温计分为测量上层油温的油面温度计和测量绕组温度的绕组温度计。绕组温度计可以通过温度传感器间接测量变压器绕组热点温度，即变压器绕组温度是通过绕组温度指示控制器通过热模拟的方法来间接测量变压器绕组热点温度的。绕组温度 T_1 等于变压器顶层油温 T_2 与变压器铜油温差 ΔT 之和，即 $T_1 = T_2 + \Delta T$。

如图 4-48 所示，绕组温度计可以设置四组温度定值，通过端子盒输出温度动作信号，实现变压器冷却、超温告警乃至超温跳闸。绕组温度保护包括绕组超温告警和绕组超温跳闸(动作于变压器高低压侧开关跳闸)保护。

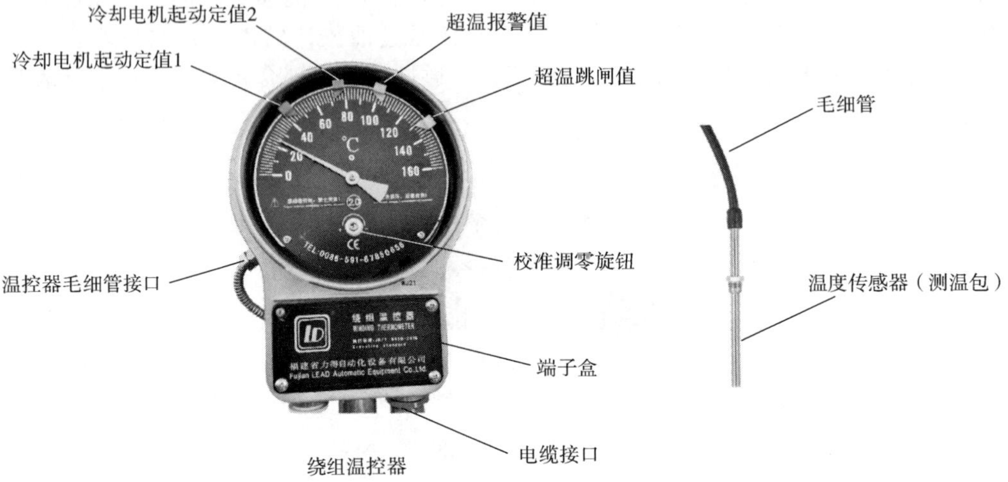

图 4-48　绕组温度计

4. 油面温度保护

油面温度保护是用油面温度计直接测量变压器上层油温,包括油面超温告警保护和油面超温跳闸保护,油面超温跳闸保护动作于变压器高低压侧开关跳闸。油面温度计外观、工作原理和绕组温度计相似。

某城市轨道交通主变压器电量保护和非电量保护配置举例见表 4-10、表 4-11。

表 4-10　主变压器电量保护配置

开关柜名称	开关柜编号	继电器型号	整定值名称	继电器整定值	继电器整定值时间	备　注
1 号、2 号主变压器保护屏	无	PCS-9681D-D(高后备)	后备投退控制字	/	/	过流Ⅰ段、过流Ⅱ段、过负荷投控制字:1,其他:0
			负序电压闭锁定值	4.0 V	/	
			低电压闭锁定值	70 V	/	
			过流Ⅰ、Ⅱ段保护	0.44 A	2.7 s	TA:800/1 动作后切高低压侧进线开关
			间隙零序过流定值	2.5 A	0.5 s	TA:100/3 动作后切高低压侧进线开关
			零序过压过定值	180 V	0.5 s	TA:100/5 动作后切高低压侧进线开关
			闭锁调压电流定值	0.29 A	6 s	
			过负荷定值	0.29 A	6 s	告警

续表

<table>
<tr><th>开关柜名称</th><th>开关柜编号</th><th>继电器型号</th><th>整定值名称</th><th>继电器整定值</th><th>继电器整定值时间</th><th>备 注</th></tr>
<tr><td rowspan="20">1号、2号主变压器保护屏</td><td rowspan="20">无</td><td rowspan="2">PCS-9681D-D（高后备）</td><td>其他保护投退控制字：过流段经复压闭锁投、过流保护经其他侧复压闭锁投、零序过压一时限投、间隙零序过流一时限投、闭锁调压投</td><td>1</td><td>/</td><td>其他（启动风冷）控制字0</td></tr>
<tr><td>软压板：过流保护、不接地保护、本侧电压投入、远方控制压板投</td><td>1</td><td>/</td><td>其他（零序过流）控制字0</td></tr>
<tr><td rowspan="9">PCS-9681D-D（低后备）</td><td>后备投退控制字</td><td>/</td><td>/</td><td>过流Ⅲ段、过负荷、零序电压告警投，控制字：1；过流Ⅰ段保护及其他为0</td></tr>
<tr><td>负序电压闭锁定值</td><td>4.0 V</td><td>/</td><td></td></tr>
<tr><td>低电压闭锁定值</td><td>70 V</td><td>/</td><td></td></tr>
<tr><td>过流Ⅲ段保护</td><td>0.5 A</td><td>2.4 s</td><td></td></tr>
<tr><td>零序电压告警定值</td><td>40 V</td><td>6 s</td><td></td></tr>
<tr><td>过负荷定值</td><td>0.45 A</td><td>6 s</td><td>告警</td></tr>
<tr><td>其他保护投退控制字：过流Ⅱ、Ⅲ、Ⅳ、Ⅴ段经复压闭锁投</td><td>1</td><td>/</td><td>其他（启动风冷）控制字0</td></tr>
<tr><td>软压板：过流保护、不接地保护、本侧电压投入、远方控制压板投</td><td>1</td><td>/</td><td>其他（接地保护）控制字0</td></tr>
<tr><td colspan="3" style="display:none"></td></tr>
<tr><td rowspan="10">PCS-9671D-D 110 kV 1号、2号主变差动保护</td><td>主保护投退控制字</td><td>/</td><td rowspan="10">/</td><td rowspan="10">高压侧 TA：800/1
低压侧 TA：2000/1
差动保护软压板投入</td></tr>
<tr><td>远方控制压板控制字</td><td>1</td></tr>
<tr><td>差动电流启动值</td><td>0.5</td></tr>
<tr><td>差流告警定值</td><td>0.15</td></tr>
<tr><td>比例差动制动系数</td><td>0.5</td></tr>
<tr><td>二次谐波闭锁系数</td><td>0.15</td></tr>
<tr><td>差动速断电流</td><td>8</td></tr>
<tr><td>TA 断线闭锁比率差动</td><td>1</td></tr>
<tr><td>差动速断投退</td><td>1</td></tr>
<tr><td>比率差动投退</td><td>1</td></tr>
</table>

表 4-11 主变非电量保护配置

序 号	保护装置	时 限	备 注
1	本体重瓦斯	1	直接跳闸
2	调压重瓦斯	1	直接跳闸
3	压力释放	1	直接跳闸或仅信号

续表

序　号	保护装置	时　　限	备　　注
4	温度过高	1	直接跳闸或仅发告警信号
5	本体轻瓦斯	1	仅发告警信号
6	冷却器全停	2	直接跳闸或延时跳闸或仅发告警信号，瞬时或延时动作可选，可带两段延时
7	油位异常	1	直接跳闸或延时跳闸或仅发告警信号，可选用延时出口
8	油温异常	1	直接跳闸或延时跳闸或仅发告警信号，可选用延时出口
9	绕组温度	1	直接跳闸或延时跳闸或仅发告警信号，可选用延时出口
10	调压轻瓦斯	1	仅发告警信号

注：备注中标明为“信号”的保护动作后只能报告警信号。

任务实施

一、任务准备

视频

主变压器非电量保护功能测试

1. 任务器材

螺丝刀1套，低压验电笔1支，扳手1套，内六角扳手1个，继电保护测试仪1台，万用表1块，温湿度计1支，试验用导线、封闭遮栏、警示标志牌若干，个人安全防护用品。

2. 任务地点

城轨主变电所或实训室。

3. 任务分组

每组2人，分为现场作业监护人、作业执行人，分工明确到位，作业任务明确，责任清楚。各组独立完成作业项目。任务分组见表4-12。

表4-12　任务分组

序号	小组成员	任务分工	注意事项
1			
2			

4. 作业条件

（1）了解工作地点、工作范围、电气主接线、相关一次设备和二次设备运行情况，熟悉二次图纸、继电保护、电网安全自动装置及相关二次回路，明确作业任务。

（2）已完成操作票编写，并履行相关审批程序。

（3）作业所属的变压器已停电。现场作业区域与其他区域已装设遮拦隔离，悬挂“在此工作”标识牌；断路器、隔离开关悬挂“禁止合闸，有人工作”标识牌。

（4）攀登主变压器作业时，要正确使用安全带，作业人员应取得登高作业证。

5. 安全预想

（1）作业前检查作业条件是否满足要求。

（2）与高压带电体保持足够的安全距离；作业前用隔离带将1号或2号主变保护屏作业区域与非作业区域隔离开。作业过程中勿走错作业间隔。

（3）坚持谁拆线谁恢复原则，坚持谁投退保护谁恢复原则，坚持自控、互控、他控原则。作业完毕务必双人检查确认恢复。

(4)作业后,核对保护定值,核对端子恢复连接情况。检查温度计、油位计指针位置。

(5)作业完成后,检查所有物品,不得遗漏,影响设备正常运行。

二、任务步骤

1. 瓦斯保护测试作业

主变压器本体和有载调压箱均设置瓦斯保护,应该分别进行测试。

(1)有载调压箱瓦斯保护测试

打开瓦斯继电器接线盒(见图4-49),短接1、2轻瓦斯告警端子,轻瓦斯保护告警正常。短接3、4重瓦斯跳闸端子,重瓦斯跳闸出口正常,联跳变压器高低压侧断路器。

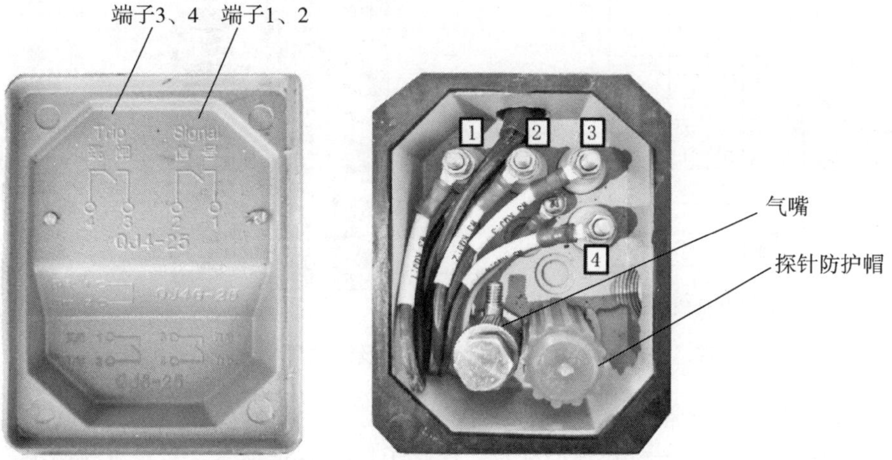

图4-49 有载调压箱瓦斯继电器接线盒

(2)变压器本体瓦斯保护测试

打开本体箱瓦斯继电器接线盒(见图4-50),短接13、14轻瓦斯告警端子,轻瓦斯保护告警正常。短接23、24或33、34重瓦斯跳闸端子,重瓦斯跳闸出口正常,并联跳变压器高低压侧开关。

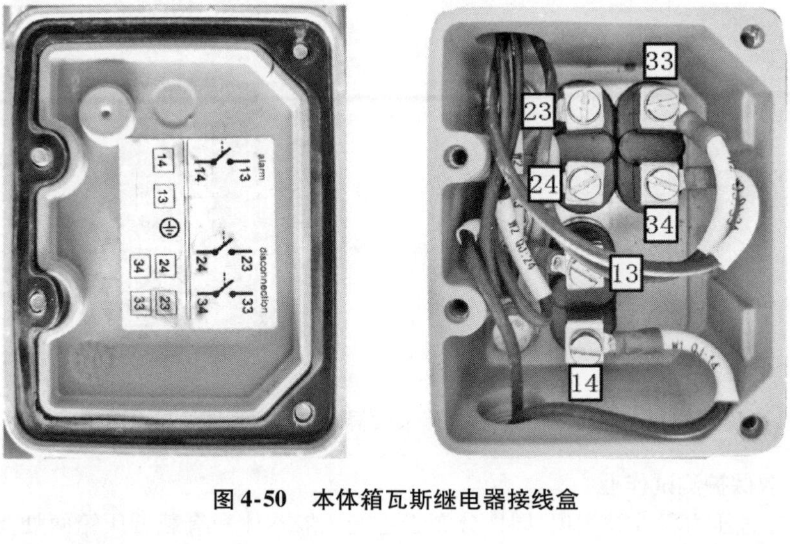

图4-50 本体箱瓦斯继电器接线盒

2. 油位异常保护测试作业

油位异常保护由设置于变压器储油柜上的油位计实现,对变压器有载调压箱和变压器本体箱的油位进行实时监测，动作于油位异常告警。

（1）变压器本体油位异常测试作业

变压器本体箱油位计接线图及油位异常信号二次端子如图4-51所示。打开变压器本体油位计接线盒，短接油位异常信号端子（X3:3，X3:24/25），变压器本体油位异常告警正常。

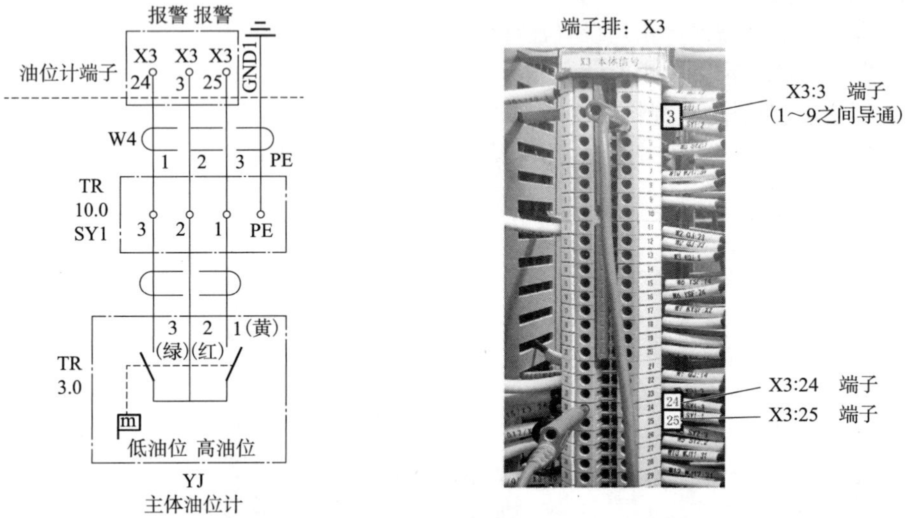

图4-51 变压器本体箱油位计接线图及油位异常信号二次端子

（2）有载调压箱油位异常保护校验

变压器有载调压箱油位异常接线原理及二次端子如图4-52所示。打开有载调压箱油位计接线盒，用短接线短接油位异常信号端子（X3:5，X3:26/27），有载调压箱油位告警正常。

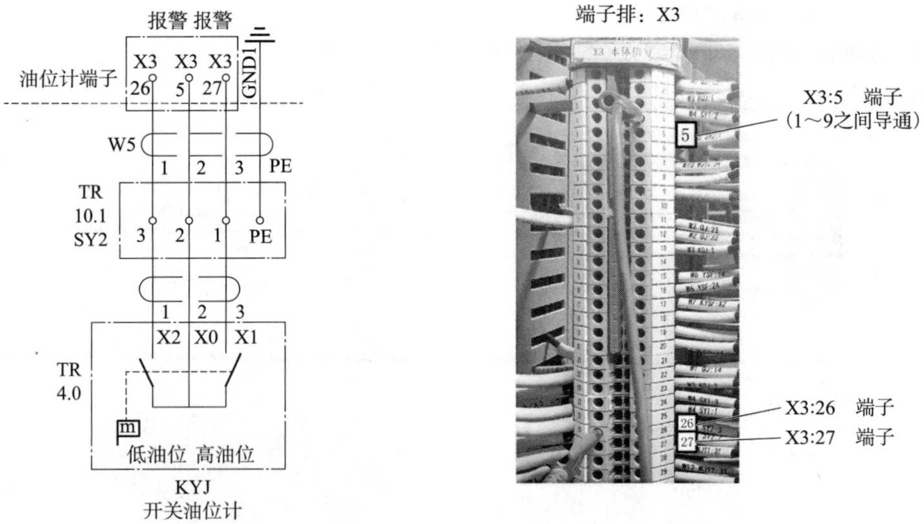

图4-52 变压器有载调压箱油位异常接线原理图及二次端子

3. 压力释放保护测试作业

压力释放通过压力释放阀实现，同样分布于主变压器本体和有载调压箱两处，动作于变压器高低压侧断路器跳闸。

(1)有载调压箱压力释放保护测试作业

如图4-53所示,将变压器压力释放阀红色指示器往上提,有载调压箱压力释放保护跳闸动作正常。

图4-53　变压器压力释放阀动作指示

(2)变压器本体压力释放跳闸

同样将压力释放阀红色指示器往上提,变压器本体箱压力释放保护跳闸动作正常。

4. 变压器温度保护测试作业

变压器温度保护分为绕组温度保护和变压器油温度保护。

绕组温度保护通过温度计实现,温度计一般投用两个指针,分别作用于触发绕组温度告警或跳闸。绕组告警温度、跳闸温度由变压器厂家根据变压器特性设置,一般告警温度设置为105 ℃,跳闸温度设置为120 ℃

变压器油温度保护通过温度计实现,温度计一般投用两个指针,作用于触发变压器油温度告警或跳闸。变压器油告警温度、跳闸温度由变压器厂家根据变压器特性设置,一般告警温度设置为95 ℃,跳闸温度设置为105 ℃。

(1)绕组温度保护测试

如图4-48所示,拨动绕组温度计指针到超温告警触点位置,绕组温度高告警动作正常。拨动温度计指针到跳闸触点位置,绕组温度高跳闸动作正常。

(2)油面温度保护测试

参考图4-48,油面温度计外观和绕组温度计相似,测温范围、各温度整定值比绕组温度计低。拨动指针到绿色告警触点位置,油面温高告警正常;拨动指针到黄色跳闸触点位置,油面温高跳闸出口正常。

保护测试结果报告见表4-13。

表4-13　主变压器非电量保护测试结果报告

作业开关柜:________　　监护人:________　　执行人:________

安装地点				试验日期	
温度℃				湿度%	
变压器名称					
保护装置名称:	保护种类	测试项目/测试结果			
	有载调压箱瓦斯保护	轻瓦斯		重瓦斯	
	变压器本体瓦斯保护	轻瓦斯		重瓦斯	
	变压器本体油位保护	低油位		高油位	
	有载调压箱油位保护	低油位		高油位	
	有载调压箱压力释放保护				

保护装置名称：	变压器本体压力释放保护				
	绕组温度保护	冷却 1		冷却 2	
		告警		跳闸	
	油面温度保护	冷却 1		冷却 2	
		告警		跳闸	

5. 作业后检查恢复

(1)恢复各接线盒,保持密封良好。临时短接线、测试导线全部回收。检查保护定值是否与保护整定通知单一致。

(2)检查绕组温度计、油温计的指针指示是否正常,压力释放阀继电器位置是否正常。

任务考核

任务考核见表 4-14。

表 4-14　任务考核表

任务名称		主变压器非电量保护测试			
安全监护人		作业完成人		日期	
开始时间		结束时间		任务完成时间	
评分项目		评分要素及标准	分值	小组互评	教师评分
作业准备		检查工器具准备齐全(5 分) 穿戴好个人安全防护用品(5 分) 做好安全条件复核、安全预想全面(5 分) 登高作业正确使用安全带(5 分)	20		
作业操作流程	变压器瓦斯保护测试	完成有载调压箱瓦斯保护校验测试(5 分) 完成变压器本体瓦斯保护校验测试(5 分)	10		
	变压器温度保护测试	完成变压器绕组温度保护测试(5 分) 完成变压器油温度保护测试(5 分)	10		
	变压器压力释放保护测试	完成变压器本体压力释放阀测试(5 分) 完成有载调压箱压力释放阀测试(5 分)	10		
	变压器油位异常保护测试	完成变压器本体油位异常测试(5 分) 完成有载调压箱油位异常校验测试(5 分)	10		
	结果分析	记录完整清晰(20 分,缺失一项扣 5 分,记录不规范扣 5 分) 结果分析正确(5 分)	25		
作业后恢复		工器具、设备无损伤、无违章作业(8 分) 正确使用安全带(5 分) 工器具恢复原位置,摆放整齐,出清现场(2 分)	15		
操作限时		本任务限时 45 min 内完成,每超过 1 min 扣 4 分。超时 10 min 为不合格			
总分		(总分 = 小组互评 ×40% + 教师评分 ×60%)			
作业人员签字：			考评人员签字：		

巩固与练习

简答题

1. 什么是瓦斯保护？
2. 变压器非电量保护都有哪些？
3. 简述气体继电器基本工作原理。

任务4　站用变压器继电保护测试

任务导入

站用变压器继电保护测试是城轨供电检修岗位的一项典型工作任务，测试作业项目包括站用变压器过电流保护和温度保护测试。

任务目标

(1)理解站用变压器继电保护配置。

(2)能完成站用变压器保护测试。

知识准备

主变电站设置两台站用变压器(简称站用变)，为主变电站提供400 V电源。站用变压器继电保护配置包括电流保护和检测变压器温度的本体非电量保护。站用变的电流保护设置于上级35 kV站用变馈线柜的综合继电保护装置中，站用变温度保护设置于本体温控仪。

一、站用变压器继电保护配置

1. 电流保护

(1)电流速断保护

当站用变发生近端短路故障时，短路电流非常大，因此站用变设置电流速断保护，可以最快的速度切除近端短路故障，保护定值较大，且延时很短。

(2)过电流保护

站用变过电流保护主要用于反映变压器高压侧及变压器与断路器之间电缆的相间短路故障，当短路故障电流达到定值且满足延时要求后，跳开断路器，切除故障。

(3)零序电流保护

站用变零序电流保护主要用于切除变压器高压侧及变压器与断路器之间的电缆的单相接地故障。

(4)过负荷保护

站用变过负荷保护主要用于反映变压器长时间超负荷运行的不正常状态，为确保变压器安全，过负荷保护启动时须切除变压器电源或发出告警信号。

2. 站用变变压器本体温度保护

利用温控仪的温控传感器实时检测三相绕组温度和铁芯温度来实现变压器温度保护，包括绕组超温告警、绕组超高温跳闸、铁芯超温告警等功能。其中变压器超温跳闸接至35 kV馈线柜断路器跳闸回路，当变压器故障或长期过负荷运行温度异常升高超过设定值时，跳开上级35 kV馈线柜断路器。

二、测试原理

站用变过流保护试验接线如图 4-54 所示。

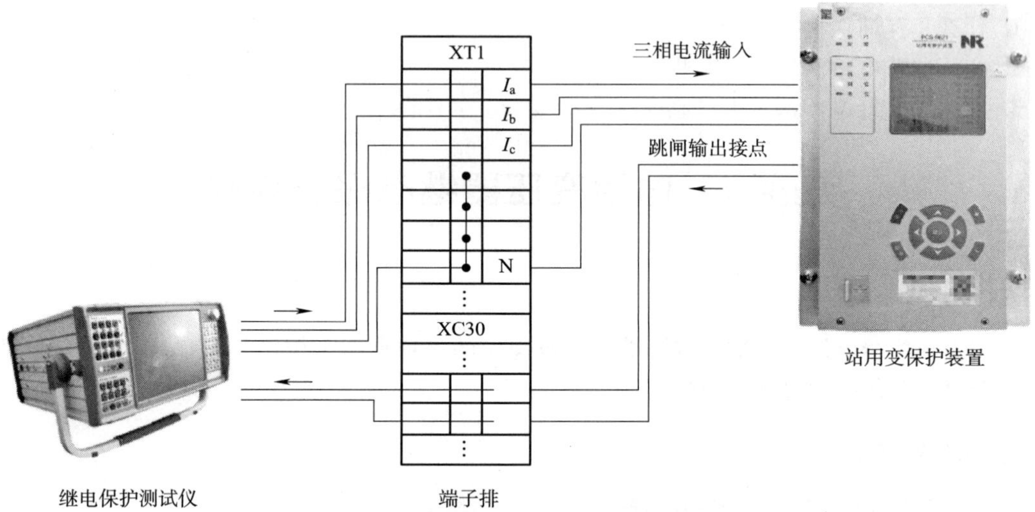

图 4-54　站用变过流保护试验接线示意图

继电保护测试仪输出两路三相交流模拟信号,分别模拟站用变压器 35 kV 侧的电流互感器 TA 二次电流,通过端子排分别连接至站用变压器保护装置。同时,保护装置的跳闸出口常开触点分别与保护测试仪的开关量输入端子并联,用来将保护动作信号回馈给测试仪,进行电流保护动作特性的测试。

测试时,依据主站用变保护装置设定的整定值在继电保护测试仪中进行保护起始值和步长的设置,然后手动逐步加量。继电保护测试仪从设定的起始电流值,按照一定步长增加电流,当电流达到保护动作值时,保护动作,跳闸出口常开触点闭合,记录动作电流。

在进行动作时间测试时,施加 1.2 倍的整定电流信号,当跳闸出口常开触点闭合,保护测试仪开关量输入端子收到闭合信号,记录保护动作时间。

站用变温度保护测试,采用温控仪厂家配套的调试专用温感探头连接至站用变温控仪采样插头,测试时依据站用变温控仪设定的变压器绕组、铁芯温度保护定值,通过调整温感探头调节旋钮来控制温控仪温度,当温度达到保护动作值时,保护动作或发出告警信号,记录动作或告警温度。

任务实施

一、任务准备

1. 任务器材

螺丝刀 1 套,低压验电笔 1 支,继电保护测试仪 1 台,万用表 1 块,试验用导线、封闭遮栏、警示标志牌若干,温湿度计一支,个人安全防护用品。

2. 任务地点

城轨主变电所或实训室。

3. 任务分组

每组 2 人,分为现场作业监护人、作业执行人,分工明确到位,作业任务明确,责任清楚。各组独立完成作业项目。任务分组见表4-15。

表4-15 任务分组

序号	小组成员	任务分工	注意事项
1			
2			

4. 作业条件

(1)了解工作地点、工作范围、电气主接线、相关一次设备和二次设备运行情况,熟悉二次图纸、继电保护、电网安全自动装置及相关二次回路,明确作业任务。

(2)已完成操作票编写,并履行相关审批程序。

(3)作业所属的变压器已停电。现场作业区域与其他区域已装设遮拦隔离,悬挂“在此工作”标识牌;断路器、隔离开关悬挂“禁止合闸,有人工作”标识牌。

5. 安全预想

(1)作业前检查作业条件是否满足要求。

(2)与高压带电体保持足够的安全距离;作业前用隔离带将区域与非作业区域隔离开;作业过程中勿走错作业间隔。

(3)坚持谁拆线谁恢复原则,坚持谁投退保护谁恢复原则,坚持自控、互控、他控原则。作业完毕务必双人检查确认恢复。本次作业需要断开某站用变35 kV侧CT电流输入测试端子连片XT1:1 ~ XT1:3三处,作业完成后,应恢复该端子连接3处。

(4)作业后,核对保护定值及保护投退、控制字情况,核对端子恢复连接情况。

(5)作业完成后,检查所有物品,不得遗漏,影响设备正常运行。

二、作业步骤

1. 保护装置外观及接线检查

如图4-55所示,检查35 kV站用变馈线柜中综合继电保护装置外观、输入输出插排、通信接线等是否正常。

2. 保护定值核对

见表4-16站用变保护定值参数实例和表4-17站用变保护控制字实例所示,根据保护定值单和控制字单核对站用变保护整定值正确性,抄填在保护测试报告上。

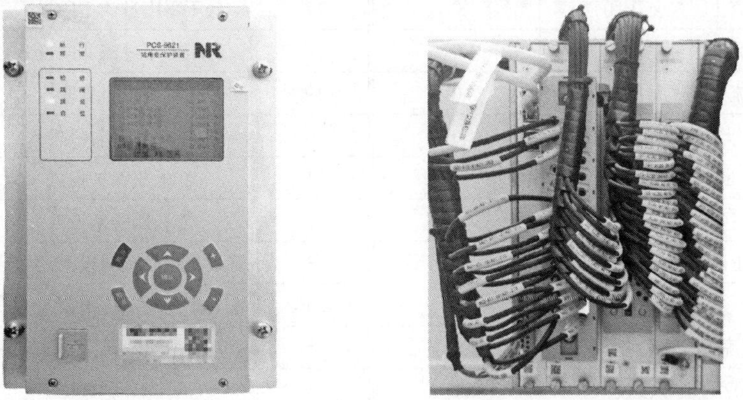

图4-55 35 kV站用变馈线柜综合继电保护装置前后面板

表 4-16　站用变保护定值参数实例

序号	定值名称	整定值
1	负序电压闭锁定值	
2	低电压闭锁定值	
3	过流Ⅰ段定值	2.2 A
4	过流Ⅰ段时间	0.2 s
5	过流Ⅱ段定值	0.05 A
6	过流Ⅱ段时间	0.5 s
7	过流Ⅲ段定值	0.05 A
8	过流Ⅲ段时间	0.5 s
9	正序反时限保护基准值	
10	正序反时限时间	
11	正序反时限特性	
12	过负荷告警定值	0.1 A
13	过负荷告警时间	6 s
14	负序过流Ⅰ段定值	
15	负序过流Ⅰ段时间	
16	负序过流Ⅱ段定值	
17	负序过流Ⅱ段时间	
18	零序过流Ⅰ段定值	1.5 A
19	零序过流Ⅰ段时间	0.2 s

注：零序 CT：300/5。

表 4-17　站用变保护控制字实例

序号	定值名称	整定值	序号	定值名称	整定值
1	过流Ⅰ段投入	1	14	零序过流Ⅱ段投入	0
2	过流Ⅱ段投入	1	15	零序Ⅲ段跳闸投入	0
3	过流Ⅲ段投入	1	16	零序过压投入	0
4	过流Ⅰ段经复压闭锁	0	17	低压零序过流Ⅰ段投入	0
5	过流Ⅱ段经复压闭锁	0	18	低压零序过流Ⅱ段投入	0
6	过流Ⅲ段经复压闭锁	0	19	低压零序过流Ⅲ段投入	0
7	PT 断线检测	0	20	低压零序反时限投入	0
8	PT 断线退电流保护	0	21	低电压保护投入	0
9	过负荷告警投入	1	22	重瓦斯跳闸投入	0
10	正序反时限投入	0	23	超温跳闸投入	1
11	负序过流Ⅰ段投入	0	24	非电量 1 跳闸投入	0
12	负序过流Ⅱ段投入	0	25	非电量 2 跳闸投入	0
13	零序过流Ⅰ段投入	1			

3. 电流、时间采样端子接线

查询设备二次原理图及现场开关柜二次采样接线情况。

站用变压器35 kV馈线柜TA二次回路电流采样端子如图4-56所示，A相采样端子为XT1:1，B相采样端子为XT1:2，C相采样端子为XT1:3，N相采样端子为XT1:7。如图4-58(b)为站用变压器35 kV馈线柜TA二次回路电流采样端子实物照片

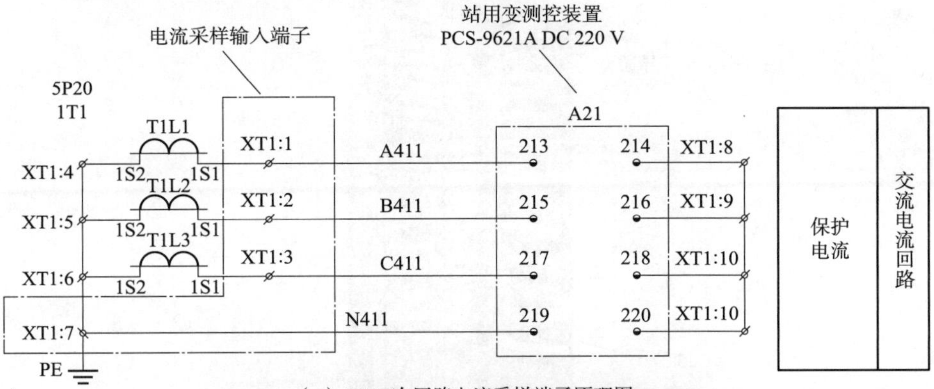

（a）TA二次回路电流采样端子原理图

（b）TA二次回路电流采样端子实物

图4-56　TA二次回路电流采样端子

站变压器35 kV侧开关柜跳闸回路时间采样端子原理如图4-57(a)所示，保护开出回路端子为XC30:4、XC30:27。图4-57(b)为站用变压器35 kV侧二次回路时间采样端子实物照片。找准电流采样二次端子，断开保护装置模拟量输入回路与TA二次回路纵向连片。连接继电保护测试仪与保护装置电流模拟量输入回路和跳闸时间采样端子。

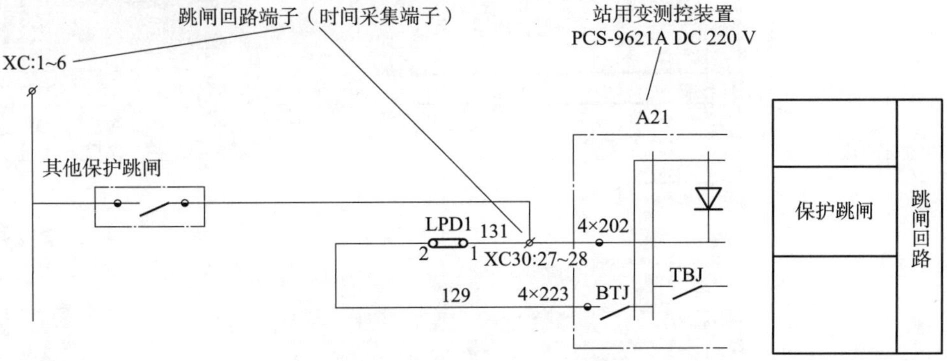

（a）跳闸时间采集端子原理图

图　4-57

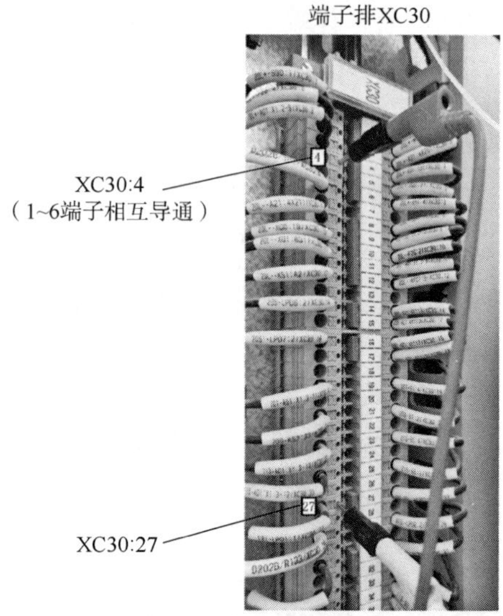

（b）跳闸时间采集端子实物图

图 4-57　开关柜跳闸回路时间采样端子

4. 站用变过流保护测试

设置继电保护测试仪参数，如图 4-58 所示，起始值为 0.8 倍保护电流设定值（见表 4-16，过流Ⅰ段整定值为 2.2 A，则测试参数设定为 2.2 A × 0.8 = 1.76 A），继电保护测试仪步长参数设置如图 4-59 所示，电流增加步长设置为 0.001 A。按下继电保护测试仪测试按钮，至各保护动作，查看继电保护测试仪记录的动作电流值，将动作电流值填抄在测试报告上。

5. 温控箱测试

温控箱用来实时监测变压器绕组温度、铁芯温度，作用于变压器温度保护。对于温控仪的校验一般采用温控仪厂家配套的调试专用温感探头校验。站用变一般为干式变压器，配置温控箱进行变压器温度保护。

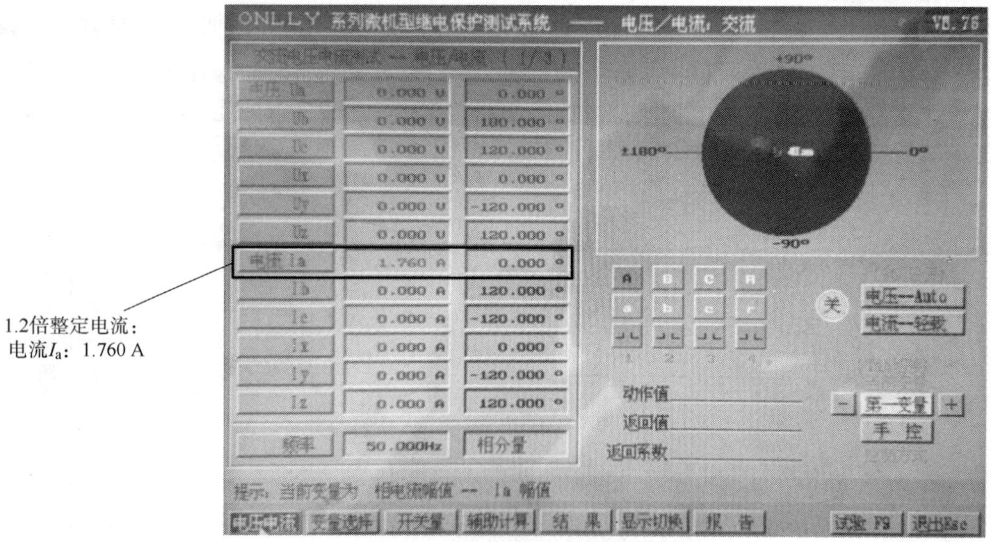

图 4-58　继电保护测试仪测试电流设置

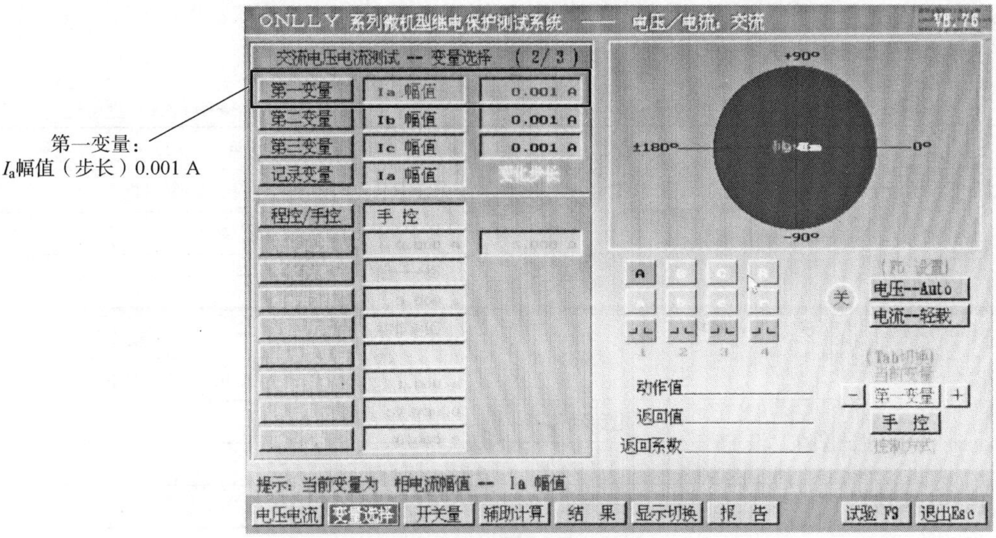

图 4-59　继电保护测试仪步长设置

（1）绕组超温告警及超温跳闸测试

关闭温控仪电源并拔下温控仪采样插头，插入温控仪调试专用温感探头后打开温控仪电源，依次顺时针旋转温感探头调整 A、B、C 三相绕组（分别对应左起第二、三、四旋钮）温度，使面板绕组温度超过 130 ℃绕组超温告警，超过 150 ℃绕组超温跳闸。

（2）铁芯超温告警测试

关闭温控仪电源并拔下温控仪采样插头，插入温控仪单元链接调试专用温感探头后打开温控仪电源，顺时针旋转调试。用温感探头第一个旋钮改变铁芯温度，使面板铁芯温度超过 130 ℃，如图 4-60 所示，对应 35 kV 开关柜保护装置收到铁芯超温告警及信号。

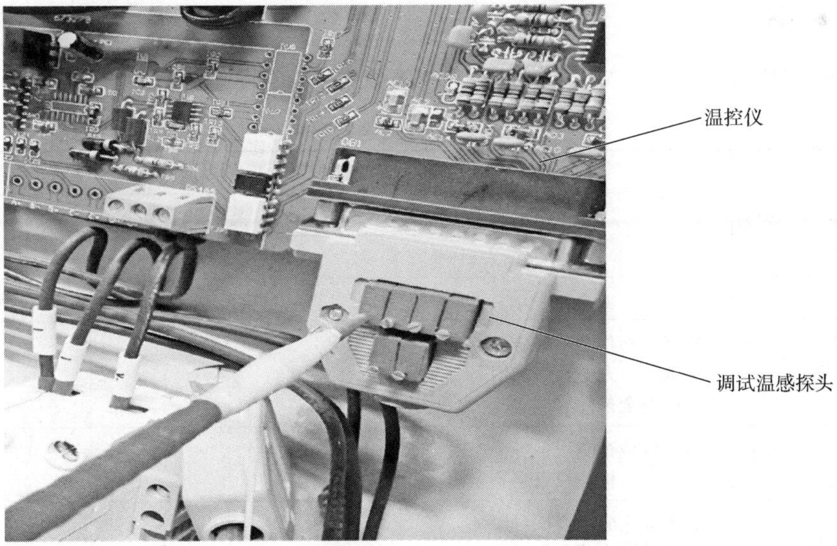

图 4-60　用调试温感探头对温控仪加量

（3）温控仪故障测试

将温控仪在带电状态下拔出调试专用温感探头，温控仪本体告警，对应 35 kV 开关柜保护装置收到温控仪故障告警。

测试报告见表 4-18。

表 4-18　站用变保护测试报告

作业开关柜：________　　　　监护人：________　　　　执行人：________

<table>
<tr><td colspan="2">安装地点</td><td></td><td colspan="2">试验日期</td><td colspan="2"></td></tr>
<tr><td colspan="2">温度℃</td><td></td><td colspan="2">湿度%</td><td colspan="2"></td></tr>
<tr><td colspan="2">开关柜名</td><td></td><td colspan="2">电压互感器变比</td><td colspan="2"></td></tr>
<tr><td colspan="2">电流互感器变比</td><td></td><td colspan="2"></td><td colspan="2"></td></tr>
<tr><td rowspan="7">保护装置
名称：</td><td rowspan="2">保护种类</td><td rowspan="2">参数</td><td rowspan="2">整定值</td><td colspan="3">动作值</td></tr>
<tr><td>A 相</td><td>B 相</td><td>C 相</td></tr>
<tr><td rowspan="2">过流保护</td><td>电流动作值</td><td></td><td></td><td></td><td></td></tr>
<tr><td>动作时间</td><td></td><td></td><td></td><td></td></tr>
<tr><td rowspan="3">温控箱测试</td><td>绕组超温告警</td><td></td><td colspan="3"></td></tr>
<tr><td>绕组超温跳闸</td><td></td><td colspan="3"></td></tr>
<tr><td>铁芯超温告警</td><td></td><td colspan="3"></td></tr>
</table>

6. 合格标准

（1）保护动作出口、告警跳闸信号等功能与设计一致。

（2）实测动作值与整定值误差不得超过 ±2.5% 。

（3）实测动作时间与整定时间相对误差不超过 ±1% 或绝对误差不超过 ±40 ms。

7. 作业后检查恢复

（1）检查保护投退情况及保护定值与保护整定通知单一致。

（2）拆除采样线，恢复连接连片，确认接线正确无误、无松动。

任务考核

任务考核见表 4-19。

表 4-19　任务考核表

<table>
<tr><td colspan="2">任务名称</td><td colspan="6">站用变压器继电保护测试</td></tr>
<tr><td colspan="2">安全监护人</td><td></td><td>作业完成人</td><td></td><td>日期</td><td colspan="2"></td></tr>
<tr><td colspan="2">开始时间</td><td></td><td>结束时间</td><td></td><td>任务完成时间</td><td colspan="2"></td></tr>
<tr><td colspan="2">评分项目</td><td colspan="3">评分要素及标准</td><td>分值</td><td>小组互评</td><td>教师评分</td></tr>
<tr><td colspan="2">作业准备</td><td colspan="3">检查工器具准备齐全（5 分）
穿戴好个人安全防护用品（5 分）
做好安全条件复核、安全预想全面（5 分）</td><td>15</td><td></td><td></td></tr>
<tr><td rowspan="3">作业
操作
流程</td><td>保护装置外观及接线检查</td><td colspan="3">前面板检查能识别各个指示灯状态、作用（5 分）
检查后面板各线束整齐牢固（5 分）</td><td>10</td><td></td><td></td></tr>
<tr><td>定值核对</td><td colspan="3">能正确完成定值核对（5 分）
未经授权改动定值、配置本项目考核不合格</td><td>5</td><td></td><td></td></tr>
<tr><td>完成电流输入端子接线、时间端子接线</td><td colspan="3">能从二次原理图中找到电流端子、保护跳闸出口端子部分（5 分）
能找到屏柜对应端子（5 分）
正确断开电流采样端子（5 分）
完成测试接线（5 分）</td><td>20</td><td></td><td></td></tr>
</table>

作业操作流程	加量测试	正确完成参数计算和输入(5 分) 完成测试过程(5 分) 测试结果正确(5 分)	15		
	温控仪测试	完成超温告警测试(5 分) 完成超温跳闸测试(5 分)	10		
	记录完整，结果分析正确	记录完整清晰(10 分，缺失一项扣 5 分，记录不规范扣 5 分) 结果分析正确(5 分)	15		
作业后恢复		工器具、设备无损伤、无违章作业(8 分) 工器具恢复原位置，摆放整齐，出清现场(2 分)	10		
操作限时		本任务限时 45 min 内完成，每超过 1 min 扣 4 分。超时 10 min 为不合格			
总分		(总分 = 小组互评 ×40% + 教师评分 ×60%)			
作业人员签字：			考评人员签字：		

巩固与练习

简答题

1. 站用变压器主要设置了哪些保护?
2. 简述站用变压器本体温度保护的工作原理。

知识拓展

城市轨道交通为共建“一带一路”注入新动能

十余年来，中国城市轨道交通建设成为全球轨道交通建设的主战场，吸引和支撑全球轨道交通产业新技术的成熟应用和装备制造业的快速发展。中国城市轨道交通线路的建设速度、在建里程，运营服务的发车密度，城市通勤的运营压力(客运量)都领先世界水平。2023 年，全国城市轨道交通客运量 294.7 亿人次。从南到北横跨不同纬度的城市应用场景丰富，装备制式的多样化，从大运能系统到低运能系统，涵盖 10 种不同制式。40 条线路开通了自动运行。形成成熟高效的工程建设、运营和交付体系。轨道交通高端制造业具备设备制造、产品、系统全产业链齐备优势，列车控制、牵引动力等核心技术领域取得重大突破。

城市轨道交通走出去，是高质量共建“一带一路”的生动实践。中国崛起和行业发展，中国的轨道交通产业用全球化的视野，以习近平主席所倡导的“一带一路”“开放、包容、合作、共赢”理念，中国城市轨道交通为世界人民提供安全、舒适、高效、可靠的城市出行。据不完全统计，中国城市轨道交通的车辆装备、勘测设计、建设、运营、维护、本土化技术人员培养和技术标注体系等全产业链、全要素打入世界 20 多个国家城市轨道交通市场，包括欧洲、北美等发达国家、中亚、东盟、南美和非洲等国家和地区，形成了中国城市轨道交通的世界品牌优势。

项目5
中压网络继电保护测试

项目描述

中压网络担负着为全线所有牵引降压混合变电所和降压变电所输送电能的重任，在城轨供电系统中具有承上启下的关键作用。中压网络保护范围包含环网电缆、中压母线。随着国内供电设备和电缆生产工艺水平不断提高，供电系统故障率有所下降，当前在建城轨项目逐渐采用了大分区供电方式。基于逻辑联锁和闭锁方式的35 kV大分区供电系统选择性跳闸保护（简称大分区选跳保护）方案可以实现不同运行方式下快速、选择性地切除故障，有效克服传统保护设置方案的局限性。近十年以来，大分区选跳保护方案在国内城轨中压环网供电系统已得到广泛应用。

本项目基于城轨线路中压网络供电系统实例，学习大分区供电、小分区供电的概念及特点，分析中压网络常见故障类型，掌握中压网络运行方式。详细分析大分区供电方式下传统保护设置方案的局限性，掌握当前城轨大分区供电方式下的保护配置方案。明确环网电缆主保护、后备保护配置，结合故障实例，理解环网电缆主保护、后备保护的工作原理、动作逻辑。学习母线电流比较保护、35 kV母线后备保护的工作原理及动作逻辑。能够对作业现场35 kV大分区供电系统环网电缆短路故障、中压母线短路故障选择性跳闸保护方案进行综合分析。

学习目标

知识目标

（1）掌握大分区供电和小分区供电的概念以及特点。

（2）理解传统中压网络保护设置方案的局限性，掌握当前大分区供电方式下中压网络典型保护设置方案。

（3）掌握环网电缆保护配置及工作原理。

（4）掌握中压母线保护配置及工作原理。

技能目标

（1）列举中压网络短路故障类型，分析中压网络短路故障特点。

（2）阐述中压网络运行的三种方式。

（3）结合故障实例，分析大分区供电方式下，环网电缆或中压母线短路时短路电流路径、保护动作逻辑和断路器跳闸情况。

素养目标

（1）秉持科学严谨、求真务实的工作态度。

（2）提升逻辑思维和分析问题的工作能力。

（3）提升理论联系实际的实践能力。

（4）养成良好沟通、齐心协作的团队精神。

任务1　识读城市轨道交通中压供电系统图

任务导入

识读城轨中压供电系统图纸、分析各种非正常状态下(比如单台主变压器退出运行、某中压电缆线路退出运行或某主变电所退出运行时)各开关位置及确认供电路径是分析中压短路故障及保护动作逻辑的基础。

任务目标

(1)理解城市轨道交通35 kV小分区供电、大分区供电的概念及特点。
(2)能识读城轨中压供电系统图纸,会分析中压网络常见故障类型。
(3)会分析中压网络单母线或反向供电等运行方式时各开关位置和供电路径。
(4)提升对城轨供电系统突发故障的分析和应对能力。

知识准备

中压网络短路故障一般发生于环网电缆和中压母线,必须配置相应的保护装置。早期城轨供电系统的中压供电网络多采用小分区供电形式,而新建城轨线路供电系统越来越多地采用大分区供电方式。在各种运行方式下,中压网络保护都应满足速动性、可靠性、选择性、灵敏性的基本要求。

一、中压网络供电分区

1. 中压网络供电分区概念

中国城轨供电系统的外部电源主要采用集中式供电和分散式供电两种方式,其中集中供电方式应用较为广泛。根据轨道交通线网规划和城市电网状况,集中供电方式在一条城轨线路中设置2个或2个以上的主变电所。主变电所从发电厂或城市电网区域变电所引入两回独立的高压(如110 kV)电源,经主所降压形成35 kV、20 kV或10 kV的中压网络向布置在沿线的牵引降压混合变电所、降压变电所输送电能。

每个主变电所的主变压器容量设计满足最大高峰小时负荷的要求,并满足当一个主变电所发生故障(不含中压母线故障)时,另一个主变电所能承担全线牵引负荷及全线动力Ⅰ、Ⅱ级负荷的供电要求。

从工程投资、实施性以及系统安全性等方面考虑,通常将主变电所的供电范围划分为数个供电分区,相邻若干车站变电所组成一个供电分区,每个分区中只由一座最靠近主变电所的车站变电所从主变电所直接引入电源线路,再从此变电所串接其他变电所。供电分区划分有大供电分区和小供电分区两种方式。大供电分区方式是指供电分区的数量正好是主变电站数量的2倍。小供电分区方式是指供电分区的数量比主变电站数量的2倍还要多,具体有多少供电分区将视供电分区内串接的车站变电所数量而定(一般一个供电分区串接2~4个车站变电所)。

为了使两个主变电所在一定情况下能够相互支援供电,中压网络中设联络开关,正常运行时联络开关断开,因此中压网络是环串接线、开环运行的结构。

如图5-1所示的城轨线路采用大分区供电方式。设有甲、乙两个主变电站,线路划分有供电分区1(A~E所)、供电分区2(F~I所)、供电分区3(J~N所)、供电分区4(O~Q、车辆段)共4个供电分区(A~Q为此线路各车站)。两个主变电站馈出的35 kV电源在I车站变电所通过环网联络开关(断路器 302E、302F)相联络。

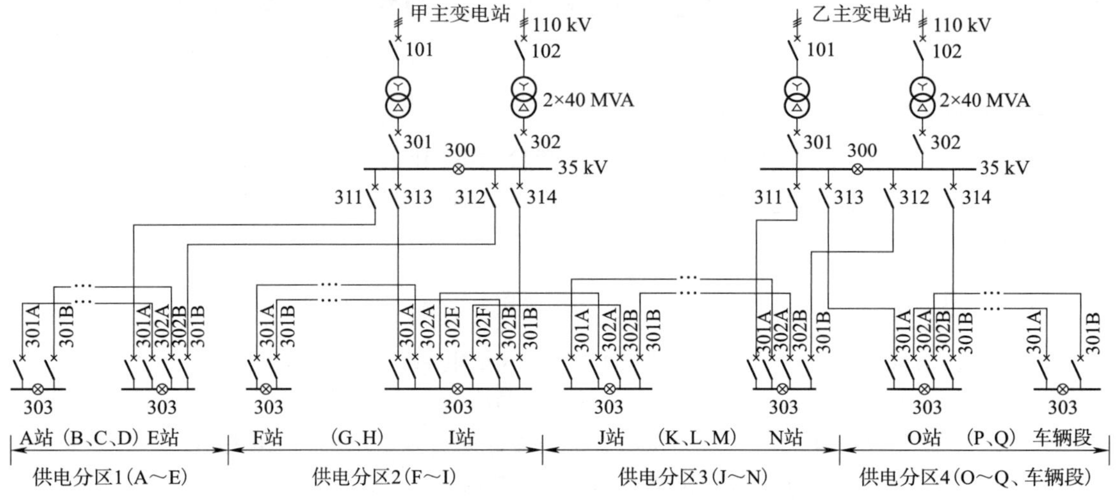

图 5-1　大分区供电方式

如图 5-2 所示的城轨线路中压网络采用小分区供电方式。设有甲和乙两个主变电站，甲主变电所供电的分区有：供电分区 1(A～C)、供电分区 2(D～G)、供电分区 3(H～J)、供电分区 4(车辆段)；乙主变电所供电的分区有：供电分区 5(K～N)、供电分区 6(O～Q)、供电分区 7(R～U)。其中因为甲主变电站靠近车辆段，所以车辆段变电所设置一个单独供电分区，这样供电分区总数达到了 7 个。同样，线路 2 个主变电站馈出的 35 kV 电源在 J 站变电所通过环网联络开关连接。

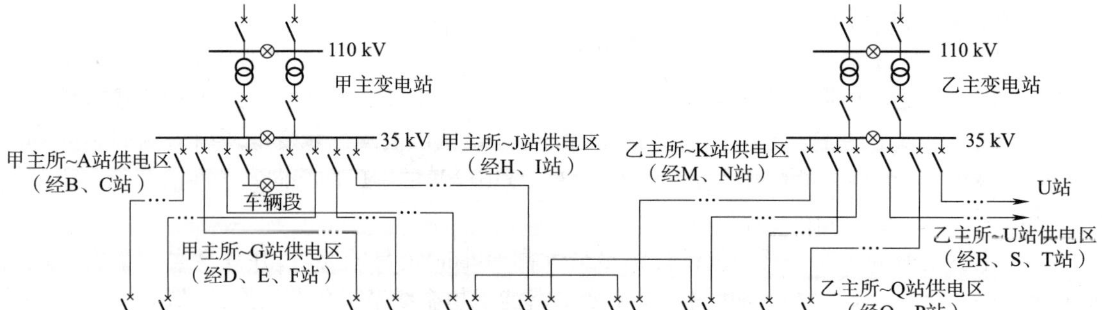

图 5-2　小分区供电方式

2. 中压网络供电分区的特点

(1)大分区供电方式特点

如图 5-1 所示的大分区供电方式中，中压网络接线方式相对简单。甲和乙 2 个主变电站均馈出 4 路 35 kV 馈线，分别向沿线两个方向的车站变电所供电。甲主变电站经 E、D、C、B 站向 A 站方向供电形成第 1 供电分区；甲主变电站经 I 站、H 站、G 站向 F 站供电形成第 2 供电分区；乙主变电站经 N 站、M 站、L 站、K 站向 J 站供电形成第 3 供电分区；乙主变电站经 O 站、P 站、Q 站向车辆段供电形成第 4 供电分区。甲和乙两个主变电站是互为备用关系，正常运行时，两个主变电站分别对所辖的两个供电分区供电，I 车站变电所内设置的供电分区 2 和供电分区 3 之间的环网联络开关 302E、302F 打开。当一个主变电站故障解列时，环网联络开关闭合，由另一个主变电站承担起对全线所有的Ⅰ、Ⅱ级负荷供电的任务。

大分区供电方式的优点是主变电站馈出断路器数量最少，节省了环网电缆敷设数量。电缆数量的减少还可使得电缆廊道等建筑规模有一定程度的减少，节省一定数量的建设费用及未来的运营管理成本。

大分区供电方式的缺点有：一是供电分区内串接的变电所较多，在环网电缆故障情况下对车站变电所供电影响范围大；二是电流后备保护时限配合设置困难。

(2)小分区供电方式特点

如图5-2所示的小分区供电方式中，增加了供电分区数量（每个供电分区包括2～4个站）。显著的优点是：由于每一个分区串接的车站变电所数量少，电流后备保护能更好地进行时限配合；同时在某一个车站变电所中压进线电缆出现故障情况下，故障停电的车站变电所也较少，有效解决了环网过电流后备保护设置困难的问题，也缩小停电影响范围，提高了供电的可靠性。

小分区供电方式带来的问题是：主变电所的中压开关柜数量和电缆敷设量将大大增加，造成了工程投资的增加；同时，由于环网电缆沿隧道敷设，因此在靠近主变电站引入处隧道断面电缆数量剧增且敷设困难；在穿过防淹门处须预埋很多套管，区间隧道内设置疏散平台区间的电缆敷设会很困难；特别是对于向多条城轨线路供电的主变电站，在有些区间隧道会有更多数量的环网电缆经过，敷设工作将变得更加困难。

早期城轨供电系统中压供电网络多采用小分区供电形式。为降低环网电缆和开关柜投资成本和综合造价，新建城轨线路供电系统越来越多地采用大分区供电方式，一个供电分区内变电所的数量从3或4个增加至6个以上。我们在后续讨论的中压网络保护的设置和配合问题主要针对大分区供电方式。

二、中压网络短路故障

1. 中压网络范围

城轨中压供电系统范围如图5-3所示，包括主变电所35 kV侧系统和子级各变电所的35 kV中压配电网络组成的向用电设备输送电能的系统。中压网络的范围是主变电所变压器二次侧至各子级（车站、停车场、控制中心等）变电所中压开关（含）。中压网络由中压开关柜和中压交流电缆构成。

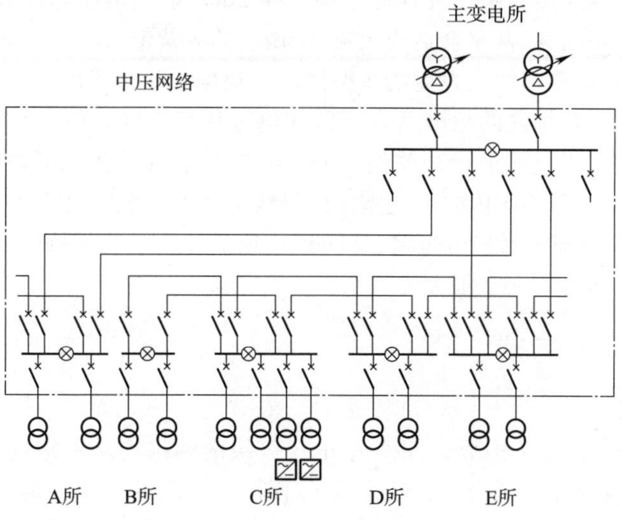

图5-3 城轨中压供电系统范围

2. 中压网络短路故障类型

城轨供电系统中压网络与城市其他电网类似，在运行过程中也可能会发生各种各样的故障，最常见的故障也是各种形式的短路。短路故障类型和特点直接影响到继电保护方案的设置，能否迅速及准确地切除故障，直接关系着城轨运营是否安全、可靠。

中压网络短路故障按照短路故障发生位置可分为两类，第一类是环网电缆短路故障，如图 5-4 中所示的 K_1 点；第二类是中压母线短路故障，如图 5-4 所示的 K_2 点。中压网络保护范围包含环网电缆、中压母线。

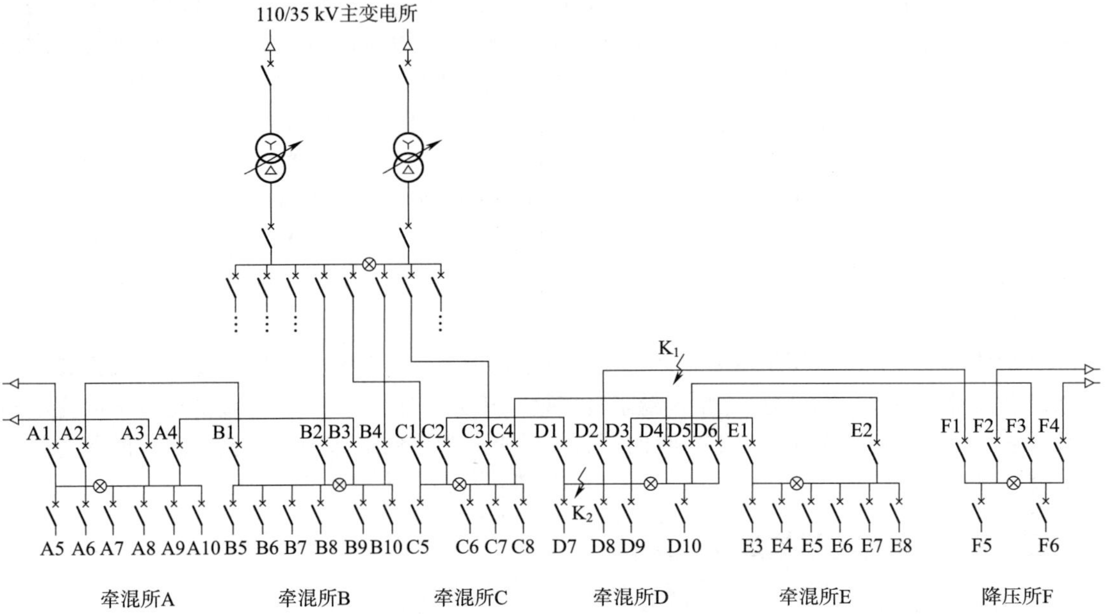

图 5-4 中压网络短路故障类型示意图

3. 中压网络短路故障特点

第一类中压环网短路故障是指环网电缆发生的短路故障。由于城轨环网电缆敷设于地下隧道和车站内，环网电缆的短路故障往往伴有电弧发生，如果不能迅速切除故障，可能会造成严重后果，会造成电缆大面积损坏，甚至会造成火灾，给城轨的运营带来不可估量的损失。

第二类母线故障指中压母线上发生的短路故障。根据近年来我国中压环网供电系统中各种故障数量的统计，中压开关柜内的故障远高于区间电缆故障。这是因为考虑到地下空间的局限性，城轨中压供电系统采用气体绝缘开关柜（GIS）方式，其主要设备如断路器、隔离开关、母线等均处于封闭气室之中。处于 GIS 内封闭气室中的母线虽然不易发生故障，但直接插接在母线上的电压互感器（PT）、避雷器却容易发生短路，这间接导致了母线对地的故障，因此母线发生故障的概率大大提高，给设备运行带来了很大的隐患。

三、中压网络运行方式

1. 正常运行方式

城轨供电系统全部采用双电源制，即各个电压等级的网络均从上级网络引入两路独立的电源。各级变电所全部采用单母线分段接线形式。正常情况下，主变电所间环网联络开关断开，每座主变电所独立运行，各自负担其供电范围内所有牵引及动力照明负荷（全部Ⅰ、Ⅱ、Ⅲ级负荷）。

如图 5-4 所示，主变电所 110 kV 侧采用线路变压器组接线，正常运行时，每座主变电所两台主变压器分列运行，各自从地方电网引入一路110 kV电源线路，经降压后，各自向下级变电所馈出。每座车站变电所中压侧采用单母线分段接线形式，母联断路器也断开，两段母线各自从主变电所或相邻变电所引入一路中压电源线路。每座车站变电所由两段母线向本所的配电变压器和整流机组（两台整流机组接于同一条母线上）提供电能。所以，在正常运行方式下，整个系统是双电源工作方式，即两套高、中、低压供电网络，通过母联开关形成相互热备用的关系，环网系统开环运行。

2. 单母线运行方式

视频

35 kV母联开关备自投

当车站牵引降压混合变电所或降压变电所任一路中压进线电缆故障退出运行时，会造成此变电所内一段母线失压，在满足母线备自投条件时，通过母联开关合闸，由另一路电缆负责本所全部负荷的供电，这时此变电所处于单母线运行状态。

如图5-4，环网电缆K_1点发生故障时，由保护动作切除环网两端断路器D2和F1，此时变电所F的Ⅰ段母线由于进线电缆退出运行导致失压，当检测满足母线备自投条件时，F所母联开关合闸，则此时F变电所处于单母线运行状态，由F3断路器所在的进线提供本所Ⅰ、Ⅱ级负荷的供电。

3. 反向供电方式

当一座主变电所故障退出运行（不考虑中压母线同时故障）时，切除全线Ⅲ级负荷，闭合主变电所间环网联络开关，由另一座主变电所向全线牵引及动力照明Ⅰ、Ⅱ级负荷供电。这时有可能出现被支援供电的供电分区中供电潮流与正常运行时反向，进出线开关性质与正常运行方式时相反。

如图5-1大分区供电方式所示，当乙主变电所故障退出运行时，由运行控制中心（operation control center，OCC）通过电力监控（SCADA）系统将Ⅰ站环网分段断路器302E、302F遥控合闸，由甲主变电所承担全线的Ⅰ、Ⅱ级牵引负荷及动力照明负荷用电。在这种供电方式下，供电分区3（J～N所）供电潮流方向与正常运行时相反。

单母线运行和反向供电都属于非正常运行方式。

任务实施

一、任务准备

1. 任务器材

地铁某线路供电系统图纸，见插页。

2. 任务地点

教室或实训室。

3. 任务分组

每组4人，各组独立完成作业项目，任务分组见表5-1。

表5-1　任务分组

序号	小组成员	任务分工	注意事项
1			
2			
3			
4			

二、任务步骤

1. 分析主变电所

根据插页，当某个主变电所一台变压器退出运行时，分析单台变压器运行时的供电方式。写出各开关的位置和供电电流路径。

____

____

____

2. 分析中压网络分区

根据插页，指出当前中压网络供电分区方式，每个主变电所供电的范围。

____

____

____

3. 分析单母线运行方式

根据插页，写出任一段环网电缆故障时，单母线运行方式下，各开关的位置和供电电流路径。

____

____

____

4. 分析反向供电方式

根据插页，当某个主变电所退出运行时，分析另一个主变电所实现供电支援的方式，写出各开关位置和供电电流路径。

____

____

____

任务考核

任务考核见表 5-2。

表 5-2　任务考核表

任务名称		识读城市轨道交通中压供电系统图					
姓名			学号		日期		
开始时间			结束时间		任务完成时间		
评分项目		评分要素及标准			分值	小组互评	教师评分
作业操作流程	主变电所	当某个主变电所一台变压器退出运行时，单台变压器运行时的供电方式(10 分) 各开关的情况和供电电流路径(20 分)			30		
	中压环网分区	大分区和小分区的概念(10 分)			10		
	分析单母线运行方式	分析单母线运行的原因和条件(10 分) 任一段中压电缆故障退出时，单母线运行状态下，分析开关跳闸情况(14 分)和供电电流路径(6 分)			30		

<table>
<tr><td>作业操作流程</td><td>分析反向供电方式</td><td>说出反向供电方式的原因(10 分)
分析一个主变电所退出运行时,另一个主变电所实现支援供电时各开关位置(14 分)和供电电流路径(6 分)</td><td>30</td><td></td><td></td></tr>
<tr><td colspan="2">时间要求</td><td colspan="4">本任务限时 30 min 内完成,每超过 1 min 扣 4 分。超时 10 min 为不合格</td></tr>
<tr><td colspan="2">总分</td><td colspan="4">(总分 = 小组互评 ×40% + 教师评分 ×60%)</td></tr>
<tr><td colspan="6">作业人员签字: 考评人员签字:</td></tr>
</table>

巩固与练习

一、填空题

1. 供电分区划分有________和________两种方式。
2. 中压网络保护范围包含________、________。
3. 中压网络运行方式有________、________、________。

二、简答题

1. 什么是大供电分区?什么是小供电分区?
2. 简述大供电分区的优缺点。
3. 中压网络发生短路故障时有何特点?

任务 2 35 kV 大分区供电系统环网电缆短路故障选择性跳闸保护方案分析

任务导入

城轨供电系统 35 kV 中压网络主要采用大分区供电方式,在正常供电、单母线供电、反向供电的不同运行方式下,分析环网电缆出现短路故障时保护装置动作逻辑,提升城轨供电检修岗位应急反应处置能力。

任务目标

(1)理解大分区供电方式下环网电缆和中压母线的主保护及后备保护配置。
(2)掌握环网电缆主保护、后备保护动作原理。
(3)会进行正常、单母线、反向供电方式下环网电缆短路故障保护方案实例分析。

知识准备

继电保护配置方案与供电系统电压等级、电网结构形式、供电系统运行方式、系统中性点运行方式和供电系统故障种类有直接关系。城轨中压网络保护设置同样应满足可靠性、选择性、灵敏性、速动性的要求原则,并力求简化保护配置。城轨线路长度一般在数十千米以内,平均站间距为 1 ~3 km,供电以短线路居多。环网电缆在站与站之间敷设,每段长度较短,因此城轨供电系统站间电缆线路阻抗很小,同一个分区内不同地点短路电流值相差很小,这对环网电缆的保护配置方案提出了特殊的要求。

一、传统中压网络保护设置方案局限性

1. 传统保护设置方案

城轨中压网络传统的保护配置方案为:以光纤线路纵联差动保护作为环网电缆主保护,定时限过电流及零序过电流保护作为环网电缆后备保护。同时中压网络一般不设专门的35 kV母差保护,而是由中压进出线柜及母联开关柜保护装置中的定时限过电流及零序过电流保护作为母线主保护。

传统中压网络配置方案比较适合小分区供电方式,可对小分区供电方式下各种可能出现的短路故障提供可靠的保护。

2. 大分区供电方式下传统保护设置方案的局限性

随着国内供电设备和电缆生产工艺水平不断提高,供电系统故障率有所下降。当前在建城轨逐渐采用了大分区供电方式,传统中压网络保护方案对大分区供电方式存在一定局限性,主要体现在以下几点:

(1)定时限过电流保护速动性和选择性存在矛盾

短路故障点距离主变电所越近时,短路电流就越大,因此跳闸时间应当越短越好。但为了保证后备保护的选择性,定时限过流保护动作时限采用阶梯型原则设置,即越靠近主变电所的子级变电所定时限过电流保护动作时间反而更长,这就造成了定时限过电流保护为了满足选择性而牺牲速动性的缺陷。

(2)子级变电所与主变电所定时限过电流保护整定时间无法配合

为了保证选择性,定时限过电流保护动作时间应当逐级配合,整定时限级差一般采用 $\Delta t=0.2\sim0.3$ s。因为城轨交通主变电所110 kV进线侧一般归电力部门管辖,而电力部门提供的主变电所中压侧进线的过电流保护动作时间的定值一般较小(通常为1.5 s),所以子级变电所定时限过电流保护动作时间与电力系统所提供的35 kV馈线的定时限过流保护整定时间相互配合就会比较困难。

中压网络是从主变电所单方向往环串内(环网内串联)的变电所供电的。如图5-5所示,正常运行时,两主所之间环网联络开关打开,假设供电分区末端C所定时限过流保护或零序电流保护动作时间为0.6 s,如果各级定时限过流保护或零序电流保护从环串末端到主变电所每级按0.3 s的时间级差配合,则主变电所中压进线开关的跳闸时间就要达到1.8 s。而且在大分区供电方式中,正常供电时一个分区变电所一般为4~6个,可见环网中变电所间保护级差无法实现正常配合。因此环网定时限过流保护只能通过牺牲一部分选择性,压缩变电所之间的配合级数来满足电力系统的要求。比如将3~4个变电所过电流保护采用同一个动作时间整定值。这就造成当环网的末端电缆或母线发生短路故障,且同时主保护纵差保护因故障退出时,依靠定时限过流保护动作切除故障时将扩大事故范围,会发生几个变电所同时跳闸,甚至导致更大范围的城轨停运事故。

同时因为定时限过流保护时限的配合关系还受到供电系统运行方式影响,当运行方式改变(如主变电所支援供电、供电分区重新划分)时,必须对定值、时限配合关系重新进行配置,即切换不同定值组。如果一个主变电所解列,中压环网由相邻主变电所支援供电时,提供支援的主变电所供电范围就更大了,在这种情况下,各级变电所进出线过电流保护时限配合将会更加困难。如图5-6所示,当一个主变电所解列时,环串内变电所的数量比正常运行时多了大约一倍,如果更多个变电所过电流保护采用统一的动作时间整定值,当环网末端或环网中间发生短路故障时,将会造成更严重的越级跳闸,扩大事故停电范围。

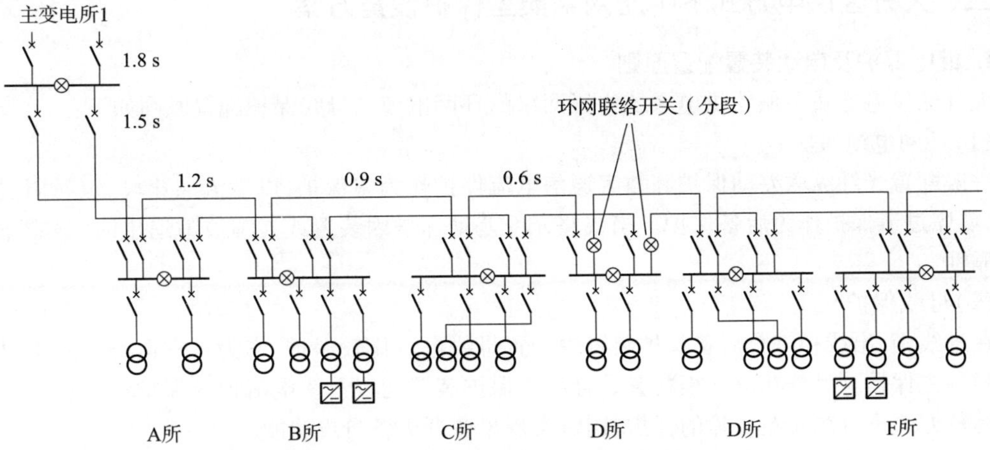

图 5-5 正常运行时保护时限配合图

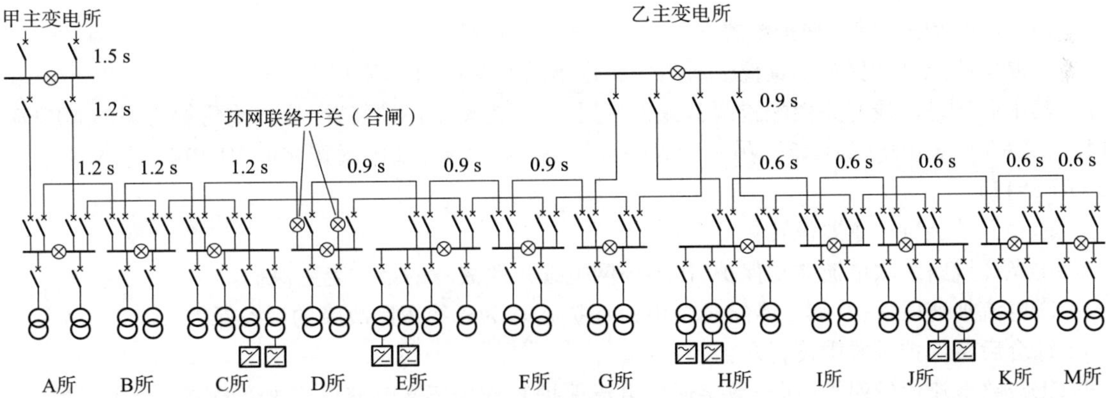

图 5-6 一个主变电所解列时保护时限配合图

(3)线路差动保护范围无法覆盖中压开关柜

线路差动保护因其具有灵敏度高、保护范围稳定、选择性强、动作速度快等诸多优点，一般作为城轨中压环网电缆的主保护。线路差动的保护范围是线路两端差动电流互感器安装位置之间的电缆，即前后两个变电所出线、进线两个开关柜之间的环网电缆(含电缆终端头)。但是根据对近年来国内城轨运行中发生的各种故障统计发现，交流中压供电系统开关柜内部故障率远高于环网电缆(含电缆终端头)故障率。开关柜内部故障主要由误操作、母线电压互感器/传感器元件故障等原因导致，这是间接导致母线接地短路的主要原因，对设备危害很大，应尽快清除。但因差动保护范围只限于线路两端差动保护电流互感器之间的环网电缆，对处于其保护范围之外的故障无能为力。因此，作为环网电缆主保护的差动保护范围无法覆盖开关柜，当发生开关柜内(含母线)故障时，只能由后备保护承担保护任务。同时保护动作时间与变电所在环网系统中所处的位置有关，因此就可能在母线短路故障时，造成动作时限相同的几个变电所定时限过流保护同时跳闸，扩大事故范围。

二、大分区供电方式下中压网络典型保护设置方案

1. 继电保护及自动装置配置原则

大分区供电方式下城轨供电系统中压网络的环网电缆和母线保护配置原则如下：

（1）环网电缆保护

一般配置光纤纵联差动保护和数字通信电流保护作为主保护，以电流加速段、定时限过电流保护、零序过流保护作为后备保护。当线路光纤差动保护因装置或光缆故障退出时，该方案仍具备可靠性。

（2）母线保护

在进线柜、出线柜综合后备保护装置中配置母线电流比较保护，作为正常运行方式下母线短路故障的主保护。另外在母联柜配置综合后备保护装置配置母线电流比较保护作为母联合闸单母线运行方式下母线短路故障的保护，同时实现母联开关备自投功能。

2. 中压网络继电保护及安全装置配置方案

当前城轨大分区供电方式下多采用线路光纤差动保护和数字通信电流保护相互配合作为主保护的配置方案。

（1）牵混所中压网络保护配置

牵混所中压网络保护装置位于所内中压进出线开关柜和母联柜中。

其中中压进出线开关柜配置两套保护装置，一套为差动保护装置（比如施耐德公司的 MICOM P521 或 ABB 公司的 RED615），另一套为综合后备保护装置（如施耐德 MICOM P143 或 ABB 公司的 REF542）。

差动保护装置中主要设置：

①光纤线路纵联电流差动保护，作为环网电缆短路故障的第一套主保护。

②电流加速段保护（属于数字通信电流保护），作为母线短路故障的后备保护。

综合后备保护装置中设置多种保护：

①线路电流比较保护（属于数字通信电流保护），作为环网电缆短路故障的第二套主保护。

②电流加速段保护（属于数字通信电流保护），作为环网电缆短路故障的后备保护。

③定时限过电流及零序过电流保护同时作为环网电缆及母线后备保护。

④母线电流比较保护（属于数字通信电流保护）作为母线短路故障的主保护。

⑤断路器失灵保护同时作为环网电缆和母线短路故障时的远后备保护。

同时综合后备保护装置还可以实现母线有压和无压鉴定，作为母线分段断路器备自投的必要条件。

牵混所中压母联开关柜中，配置有综合后备保护装置，作为单母线运行时母线故障的主保护和后备保护。即当一路进线电缆发生短路故障时，如果满足备自投条件，母联断路器合闸后处于单母线运行状态，此时如果故障进线所连接的母线段又发生短路故障时，则母联断路器保护动作，母联断路器跳闸，动作不影响另外一段母线的工作。

（2）主所中压网络保护配置

环网电缆的源头是主所的中压出线柜，因此在主变电所出线柜中也设置了中压网络保护装置。主所 35 kV 出线与子站 35 kV 出线在功能上是完全一样的，都是相当于下一个站的进线，因此主所出线柜同样配置了一套差动保护测控装置和一套综合后备保护装置。

主所 35 kV 母联断路器在正常工作状态也是断开的。主所的母联柜中也配置了综合后备保护装置，作为单母线运行时母线故障的主保护和后备保护。

主所和牵混所中压 GIS 的主要继电保护设备（以 ABB 公司产品为例）如图 5-7 所示。

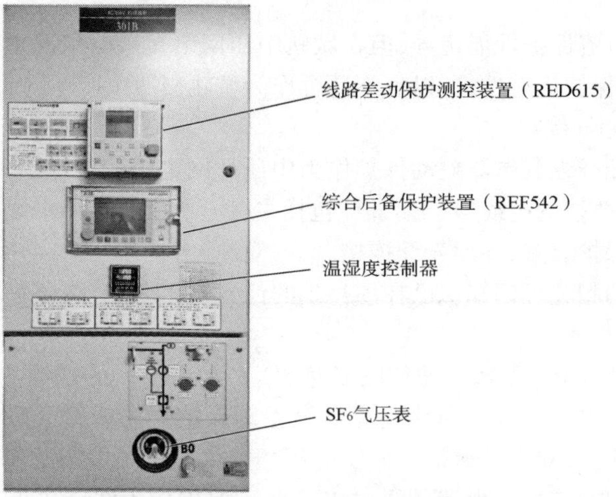

图 5-7　中压 GIS 主要继电保护装置

主所出线柜、母联柜和牵混所进出线柜、母联柜中保护配置（以施耐德保护装置为例）情况见表 5-3。

表 5-3　中压网络保护配置（以施耐德保护装置为例）

中压装置	配备保护装置	保护类型	保护作用
牵混所中压进出线柜/主所出线柜	P521（差动保护装置）	线路光纤纵联电流差动保护	环网电缆主保护之一
		电流加速段保护（数字通信电流保护）	母线后备保护
	P143（综合后备保护装置）	线路电流比较保护（数字通信电流保护）	环网电缆主保护之二
		母线电流比较保护（数字通信电流保护）	母线主保护（正常运行状态下）
		电流加速段保护（数字通信电流保护）	环网电缆后备保护
		定时限过电流保护和零序电流保护	环网电缆和母线综合后备保护
		断路器失灵保护	环网电缆和母线断路器失灵保护（远后备）
牵混所中压母联柜/主所母联柜	P143（综合后备保护装置）	母线电流比较保护（数字通信电流保护）	母线主保护（单母线运行状态下）
		定时限过电流保护和零序电流保护	母线综合后备保护（单母线运行状态下
		备自投	实现母联备自投功能

三、环网电缆主保护

视频

35 kV环网电缆保护

环网电缆若采用电流速断保护不能满足选择性或保护范围要求，因此不能作为城轨中压环网的主保护。

定时限过电流保护可通过上下级时限配合满足保护选择性要求，但延长了故障切除时间，不具有速动性，会对供电可靠性和供电设备绝缘及寿命造成不利影响，所以，只能作为城轨交通供电系统中压环网电缆相间短路故障的后备保护，不能作为主保护。同理，零序电流保护也只能作为城轨交通供电系统中压环网电缆接地短路故障后备保护，不能作为主保护。

距离保护虽然比电流保护性能优异,但在城轨中压网络短线路情况下保护范围也很小,甚至没有保护区,体现不出保护优越性,所以也不适合作为城轨交通中压环网的主保护。

1. 光纤纵联电流差动保护

城轨供电系统以光纤纵联电流差动保护作为中压环网电缆相间短路和单相接地短路的主保护之一,即在环网线路两端的进线柜、出线柜(包括主变电所出线柜和牵混所进出线柜)中分别设置一套独立的纵差动保护装置,并用光纤连接。

光纤纵差动保护的相关理论知识已在项目 3 的任务 1“110 kV 线路纵联电流差动保护测试”中做了讲解,此处不再赘述。

2. 线路电流比较保护(属于数字通信电流保护)

传统的城轨中压环网仅设置一套线路光纤纵差动保护作为线路故障时的主保护。近年来,为提高线路保护的可靠性,双光纤保护在城轨中压环网供电系统中广泛应用,即除了在环网两端电缆进出线柜的差动保护装置中设置的纵联电流差动保护作为线路主保护之一外,在环网电缆进出线柜的综合后备保护装置中另外设置线路电流比较保护,并设置独立光纤,作为环网电缆主保护之二,此保护属于数字通信电流保护,显著提高了保护的灵活性和可靠性。

(1)数字通信电流保护概念

随着计算机技术和网络通信技术的发展,保护装置在原理、元件和功能上都有了长足的进步,目前的保护装置大多采用多 CPU 结构,信息处理量越来越大,网络通信在保护系统中的应用和功能也越来越多,装置之间的通信能力大大增强,能通过光纤通信实现长达 75 km 的远程通信功能。在 IEC 61850 系列标准下,通过 GOOSE 等通信规约,保护装置之间的信息传递协议更加标准化、统一化,信息传输量大幅增加,不仅仅可以传递保护信息,还包括监测和控制信息,为实现控制、保护、信号和通信一体化的多功能综合保护测控装置之间的联网提供了可靠保证。保护装置间的联网是保护技术的变革的重要标志之一,是数字通信电流保护产生和发展的基础。

数字通信电流保护是一种基于保护装置间的通信联网和逻辑运算而产生的有高度选择性特点的全新保护方案,也称为电流选跳保护。

数字通信电流保护利用微机综合保护装置上的光纤模块,通过光纤在保护装置之间传递保护装置的采样信息和动作信息,实现信息共享,通过微机综合保护装置内的程序判断,从而准确、快速判断故障区段,向相关断路器发出跳闸指令,达到快速切除故障区段的目的。

数字通信电流保护的通信网络由于采用光纤作为信息传输通道,信号的抗干扰性和传输速度可得到良好的保障。保护通过变电所间传递的信息参与逻辑判断,通过通信和逻辑判断实现选择性跳闸,达到故障供电区段快速切除的目的,不仅可以和线路纵差动保护一样实现对保护装置之间线路的快速、有绝对选择性的保护,同时也能对线路纵差动保护不能判断的开关柜和母线发生的短路故障实现快速准确判断。另外,数字通信电流保护还可以作为下一级相邻元件的后备保护,这一点也是纵差动保护不能实现的。因此数字通信电流保护的最大优点是:可同时兼顾选择性和速动性,既可作为线路主保护,也可作为相邻线路的后备保护,保护范围广,不需要逐级配合。

数字通信电流保护的范围可以包含环网电缆、中压母线、交流断路器失灵等。

(2)线路电流比较保护原理和动作逻辑

线路电流比较保护设置于牵混所中压进出线开关柜和主变电所出线柜的综合后备保护装置中。线路电流比较保护作为中压环网主保护之二,作用于当主保护之一的光纤纵差动保护失效时。

因为城轨交通中压供电系统为单侧供电网络,因此,当环网电缆线路出现短路故障时,短路电流仅会流经此段线路一端的保护装置。我们定义:同一段环网电缆两端的进、出线柜互为对端柜。当环网电缆线路外部出现短路故障时,则短路电流会流经此段环网线路两端的保护装置。因此线路电流比较保护动作的主要判据为:环网电缆线路两侧只有一端出现短路故障电流。即环网两端的数字通信电流保护先各自判断本端过电流或零序电流信号,并通过两保护之间的光纤通信传给对端,在收到对端的信号后进行"线路两端是否同时流过短路故障电流"的逻辑判断,从而确定故障区段及是否跳闸或闭锁跳闸。只要判断出"环网电缆两端只有一端出现短路故障电流",则保护出口跳开本端断路器。

如图 5-8 所示,环网电缆线路电流比较保护的动作逻辑是:

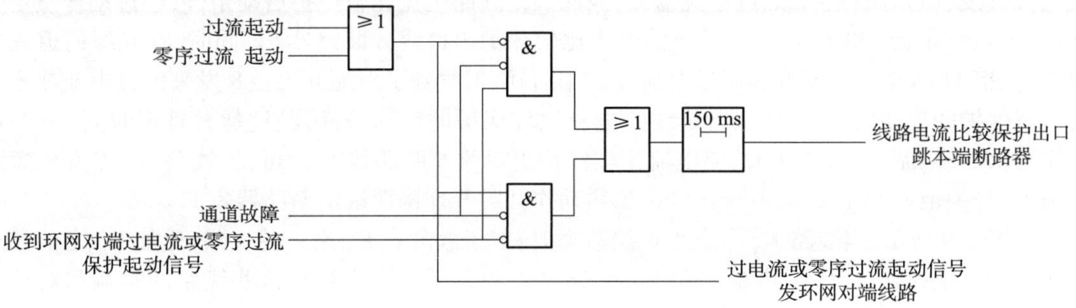

图 5-8 环网电缆线路电流比较保护逻辑图

①当本端过流保护启动或零序电流保护启动时,线路电流比较保护启动并将过电流或零序过电流保护启动信号发给环网对端。在光纤通道正常的条件下,当本端过电流或零序过电流保护启动,且未收到环网对端过电流或零序过电流保护启动信号时,经过动作整定时间(一般可整定为 150 ms)延时,线路电流比较保护出口跳开本端断路器。

②当本端过电流或零序过电流保护均未启动时,在光纤通道正常的条件下,当本端收到环网对端过电流或零序过电流保护启动信号时,经过动作整定时间(一般可整定为 150 ms)延时后,线路电流比较保护出口跳开本端断路器。

下面举例说明。

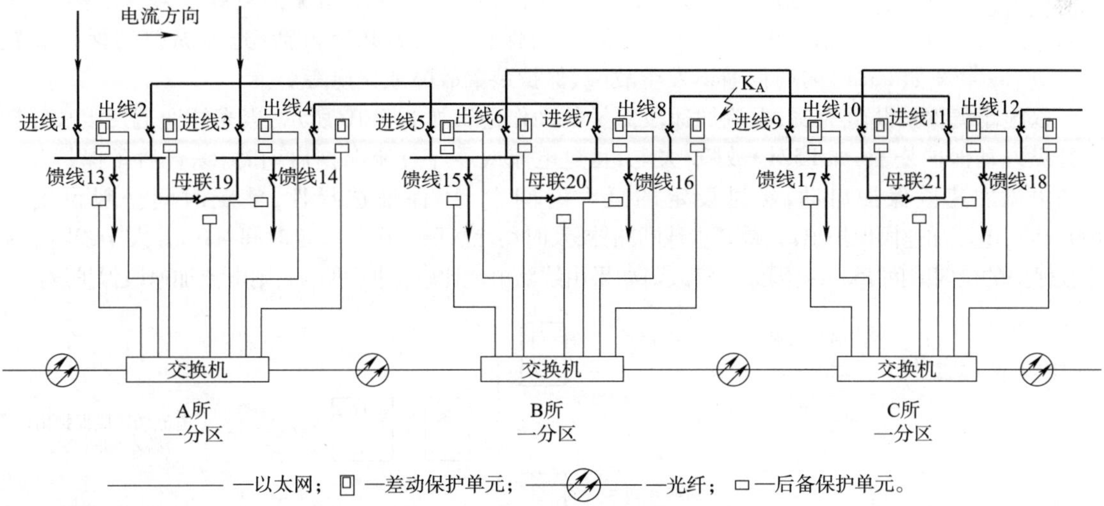

图 5-9 环网电缆线路短路故障判断原理示意图

如图 5-9 所示的环网电缆线路中,在所有车站变电所(A、B、C 所)的进出线开关柜 1 ~ 12 的综合后备保护装置中均设置了线路电流比较保护。正常情况下,整个线路上都没有过电流信号或零序过电流信号，1～12 线路电流比较保护均不启动。

如果位于环网断路器 8、11 之间的 K_A 点发生短路故障，此时短路电流流经 3、4、7、8 断路器所在的线路，即出线 8 是最后一个通过短路电流的开关柜，因此 3、4、7、8 开关柜的保护装置均会检测到过流或零序过电流信号，而在 K_A 点之后的 11、12 开关柜的保护装置不会检测到过流或零序过电流信号。根据线路电流比较保护的动作逻辑，出线开关柜 8 因为流过短路电流、过流或零序过电流保护启动，将本端过电流或零序过电流保护启动信号发至环网对端的进线开关柜 11。同时，开关柜 11 的过电流或零序电流保护未启动。在线路光纤通道正常时，出线开关柜 8 本柜出现过电流且没收到对端柜 11 的过电流信号，因此满足线路电流比较保护启动条件，经过动作整定时间（一般可整定为 150 ms）延时后，线路电流比较保护出口跳开断路器 8。同时，在光纤通道正常时，开关柜 11 本柜过电流或零序过电流保护未启动，但收到了对端开关柜 8 发来的过电流或零序过电流保护的启动信号，因此也满足线路电流比较保护的启动条件，经过延时整定时间（一般可整定为 150 ms）后，开关柜 11 线路电流比较保护出口跳开断路器 11。可见，线路 K_A 点发生短路故障时，开关柜 8、11 的线路电流比较保护均动作并跳开环网两端的断路器 8、11。

如图 5-9 所示，当线路 K_A 点发生短路故障时，对于故障点 K_A 之外的线路，比如 K_A 之前靠近电源侧的其他线路（图中断路器 3 所在的线路及 4 和 7 所在的线路），这些线路的本端和对端两个保护装置过电流或零序电流保护均启动，且两个保护装置之间会互发过电流或零序过电流保护启动信号，实现互相闭锁，因此环网两端的线路电流比较保护装置均不启动。

对于在故障点 K_A 之后远离电源侧的线路（图 5-9 中出线 12 所在的线路），环网本端和对端的两个保护装置都检测不到故障电流，所以线路电流比较保护均不会启动。

可见在光纤通道正常，当环网本端和对端之间只有一端过流或零序过流启动时经过动作整定时间（一般可整定为 150 ms）延时后，线路电流比较保护出口跳开本端和对端断路器。

视频

电流加速段保护和后备过流保护

四、环网电缆后备保护

1. 电流加速段保护

电流加速段保护是环网电缆的近后备保护，设置在环网进出线柜综合后备保护装置中。电流加速段保护以收到主保护光纤纵差动保护失效信号为前提，也属于数字通信电流保护。光纤纵差动保护失效的原因包括：光纤纵差动保护装置（如 P521）的通信通道发生故障、保护装置故障或失电等。

以施耐德保护装置为例，电流加速段保护的动作逻辑如图 5-10 所示：当光纤通道发生故障或光纤纵差动保护装置（如 P521）故障/失电，且过电流或零序过流保护启动时，综合后备保护装置中的电流加速段保护启动，经过设定的延时时间（为了保证选择性，整定时间一般设置为 400 ms），电流加速段保护出口，跳开本地断路器，及时切除故障。由于整定时间 400 ms 大于线路电流比较保护的延时时间 150 ms，因此短路故障如果由线路电流比较保护切除后，则电流加速段保护返回。

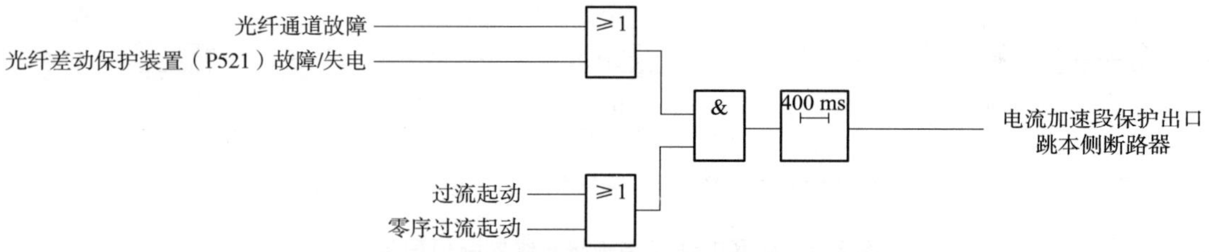

图 5-10　电流加速段保护逻辑图

该保护启动不闭锁其他开关保护动作，动作也不联跳其他开关。

2. 后备过流保护

后备过流保护属于长期投入的保护，它的动作时间设置比电流加速段保护长，可以看成环网电缆和35 kV母线短路故障的终极后备保护。

当发生环网电缆短路故障时，如果线路主保护失效，同时电流加速段保护启动但达到延时后仍未动作，短路故障电流持续存在并达到后备过流保护延时定值后（为了保证后备过流保护在沿线各站之间的选择性，动作时间一般可根据情况依次设定，设置值为600～1 200 ms），则后备过流保护出口跳开本地断路器切除故障。该保护启动不闭锁其他开关保护动作，动作也不联跳其他开关。

3. 线路断路器失灵保护

视频

线路断路器失灵保护

线路断路器失灵保护指：当断路器因主保护动作应该跳闸但经过整定时间后断路器的状态未改变时，则由保护装置发失灵联跳信号至可能来电侧的上级保护，由上级保护跳开上级断路器切除故障。线路断路器失灵保护是中压环网电缆的远后备保护。我们定义：本站同一段母线上的进线柜与出线柜互为对侧柜。因此正常供电方式下线路失灵保护联跳对侧柜，单母线运行供电方式下线路失灵保护联跳母联柜。虽然线路断路器失灵保护会使停电范围扩大，但是仍然把停电范围限制在最小程度，可保证整个环网稳定运行。

35 kV进出线柜线路断路器失灵保护逻辑如图5-11所示。

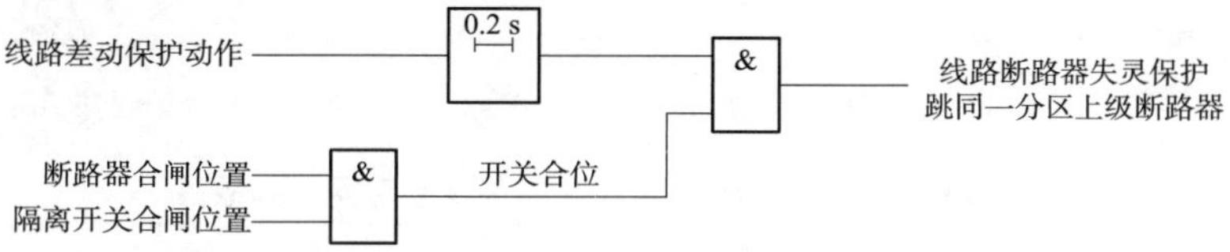

图5-11　35 kV进出线柜线路断路器失灵保护逻辑图

可见，35 kV线路断路器失灵保护动作逻辑条件为：

35 kV进/出线断路器线路光纤纵差动保护动作，但经过整定的延时时间（一般200 ms）后，检测到35 kV进/出线柜断路器和35 kV进/出线柜隔离开关均为合位，则35 kV线路断路器失灵保护出口跳同一分区上级断路器。

下面分析城轨供电35 kV系统正常供电方式、单母线运行（母联合闸）供电方式、反向供电方式下35 kV环网电缆短路故障时断路器失灵保护方案。

（1）正常供电方式下35 kV环网电缆短路故障

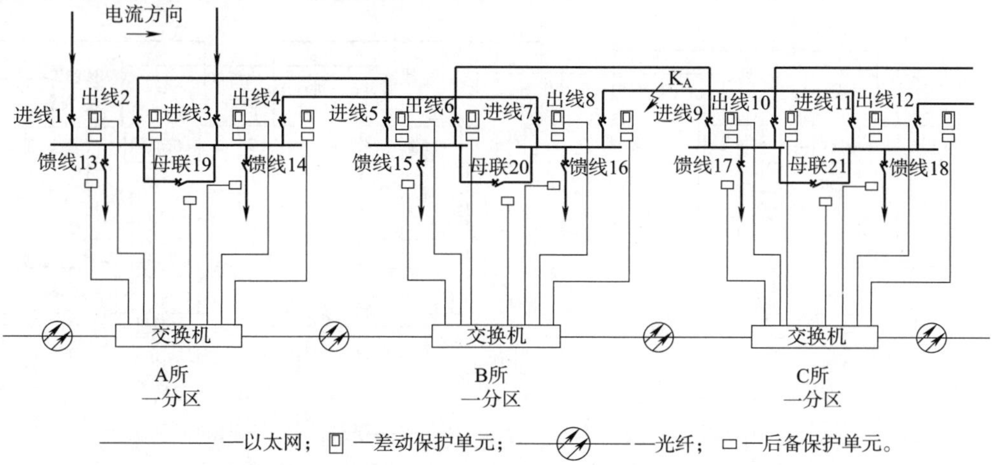

图5-12　正常供电方式下35 kV环网电缆故障

如图 5-12，环网电缆发生短路故障 K_A，这时应优先由 35 kV 出线断路器 8、进线断路器 11 的光纤纵差动保护动作，断路器 8 和 11 跳闸切除短路故障，这样只会引起 C 所的Ⅱ段母线失压。但是如果断路器 8 失灵，则出线柜 8 的线路失灵保护启动联跳本站同一段母线相连的对侧柜进线断路器 7 来达到切除短路故障的目的。可以看出，此时停电的范围扩大了，B 变电所的Ⅱ段母线及 C 变电所的Ⅱ段母线均因进线断路器 7 跳闸而失压。

（2）单母线运行供电方式下 35 kV 环网电缆短路故障

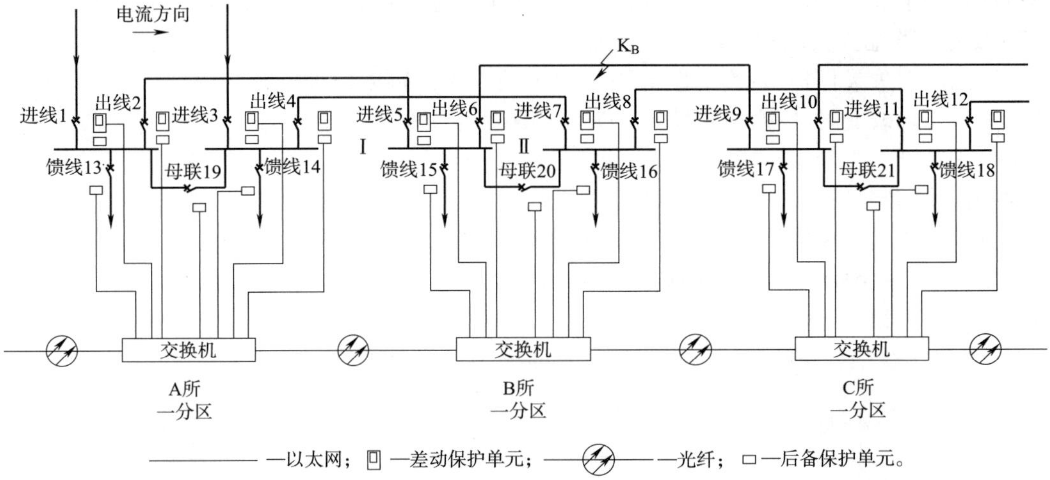

图 5-13　单母线运行供电方式下 35 kV 环网电缆故障

如图 5-13 所示，假设由于进线 5 跳闸造成 B 变电所Ⅰ段母线失压，因此 B 变电所母联备自投满足启动条件时，将母联断路器 20 闭合，此时由 B 变电所Ⅱ段母线对Ⅰ段母线支援供电，B 变电所处于单母线运行状态。当 B 变电所单母线运行状态时，如果环网发生短路故障 K_B，此时短路电流路径依次经过断路器 3、4、7、20、6。故障点在断路器 6、9 所在的环网电缆内部，应优先由进线断路器 9、出线断路器 6 的光纤纵差动保护动作将断路器 6 和 9 分闸，但是如果断路器 6 失灵，则由断路器 6 失灵保护启动联跳上级断路器。由短路电流路径可以看出，断路器 6 的上级断路器为母联断路器 20。

（3）反向供电方式下 35 kV 环网电缆短路故障

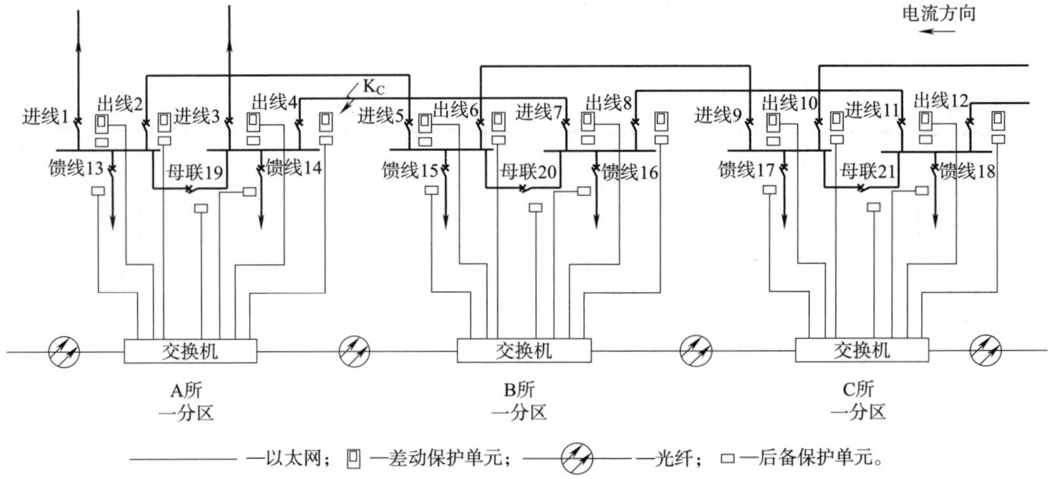

图 5-14　反向供电方式下 35 kV 环网电缆故障

如图5-14所示，如果为一分区供电的主所解列退出运行，由另一主所代替供电时，电流方向和图5-12（正常运行状态）及图5-13（单母线运行状态）相反，即系统处于反向供电运行状态。此时环网发生短路故障 K_C 时，短路电流路径依次经过断路器12、11、8、7。故障点在断路器4、7所在的环网电缆内部，应优先由35 kV进线断路器7、出线断路器4的光纤纵差动保护动作跳开7和4。但如果断路器7失灵，则继电保护单元判断断路器7满足失灵条件后，由断路器7失灵保护启动联跳上级断路器。由短路电流路径可以看出，断路器7的上级断路器为来电侧本站相同段35 kV对侧柜出线断路器8。线路失灵保护启动联跳可达到远后备切除短路故障点的目的。

五、环网电缆短路故障保护方案及动作逻辑综合分析

1. 正常供电方式下环网电缆短路故障保护方案及动作逻辑分析

故障场景1：正常运行方式下且差动主保护装置正常，环网电缆某处发生短路故障。

如图5-15所示，正常运行方式下且差动主保护装置正常，K_A 点发生相间或接地短路故障时，分析以下两种情况中压保护的动作情况：(1)无断路器失灵或保护拒动时；(2)断路器8失灵时。

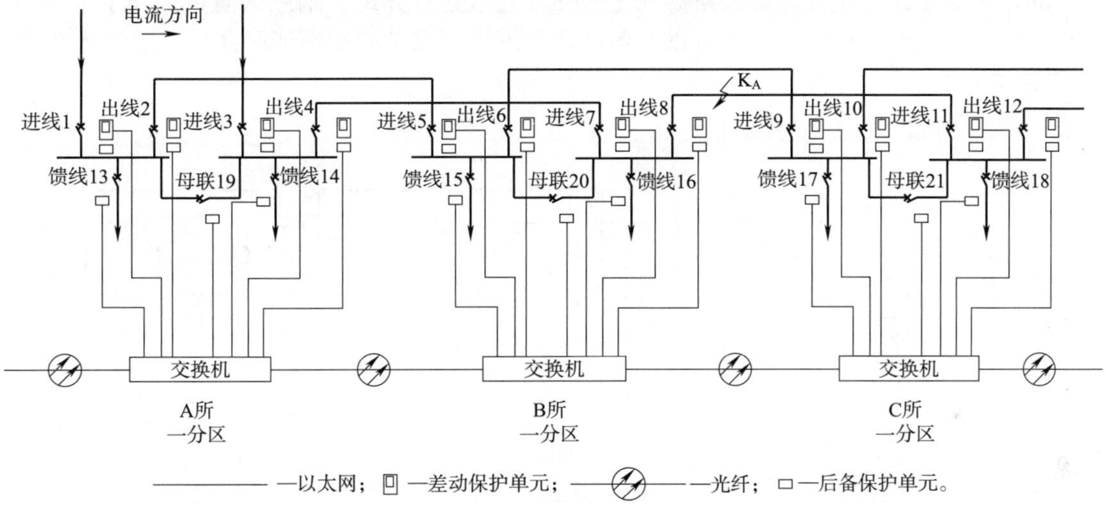

图5-15　正常供电方式下环网电缆故障的保护方案及动作逻辑分析图

保护动作逻辑分析：

(1)正常运行方式下，K_A点发生相间或接地短路故障，因为短路电流流经断路器3、4、7、8，应优先由断路器8、11的线路纵差动保护动作，跳开断路器8和11。流过断路器3和4、7的为穿越性质的短路电流，因此线路纵差动电流保护不启动。同时断路器3和4、7和8分别收到母线比较保护启动的闭锁信号。母线电流比较保护在本项目任务3中学习。

(2)正常运行方式下，K_A点发生相间或接地短路故障，但断路器8失灵时。根据(1)中的分析，应优先由8、11的线路纵差动保护动作切除断路器8、11。但因为断路器8失灵，因此断路器8线路失灵保护将启动联跳上级来电侧的断路器，即同母对侧柜进线断路器7。

故障场景2：正常运行方式下，差动通道异常或差动装置异常时，环网电缆 K_A 点发生短路故障。

如图5-15所示，正常运行方式下，差动通道异常或差动装置异常时，环网电缆 K_A 点发生相间或接地短路故障，分析以下两种情况下中压保护的动作情况：(1)无断路器失灵或保护拒动时；(2)断路器8和11的线路电流比较保护拒动。

(1)保护动作逻辑分析：正常运行方式下，K_A 点发生相间或接地短路故障，短路电流流经断

路器 3、4、7、8，但因为差动通道异常或差动装置异常，断路器 8、11 的线路纵差动保护无法正常动作。断路器 8 的后备保护装置中检测到本端过流或零序过电流信号，且未收到对端断路器 11 的过流或零序过电流启动信号，因此断路器 8 另一个主保护线路电流比较保护满足启动条件，延时约 150 ms 后动作跳开断路器 8；同时断路器 11 本端未检测到过流或零序过电流信号，且收到对端断路器 8 的过流或零序过电流启动信号，因此断路器 11 的线路电流比较保护满足启动条件，延时后跳开断路器 11。同样，流过断路器 3 和 4、7 的为穿越性质的短路电流，因此线路纵差动电流保护不启动。同时断路器 3 和 4、7 和 8 分别收到母线比较保护启动的闭锁信号。

（2）正常运行方式下，K_A 点发生相间或接地短路故障时，当差动通道异常或差动装置异常时，断路器 8 的后备保护装置的电流加速段保护满足启动条件，同时因为断路器 8 和 11 的线路电流比较保护（动作延时时间 150 ms）拒动，因此断路器 8 的电流加速段保护动作延时 400 ms 跳开断路器 8。

2. 单母线运行供电方式下环网电缆短路故障保护方案及动作逻辑分析

故障场景 1：保护装置正常，单母线运行供电方式下环网电缆短路故障。

如图 5-16 中，B 所处于母联断路器 20 合闸的单母线运行方式下，保护装置正常，环网电缆 K_B 点发生相间或接地短路故障时，分析以下各种情况下中压保护的动作情况：（1）无断路器失灵；（2）断路器 6 失灵。

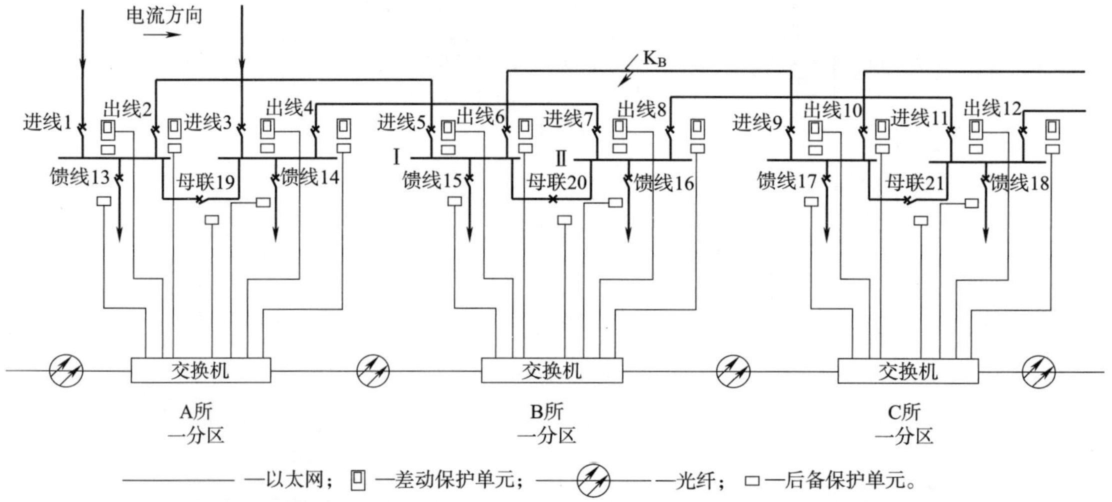

图 5-16　单母线运行供电方式下环网电缆故障的保护方案及动作逻辑分析图

保护动作逻辑分析：

（1）图 5-16 中，假设由于进线 5 跳闸造成 B 变电所Ⅰ段母线失压，因此 B 变电所在满足母联备自投启动条件时，将母联断路器 20 闭合，此时由 B 变电所Ⅱ段母线对Ⅰ段母线支援供电，B 变电所处于单母线运行状态。此时环网电缆 K_B 点发生短路故障时，保护装置正常且无断路器失灵时，短路电流流经断路器 3、4、7、20、6 所在线路，断路器 6、9 的线路纵差动保护动作并跳闸。断路器 3 和 4、7 和 20 收到母线电流比较保护相互闭锁信号。

（2）图 5-16 中，母联 20 合闸，处于单母线运行方式下，K_B 点发生短路故障时，根据（1）分析，断路器 6、9 的线路纵差动保护动作并跳闸。如果断路器 6 失灵，则由上级断路器 20 保护动作，切除故障。

故障场景 2：差动通道异常或差动装置异常，单母线运行供电方式下环网电缆短路故障。

如图 5-16 中，母联 20 合闸，处于单母线运行方式下，当差动通道异常或差动装置异常，K_B 点发生短路故障，分析以下各种情况下中压保护的动作情况：(1)无断路器失灵；(2)断路器6和9的线路电流比较保护失效。

保护动作逻辑分析：

(1)如图5-16中，母联20合闸，处于单母线运行方式下，当差动通道异常或差动装置异常，K_B点发生相间或接地短路故障时，断路器6和9的后备保护装置中线路电流比较保护动作跳开断路器6和9；断路器3和4、7和20、20和6收到对方母线电流比较保护相互闭锁信号。

(2)如图5-16中，母联20合闸，处于单母线运行方式下，K_B点发生相间或接地短路故障时，当差动通道异常或差动装置异常，同时断路器6的后备保护装置线路电流比较保护失效时，则断路器6的电流加速段保护动作跳开断路器6。

3. 反向供电方式下环网电缆短路故障的保护方案及动作逻辑分析

故障场景1：反向供电方式下，差动主保护装置正常，环网电缆短路故障。

如图5-17所示，反向供电情况下，环网电缆K_C点发生相间或接地短路故障时，差动主保护装置正常，分析以下两种情况保护动作逻辑：(1)无断路器失灵或保护拒动；(2)断路器7失灵。

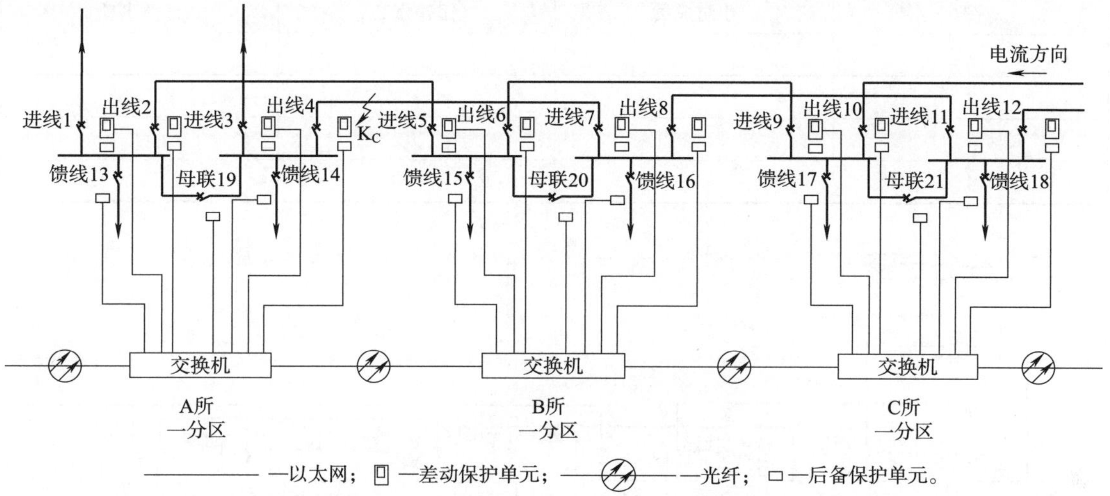

图5-17 反向供电方式下环网电缆短路故障的保护方案及动作逻辑分析图

保护动作逻辑解析：

(1)如图5-17所示，反向供电情况下，环网电缆K_C点发生相间或接地短路故障时，短路电流流经断路器11、8、7。断路器4、7的线路纵差动保护动作跳开断路器4和7，同时断路器7和8、11和12收到对方母线电流比较保护相互闭锁信号。

(2)如图5-17，反向供电情况下，环网电缆K_C点发生相间或接地短路故障时，本应断路器4、7的差动保护动作跳闸跳开断路器4和7，如果断路器7失灵，则断路器7的失灵保护装置启动联跳上级同母出线柜断路器8。

故障场景2：反向供电方式下，差动通道异常或装置异常，环网电缆发生短路故障。

如图5-17所示，差动通道异常或差动保护装置异常，分析以下两种情况保护动作逻辑：(1)无断路器失灵或保护拒动；(2)断路器4和7的后备保护装置线路选跳保护失效。

保护动作逻辑解析：

(1)如图5-17，反向供电方式下，环网电缆K_C点发生短路故障，如果差动通道异常或差动装置异常，则断路器4、7的后备保护装置线路电流比较保护动作跳开断路器4、7；断路器7和8、11和12收到对方母线电流比较保护相互闭锁信号。

（2）断路器4和7的后备保护装置线路电流比较保护失效时：断路器7的加投过流保护（电流加速段保护）动作跳开断路器7。

任务实施

一、任务准备

1. 任务器材

地铁某线路供电中压系统图纸，如图5-18、图5-19、图5-20所示。

2. 任务地点

教室或实训室。

3. 任务分组

每组4人，各组独立完成作业项目。任务分组见表5-4。

表5-4　任务分组

序号	小组成员	任务分工	注意事项
1			
2			
3			
4			

二、任务步骤

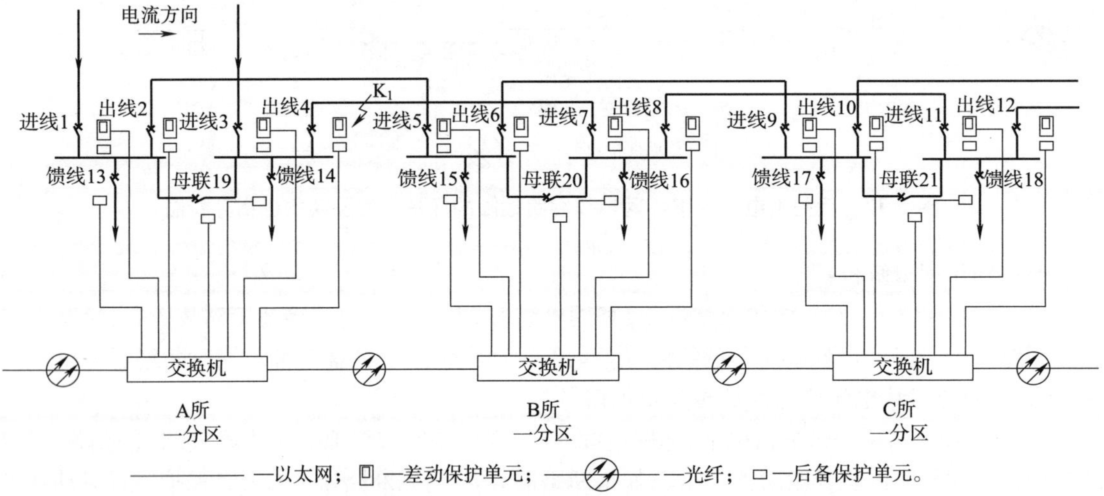

图5-18　正常供电方式下环网电缆短路故障时保护动作逻辑分析

1. 正常供电方式下环网电缆短路故障时保护动作逻辑分析

（1）图5-18中，正常运行方式下，差动主保护装置正常，环网电缆K_1点发生相间或接地短路故障时，无断路器失灵或保护拒动，写出短路电流路径，分析保护动作、断路器跳闸情况。

(2)图 5-18 中,正常运行方式下,差动主保护装置正常,环网电缆 K_1 点发生相间或接地短路故障时,如果断路器 4 失灵时,分析保护动作及断路器跳闸情况。

(3)图 5-18 中,正常运行方式下,差动通道异常或差动装置异常时,环网电缆 K_1 点发生相间或接地短路故障,无断路器失灵或保护拒动时,分析保护动作及断路器跳闸情况。

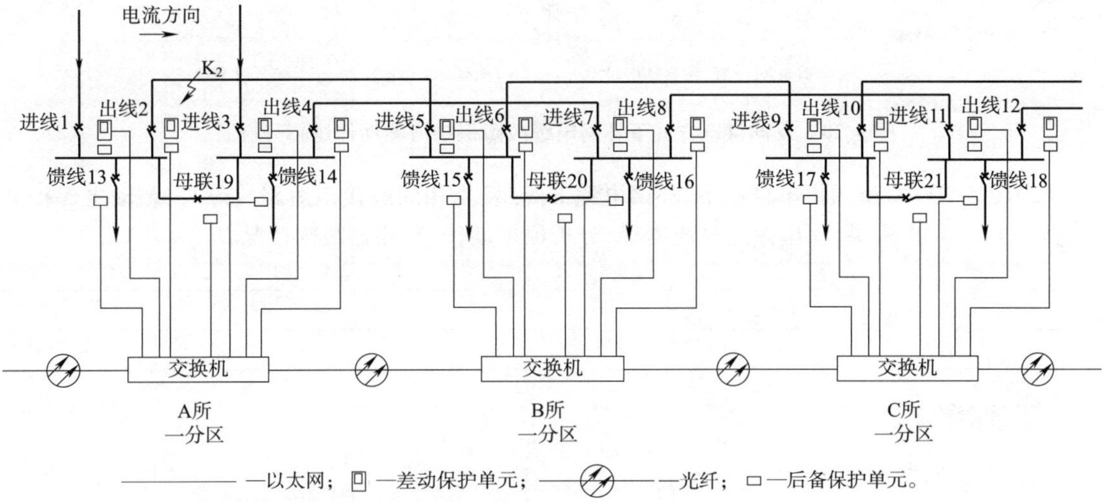

图 5-19 单母线运行供电方式下环网电缆故障的保护动作逻辑分析图

2. 单母线运行方式下环网电缆短路故障保护动作逻辑分析

(1)图 5-19 中,A 所处于母联断路器 19 合闸的单母线运行方式下,保护装置正常,环网电缆 K_2 点发生相间或接地短路故障时,写出短路电流路径,分析保护动作及断路器跳闸情况。

(2)图 5-19 中,A 所处于母联断路器 19 合闸的单母线运行方式下,保护装置正常,环网电缆 K_2 点发生相间或接地短路故障时,断路器 6 失灵,写出短路电流路径,分析保护动作,断路器跳闸情况。

3. 反向供电方式下环网电缆短路故障的保护方案动作逻辑分析

(1)图 5-20 中,反向供电情况下,环网电缆 K_3 点发生相间或接地短路故障时,差动主保护装置正常,无断路器失灵或保护拒动,写出短路电流路径,分析保护动作、断路器跳闸情况。

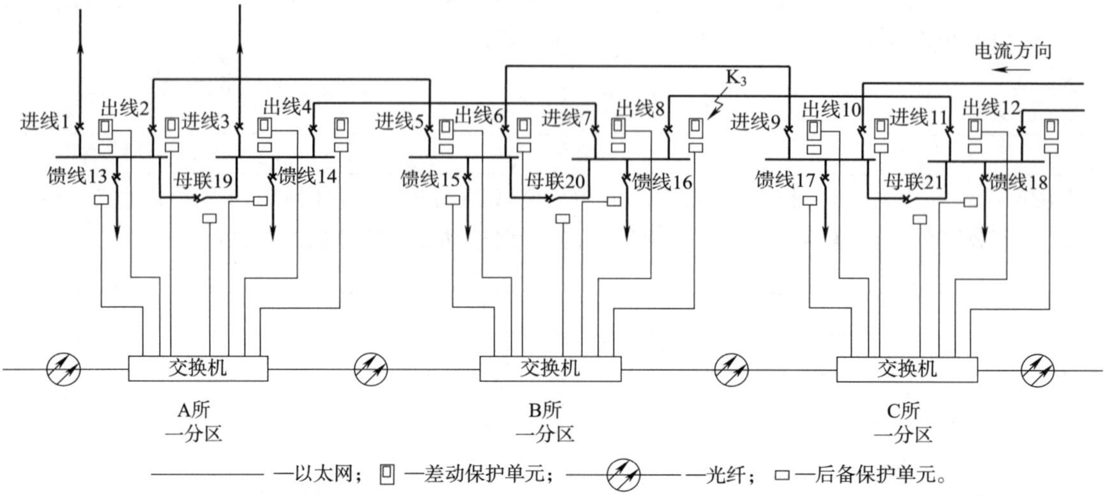

图 5-20　反向供电方式下环网电缆故障保护方案动作逻辑分析图

(2)图 5-20 中,反向供电情况下,环网电缆 K_3 点发生相间或接地短路故障时,差动主保护装置正常,断路器 11 失灵,写出短路电流路径,分析保护动作、断路器跳闸情况。

任务考核

任务考核见表 5-5。

表 5-5　任务考核表

<table>
<tr><td colspan="2">任务名称</td><td colspan="5">35 kV 大分区供电系统环网电缆短路故障选择性跳闸保护方案分析</td></tr>
<tr><td colspan="2">安全监护人</td><td></td><td>作业完成人</td><td></td><td>日期</td><td colspan="2"></td></tr>
<tr><td colspan="2">开始时间</td><td></td><td>结束时间</td><td></td><td>任务完成时间</td><td colspan="2"></td></tr>
<tr><td colspan="2">评分项目</td><td colspan="3">评分要素及标准</td><td>分值</td><td>小组互评</td><td>教师评分</td></tr>
<tr><td rowspan="3">作业操作流程</td><td>正常供电方式下环网电缆短路故障保护方案动作逻辑分析</td><td colspan="3">正确说明正常供电方式下各开关状态(8 分)
说明电流路径(7 分)
正确设置故障点(5 分)
保护跳闸动作逻辑分析正确(10 分)</td><td>30</td><td></td><td></td></tr>
<tr><td>单母线运行供电方式下环网电缆短路故障保护方案动作逻辑分析</td><td colspan="3">正确说明单母线运行方式下各开关状态(8 分)
说明电流路径(7 分)
正确设置故障点(5 分)
保护跳闸动作逻辑分析正确(10 分)</td><td>30</td><td></td><td></td></tr>
<tr><td>反向供电运行方式下环网电缆短路故障保护方案动作逻辑分析</td><td colspan="3">正确说明反向供电运行方式下各开关状态(8 分)
说明电流路径(7 分)
正确设置故障点(5 分)
保护跳闸动作逻辑分析正确(10 分)</td><td>30</td><td></td><td></td></tr>
<tr><td colspan="2">作业后恢复</td><td colspan="3">分析记录整齐、准确(5 分)
用语简练规范(5 分)</td><td>10</td><td></td><td></td></tr>
</table>

操作限时	本任务限时 30 min 内完成，每超过 1 min 扣 4 分。超时 10 min 为不合格
总分	（总分 = 小组互评 ×40% + 教师评分 ×60%）
	作业人员签字： 考评人员签字：

巩固与练习

一、判断题

1. 线路零序保护因其具有灵敏度高、保护范围稳定、选择性强、动作速度快等诸多优点，一般作为城轨中压环网电缆的主保护。 （ ）

2. 大分区供电方式下城轨供电系统中压网络环网配置母线闭锁过流保护，由进线柜、出线柜综合保护装置实现，作为正常运行方式下母线故障的保护。 （ ）

3. 牵混所中压网络保护装置位于所内中压进出线开关柜和母联柜中。 （ ）

二、简答题

1. 简述大分区供电方式下传统保护设置方案的局限性。

2. 大分区供电方式下城轨中压网络环网电缆和母线保护如何配置？

3. 环网电缆配置了哪些主保护？简述这些保护的工作原理。

任务3　35 kV 大分区供电系统中压母线短路故障选择性跳闸保护方案分析

任务导入

城轨供电系统 35 kV 中压环网主要采用大分区供电方式，在正常供电、单母线供电、反向供电的不同运行方式下，分析母线发生短路故障时保护方案及动作逻辑，提升城轨供电检修岗位应急处置能力。

任务目标

（1）掌握中压母线主保护、后备保护动作原理。

（2）会分析中压母线保护动作逻辑。

（3）会进行正常、单母线、反向供电方式下中压母线短路故障保护方案实例分析。

知识准备

考虑到地下空间的局限性，从 20 世纪 90 年代开始，城轨供电中压系统就采用气体绝缘开关柜（GIS）方式，其主要设备如断路器、隔离开关、母线等均处于封闭气室之中。运营中发现，GIS 内处于封闭气室中的母线虽然不容易发生故障，但直接插接在母线上的电压互感器却有发生短路的情况，这间接导致了母线对地的短路故障。电力系统一般在 110 kV 及以上电压等级的母线中装设专门的母线差动保护，用以快速切除母线短路故障，满足系统稳定运行的需要。城轨 10 ~ 35 kV 中压供电系统传统保护中一般不装设专门的母线差动保护，一般采用由环网电缆的后备过流保护来切除中压母线短路故障，但是保护存在动作时间相对较长的缺点，会对设备造成一定的危害。近年来大分区供电方式下城轨供电中压系统的母线保护通常是采用母线电流比较保护（数字通信电流保护)为主保护、电流加速段保护及过流保护作为后备保护的方案。

视频

母线电流主保护

一、 母线电流主保护——母线电流比较保护

城轨供电系统在中压 35 kV 进出线柜综合后备保护装置和中压 35 kV 母联柜综合后备保护装置中均配置了母线电流比较保护,可以实现两段母线分列运行和 35 kV 单母线运行时的母线主保护。

1. 母线电流比较保护原理

母线电流比较保护是将同一条母线相连的进线、出线、母联、馈线保护装置联网,通过各装置之间互相传递过流启动信号,经过比较、判断,确定故障区段而实现快速跳闸切除故障,属于数字通信电流保护。

如图 5-21 所示,城轨中压环网属于单方向供电系统,即中压环网从上级主所或上级车站变电所两段母线获得电流并向下级临站变电所输送。因此,当发生母线短路故障时,在和短路故障母线连接的所有进出线、母联和馈线中,只会有一路进线存在短路电流。如图 5-21 所示,系统在正常运行方式下,当一分区 B 所 Ⅰ 段母线 A 点发生短路故障时,与这条母线相连的所有线路中只有进线 5 会出现过流信号,而与这条母线相连的馈线 15 和出线 6 则无过流信号,母联断路器 20 处于分闸状态也无过流信号,根据这些信息即可判断是此段母线发生短路故障。因此进线 5 的中压 35 kV 进出线综合后备保护装置的母线电流比较保护动作,断路器 5 跳闸,切除故障。

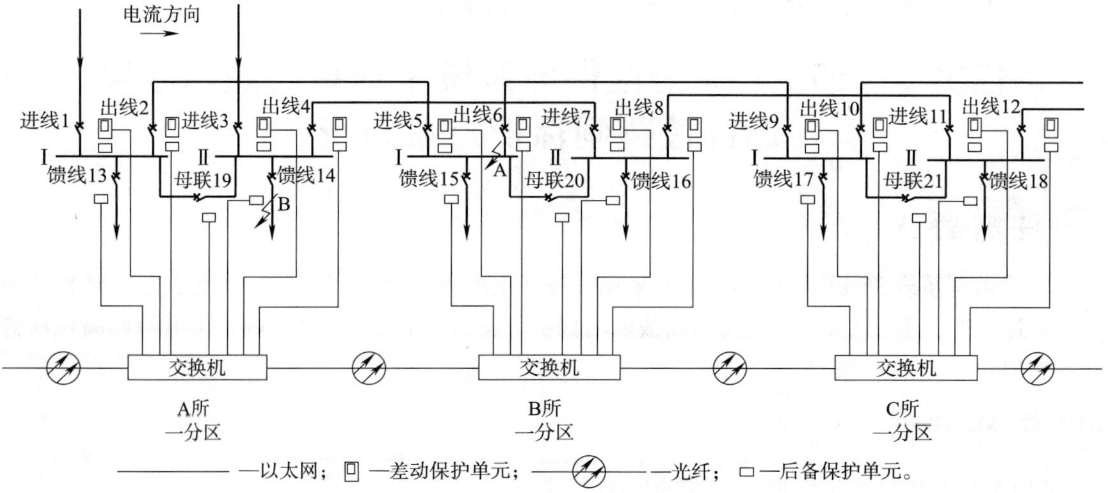

图 5-21 城轨中压网络母线电流比较保护原理

对于区外短路故障,进线、出线之间的母线电流比较保护会互相闭锁,并接受馈线电流保护的闭锁,防止扩大保护跳闸范围,实现保护的选择性。例如对于图 5-21 A 点发生的短路故障,一分区 A 所 Ⅰ 段母线上的进线 1 和出线 2 会同时产生过流信号,它们的中压 35 kV 进出线综合后备保护装置的母线电流比较保护会互发过流启动的信号实现互相闭锁,闭锁进线 1 和出线 2 的母线电流比较保护动作。

另外,当短路发生在 35 kV 馈线某处时,如图 5-21 所示的一分区 A 所馈线 14 的 B 点发生短路故障时,中压馈线 14 的电流选跳保护(原理见项目 6 任务 1)会向同母进出线 3 和 4 发出馈线过流的信号闭锁 3 和 4 的母线电流比较保护动作,防止其越级跳闸。

考虑到中压环网系统在反向供电或者母联合闸的单母线运行情况,出线和母联保护装置中也必须设置和进线等同逻辑的母线电流比较保护,保证在这两种非正常运行情况下发生母线短

路故障时，母线电流比较保护也可以迅速动作断开相应断路器。

2. 母线电流比较保护的动作逻辑

进线母线电流比较保护逻辑如图5-22所示，进线母线电流比较保护动作的条件是：当本线路进线柜母线过流/零流保护启动，且本变电所同一母线上其他开关的（出线/母联/馈线）的母线过流/零流保护均未启动，同时达到了母线电流比较保护延时时间（一般设置为300 ms），说明本段母线发生了短路故障，则进线的母线电流比较保护动作，切除本段母线进线断路器，同时联跳同一段母线可能来电侧的断路器（正常供电方式时联跳对侧柜即本段出线柜断路器，单母线运行时联跳母联断路器；如果变电所配置的有35 kV能馈变馈线柜时，为了防止直流系统反供电，还要联跳35 kV能馈变馈线柜）。母联柜、同母出线柜和本段馈线柜母线过流/零流保护启动时会向进线柜发出母线电流比较保护的闭锁信号，即当进线柜母线电流段保护启动，但是如果收到了母联柜、同母出线柜或本段馈线柜任何一路的母线过流/零流闭锁信号时，说明发生的是区外故障，则闭锁进线柜母线电流比较保护出口。只有当进线柜出现母线电流段保护启动信号，而没有收到任何一路同母线路的过流闭锁信号时，说明发生的是区内故障，这时进线母线电流比较保护动作，出口跳本柜断路器同时联跳同一段母线可能来电侧的断路器，保证可靠切除故障母线。

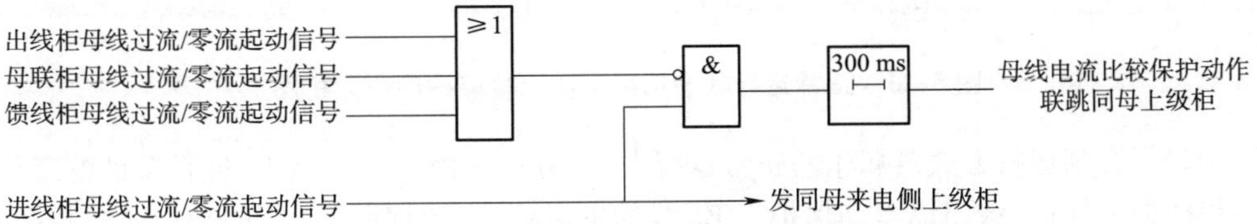

图5-22 进线母线电流比较保护逻辑图

这里需要注意，馈线柜（包括动力变柜和牵引变柜）只发过流/零流闭锁信号给同母进、出线柜及母联柜，但是不接收同母进、出线柜和母联柜的过流/零流闭锁信号。

出线柜、母联柜和进线柜的母线电流比较保护方案一致，这里不再重复。

3. 母线电流比较保护动作分析

视频

母线电流主保护动作分析

（1）35 kV两段母线分列运行时母线电流比较保护动作分析

如前所述，35 kV两段母线分列运行状态包括正常运行状态和一主所解列退出运行由另一主所代替供电时的反向供电运行状态。

如图5-23，当正常运行状态下，各所35 kV母联断路器19、20、21均处于分闸状态，假设短路故障点在C所Ⅰ段母线K_1点，K_1点对于环网线路上所有流过短路故障电流的进线1、出线2、进线5、出线6均为区外故障，流过这些线路为穿越性短路电流，因此这些线路的光纤纵联差动保护均不会出口跳闸。同时与A所Ⅰ段母线相连的进线1和出线2、与B所Ⅰ段母线相连的进线5与出线6的母线均会互相发出过流/零流启动信号，会使它们的母线电流比较保护互相闭锁，因此这些线路的母线电流比较保护均不动作。C所的情况不同于A所与B所，与C所Ⅰ段母线相连的进线9有过流/零流启动信号，但是同母出线10、母联21、馈线17没有过流/零流启动信号，因此只有进线9的母线电流比较保护启动，并启动闭锁本段出线10和母联21的母线电流比较保护动作，当延时达到保护设定值后，进线柜断路器9的母线电流比较保护动作跳闸，同时联跳出线柜断路器10（母联断路器21本来就是分闸状态），切除短路故障母线。

一主所解列退出运行由另一主所代替供电时，供电潮流和正常运行状态时相反，反向供电时母线出现短路故障的分析方法和正常运行状态时相同，在此不再赘述。

（2）35 kV单母线运行时母线电流比较保护动作分析

当一路进线电缆故障母联断路器合闸后，系统处于单母线运行状态。在这种状态下如果故障进线所连接的母线上又发生短路故障，为缩小事故范围，母联柜也设置母线电流比较保护，母联断路器的电流比较保护动作，母联断路器跳闸，这样不影响另外一段未发生故障的母线继续工作。

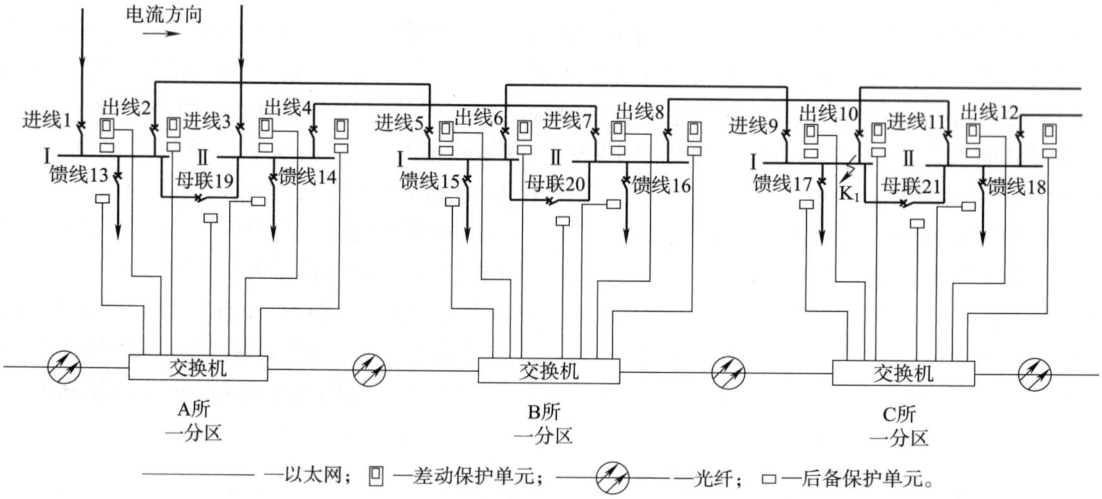

图 5-23　正常运行状态母线电流比较保护动作分析图

因为母联合闸运行方式已属于非正常运行方式，考虑保护配合的困难，母联保护整定可以只考虑与出线的主保护（线路纵差动保护）和馈线的主保护（电流速断保护）的动作时间相配合，不再考虑与馈线的过电流等后备保护和出线的后备电流保护相配合。

同样，母联柜母线过流/零流动作后会发闭锁信号给两段母线的进出线柜，并接收两段母线进出线柜和馈线柜的过流/零流闭锁信号。当母联柜出现过流/零流信号，且收到任何一路馈线柜的过流/零流闭锁信号或来自两段母线的同时过流/零流闭锁信号，这时代表区外故障，母联柜母线电流比较保护不出口。反之，如果母联柜出现过流/零流信号，且没有收到任何一路馈线柜的过流/零流闭锁信号或两段母线同时过流/零流闭锁信号，这时代表区内故障，母联柜电流比较保护动作，出口跳本柜断路器。

同样，馈线柜（包括动力变柜和牵引变柜）只发过流/零流闭锁信号给母联柜及同母进出线柜，但是不接收同母进出线柜和母联柜的过流/零流闭锁信号。

如图 5-24 所示，以一分区 C 所为例，假设 C 所由于进线 9 故障导致进线断路器 9 保护分闸造成 C 所Ⅰ段母线失压，如果满足备自投条件则母联断路器 21 合闸，由 C 所的Ⅱ段母线支援Ⅰ段母线供电，此时一分区 C 所处于单母线运行状态。此时假设提供支援的Ⅱ段母线上发生短路故障时，如图 5-24 中 K_2 点，则Ⅱ段故障母线电源侧进线柜断路器 11 的母线电流比较保护满足启动条件，并闭锁本段出线柜 12、母联柜 21 的母线电流比较保护动作，当延时达到保护设定值后，进线柜断路器 11 母线电流比较保护动作跳闸，同时联跳出线柜 12、母联柜断路器 21，继电保护切除故障母线。

当一分区 C 所处于单母线运行状态时，假设在被支援供电的Ⅰ段母线上又发生短路故障，如图 K_3 点所示，则母联柜断路器 21 的母线过流/零流保护启动，启动闭锁故障母线进线柜 9、出线柜 10 的母线电流保护动作，延时达到保护设定值后，母联柜断路器 21 母线电流保护动作跳闸，同时联跳进线柜 9 和出线柜 10，继电保护切除故障母线。可见，母联的母线电流主保护是单母线运行时被支援母排短路故障时的主保护。

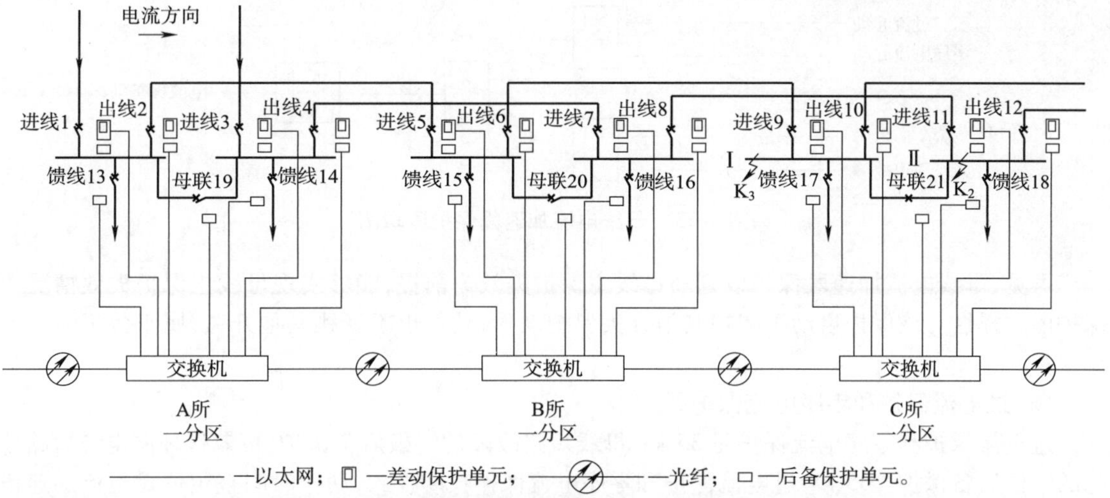

图 5-24　35 kV 单母线运行时母线电流比较保护动作分析图

当 K_2 短路故障时，这时环网线路所有流过的故障电流均为穿越性电流性质，因此对于进线 3、出线 4、进线 7、出线 8、进线 11 来说相当于区外故障，因此这些断路器的光纤纵差动电流保护均不会出口跳闸。同时 A 所与 B 所由于进线和出线均流过故障电流，母线电流比较保护会互相闭锁，因此进线 3、出线 4、进线 7、出线 8 的母线电流比较保护均不动作。K_3 短路的情况与 K_2 短路故障相似，在此不再赘述。

二、35 kV 母线后备保护

视频

35 kV母线后备电流保护

1. 35 kV 母线后备保护类型

当发生母线短路故障时，母线电流比较保护可以迅速切除故障，但是母线仍旧需要其他的后备保护作为在母线主保护失效时的近后备保护和断路器失灵的远后备保护。母线后备保护包括以下几种类型：

(1)电流加速段保护，属于数字通信电流保护，由进出线柜的差动保护装置实现，是母线短路故障的近后备保护。

(2)过电流保护和零序电流保护，由进出线柜或母联柜的综合后备保护装置实现，是母线短路故障的近后备保护。

(3)母线失灵保护，由进出线柜的对端柜中的保护装置来实现，是母线短路故障的远后备保护。对端柜是指邻站同一环网电缆两端相应的开关柜。

2. 35 kV 母线后备保护原理

(1)母线电流加速段保护原理

母线电流加速段保护位于同母进出线柜差动保护装置中。当母线发生短路故障时，应优先由综合后备保护装置中母线主保护——母线电流比较保护动作，但是如果综合后备保护装置出现故障/失电或者光纤通道故障造成母线电流比较保护失效时，则由进出线柜差动保护装置中的母线电流加速段保护动作，作为近后备保护跳开相应断路器切除故障，实现母线短路保护功能。进出线柜差动保护装置的母线电流加速段保护是由综合后备保护装置故障节点激活的。

以施耐德保护装置为例，差动保护装置中母线电流加速段保护逻辑图如图 5-25 所示。

图 5-25 中 P143 指施耐德 35 kV 进出线综合后备保护装置。

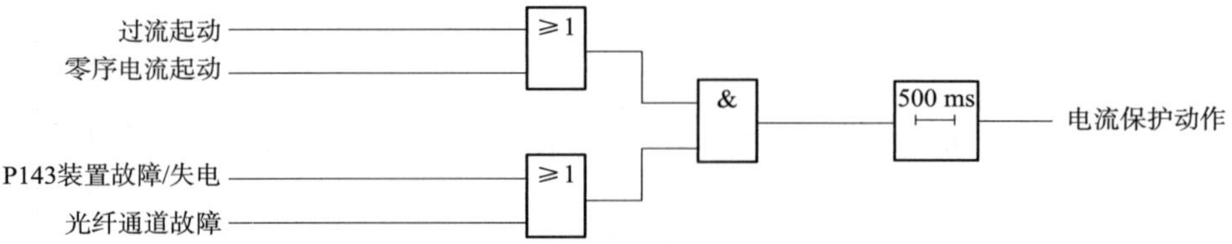

图 5-25　母线电流加速段保护逻辑图

可见，母线电流加速段保护以判断母线主保护失效为前提，能够实现母线主保护失效情况下保护的选择性。该保护启动不闭锁其他开关保护动作，动作也不联跳其他开关，属于数字通信电流保护。

(2)过电流保护和零序电流保护原理

过电流保护和零序电流保护是35 kV 母线短路故障的终极后备保护，也兼作环网电缆短路故障的终极后备保护。35 kV 过电流保护和零序电流保护长期投入，动作时间整定值比电流加速段保护长，取0.6～1.2 s。

当35 kV 母线发生短路故障，但母线电流比较保护失效，同时电流加速段保护动作启动且达到延时后仍未动作，故障电流持续存在并且达到过电流保护或零序电流保护延时时间后，跳开断路器，切除故障。与电流加速段保护相同的是，该保护启动不闭锁其他开关保护动作，动作也不联跳其他开关。过电流保护和零序电流保护的原理在此不再赘述。

视频
35 kV母线断路器失灵保护

(3)母线断路器失灵保护原理

35 kV 母线断路器失灵保护设置于35 kV 进出线柜电缆连接的对端柜，作用是当35 kV 母线发生短路故障但同母线的进出线断路器失灵无法断开时，通过其电源侧35 kV 对端进出线柜断路器保护跳闸达到切除故障的目的，是35 kV 母线的远后备保护。

35 kV 母线断路器失灵保护基本原理是：当35 kV 母线发生短路故障，同母35 kV 进出线柜的母线电流比较保护动作，但进出线断路器拒动时，通过对进出线柜断路器失灵的判别，以较短的时限切除同一供电分区内其他有关的断路器，尽量使停电限制在最小范围，从而保证整个35 kV 系统的稳定运行。

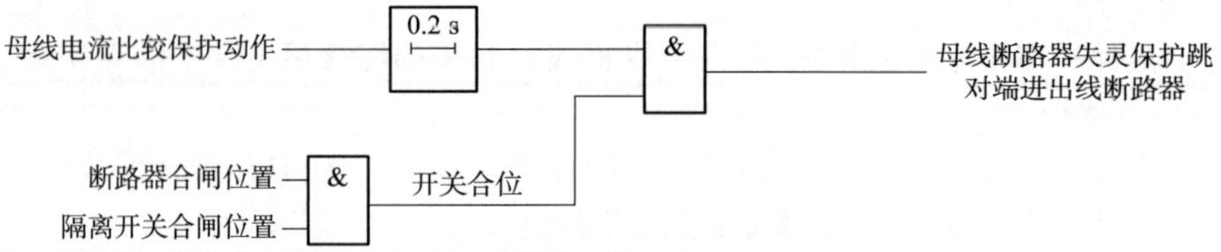

图 5-26　35 kV 母线断路器失灵保护动作逻辑图

35 kV 母线断路器失灵保护动作逻辑应该满足以下4个条件：

①35 kV 进/出线开关的母线电流保护动作。

②35 kV 进/出线柜断路器处于合位。

③35 kV 进/出线柜隔离开关处于合位。

④保护延时达到设定值(一般200 ms)。

满足这4个条件，相应的35 kV 母线断路器失灵保护就会启动跳开同一分区对端进出线断路器远后备切除故障。

下面举例分析35 kV 母线断路器失灵保护方案。

城轨中压系统在正常运行方式、单母线运行方式和反向供电方式下35 kV母线断路器失灵保护方案是不同的。

正常供电方式下35 kV母线断路器失灵保护动作分析如图5-27所示，故障点为一分区C所Ⅰ段母线K_1点。这时优先由35 kV进线断路器9的母线电流比较保护动作跳闸，并联跳出线断路器10。但是如果断路器9失灵，则继电保护单元判断开关9满足失灵后，断路器9母线失灵保护启动联跳对端即邻站一分区B所Ⅰ段母线35 kV出线开关6，远后备切除故障。

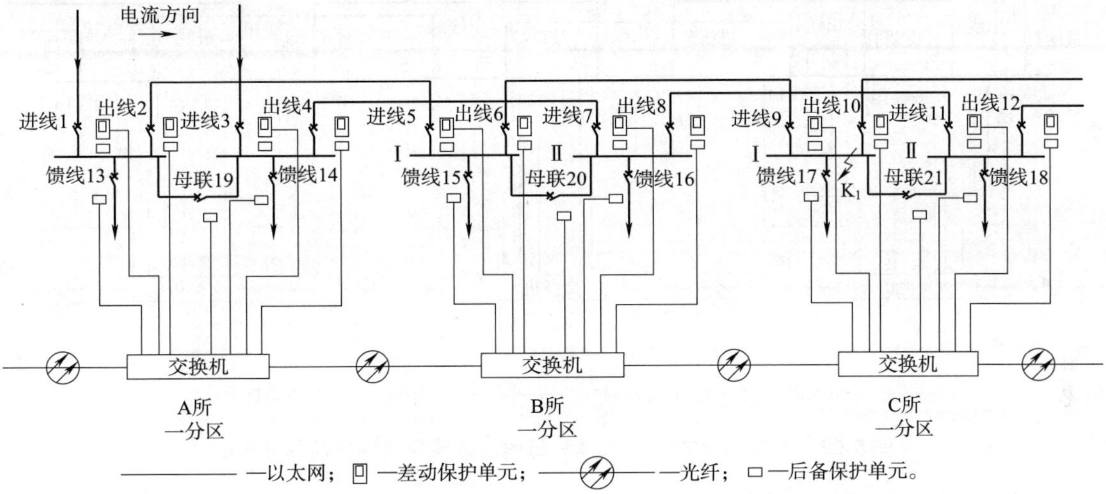

图5-27 正常供电方式下35 kV母线断路器失灵保护动作分析图

单母线运行方式下35 kV母线断路器失灵保护如图5-28所示，由于进线故障造成进线断路器9断开，备自投启动将母联断路器21投入，一分区C所处于单母线运行状态。此时，如果35 kV母线K_3点发生短路故障时，应优先由35 kV母联断路器21的母线电流比较保护动作断开母联断路器21，并联跳进线断路器9和出线断路器10。但是如果母联断路器21失灵，在继电保护单元判断断路器21满足失灵条件后，启动母线断路器失灵保护联跳本站上级可能来电侧断路器，即35 kV开关11、12。

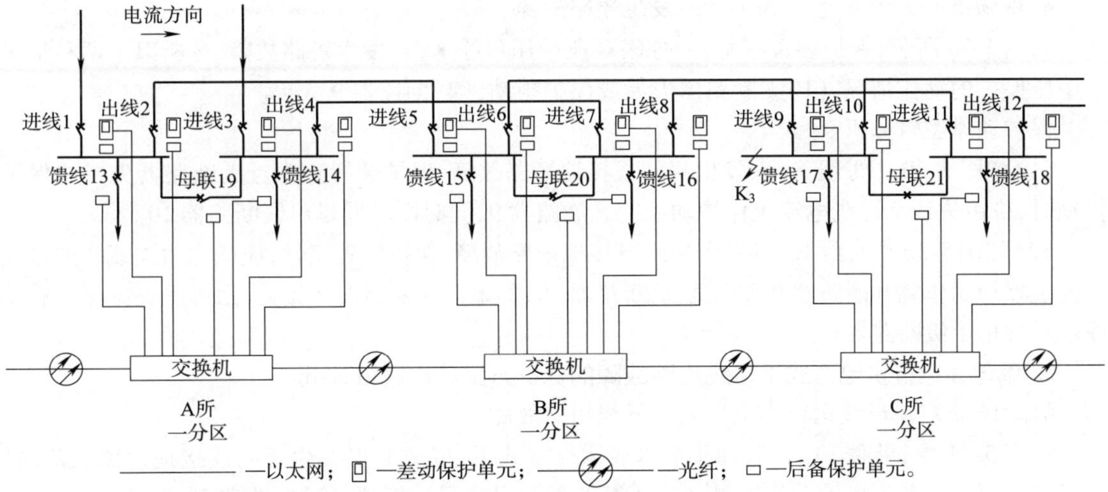

图5-28 单母线运行方式下35 kV母线断路器失灵保护动作分析图

如图5-29为反向供电方式下35 kV母线断路器失灵保护动作分析图，因为任何情况下城轨工程中压供电环网都以单环网、单电源方式运行的，即任何运行方式下供电环网上的每座变电所任意一段母线上，只能有一个进线，其他均为出线，因此在主变电所支援越区供电的情况下，部分变电所进出线关系会发生改变。

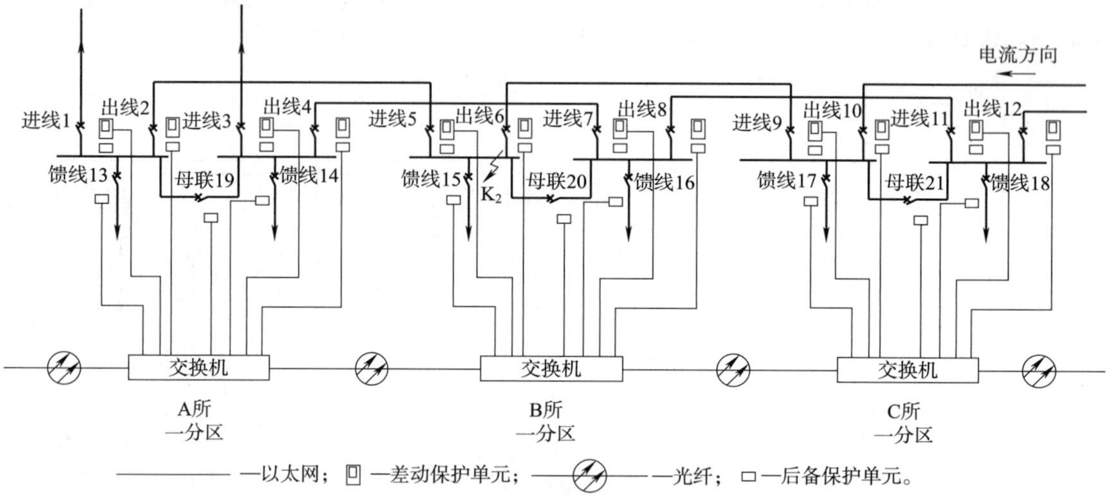

图5-29　反向供电方式下35 kV母线断路器失灵保护动作分析图

如图5-29，当110 kV主变电所由相邻另一主所支援供电时，电流方向和正常运行时方向相反。此时，如果一分区B所35 kV母线K_2点发生了短路故障，因为反向供电，因此应优先由出线断路器6的母线电流比较保护动作断开断路器6，并联跳进线5。但是如果断路器6失灵，则在继电保护单元判断断路器6满足失灵条件后，启动母线失灵保护联跳对端邻站C所的35 kV进线断路器9远后备切除故障。

三、中压母线短路故障保护动作逻辑综合分析

1. 正常供电方式下母线短路故障保护方案动作逻辑分析

故障场景1：正常供电方式下母线发生短路故障。

如图5-30所示，保护装置正常，一分区C所中压母线K_1点发生短路故障，分析以下两种情况下中压保护的动作情况：(1)无断路器失灵或保护拒动；(2)断路器9失灵。

保护动作逻辑分析：

(1)如图5-30中母线K_1点发生相间或接地短路故障，保护装置正常且无断路器失灵或保护拒动时，应由进线9母线电流主保护动作跳开断路器9，同时联跳同母出线断路器10。

(2)如图5-30中母线K_1点发生相间或接地短路故障，保护装置正常，应优先由进线9的母线电流主保护动作跳开断路器9，同时联跳断路器10，如果出线断路器9失灵，则母线失灵保护启动联跳对端柜上级断路器6。

2. 单母线运行供电方式下母线短路故障的保护方案动作逻辑分析

故障场景2：单母线运行供电方式下母线短路故障。

如图5-31中，母联20合闸，处于单母线运行方式下，母线F点发生相间或接地短路故障时，分析以下两种情况下保护动作逻辑：(1)无断路器失灵或保护拒动；(2)断路器20失灵。

保护动作逻辑分析：

(1)如图5-31中，母联20合闸，处于单母线运行方式下，被支援母线F点发生短路故障时，母

联断路器 20 的母线过流/零流保护启动，启动闭锁故障母线进线柜 5、出线柜 6 的母线电流保护动作，延时达到保护设定值后，母联柜断路器 20 母线电流保护动作跳闸，同时联跳进线柜 5 和出线柜 6，继电保护切除故障母线。断路器 3 和断路器 4、7、20 互相收到对方母线电流主保护相互闭锁信号。

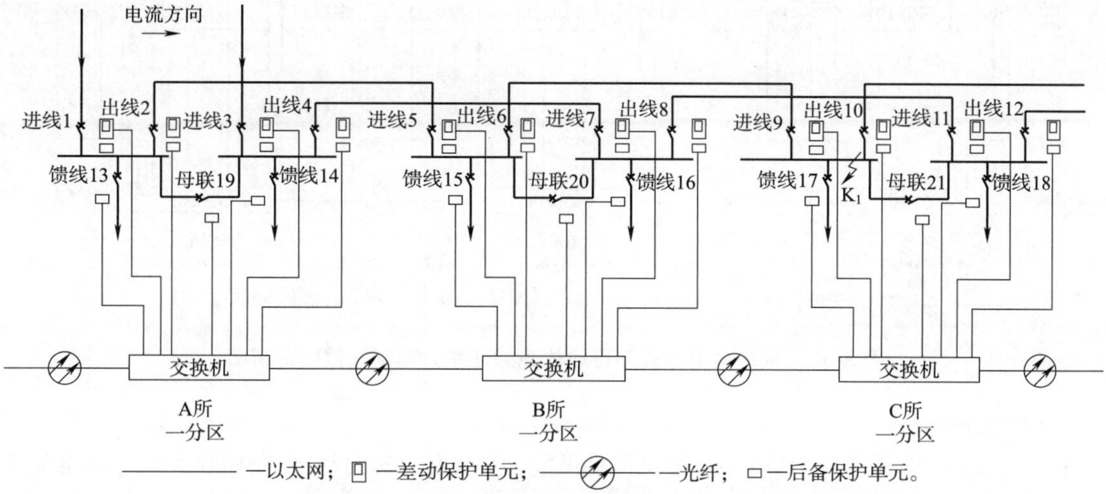

图 5-30　正常供电方式下母线短路故障的保护方案动作逻辑分析图

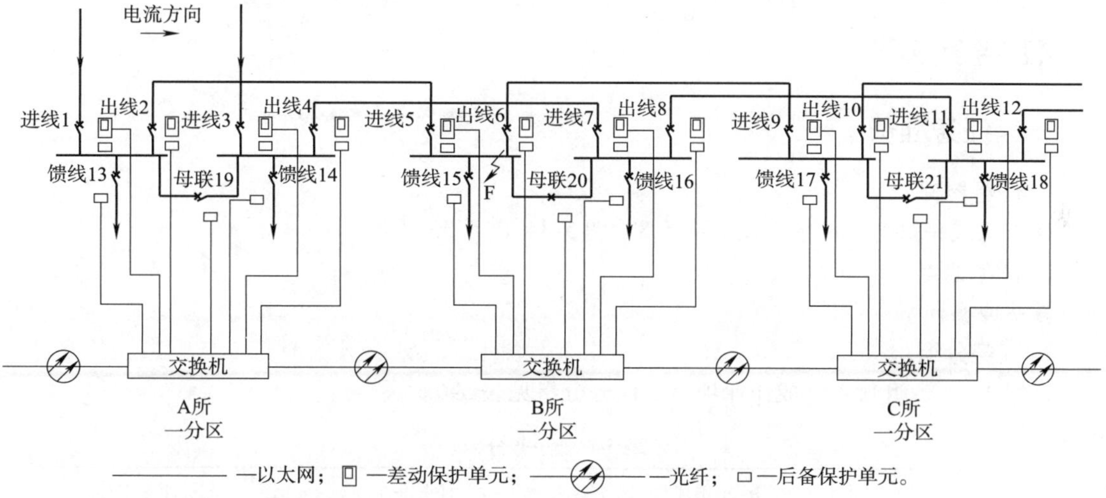

图 5-31　单母线运行供电方式下母线故障的保护方案动作逻辑分析图

（2）如图 5-31 中，母联 20 合闸，处于单母线运行方式下，母线 F 点发生短路故障时，断路器 20 的母线主保护动作，但因断路器 20 失灵，则断路器 20 失灵保护联跳可能来电侧上级断路器 7 和 8。

3. 反向供电方式下母线短路故障的保护方案动作逻辑分析。

故障场景 3：反向供电方式下，保护装置正常，母线发生故障。

如图 5-32 所示，反向供电方式下，保护装置正常，K_2 点发生短路故障，分析以下两种情况保护动作逻辑：（1）无断路器失灵或保护拒动；（2）断路器 6 失灵。

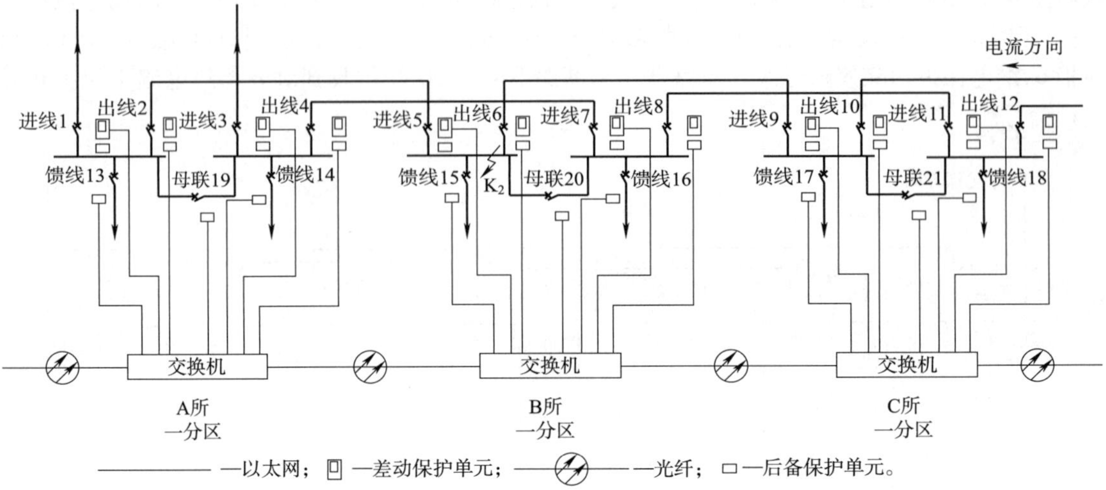

图 5-32　反向供电方式下母线故障的保护方案动作逻辑分析图

保护逻辑解析：

(1)如图 5-32 反向供电方式下，保护装置正常，K_2 点发生短路故障，断路器 6 的母线电流比较保护动作跳开断路器 6，同时联跳断路器 5。

(2)如图 5-32 反向供电方式下，保护装置正常，K_2 点发生短路故障，断路器 6 的母线电流比较保护动作，同时联跳断路器 5，如果断路器 6 失灵，启动母线失灵保护联跳断路器 9。

任务实施

一、任务准备

1. 任务器材

地铁某线路供电中压系统图如图 5-33、图 5-34、图 5-35 所示。

2. 任务地点

教室或实训室。

3. 任务分组

每组 4 人，各组独立完成作业项目。任务分组见表 5-6。

表 5-6　任务分组

序号	小组成员	任务分工	注意事项
1			
2			
3			
4			

二、任务步骤

1. 正常供电方式下中压母线短路故障时保护动作逻辑分析

(1)图 5-33 中，正常运行方式下，保护装置正常，一分区 B 所 Ⅰ 段中压母线 K_1 点发生短路故障，无断路器失灵或保护拒动，写出短路电流路径，分析保护动作、断路器跳闸情况。

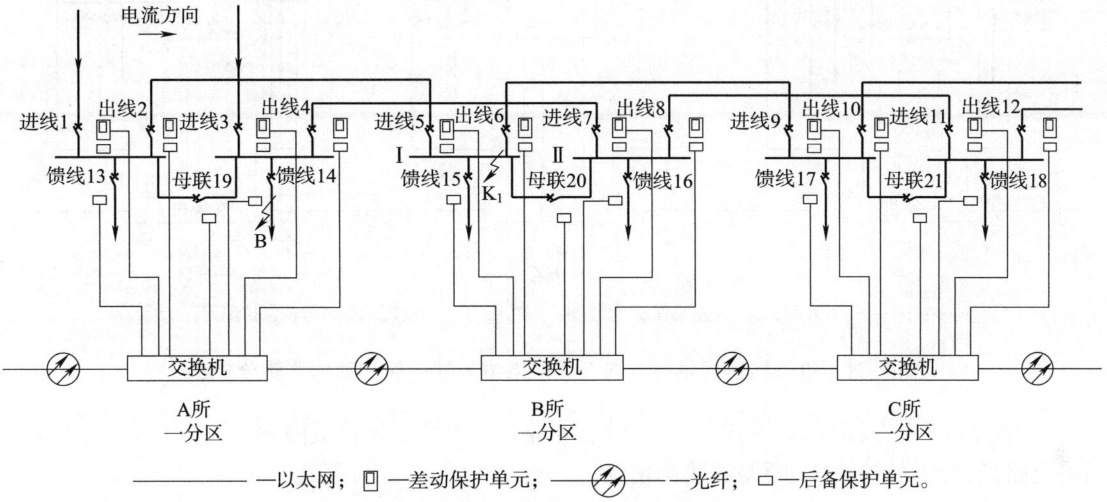

图 5-33　正常供电方式下中压母线短路故障时保护动作逻辑分析

(2)图 5-33 中，正常运行方式下，保护装置正常，一分区 B 所 Ⅰ 段中压母线 K_1 点发生短路故障，断路器 5 失灵，写出短路电流路径，分析保护动作、断路器跳闸情况。

2. 单母线运行方式下中压母线短路故障保护动作逻辑分析

(1)图 5-34 中，C 所处于母联断路器 21 合闸的单母线运行方式下，无断路器失灵或保护拒动，被支援中压母线 K_2 点发生相间或接地短路故障时，写出短路电流路径，分析保护动作、断路器跳闸情况。

(2)图 5-34 中，C 所处于母联断路器 21 合闸的单母线运行方式下，被支援中压母线 K_2 点发生相间或接地短路故障时，断路器 21 失灵，写出短路电流路径，分析保护动作、断路器跳闸情况。

3. 反向运行方式下中压母线短路故障保护动作逻辑分析

(1)图 5-35 中，反向供电方式下，保护装置正常，K_3 点发生短路故障，无断路器失灵或保护拒动，写出短路电流路径，分析保护动作、断路器跳闸情况。

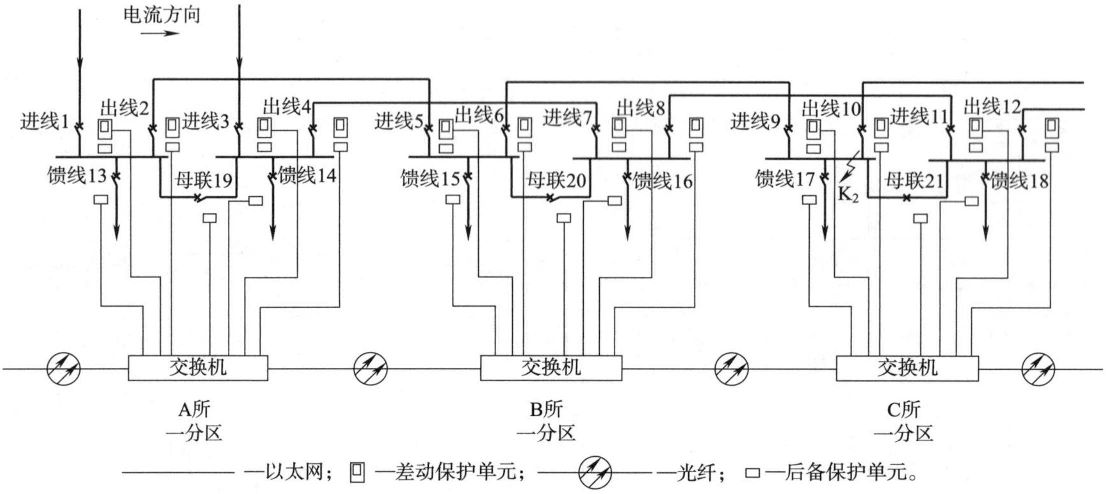

图 5-34　单母线运行供电方式下环网电缆故障的保护动作逻辑分析图

(2)图 5-35 中,反向供电方式下,保护装置正常,K_3 点发生短路故障,断路器 10 失灵,写出短路电流路径,分析保护动作、断路器跳闸情况。

____

____

____

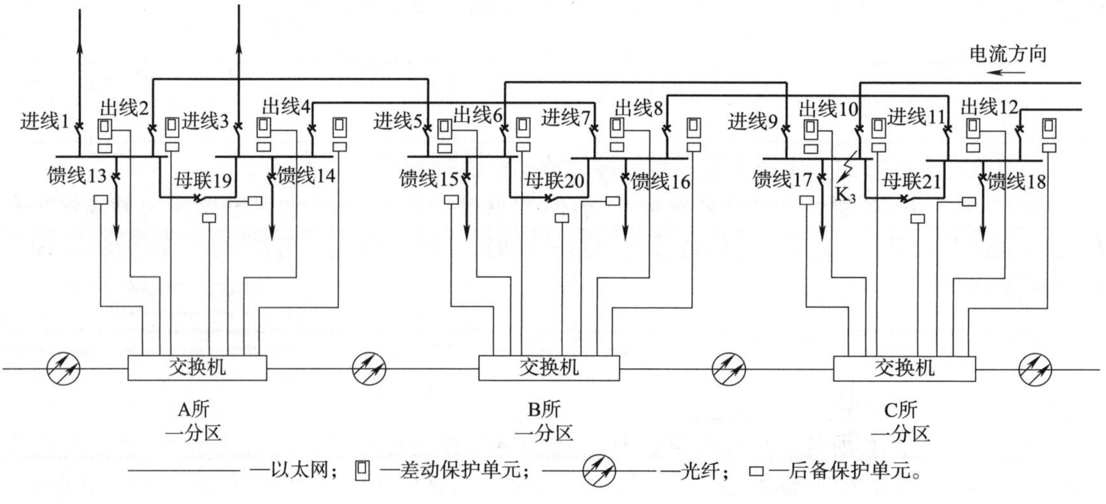

图 5-35　反向运行供电方式下中压母线故障的保护动作逻辑分析图

任务考核

任务考核见表 5-7。

表 5-7 任务考核表

<table>
<tr><td colspan="2">任务名称</td><td colspan="5">35 kV 大分区供电系统中压母线短路故障选择性跳闸保护方案分析</td></tr>
<tr><td colspan="2">安全监护人</td><td></td><td>作业完成人</td><td></td><td>日期</td><td></td></tr>
<tr><td colspan="2">开始时间</td><td></td><td>结束时间</td><td></td><td>任务完成时间</td><td></td></tr>
<tr><td colspan="2">评分项目</td><td colspan="3">评分要素及标准</td><td>分值</td><td>小组互评</td><td>教师评分</td></tr>
<tr><td rowspan="3">作业操作流程</td><td>正常供电方式下进中压母线短路故障保护方案动作逻辑分析</td><td colspan="3">正确说明正常供电方式下各开关状态(8 分)
说明电流路径(7 分)
正确设置故障点(5 分)
保护跳闸动作逻辑分析正确(10 分)</td><td>30</td><td></td><td></td></tr>
<tr><td>单母线运行供电方式中压母线短路故障保护方案动作逻辑分析</td><td colspan="3">正确说明单母线运行方式下各开关状态(8 分)
说明电流路径(7 分)
正确设置故障点(5 分)
保护跳闸动作逻辑分析正确(10 分)</td><td>30</td><td></td><td></td></tr>
<tr><td>反向供电运行方式下中压母线短路故障保护方案动作逻辑分析</td><td colspan="3">正确说明反向供电运行方式下各开关状态(8 分)
说明电流路径(7 分)
正确设置故障点(5 分)
保护跳闸动作逻辑分析正确(10 分)</td><td>30</td><td></td><td></td></tr>
<tr><td colspan="2">作业后恢复</td><td colspan="3">分析记录整齐、准确(5 分)
用语简练规范(5 分)</td><td>10</td><td></td><td></td></tr>
<tr><td colspan="2">操作限时</td><td colspan="6">本任务限时 30 min 内完成，每超过 1 min 扣 4 分。超时 10 min 为不合格</td></tr>
<tr><td colspan="2">总分</td><td colspan="6">(总分 = 小组互评 ×40% + 教师评分 ×60%)</td></tr>
<tr><td colspan="8">作业人员签字：　　　　　　　　考评人员签字：</td></tr>
</table>

巩固与练习

一、判断题

1. 城轨供电系统在中压 35 kV 进出线柜综合后备保护装置和中压 35 kV 母联柜综合后备保护装置中均配置了母线电流比较保护。(　　)
2. 当发生母线短路故障时，母线电流比较保护可以迅速切除故障，不需要其他的后备保护。(　　)
3. 母线电流加速段保护位于同母进出线柜零序保护装置中。(　　)

二、简答题

1. 简述母线电流比较保护的工作原理。
2. 35 kV 母线配置了哪些后备保护？简述这些保护的工作原理。
3. 35 kV 母线断路器失灵保护动作逻辑应该满足哪些条件？

知识拓展

行业动态——“绿色”和“智慧”是城市轨道交通可持续发展的双翼

习近平总书记在考察北京市轨道交通建设发展情况时指出：“城市轨道交通是现代大城市交通的发展方向。发展轨道交通是解决大城市病的有效途径，也是建设绿色城市、智能城市的有效途径”。

为响应国家“双碳”目标，城轨行业以绿色转型设定为主线，把清洁能源视作发展方向，着重聚焦节能降碳。通过智慧赋能与创新驱动，开展六大绿色城轨专项行动，助力建成绿色城轨系统。在技术节能层面，主要通过采用节能技术与优化设计方案来实现。例如，在车辆节能领域，借助线路选线时对曲线半径的优化、线路节能坡度的合理设置、车辆的轻量化设计、列车智能空调与照明系统的配备，以及列车自动控制系统的运用得以达成；供电系统节能则依靠合理运用再生制动及储能技术、选用导电率高的钢铝复合轨、采用节能型 LED 灯具等方式实现；而设计方案优化节能，则是通过对土建规模的合理把控以及系统容量的精准确定来达成。

中国城市轨道智慧城轨发展的关键板块，包括智慧乘客服务体系、智能运输组织体系、智能能源系统体系、智能列车运行体系、智能运维安全体系以及城轨云与大数据平台。具体而言，智慧乘客服务体系中的实名制乘车、无感支付、票检合一、智慧车站和智能列车等技术，能够有效提升乘客出行对轨道交通的选择意愿；智能运输组织体系凭借网络化运营和智能调度功能，实现运输组织的精细化管理与资源的优化配置，从而提升运输效率；智能能源系统体系通过构建电能质量优化控制、再生制动及新能源利用、永磁牵引及双向变流、智能能源系统等，助力提高能源系统的节能率；智能列车运行系统中的全自动运行、互联互通等技术，为高效的乘客服务和列车运行提供有力支持；智能运维安全体系构建的多专业智能运维体系，有助于提升网络化运维的效率；城轨云与大数据平台作为智慧城轨的数字基石，实现业务系统的统一部署承载，达成弱电系统资源的集约利用与节能降耗，为智慧城轨整体发展提供强大动力。

项目6
牵混所继电保护测试

项目描述

牵混所即牵引降压混合变电所，是城轨供电系统中提供牵引供电和动力照明供电的重要设施。牵混所的主要功能包括将主变电站或邻站引入的中压交流电能通过整流机组转换为直流电，用于驱动电客车；另一方面将引入的中压交流电能通过配电变压器转换为交流低压电能，向车站和线路区间的动力、照明负荷和其他用电设施供电。牵混所的安全性和可靠性直接影响到城轨供电系统的正常运行。

本项目结合现场供电设备及保护方案实例，学习牵混所功能及供电设备组成、35 kV干式变压器电量和非电量保护、整流器保护的配置和工作原理。学习城轨牵引供电系统组成及供电方式，分析城轨牵引供电系统故障和不正常运行状态，总结直流馈线短路故障特征。学习牵混所直流系统保护配置和工作原理。阐述直流馈线主保护、后备保护及馈线双边联跳、自动重合闸与线路测试等自动功能的工作原理。引入企业现场不同供电方式运行实例，学习分析35 kV大分区供电系统馈线短路故障保护方案及动作逻辑。对接城轨供电专业人员岗位掌握：结合现场实例识读直流牵引供电系统图、35 kV GIS馈线开关柜保护测试作业、DC 1 500 V馈线开关柜保护测试作业。引入企业现场开关跳闸事故案例，学习分析跳闸事故原因，正确处理事故。

学习目标

知识目标

(1)掌握牵混所功能及供电设备组成。

(2)掌握牵混所干式变压器电量保护和非电量保护、整流器保护的配置及工作原理。

(3)掌握城轨牵引供电系统的组成、供电方式。

(4)会分析城轨直流供电系统短路故障和不正常状态，描述直流馈线短路故障特征。

(5)掌握城轨直流供电系统保护配置。

(6)理解城轨直流馈线主保护、后备保护、双边联跳、直流馈线自动重合闸、线路测试的工作原理。

技能目标

(1)会分析35 kV大分区供电系统不同供电方式下馈线短路故障保护方案及动作逻辑。

(2)会结合实例识读直流牵引供电系统图。

(3)进行35 kV馈线开关柜保护测试作业。

(4)进行DC 1 500 V馈线开关柜保护测试作业。

(5)学会分析开关跳闸事故案例故障原因及故障处理工作流程。

素养目标

(1)提升学以致用、理论联系实际的实践能力。

(2)秉持认真细致、科学严谨的分析态度。

(3)树立遵章守规、试验安全的职业意识。

(4)养成良好沟通、齐心协作的团队精神。

任务1　35 kV 大分区供电系统馈线短路故障选择性跳闸保护方案分析及 35 kV GIS 馈线开关柜保护测试作业

任务导入

35 kV GIS 馈线开关柜保护测试作业是城轨供电检修岗位的一项典型工作任务。城轨交通 35 kV 中压环网正常供电、单母线供电、反向供电三种运行方式下馈线发生短路故障时保护方案动作逻辑分析是进行 35 kV GIS 馈线开关柜保护测试作业的基础，也是进行提升城轨供电运行检修岗位应急反应处置能力的重要方法。

任务目标

(1)理解 35 kV 干式变压器典型电量、非电量保护配置和保护原理。

(2)掌握整流器工作原理、保护配置及保护原理。

(3)会实例分析 35 kV 大分区供电系统馈线短路故障保护方案及动作逻辑。

(4)能完成 35 kV GIS 馈线开关柜保护测试作业。

知识准备

一、牵混所功能及设备组成

视频

牵引降压混合变电所继电保护和自动装置配置

1. 牵混所功能

为节约建设成本，一般牵引变电所和降压变电所合建为牵引降压混合变电所，即牵混所。城市轨道交通牵混所将主所或邻站 35 kV 电能通过 35 kV 进线引入本所，通过35 kV 出线引至邻所，并通过 35 kV 馈线引至本所各类干式变压器一次侧。牵混所 35 kV 馈线柜供电对象包括 35 kV 配电变、35 kV 整流变、35 kV 能馈变，相应的 35 kV 馈线柜分为 35 kV 配电变馈线柜、35 kV 整流变馈线柜、35 kV 能馈变馈线柜。

(1)牵引供电功能

牵混所可为电客车提供牵引直流电源，如图 6-1 所示，牵混所将主变电站或邻站引入的中压 35 kV 交流电通过 35 kV 馈线断路器 306A 和 307A 引入一套 24 脉波整流机组。24 脉波整流机组由两组 12 脉波整流机组并联运行。每组 12 脉波整流机组由整流变压器(RT1、RT2)和整流器(RC1、RC2)组成。24 脉波整流机组可将中压 35 kV 交流电转换为 DC 1 500 V 直流电，通过 DC 1 500 V 直流进线开关柜 201 和 202、馈线开关(211 ~ 214)向接触网供电，为列车提供牵引用电。

(2)动力照明供电功能

牵混所中的降压所部分可为城轨车站和隧道区间提供动力照明电源，如图 6-1 所示。牵混所的将主变电站或邻站引入的中压 35 kV 交流电通过 35 kV 馈线断路器 304A 和 304B 引入配电变压器 ST1 和 ST2。配电变压器将中压 35 kV 交流电转换为交流 400 V 低压电，然后通过 400 V 开关柜向车站和线路区间的动力、照明负荷和其他用电设施提供电能。

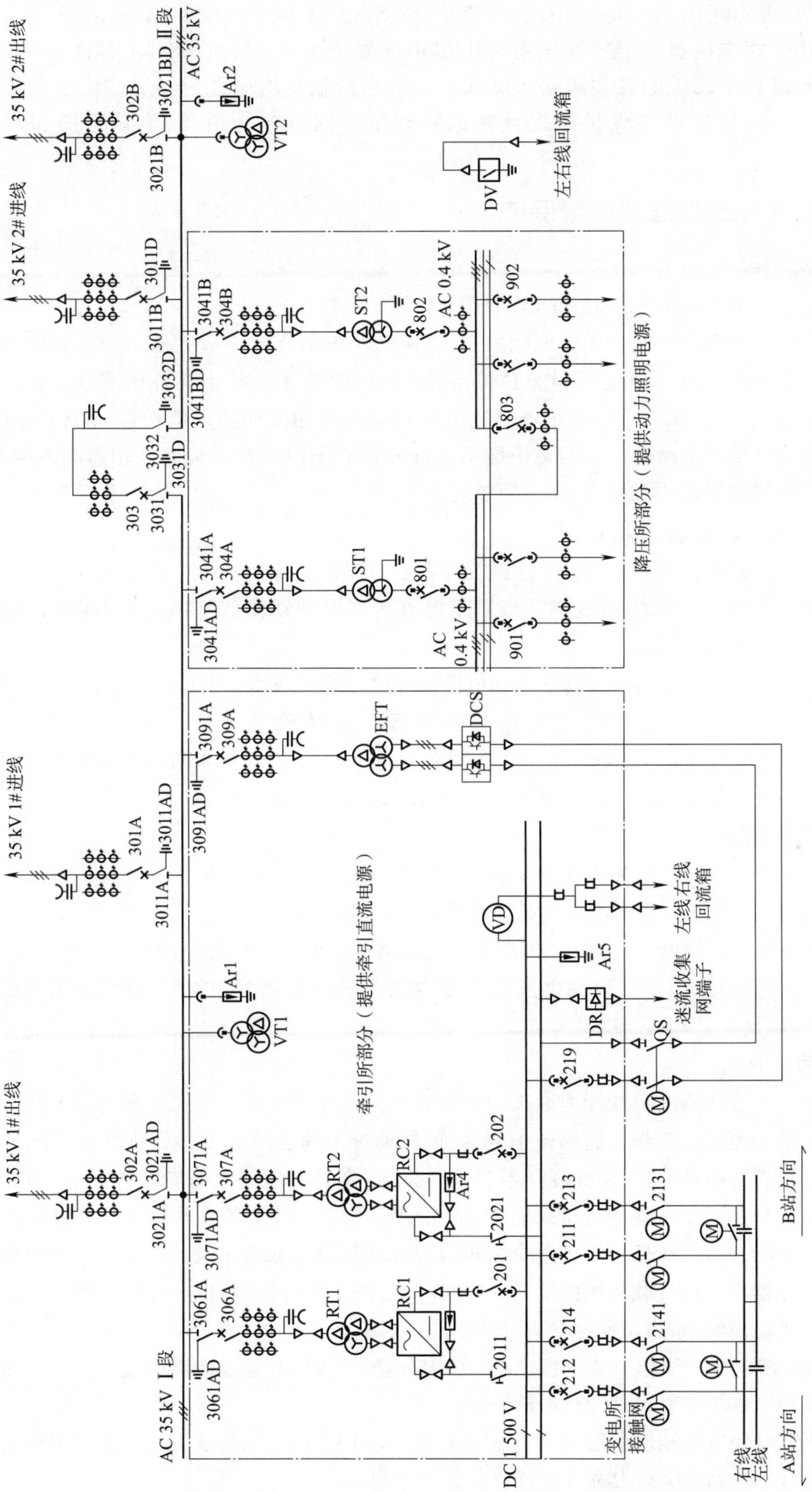

[符号]—分流器；(VD)—分压器；[符号]—逆变柜；[符号]—轨电位限制装置；[符号]—能馈变压器；[符号]—排流柜；[符号]—整流器；[符号]—带电显示器。

图6-1 典型牵引降压混合变电所主接线

出于安全、占地面积、免维护等因素的考虑，城轨 35 kV 配电变、35 kV 整流变、35 kV 能馈变通常采用干式变压器。干式变压器继电保护设置于为其供电的 35 kV 馈线柜中，干式变压器在运行过程中发生的各类短路故障和不正常运行状态均通过 35 kV 馈线柜开关保护跳闸来切除。干式变压器的保护根据反映的物理量不同可分为两类：电量保护和非电量保护。

二、35 kV 干式变压器电量保护

1. 电流速断保护

视频
干式变压器电量保护（1）

电流速断保护是 35 kV 干式变压器主保护。

电流速断保护整定原则为：电流速断保护动作电流应大于下级断路器处的最大短路电流，并躲过干式变压器空载合闸时的励磁涌流，其动作电流整定值 I_{set} 一般按式 $I_{set}>8I_N$（I_N 为变压器额定电流）确定，动作时间整定值按照 0.05～0.1 s 整定。保护灵敏度应按照系统最小运行方式下保护装置安装处两相短路电流校验，灵敏度系数应满足 $K_{sen}\geqslant 2$ 的要求。

2. 过电流保护

过电流保护是 35 kV 干式变压器后备保护。主要用于反映干式变压器内部包括高低压侧电缆发生的相间短路故障。当短路电流达到保护动作值且满足延时时间后，跳开 35 kV 馈线断路器，切除故障。

过电流保护整定原则为：过电流保护动作电流应躲过可能出现的最大负荷电流，并满足与低压进线开关的上下级配合关系，其动作电流整定值一般按 $I_{set}>4I_N$ 确定，动作时间定值可取 $t=0.3$ s。保护装置灵敏度系数应满足 $K_{sen}\geqslant 2.5$，按照系统最小运行方式下，低压侧两相短路时流过高压侧（保护安装处）的短路电流校验。

3. 零序电流保护

零序电流保护主要用于反映干式变压器内部包括高低压侧电缆发生的单相接地故障。继电保护装置通过零序电流互感器采集的电流量计算出零序电流。

零序电流保护整定原则：其动作电流 I_{set} 应躲过正常运行时可能出现的最大不平衡电流，一般按 $I_{set}\geqslant 0.4I_{L\,max}$ 整定（$I_{L\,max}$ 为最大负荷电流）。保护装置灵敏度系数 K_{sen} 按照本段线路末端最小短路电流校验，应满足 $K_{sen}\geqslant 2$ 的要求。

4. 过负荷保护

视频
干式变压器电量保护（2）

变压器的负载能力取决于变压器结构和容量大小。干式变压器需要在其负载能力范围内工作才能保证正常运行，长期过负荷会造成变压器损坏。干式变压器设置过负荷保护，防止变压器过负荷损毁，降低变压器绝缘老化的速度，同时保证充分利用变压器的过负荷能力，提高变压器的综合经济效益。变压器过负荷保护包括轻过负荷保护和重过负荷护。根据变压器过负荷程度，轻过负荷保护允许变压器在一定过载范围内运行一定时间，动作于发出告警信号，提醒值班人员及调度人员减载，重过负荷保护则动作于跳闸。

城轨 35 kV 配电变馈线柜一般设置过负荷告警保护，35 kV 整流变馈线柜及 35 kV 能馈变馈线柜一般设置轻过负荷告警和重过负荷跳闸保护。

某牵混所配电变压器额定电压 35 kV，额定容量 1 250 kVA，其保护装置整定值见表 6-1。

下面以 35 kV 整流变压器为例分析过负荷保护原理。

表 6-1 某配电变压器保护装置整定值举例

开关柜名称	开关柜编号	运行编号	继电保护型号	继电保护设定方式	继电器整定值（定值组1，投入）					备注
1号、2号配电变H03/H05	304A/304B	P143	I>1（过负荷保护）	投入	CT变比：75/1	PT变比：35 000/100	（投入）	0.30 A	60 000 ms	本柜告警
			I>2（过电流保护）	投入				0.82 A	300 ms	启动、动作，动作跳本柜
			IN1>2（零序电流保护）	投入				0.42 A	300 ms	启动、动作，动作跳本柜
			I>4（电流速断保护）	投入				5.47 A	100 ms	启动、动作，动作跳本柜
			失灵保护	投入					200 ms	进出线、母联断路器跳闸
		温控仪	绕组告警温度	投入				130 ℃	/	本柜告警
			绕组跳闸温度	投入				150 ℃	/	启动、动作，动作跳本柜
			铁芯告警温度	投入				130 ℃	/	本柜告警

《地铁设计规范》(GB 50157—2013)中规定了牵引整流机组的负荷特性，见表6-2。整流变压器运行原则为：

(1)整流变压器在100%额定容量时，可连续运行。

(2)整流变压器在150%变压器额定容量下运行时间达2 h，轻过负荷保护启动跳闸。

(3)整流变压器在300%额定容量下运行达1 min，重过负荷保护启动跳闸。

表 6-2 牵引整流机组的负荷特性

负荷	100%额定电流	150%额定电流	300%额定电流
允许运行时间	连续	2 h	1 min

整流变压器过负荷保护整定原则：其动作电流应躲过整流变压器的最大负荷电流，同时保护反时限曲线应与整流变压器的过载特性曲线相匹配。

某35 kV整流变压器容量为2 750 kVA，高压侧额定电流为45.4 A，其35 kV整流变压器参数及定值设置见表6-3。

表 6-3 某 35 kV 整流变压器参数及定值设置

开关柜名称	开关柜编号	运行编号	继电保护型号	继电保护设定方式	继电器整定值（定值组1，投入）					备注
1号、2号整流变H07/H08	306B/307B	P143	I>1（轻过负荷）	投入	CT变比：100/1	PT变比：35 000/100	（投入）	0.68 A	7 100 000 ms	本柜告警
			I>2（过电流保护）	投入				1.81 A	300 ms	启动、动作，动作跳本柜
			IN1>2（零序电流保护）	投入				0.36 A	300 ms	启动、动作，动作跳本柜
			I>4（电流速断保护）	投入				3.63 A	100 ms	启动、动作，动作跳本柜
			I>5（反时限过电流）	/				0.7 A	TD=1.0 s	曲线类型：UK LTI
			I>6（重过负荷）	/				1.36 A	59 000 ms	启动、动作，动作跳本柜
			失灵保护	投入				/	200 ms	进出线、母联断路器跳闸
		温控仪	绕组告警温度	投入				130 ℃	/	本柜告警
			绕组跳闸温度	投入				150 ℃	/	动作跳本柜
			铁芯告警温度	投入				130 ℃	/	本柜告警

表6-3中，“$I>1$”表示轻过负荷保护，保护整定值为0.68 A，折算到线路侧整定值为0.68 A×100=68 A，68 A接近变压器额定电流45.4 A的1.5倍。轻过负荷保护整定延时时间为7 100 s，约为118 min，接近表6-2中规程规定的轻过负荷允许的运行时间2 h。

表6-3中，“$I>6$”表示重过负荷保护，保护整定值为1.36 A，折算到线路侧整定值为1.36 A×100=136 A，136 A接近变压器额定电流45.4 A的3倍，动作延时59 s，接近表6-2中规程规定的重负荷保护允许运行时间1 min。

表6-3中轻过负荷与重过负荷保护均为定时限特性的过负荷保护。实用中为了提高过负荷

保护可靠性，整流变过负荷保护常常设置为动作时间与电流成反比的反时限特性过负荷保护。

干式变压器反时限特性的过负荷保护可以表示为

$$t=\left(\frac{A}{I^{P}-1}\right)k \tag{6-1}$$

式中 t——干式变压器允许运行时间；

I——任意时刻的测量电流与整定电流的比值，即 $I=I_{测量}/I_{整定}$；

k——步长；

A——表征特性的常数；

P——函数指数。

反时限特性曲线可分为正常反时限、非常反时限、极端反时限、长时间非常反时限、短时间反时限等多种特性，每种反时限特性均对应一组特定的 A、P 参数值。根据式(6-1)，可通过任意时刻的测量电流与整定电流的比值 I 来计算干式变压器允许运行时间 t。比如当 $I_{测量}\leqslant I_{整定}$时，代入式(6-1)得 $t=\infty$，即 $I_{测量}\leqslant I_{整定}$时允许干式变压器持续运行。

图 6-2 为某 35 kV 干式变压器反时限特性过负荷保护曲线，可见随着干式变压器测量电流与额定电流的倍数增加(由 1 倍开始，逐渐增大至 10 倍)，干式变压器的运行时间呈现出逐渐递减的趋势。在干式变压器测量电流与额定电流的倍数不大于 1.5 倍时，变压器可持续运行，3 倍时变压器运行时间约大于 1 min，可见该特性可满足地铁规范的要求。

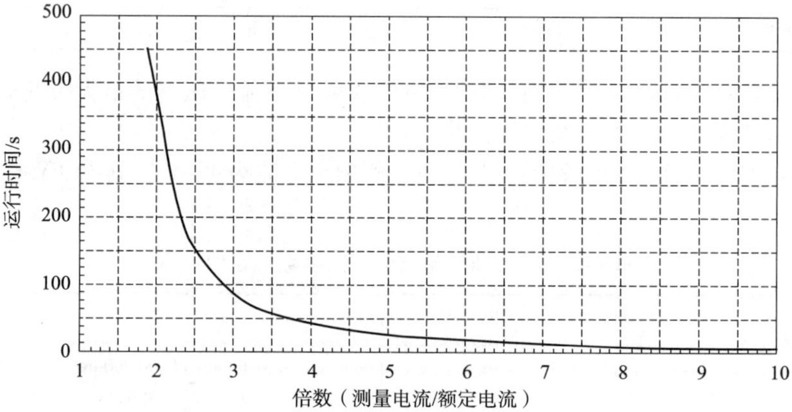

图 6-2　某 35 kV 干式变压器反时限特性过负荷保护曲线

5. 数字通信电流保护

35 kV 变压器馈线柜设置了数字通信电流保护，作用是在 35 kV 变压器馈线侧发生短路故障时启动闭锁本段 35 kV 母线上进出线断路器、母联断路器的母线电流比较保护动作，防止 35 kV 变压器馈线侧短路故障引起的 35 kV 进出线或母联断路器跳闸而导致 35 kV 母线失电而扩大事故停电范围，实现保护的选择性。

如项目 5 任务 3 所述，当发生母线短路故障时，在和短路故障母线连接的所有进出线、母联和馈线中，只会有一路进线存在短路电流。因此进线、出线、母联之间的母线电流比较保护通过互相闭锁，同时也接受馈线电流保护的闭锁，从而实现保护的选择性。当 35 kV 馈线某处发生短路时，馈线断路器的数字通信电流保护通过向同母进出线断路器、母联断路器发出馈线过流保护或零流保护启动的闭锁信号，将与此段母线相连的除短路馈线之外的其他断路器的母线电流比较保护动作闭锁，防止其越级跳闸。

35 kV 馈线柜数字通信电流保护动作逻辑如图 6-3 所示，馈线柜的过流启动信号或零流启动信号均能发出闭锁信号，闭锁与本段母线相连的进、出线柜、母联柜的母线电流比较保护动作。

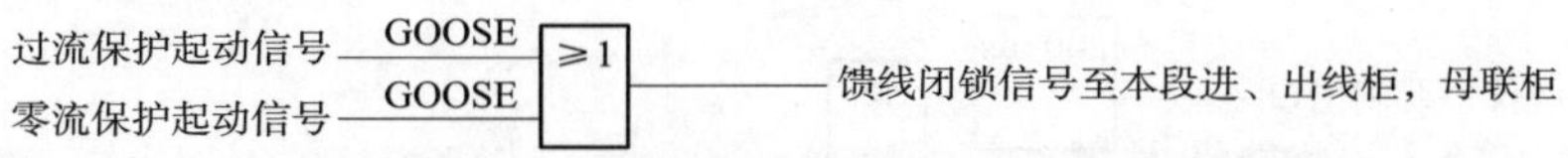

图 6-3 35 kV 馈线柜数字通信电流保护动作逻辑图

如图 6-4 所示，35 kV 馈线数字通信电流保护方案中，当一分区 A 所馈线 14 的 B 点发生短路故障时，应优先由馈线 14 的主保护电流速断保护动作跳开馈线断路器 14，同时 35 kV 馈线断路器 14 的综合后备保护单元中的数字通信电流保护启动，闭锁本段母线 35 kV 进线断路器 3、出线断路器 4、母联断路器 19 的母线电流比较保护动作，防止 35 kV 变压器馈线侧短路故障时造成 35 kV 进出线断路器 3、4 或母联断路器 19 因母线电流比较保护动作跳闸从而导致 A 所 35 kV 母线Ⅱ段失电，扩大事故停电范围，保证保护的选择性。

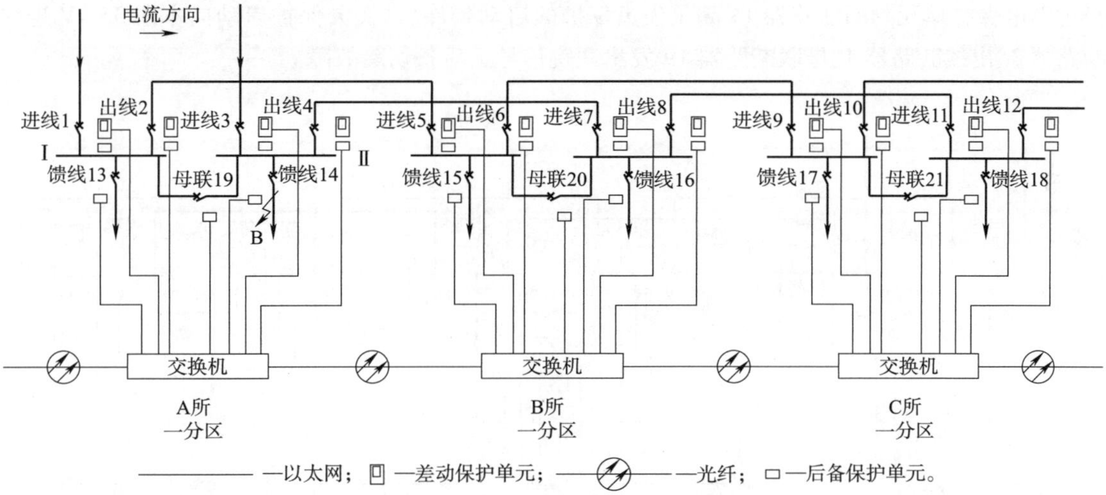

图 6-4 35 kV 馈线数字通信电流保护方案

6. 馈线断路器失灵保护

视频

干式变压器
电量保护
（3）

干式变压器是通过上级 35 kV 变压器馈线柜的断路器保护跳闸来切除故障的，因此 35 kV 变压器馈线断路器失灵保护设置于 35 kV 变压器馈线柜，作为 35 kV 干式变压器远后备保护。

干式变压器发生短路故障时，35 kV 变压器馈线柜保护动作，如果由于某种原因 35 kV 馈线断路器拒动时，35 kV 变压器馈线的断路器失灵保护就会向上级可能来电侧断路器发出联跳信号以便远后备切除故障。上级可能来电侧断路器包括本段母线 35 kV 的进、出线断路器和母联断路器。联跳出线断路器是考虑到系统可能处于反向运行状态，联跳母联断路器是考虑到系统可能处于母联断路器合闸的单母线运行状态。同时，如果 35 kV 能馈变馈线断路器投用且作为电源侧断路器使用的时候也要向能馈变馈线断路器发出联跳信号。

如图 6-5 所示，35 kV 变压器馈线断路器失灵保护当满足以下 4 个逻辑条件：（1）35 kV 馈线断路器保护跳闸出口；（2）35 kV 馈线柜断路器处于合位；（3）35 kV 馈线柜隔离开关处于合位；（4）保护延时达到设定值（一般 200 ms）。则 35 kV 变压器馈线断路器失灵保护将启动联跳本段 35 kV 进出线断路器、母联断路器及35 kV 能馈变馈线断路器。

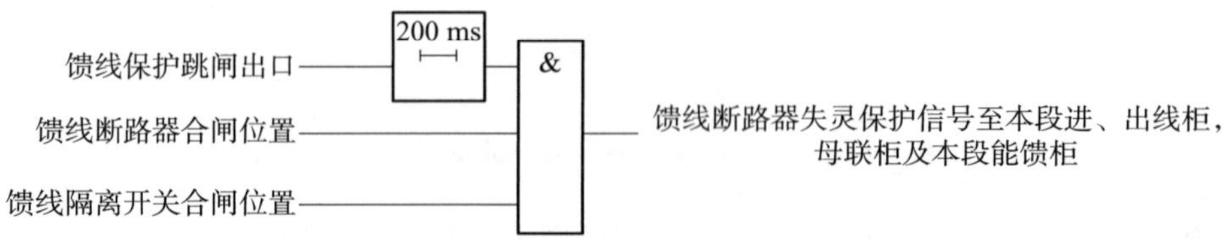

图 6-5　35 kV 变压器馈线断路器失灵保护逻辑图

下面分别分析城轨 35 kV 供电系统正常运行方式、单母线运行方式和反向运行方式下 35 kV 变压器馈线开关失灵保护方案。

如图 6-6 所示，在 35 kV 供电系统正常运行方式下，如果馈线 14 的 B 点发生了短路故障，应由 35 kV 变压器馈线断路器 14 的继电保护单元动作断开断路器 14，但是如果断路器 14 失灵，则经过继电保护单元判断断路器 14 满足失灵保护的启动条件后，失灵保护启动向本段 35 kV 进线断路器 3、出线断路器 4、母联断路器 19 发出联跳信号远后备切除故障。

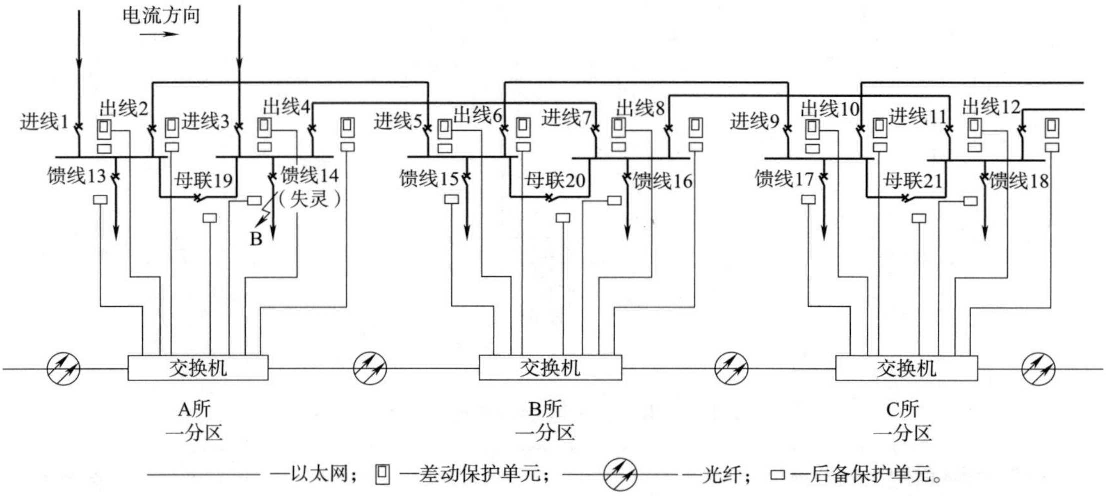

图 6-6　正常运行方式下 35 kV 馈线短路故障时断路器失灵保护的动作情况分析图

如图 6-7 所示，一分区 B 所由于进线短路故障或失压造成进线断路器 5 分闸，B 所处于母联断路器 20 合闸的单母线运行状态，Ⅰ段母线由Ⅱ段母线支援供电。这时，如果馈线 15 的 E 点发生短路故障，应优先由馈线断路器 15 的继电保护单元动作，但是如果断路器 15 失灵，则继电保护单元判断断路器 15 满足失灵保护的启动条件后，失灵保护启动并向本段 35 kV 进线断路器 5、出线断路器 6 以及母联断路器 20 发出联跳信号远后备切除故障。

如图 6-8 所示 35 kV 系统处于反向运行方式，供电潮流与正常供电方式时相反。当馈线 14 的 H 点发生短路故障，应优先由 35 kV 变压器馈线断路器 14 的继电保护单元动作断路器 14 分闸，但是如果断路器 14 拒动，则继电保护单元判断断路器 14 满足断路器失灵保护的启动条件后，失灵保护启动并向本段 35 kV 进线断路器 3、出线断路器 4、母联断路器 19 发出联跳信号远后备切除故障。

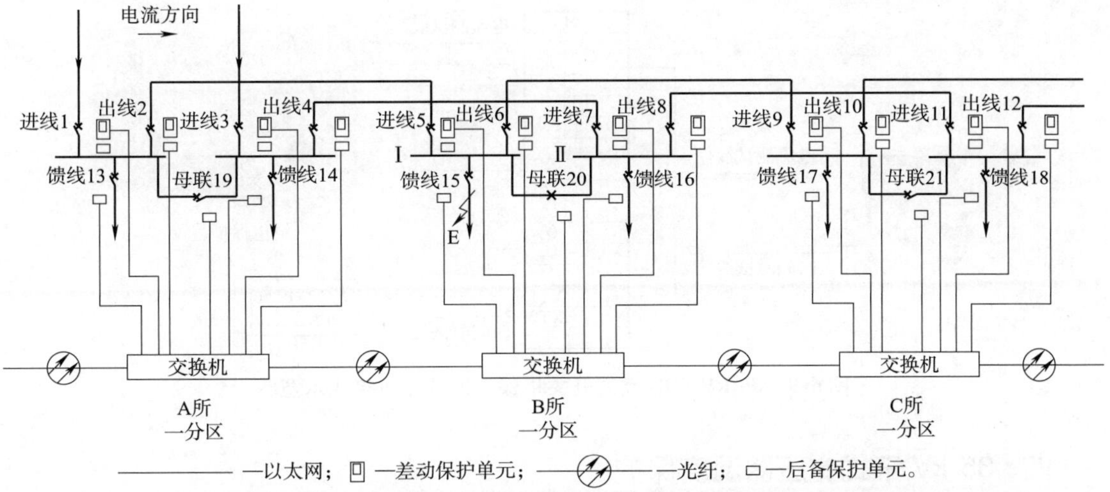

图 6-7　单母线运行供电方式下 35 kV 馈线短路故障时断路器失灵保护的动作情况分析图

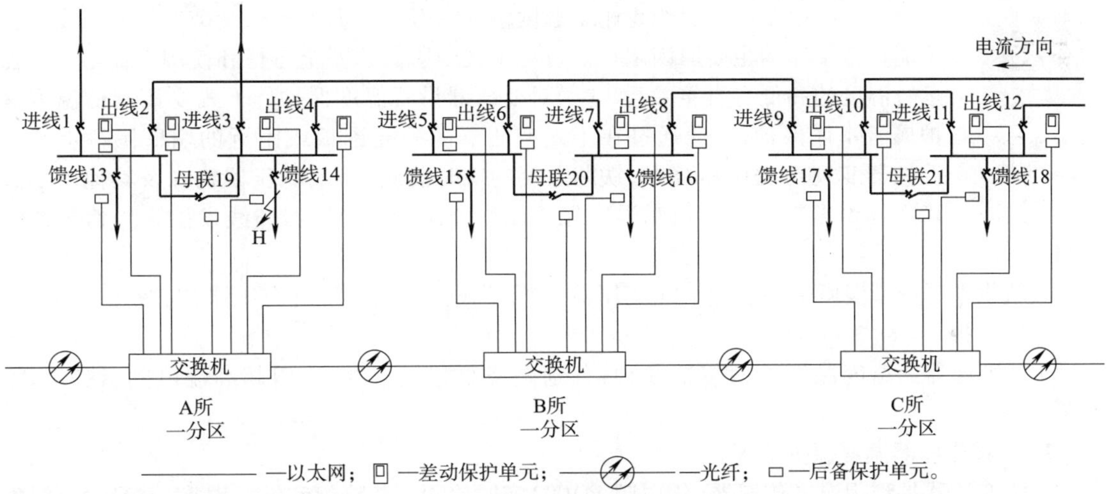

图 6-8　反向运行方式下 35 kV 馈线故障时断路器失灵保护的动作情况

三、35 kV GIS 馈线开关柜保护测试作业原理

视频

35 kV变压器馈线柜继电保护配置及应用

35 kV GIS 馈线开关柜保护测试作业具体接线如图 6-9 所示。

继电保护测试仪输出一路三相交流模拟信号，模拟 35 kV 侧的电流互感器 TA 二次电流，通过端子排分别连接至 35 kV 馈线柜保护装置。同时，断路器的分闸位置出口常开触点也通过端子排分别与保护测试仪的开关量输入端子并联，用来将保护动作信号回馈给测试仪，进行电流保护动作特性的测试。

测试时，依据 35 kV 保护装置设定的整定值在保护测试仪中进行电流起始值和步长的设置，然后手动逐步加量。继电保护测试仪从设定的起始电流值，按照一定步长增加电流，当电流达到保护动作值时，保护动作，断路器分闸位置出口常开触点闭合，记录动作电流。

在进行动作时间测试时，施加 1. 2 倍的整定电流信号，当断路器分闸位置出口常开触点闭合时，保护测试仪开关量输入端子会收到闭合信号，记录保护动作时间。

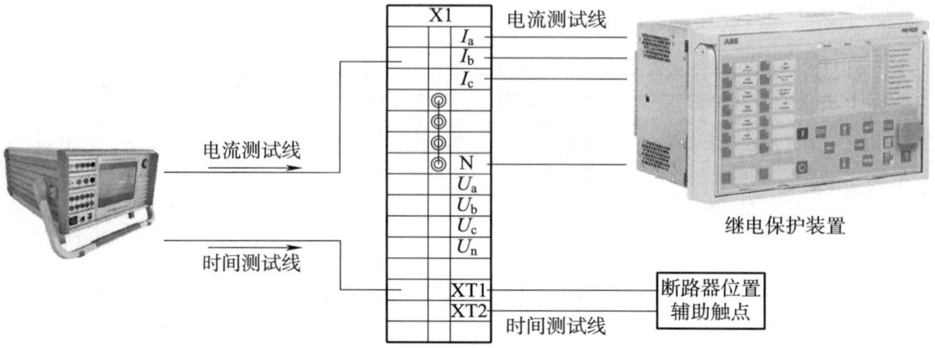

图 6-9　35 kV GIS 馈线开关柜保护测试作业接线示意图

四、35 kV 干式变压器温度保护

1. 干式变压器温度保护作用及类型

视频

干式变压器温度保护

干式变压器的安全运行和使用寿命很大程度上取决于变压器绕组运行是否安全可靠。绕组温度超过绝缘耐受温度时绝缘寿命降低甚至遭受破坏是导致变压器不能正常工作的主要原因之一。可见干式变压器的安全运行和使用寿命与变压器运行温度的高低有直接关系，必须对变压器设置温度保护。干式变压器的温度保护属于本体保护，一般通过在干式变压器的外壳围板或附近的墙壁围栏上装设温控器实现对变压器绕组、铁芯温度的实时监测，反映变压器绝缘及其他内部故障。当温度超出设定值时温度保护动作于 35 kV 变压器馈线发出告警信号或者跳闸。

城轨供电系统牵混所中的各种干式变压器，包括配电变压器、整流变压器、能馈变压器均设置了温度保护。

干式变压器的温度保护类型包括三种，分别是绕组超温告警、绕组超高温跳闸、铁芯超温告警。

2. 干式变压器温度保护原理

干式变压器是利用温度传感器（铂电阻 Pt100）实时检测三相绕组和铁芯温度，并且设置温度控制器来实时传输变压器的告警和跳闸信号。

如图 6-10 所示，干式变压器温度控制器由预埋在变压器三相绕组和铁芯中的铂电阻 Pt100 传感器和 PTC 热敏电阻传感器产生与温度值相对应的电阻信号，经多路开关、滤波、放大和 A/D 转换为数字信号后输入单片机，单片机根据巡回检测的测温电阻数据和设定的各种控制参数，经过计算与处理，输出显示信息和控制信号。干式变压器温度控制系统可以实现温度巡检、风机启停和变压器故障导致的异常温度保护。

干式变压器具有绕组超温告警、绕组超高温跳闸、铁芯超温告警、温度传感器故障、外壳开门监视等功能，并能通过远程通信接口将信息上送到变电所综合自动化系统，也可通过硬接点方式输出。装置失电或装置故障信号时有硬接点信号输出。装置具有数据存储功能，在装置故障或失电时所有数据均不会丢失。装置也具有液晶显示屏、LED 显示灯和操作键盘，能实时显示温度信息和故障信息，并可通过操作键盘来设置和修改各种定值和参数。告警温度和跳闸温度的定值可根据变压器的实际情况和用户的需要设置。

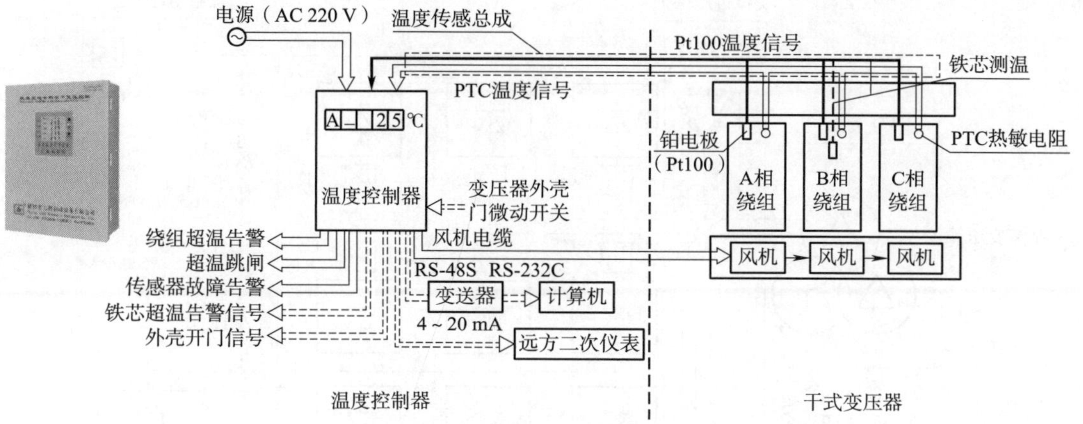

图 6-10 干式变压器温度显示控制系统原理示意图

干式变压器温度保护参数设置举例见表 6-4，干式变压器三相绕组上均设置超温告警和超温跳闸功能，铁芯上只设置超温告警功能。

表 6-4 干式变压器温度保护参数设置举例

开关柜名称	开关柜编号	运行编号	继电保护型号	继电保护设定方式	继电器整定值（定值组1，投入）					备注
1号、2号配电变H03/H05	304A/304B	P143	I>1（过负荷保护）	投入	CT变比：75/1	PT变比：35 000/100	（投入）	0.30 A	60 000 ms	本柜告警
			I>2（过电流保护）	投入				0.82 A	300 ms	启动、动作，动作跳本柜
			IN1>2（零序电流保护）	投入				0.42 A	300 ms	启动、动作，动作跳本柜
			I>4（电流速断保护）	投入				5.47 A	100 ms	启动、动作，动作跳本柜
			失灵保护	投入					200 ms	进出线、母联断路器跳闸
		温控仪	绕组告警温度	投入				130 ℃	/	本柜告警
			绕组跳闸温度	投入				150 ℃	/	启动、动作，动作跳本柜
			铁芯告警温度	投入				130 ℃	/	本柜告警

干式变压器温度控制器的逻辑保护输出有：当运行温度达到 130 ℃时，输出告警信号；当运行温度达到 150 ℃时，输出跳闸信号。现场可以根据需求调整设定温度。

五、整流器保护

视频

整流器保护

1. 整流器工作原理

整流变压器和整流器组成牵引变电所的牵引整流机组。整流变压器将从中压环网引入的 AC 35 kV 电能降压到 AC 1.18 kV，再经整流器转换成 DC 1 500 V 的电能向接触网送电，实现直流牵引。

为提高直流供电质量，降低直流电源的脉动量，整流机组通常采用两组 12 脉波整流电路组成的 24 脉波整流电路。12 脉波整流电路是由两个 6 脉波三相整流桥并联组成。其中一个三相整流桥接向整流变压器的二次侧星形绕组，另一个三相整流桥接向整流变压器的二次侧三角形绕组。12 脉波整流系统原理如图 6-11 所示。

2. 整流器保护配置及原理

整流器可能发生的故障包括整流器过温和整流器硅元件故障，因此要分别有针对性地设置保护。

（1）过电压保护

过电压保护包括：换相过电压保护、交流侧过电压保护、直流侧过电压保护。

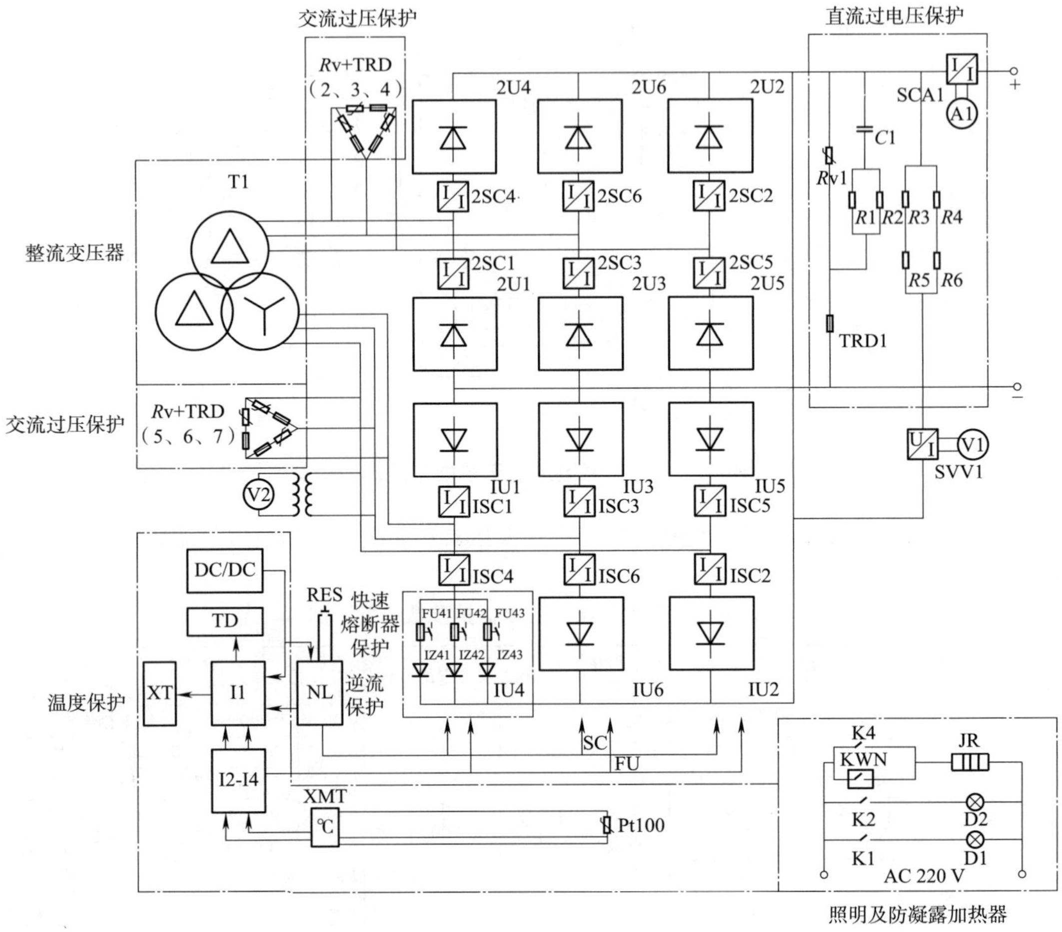

1Fu11～2Fu63—快速熔断器；Rvl～Rv7—压敏电阻；Pt100—温度传感器；XMT—温度控制器；KWN—防凝露控制器；R1、R2、C1—直流倒吸收 RC；R3～R6—负载电阻；V1—直流电压表；A1—直流电流表；V2—交流电压表；D1、D2—前后门照明灯；K1、K2—行程开关；K4—手动开关；JR—加热极；RES—复位按钮；I1～I6—可编程控制器；TD—液晶显示屏；DC/DC—电源板；XTD—故障输出端子；NL—逆流保护；TRD—熔断器；1SC1～1SC6—逆向电流检测传感器。

图 6-11　12 脉波整流器系统原理图

①换相过电压保护。

在整流元件换相瞬间，由于载流子积累效应会产生过电压，其最大值可以达到正常反向电压的 5～7 倍。因此，在每个整流臂上并联由换相电阻 R、电容 C 组成的二极管换相过电压保护电路用于抑制换相过电压。如图 6-12 为二极管换相过电压保护电路，每条整流臂上并接的二极管换相过电压保护电路相同。并接电容 C 是因为电容两端电压不会突变，能吸收浪涌电压，可以防止硅整流二极管 D 在承受换相电压时遭到损坏；换相电阻 R 则是为了防止电容与硅整流二极管组成的回路引起振荡而产生瞬间电流剧增。

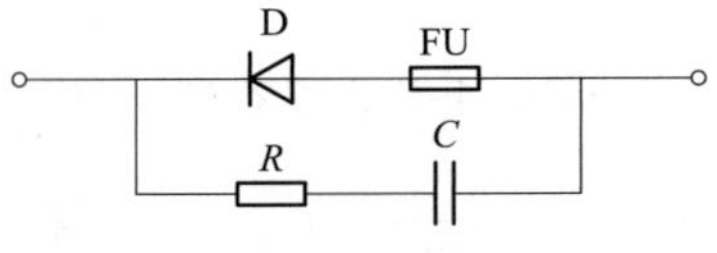

FU—快速熔断器；D—硅整流二极管；C—电容；R—换相电阻。

图 6-12　二极管换相过电压保护电路

②交流侧过电压保护。

以下三种情况在整流变压器的阀侧（指连接到整流器的一侧，即整流变压器的副边）均会产生操作过电压。交流侧过电压保护主要用于整流变操作过电压保护。

一是切除空载整流机组时，由于激磁磁通在铁芯内储存的能量不能突变，只能向绕组的分布电容充电，会引起幅值极高的振荡，振荡电压的峰值可达工作电压峰值的 8 ~ 10 倍。而当整流机组带有负载时，电磁能量可以向负载释放，一般不会产生异常过电压。

二是当整流变压器的负载变化较大，且整流变压器网侧（指整流变连接到35 kV 电网的一侧，即整流变压器的原边）为高压时，如果网侧在峰值时刻合闸，由于整流变压器网侧线圈之间有分布电容存在，静电感应作用下会使网侧线圈瞬时感应出高电压。

三是整流变压器空载合闸时，由于系统、线路、整流变漏感与变压器分布电容等构成振荡电路，将在整流变压器绕组上产生过电压。这一过电压的最大值会达到接通瞬间电源电压瞬时值的 2 倍，整流变压器阀侧可能感应出 2 倍的过电压。

上述过电压的产生，会严重危及整流二极管，必须采取保护措施。

一般情况下，交流侧过电压保护主要利用压敏电阻。压敏电阻是一种氧化锌非线性电阻，当加在压敏电阻两端的电压低于其阈值电压时，流过它的电流极小，相当于一个阻值无穷大的电阻，即一个断开的开关。当加在压敏电阻两端的电压高于其阈值电压时，流过它的电流激增，相当于一个阻值无穷小的电阻，即一个闭合的开关。因此当过电压出现在非线性压敏电阻两端时，会将电压钳制在一个相对固定的电压值上，从而实现对下级电路的保护。交流侧过电压保护电路如图 6-11 中框选部分。

③直流侧过电压保护。

城轨直流侧接于接触网，位于地面部分不可避免地要承受雷击过电压，同时当切断直流侧快速断路器以切除直流侧故障电流时，也会产生操作过电压。另外还有来自负载即电客车上的过电压。如果这些过电压处理不当，不但会影响整流设备的运行，还会影响线路中其他高压电气设备及电客车的运行。

因此，在直流侧通过加装 *RC* 过电压抑制和放电回路，防止直流快速断路器开合时产生的操作过电压损坏二极管，并在整流器输出端并联一个压敏电阻用来抑制残余过电压。

直流侧过电压保护电路如图 6-11 中框选部分。

（2）过流保护（快速熔断器保护）

过流保护利用快速熔断器保护来切断整流器内部或外部短路电流，保护硅整流二极管。快速熔断器具有特殊性能，体积小、功耗小，并具有较大的断路容量，在切断短路电流过程中，具有快速限流的作用，并且不会产生危险的过电压。

快速熔断器直接串入每只整流二极管中。整流机组在运行中，若整流元件反向击穿，快速熔断器因流过很大的短路电流而迅速熔断，用于告警的副熔丝也随即熔断，熔断指示杆弹出，推动微动开关常开触点闭合，接通告警回路，提醒值班人员检查处理。

快速熔断器保护原理如图 6-11 框选部分所示。图 6-11 中只画出单只快速熔断器与整流二极管的保护接线，在实际的大功率硅整流机组中，每条整流臂是由多只整流二极管并联组成的，但每只整流二极管的保护接线相同。

当各桥臂内只有一个快速熔断器的熔丝熔断时，只发出告警信号；当一个臂内有超出一个熔丝熔断时，发出跳闸信号，使整流变压器高压侧（网侧）35 kV 断路器分闸，将整流变压器隔离开。

快速熔断器是利用金属导体作为熔体串联于整流二极管支路中，当过载或短路电流通过熔体时，因其自身发热而熔断，从而隔离某一支路，对整流二极管起到保护作用。它具有反时限特性，当过载电流小时熔断时间长，过载电流大时熔断时间短。因此在一定过载电流范围内，熔断

器不会熔断,可以继续使用。快速熔断器有以下几个方面的作用:

①当整流桥内部的整流二极管发生故障时,快速熔断器可以有效地隔离故障元件,而不影响其他元件工作。

②当一个快速熔断器的熔丝熔断后,将断开此支路的故障电流,其余的快速熔断器不需要更换。

③当断路器断开由外部故障产生的故障电流时,快速熔断器不会发生损坏或不需要更换。

④快速熔断器带有微动开关触点,当熔丝熔断后,会触发微动开关的触点,产生相应的信号用于告警、跳闸。

(3)二极管逆流保护

当桥臂内某个二极管被反向击穿时,在故障二极管支路的熔断器开始熔断的弧前时间和燃弧时间内,将有逆向的故障电流流经这个桥臂;同样,当该支路熔断器失效,无法熔断时,也有逆向故障电流流过桥臂。在整流器的每个桥臂设置一个传感器(如图 6-11 中的 1SC1 ~ 1SC6),用于检测逆向电流。

出现逆流时,1SC1 ~ 1SC6 将输出信号传给整流器的可编程控制器 PLC,PLC 向整流机组的微机保护装置输入 35 kV 整流机组馈线断路器跳闸命令,在 35 kV 整流机组馈线断路器保护分闸后,35 kV 馈线保护装置向 DC 1 500 V 进线断路器保护装置发联跳信号,将 DC 1 500 V 进线断路器分闸。

(4)温度保护

在整流器预测温度最高的元件散热器或铜母排上设置了温度传感器元件,用于监视元件散热器或铜母排的温度。温度保护通过温度传感器采集温度信号,发送到温度巡检仪,再由温度巡检仪上传信号到整流器的可编程控制器(PLC),可编程控制器收到超温信号后,向整流机组的微机保护装置输入切断整流机组电源的跳闸命令,温度保护电路图如图 6-11 框选部分所示。

当整流器由于周围环境影响或者长时间过负荷运行而引起温度上升,超过整定值,威胁到整流器及其他设备的正常运行时,温度保护动作,切断整流机组电源,整流器退出运行。

任务实施 1

一、任务准备

1. 任务器材

城轨某线路供电中压系统图纸,如图 6-13 ~ 图 6-15 所示。

2. 任务地点

教室或实训室。

3. 任务分组

每组 4 人,各组独立完成作业项目。任务分组见表 6-5。

表 6-5　任务分组

序号	小组成员	任务分工	注意事项
1			
2			
3			
4			

二、任务步骤

1. 正常供电方式下馈线短路故障保护方案动作逻辑分析

(1)图 6-13 中,正常运行方式下,馈线 B 点发生相间或接地短路故障,无断路器失灵或保护拒动,写出短路电流路径,分析保护动作、断路器跳闸情况。

____

____

____

(2)图 6-13 中,正常运行方式下,馈线 B 点发生相间或接地短路故障,断路器 14 失灵时,写出短路电流路径,分析保护动作、断路器跳闸情况。

____

____

____

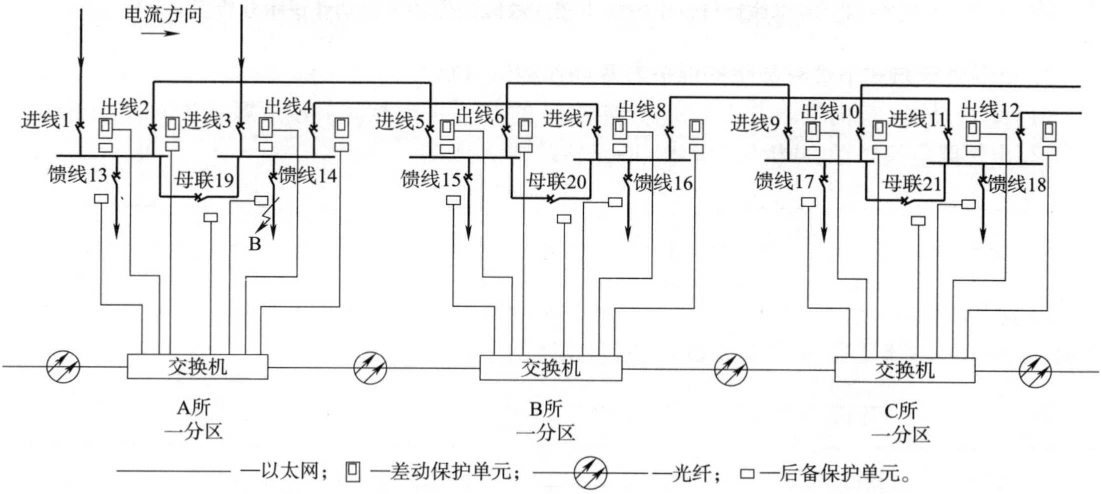

图 6-13 正常供电方式下馈线短路故障保护方案动作逻辑分析图

2. 单母线运行供电方式下馈线故障的保护方案动作逻辑分析

(1)图 6-14 中,系统处于母联 20 合闸的单母线运行方式下,保护装置正常,B 所馈线 15 的 E 点发生短路故障,无断路器失灵,写出短路电流路径,分析保护动作、断路器跳闸情况。

____

____

____

____

(2)图 6-14 中,系统处于母联 20 合闸的单母线运行方式下,保护装置正常,B 所馈线 15 的 E 点发生短路故障,断路器 15 失灵。写出短路电流路径,分析保护动作、断路器跳闸情况。

____

____

____

____

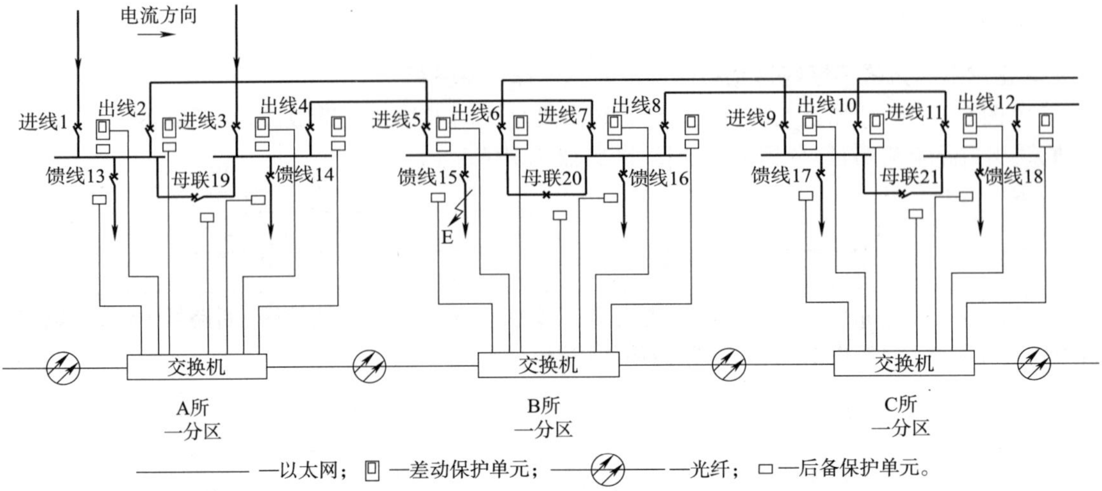

图 6-14　单母线运行供电方式下馈线故障的保护方案动作逻辑分析图

3. 反向供电方式下馈线故障的保护方案动作逻辑分析

(1)图 6-15 中,反向供电方式下,A 所馈线 14 的 H 点发生相间或接地短路故障时,无断路器失灵,写出短路电流路径,分析保护动作、断路器跳闸情况。

____

____

____

(2)图 6-15 中,反向供电方式下,A 所馈线 14 的 H 点发生相间或接地短路故障时,断路器 14 失灵,写出短路电流路径,分析保护动作、断路器跳闸情况。

____

____

____

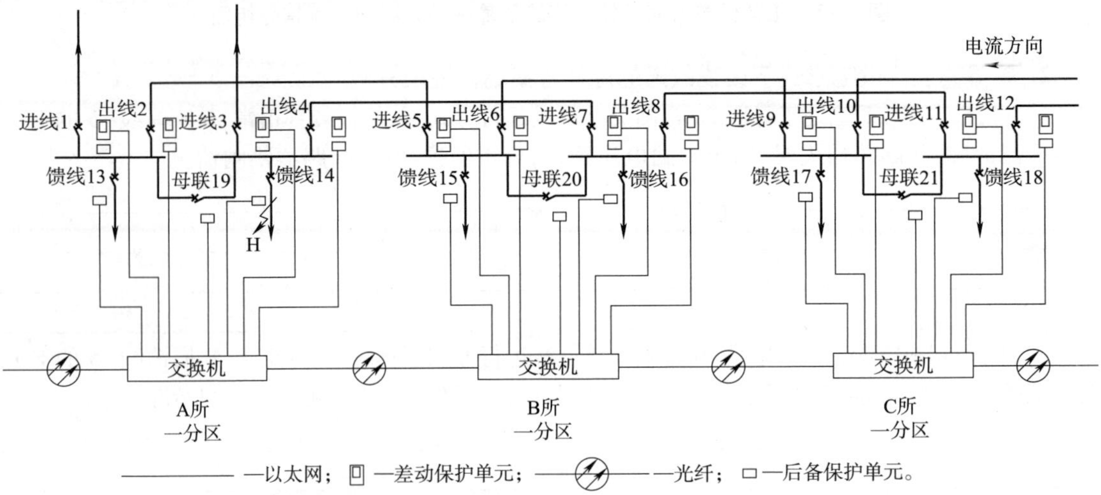

图 6-15　反向供电方式下馈线故障的保护方案动作逻辑分析图

任务考核1

任务考核表见表6-6。

表6-6 任务考核表

任务名称	35 kV 大分区供电系统馈线短路故障选择性跳闸保护方案分析				
姓名		学号		日期	
开始时间		结束时间		任务完成时间	
评分项目	评分要素及标准		分值	小组互评	教师评分
作业中操作流程	正常供电方式下各断路器工作位置分析正确(15分,错一处扣5分) 馈线短路故障保护动作逻辑分析正确(15分,错一处扣5分)		30		
	单母线运行供电方式下各断路器工作位置分析正确(15分,错一处扣5分) 馈线短路故障保护方案动作逻辑分析(15分,错一处扣5分)		30		
	反向运行供电方式下各断路器工作位置分析正确(15分,错一处扣5分) 馈线短路故障保护方案动作逻辑分析(15分,错一处扣5分)		30		
	记录规范整齐(5分) 术语用语正确(5分)		10		
操作限时	本任务限时20 min内完成,每超过1 min扣4分。超时10 min为不合格				
总分	(总分=小组互评×40% +教师评分×60%)				
作业人员签字:			考评人员签字:		

任务实施2

一、任务准备

1. 任务器材

继电保护测试仪1台,电缆盘1个,螺丝刀1套,试电笔1把,万用表1块,低压验电笔1支,试验用导线、封闭遮栏、警示标志牌若干,个人安全防护用品。

2. 任务地点

城轨牵混所或实训室。

3. 任务分组

每组2人,分为现场作业监护人、作业执行人,分工明确到位,作业任务明确,责任清楚。各组独立完成作业项目。任务分组见表6-7。

表6-7 任务分组

序号	小组成员	任务分工	注意事项
1			
2			

4. 作业条件

（1）了解工作地点、工作范围、电气主接线、相关一次设备和二次设备运行情况，熟悉二次图纸、继电保护、电网安全自动装置及相关二次回路，明确作业任务。

（2）已完成操作票编写，并履行相关审批程序。

（3）试验所属的 35 kV 母排已停电。现场作业区域与其他区域已装设遮拦隔离，悬挂“在此工作”标识牌；断路器、隔离开关悬挂“禁止合闸，有人工作”标识牌。

5. 安全预想

（1）作业前先检查确认值班员是否已按工作票做好安全措施。

（2）作业前用隔离带将 35 kV 带电运行区域与 35 kV 保护测试作业区域隔离开；与高压带电体保持足够的安全距离；作业过程中勿走错作业间隔。

（3）坚持谁拆线（电流互感器短接片）谁恢复的原则，坚持谁投退保护谁恢复原则，坚持自控、互控、他控原则。作业完毕务必双人检查确认恢复。作业完成后，对开关柜定值及保护投退情况进行检查。对电流互感器端子进行检查紧固作业后，核对保护定值及保护投退、控制字情况，核对端子恢复连接情况。本次作业需要断开某 35 kV 侧电流输入测试端子连片 X4:1 ~ X4:3 三处，作业完成后，应恢复该端子连接三处。

（4）作业完成后，一定要彻底检查所有物品（包括工器具、试验线），不得遗漏以免影响设备正常运行。

视频

35 kV开关柜保护装置更换与测试

视频

35 kV GIS馈线开关柜保护校验作业

二、任务步骤

1. 保护装置外观及接线检查

如图 6-16 所示，检查保护装置外观、输入输出插排、通信光纤接线、HMI 面板连接是否正常。

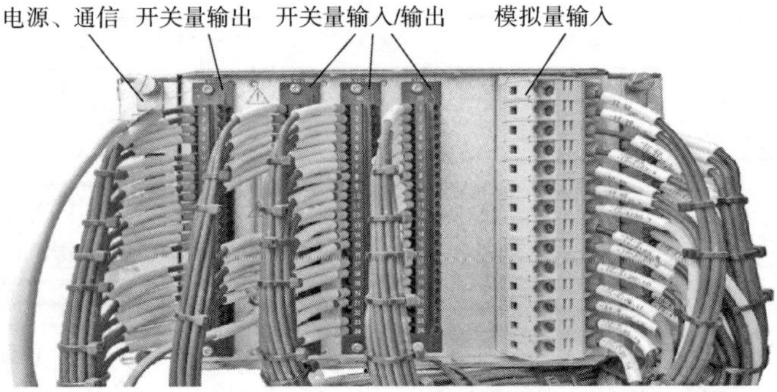

图 6-16　35 kV 保护装置背板

2. 保护定值核对

根据保护定值单核对保护装置整定值是否正确（动作电流为 $0.82I_n$，延时 300 ms），并抄填在保护测试报告上。表 6-8 为 35 kV 馈线柜保护定值设置举例。图 6-17 为 35 kV 后备保护装置保护定值参数界面。

3. 电流输入端子接线

电流互感器二次回路电流采样端子如图 6-18（a）所示，A 相采样端子为 X4:1，B 相采样端子为 X4:2，C 相采样端子为 X4:3，N 相采样端子为公共端 X4:4/5/6/7。断开保护装置模拟量输入回路与电流互感器二次回路的纵向连片。

连接继电保护测试仪与继电保护装置电流模拟量输入回路采样端子。如图 6-18（b）所示为电流互感器二次回路电流采样端子实物照片，在端子排的 X4:1～X4:3 端子中分别插入黄绿红色测试导线，X4:4 中插入黑色测试导线，分别与测试仪的各相电流输出端子连接。

表 6-8　35 kV 馈线柜保护定值设置举例

柜号	运行编号	保护型号	保护类型	投退情况	CT变比	PT变比	定值组	动作整定值	动作延时（ms）	备注
1号、2号配电变H03/H05	304A/304B	REF620	I>1（过负荷保护）	投入	75/1	35 000/100	（投入）	0.30 A	60 000	本柜告警
			I>2（过电流保护）	投入				0.82 A	300	启动、动作，动作跳本柜
			IN1>2（零序电流保护）	投入				0.42 A	300	启动、动作，动作跳本柜
			I>4（电流速断保护）	投入				5.47 A	100	启动、动作，动作跳本柜
			失灵保护	投入					200	进出线、母联断路器跳闸
		温控仪	绕组告警温度	投入				130 ℃	/	本柜告警
			绕组跳闸温度	投入				150 ℃	/	启动、动作，动作跳本柜
			铁芯告警温度	投入				130 ℃	/	本柜告警

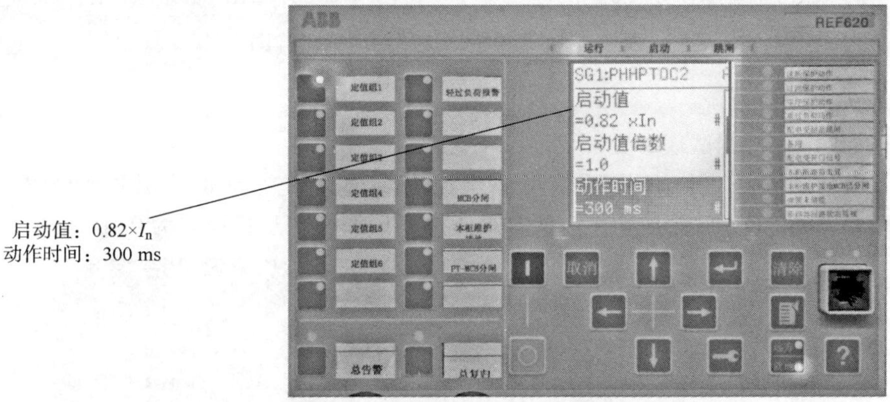

图 6-17　35 kV 保护装置定值核对

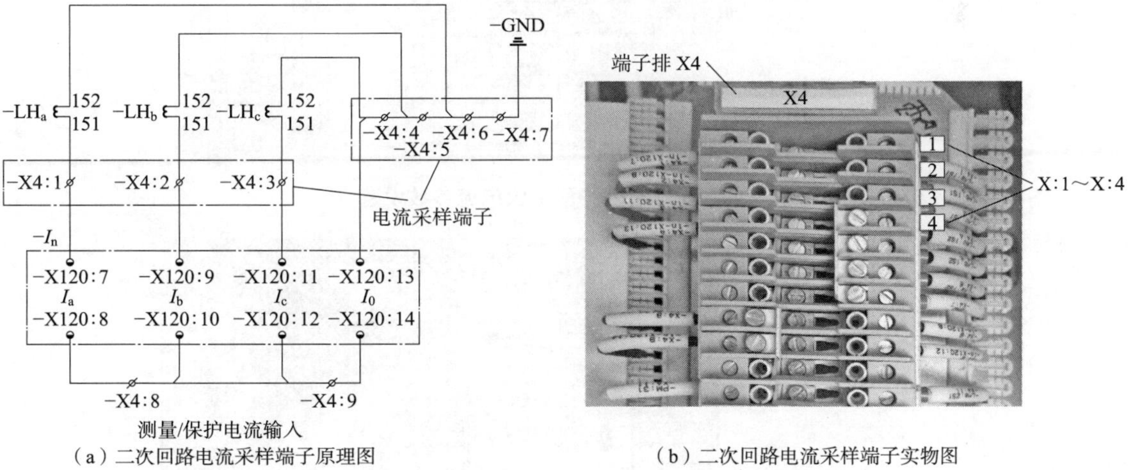

（a）二次回路电流采样端子原理图　　（b）二次回路电流采样端子实物图

图 6-18　电流互感器二次回路电流采样端子图

4. 时间采样端子接线

二次回路时间采样端子原理图如图 6-19(a)所示，断路器分闸位置开出回路端子为 X20:5C、X20:5D。如图 6-19(b)所示为二次回路时间采样端子实物照片。测试时，将断路器分闸位置开出端子 X20:5C、X20:5D 与保护测试仪的开关量输入端子并联，用来将保护动作信号回馈给测试仪。

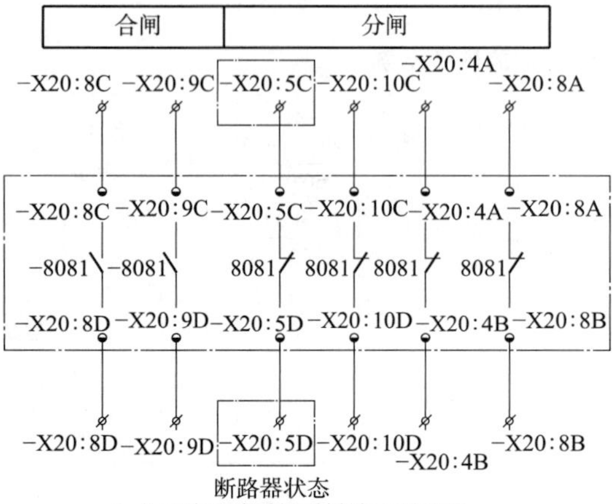

（a）二次回路时间采样端子原理图

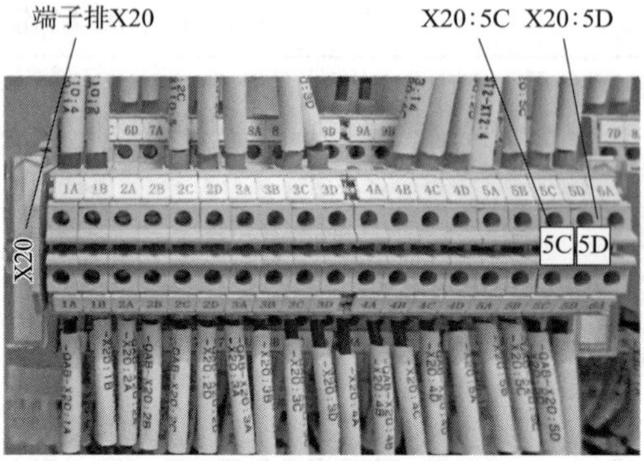

（b）二次回路时间采样端子实物图

图 6-19　开关柜二次回路时间采样图

5. 馈线过流保护测试

（1）设置继电保护测试仪参数

如图 6-20、图 6-21 所示，将保护动作电流起始值设置为 0.8 倍保护动作电流整定值（0.8 ×0.82 A =0.656 A），保护动作电流整定值见表 6-8；变化步长设置为 0.01 A。

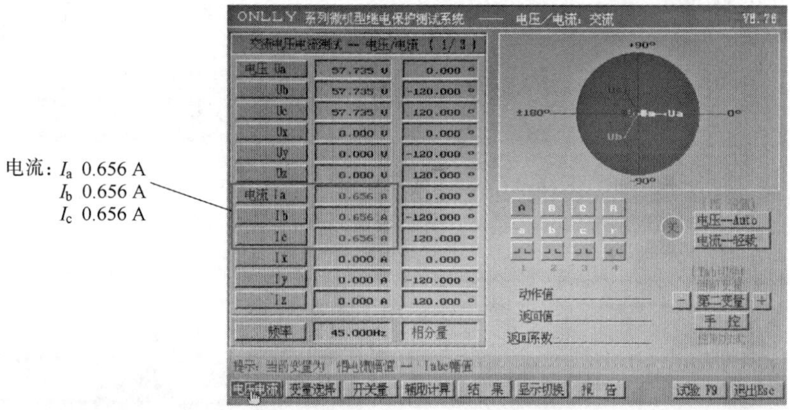

图 6-20　继电保护测试仪电流参数设置

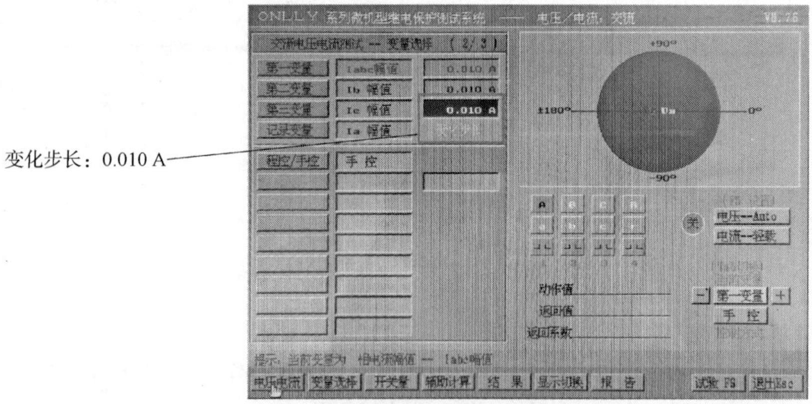

图 6-21　继电保护测试仪步长参数设置

(2)测试动作电流

如图 6-22 所示,启动继电保护测试仪测试至各保护动作。如图 6-23 所示,查看继电保护测试仪记录的动作电流值,将动作电流值填抄在测试报告上。

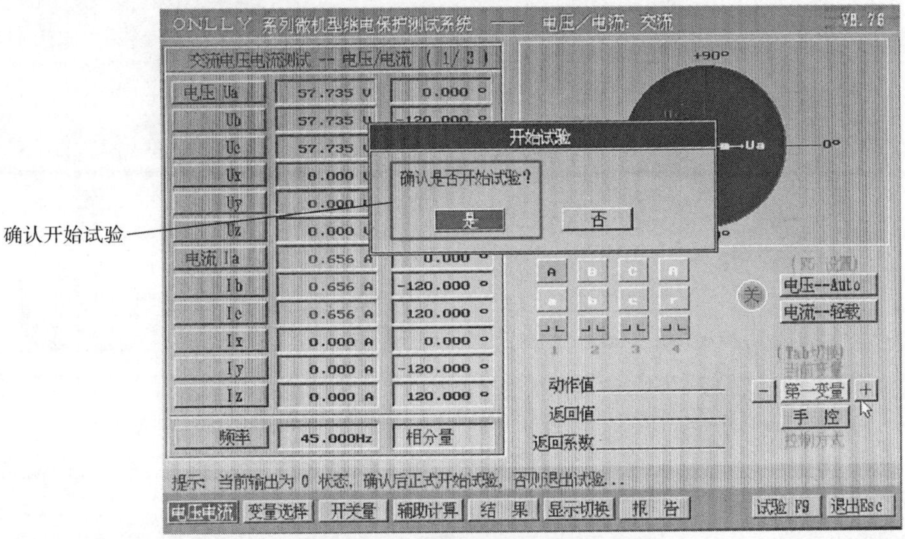

图 6-22　启动继电保护测试仪

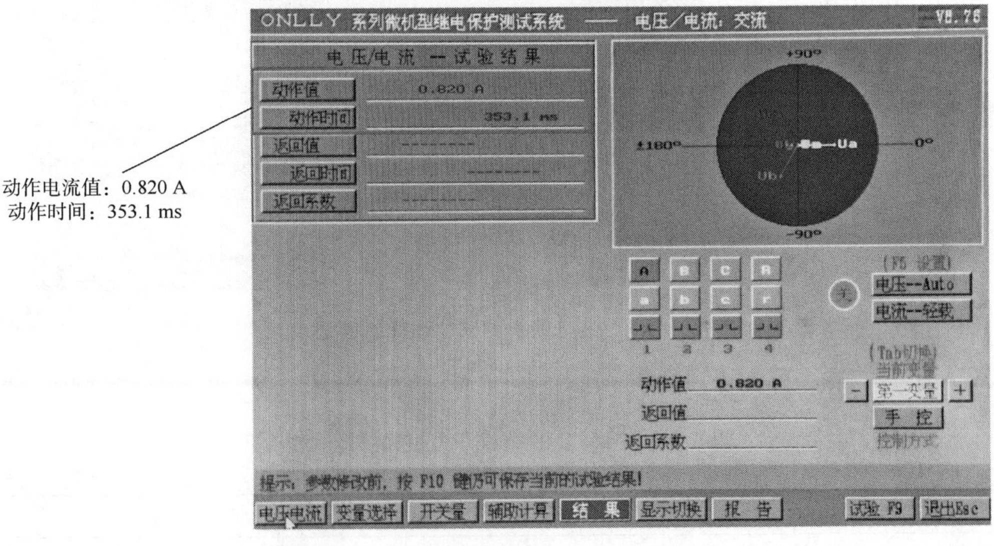

图 6-23　继电保护测试仪动作电流记录

(3)设置继电保护测试仪接线接点类型

如图 6-24 所示,根据现场选取的断路器位置辅助接点类型(常开或常闭),设置继电保护测试仪的接线接点类型(常开或常闭),断路器位置辅助接点类型与继电保护测试仪接线接点类型须保持一致。

(4)测试动作时间

如图 6-25 所示,加保护电流动作值的 1.2 倍电流值($0.82\ A \times 1.2 = 0.984\ A$),加量至保护动作后查看继电保护测试仪记录的动作时间值,将动作时间值填抄在测试报告上。

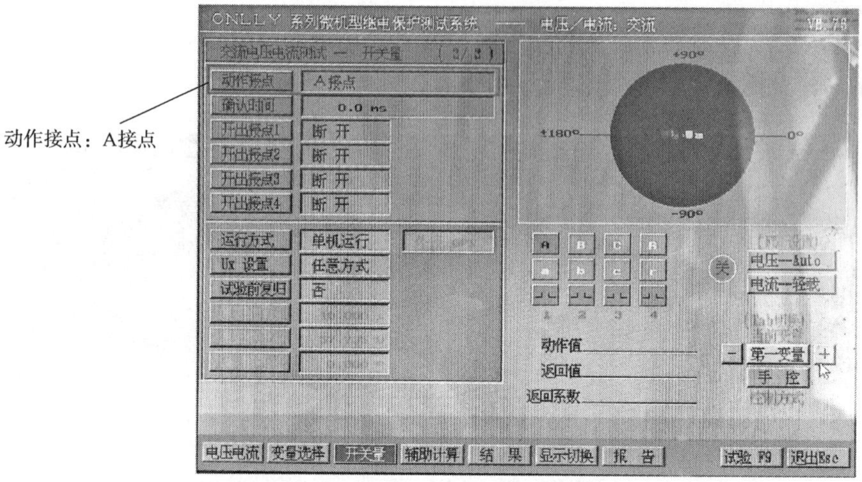

图 6-24 继电保护测试仪时间采样线接线接点选取

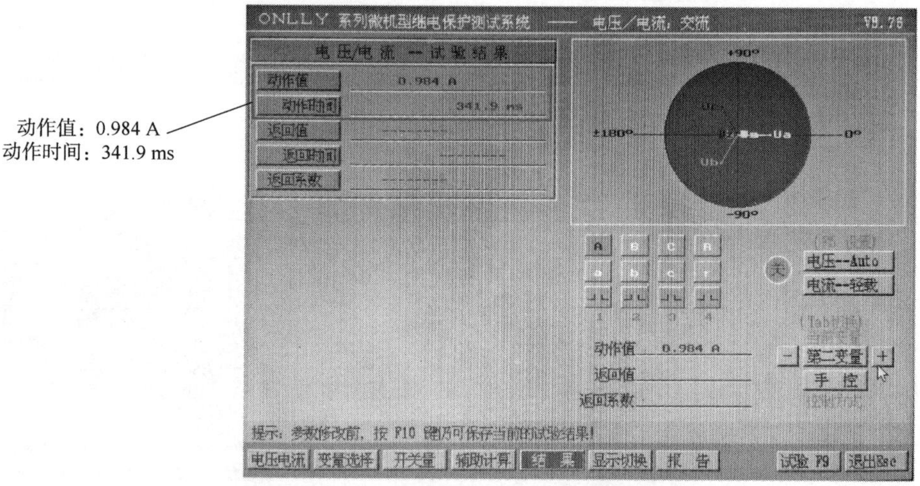

图 6-25 继电保护测试仪动作时间记录

保护测试报告见表 6-9。

表 6-9 35 kV GIS 馈线开关柜保护测试报告

作业开关柜:________　　监护人:________　　执行人:________

<table>
<tr><td colspan="2">安装地点</td><td colspan="2"></td><td colspan="2">试验日期</td><td></td></tr>
<tr><td colspan="2">温度℃</td><td colspan="2"></td><td colspan="2">湿度%</td><td></td></tr>
<tr><td colspan="2">开关柜名</td><td colspan="2"></td><td colspan="2">电压互感器变比</td><td></td></tr>
<tr><td colspan="2">电流互感器变比</td><td colspan="2"></td><td colspan="2"></td><td></td></tr>
<tr><td rowspan="4">保护装置
名称：</td><td rowspan="2">保护种类</td><td rowspan="2">参数</td><td rowspan="2">整定值</td><td colspan="3">动作值</td></tr>
<tr><td>A 相</td><td>B 相</td><td>C 相</td></tr>
<tr><td rowspan="2">过电流保护</td><td>动作电流/A</td><td></td><td></td><td></td><td></td></tr>
<tr><td>动作时间/s</td><td></td><td colspan="3"></td></tr>
</table>

6. 测试结果分析

合格标准为：

(1)保护动作出口、告警跳闸信号与设计功能一致。

(2)实测动作值与整定值相对误差不得超过 ±2.5%。

(3)实测动作时间与整定时间相对误差不超过 ±1% 或绝对误差不超过 ±40 ms。

7. 作业后检查恢复

(1)所有保护测试完成后，投入作业时退出的保护，检查保护投退情况及保护定值与保护整定通知单一致。

(2)拆除保护测试装置(仪器)与保护装置模拟量输入回路采样线，恢复保护装置模拟量输入回路与 TA 二次回路连接连片，确认接线正确无误、无松动。

任务考核2

任务考核表见表6-10。

表6-10　任务考核表

<table>
<tr><td colspan="2">任务名称</td><td colspan="6">35 kV GIS 馈线开关柜保护测试</td></tr>
<tr><td colspan="2">安全监护人</td><td></td><td>作业完成人</td><td></td><td>日期</td><td colspan="2"></td></tr>
<tr><td colspan="2">开始时间</td><td></td><td>结束时间</td><td></td><td>任务完成时间</td><td colspan="2"></td></tr>
<tr><td colspan="2">评分项目</td><td colspan="3">评分要素及标准</td><td>分值</td><td>小组互评</td><td>教师评分</td></tr>
<tr><td colspan="2">作业准备</td><td colspan="3">检查工器具准备齐全(5分)
穿戴好个人安全防护用品(5分)
做好安全条件复核、安全预想全面(5分)</td><td>15</td><td></td><td></td></tr>
<tr><td rowspan="5">作业操作流程</td><td>保护装置外观及接线检查</td><td colspan="3">前面板检查能识别各个指示灯状态、作用(5分)
检查后面板各线束整齐牢固(5分)</td><td>10</td><td></td><td></td></tr>
<tr><td>定值核对</td><td colspan="3">能正确完成定值核对(5分)
未经授权改动定值、配置，本项目考核不合格</td><td>5</td><td></td><td></td></tr>
<tr><td>完成电流输入端子接线、时间端子接线</td><td colspan="3">能从二次原理图中找到电流端子、保护跳闸出口端子部分(5分)
能找到屏柜对应端子(5分)
正确断开电流采样端子(5分)
完成测试接线(5分)</td><td>20</td><td></td><td></td></tr>
<tr><td>加量测试</td><td colspan="3">正确完成参数计算和输入(5分)
完成测试过程(10分)
测试结果正确(10分)</td><td>25</td><td></td><td></td></tr>
<tr><td>记录完整，结果分析正确</td><td colspan="3">记录完整清晰(10分，缺失一项扣5分，记录不规范扣5分)
结果分析正确(5分)</td><td>15</td><td></td><td></td></tr>
<tr><td colspan="2">作业后恢复</td><td colspan="3">工器具、设备无损伤、无违章作业(8分)
工器具恢复原位置，摆放整齐，出清现场(2分)</td><td>10</td><td></td><td></td></tr>
<tr><td colspan="2">操作限时</td><td colspan="6">本任务限时 45 min 内完成，每超过 1 min 扣 4 分。超时 10 min 为不合格</td></tr>
<tr><td colspan="2">总分</td><td colspan="6">(总分 = 小组互评 ×40% + 教师评分 ×60%)</td></tr>
<tr><td colspan="8">作业人员签字：　　　　　　　　考评人员签字：</td></tr>
</table>

视频

400 V配电系统继电保护的配置及应用

知识拓展

一、400 V低压配电系统继电保护配置及应用

1. 400 V 开关柜

城轨各类变电所交流400 V低压配电系统的设备基本布局大致相同。如图6-26所示，400 V开关柜包括进线框架断路器柜、母联开关柜、若干面负荷馈线柜等。

图6-26　某城轨变电所400 V开关柜实物照片

2. 城轨低压配电系统

车站低压配电采用标称电压为220/380 V三相交流系统，系统接地型式为TN-S系统，回路载流导体采用单相二线制、三相四线制，并独立设置接地保护导体(PE)。低压配电系统包括：站台层、站厅层和设备及管理用房的环控、排水、消防、电梯、自动扶梯、自动售检票及通信、信号、站控室等系统动力设备的供配电和车站环控室所供配电。

根据用电设备的不同用途和重要性，车站用电负荷分为三级：(1)一级负荷：包括通信系统、信号系统、火灾报警系统、气体灭火系统、机电设备监控系统、站台门、所用电、消防泵、废水泵、雨水泵、防淹门、站控室、事故风机及其风阀等；(2)二级负荷：包括非事故风机及风阀、污水泵、集水泵、自动扶梯、工作人员电梯、轮椅牵引机、自动售检票设备、民用通信电源、维修电源及冷水机组油加热器等；(3)三级负荷：包括冷水机组、冷冻水泵、冷却水泵、冷却塔风机、电开水器、清扫电源等。

如图6-27所示为城轨400 V低压配电系统示意图，变电所400 V开关柜包括：2台进线开关柜，为两段400 V母线提供两路电源，框架断路器编号801、802；2台三级负荷开关柜，为三级负荷各回路供电，分总开关编号901、902；803为母联开关柜，当400 V一路进线失电时，母联开关合闸，由另一路运行担负本段负荷用电。馈线抽屉开关为所有一、二、三级负荷进行供电。

3. 低压断路器分类和保护配置原理

(1)低压断路器分类

城轨400 V低压配电系统一般采用集成度比较高的成套低压开关柜，其开关设备低压断路器根据其安装方式，可分为固定式、插入式和抽屉式等。低压断路器按照操作机构的控制方法分为人力操作、动力操作、储能操作型；按照结构和设计形式可以分为万能式/框架式断路器(air circuit breaker，ACB)、塑壳式断路器(molded case circuit breaker，MCCB)和微型断路器(miniature circuit breaker，MCB)。通常，进线开关、母联开关、三级负荷分总开关采用框架断路器，抽屉开关一般采用塑壳断路器，各终端配电箱配备微型断路器(micro circuit breaker，MCB)。

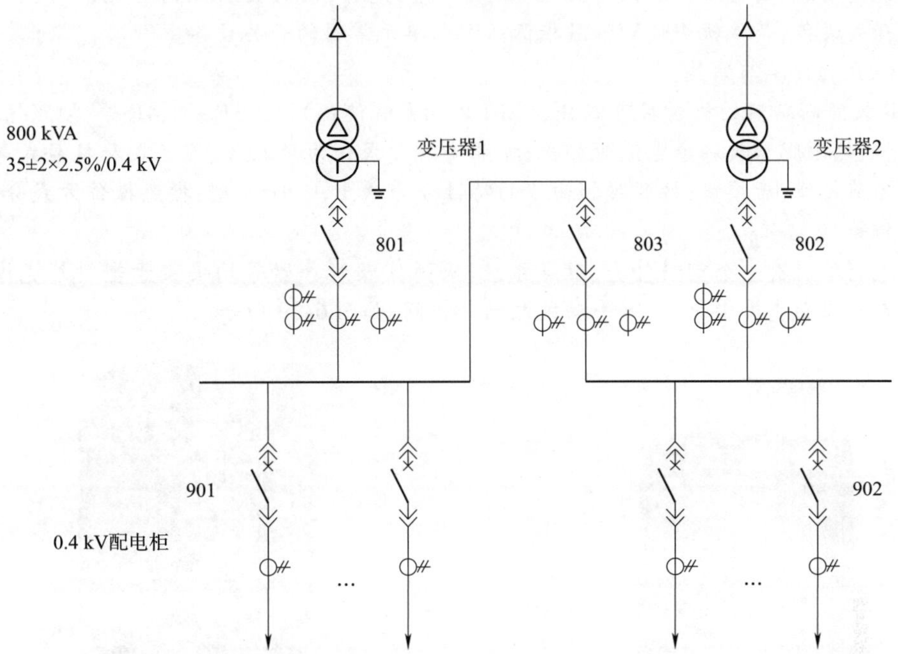

图 6-27　城轨 400 V 低压配电系统示意图

①万能式断路器(ACB)。

万能式断路器适用于额定电流 200～6 300 A 的低压配电网络中,用来分配电能和保护线路及电源设备免受过载、欠电压、短路、单相接地等故障的危害,同时具有隔离功能。万能式断路器通过其智能控制器配置多种保护功能,可实现精确的选择性保护,在城轨低压配电中常作为配电变压器一级配电的总开关或者大容量负荷开关使用。将固定式断路器本体装入专用的抽屉座就成为抽屉式断路器,其基本结构如图 6-28 所示。

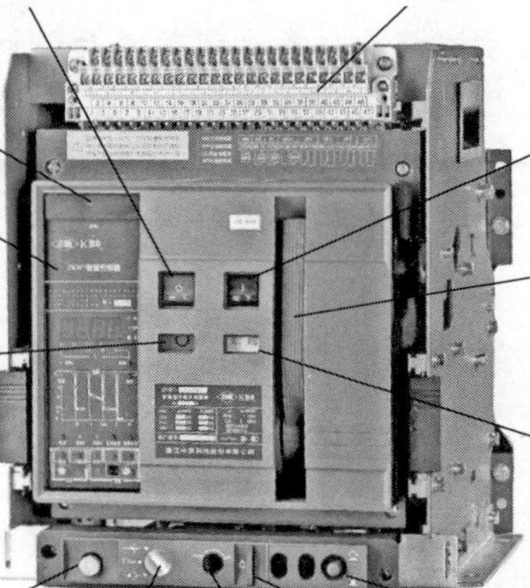

图 6-28　万能式断路器

②塑壳式断路器(MCCB)。

MCCB 断路器适用于额定电流 100～800 A 的低压配电网络中,用来分配电能和保护线路及电源设备免受过载、欠电压、短路、单相接地等故障的危害，同时具有隔离功能，一般作为馈线或大负载的开关设备，是城轨400 V抽屉柜低压配电单元常用的开关设备。

a. MCCB的分类与结构。

MCCB按照断路器的极对数可以分为2P(单相系统使用)、3P、3P+N、4P等；按照保护功能分为电磁脱扣、热磁脱扣或剩余电流脱扣等；按照安装方式分为插入式、固定式和抽屉式等；按照接线方式分为前接线、后接线；按照脱扣曲线的特性分为A、B、C、D、K型；按照操作方式分为人工操作和电操作等。

塑壳式断路器有一个塑料外壳，触点系统、灭弧室及脱扣器等均安装于塑料外壳内，而手动操作手柄露在正面壳外中央处，可手动或电动分合闸，如图6-29所示。

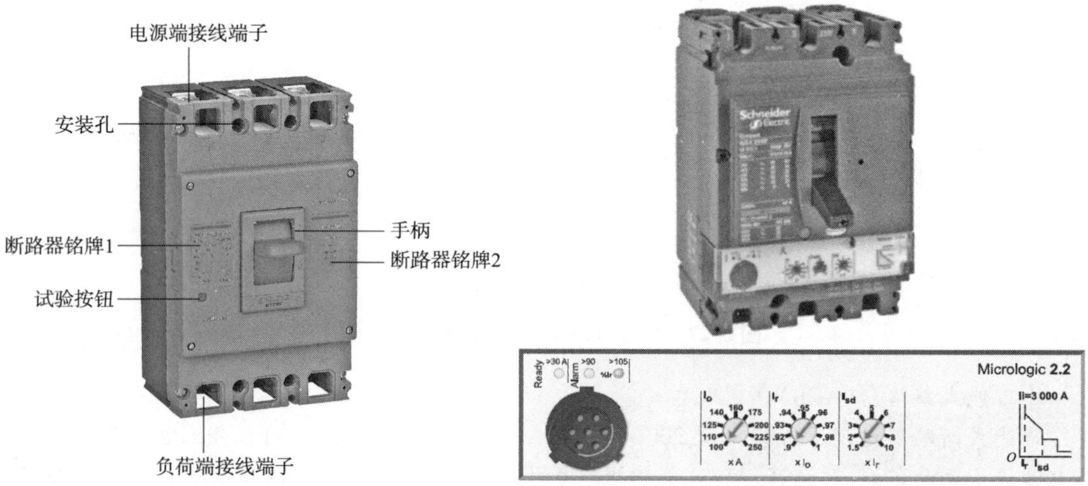

（a）固定额定电流断路器　　（b）整定值可调断路器（定值调节旋钮放大）

图6-29　塑壳式断路器

b. MCCB的扩展附件。

MCCB具有丰富的附件可进行功能扩展，常见的有辅助触点附件，实现状态监控和跳闸告警；扩展分励脱扣装置可实现远程分闸，用于远程操作或者消防联动强切控制；配置电动操作机构实现远动控制等。在电力可靠性、自动化程度较高的城轨400 V低压配电抽屉柜中多采用电动操作的MCCB，从而实现远程监控和远动操作，如图6-30所示；搭配控制旋钮附件可以实现安装于抽屉柜、配电柜，利用柜体实现安全隔离后，旋转手柄操作等，如图6-31所示。

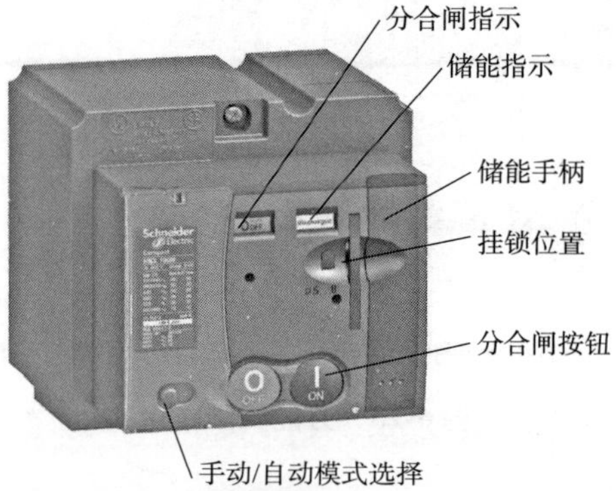

图6-30　塑壳式断路器的电动操作机构

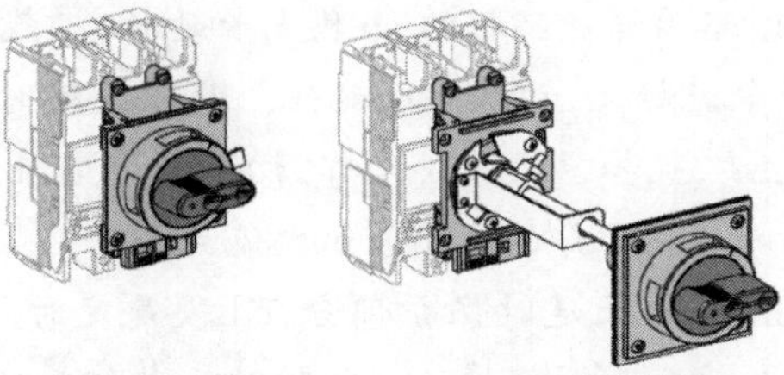

（a）直接旋转手柄　　（b）延伸旋转手柄

图 6-31　MCCB 旋转手柄操作

（2）ACB、MCCB 的保护配置

低压断路器的自动分闸依靠脱扣器实现。比如分励脱扣器用于远距离脱扣操作，欠（过）电压脱扣器用于欠（过）压故障保护分闸，过电流脱扣器用于实现过电流保护等。过电流脱扣器按照其保护特性可以分为瞬时过电流脱扣器、定时限过电流脱扣器（又称短延时过电流脱扣器）、反时限过电流脱扣器（又称长延时过电流脱扣器）等。按照脱扣元件不同可以分为热脱扣器、电磁脱扣器和电子脱扣器等。按照脱扣器定值是否可调可以分为不可调式和可调式。

断路器的动作时间与过载脱扣器（热脱扣）及过电流脱扣器（电磁脱扣）之间的关系称为断路器的脱扣特性曲线，如图 6-32 所示，具有过载长延时、短路短延时、短路瞬时及接地保护功能。

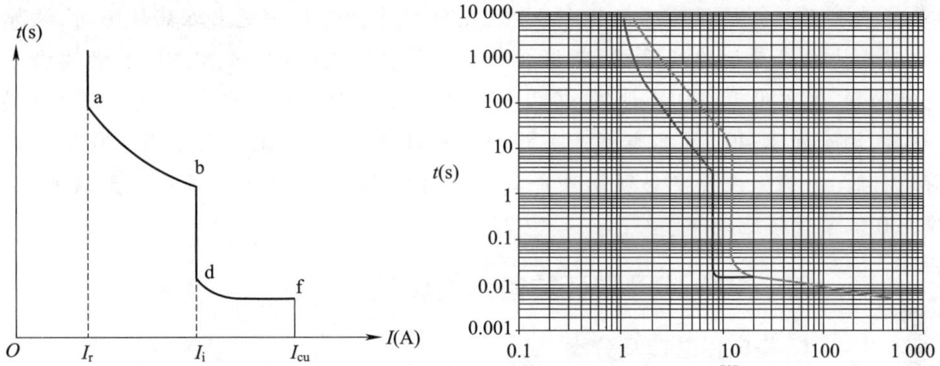

（a）不可调式热磁脱扣曲线示意图

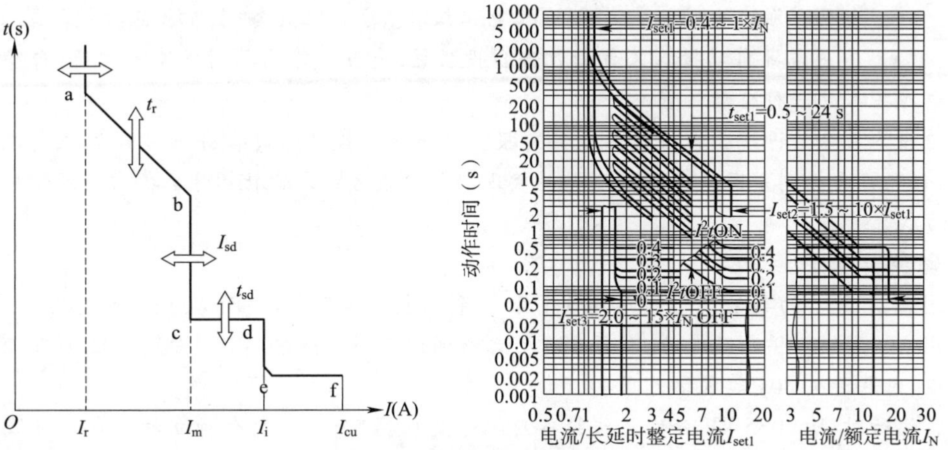

（b）可调式电子脱扣曲线示意图

I_r—长延时保护整定电流；I_m—短路短延时整定电流；t_r—长延时保护的延时时间；I_{sd}—短路整定电流；t_{sd}—短延时保护的延时时间；I_i—短路瞬时保护整定电流；Icu—极限短路分断能力。

图 6-32　ACB、MCCB 的特性曲线

如图 6-32(a) 左图所示，断路器保护特性的 ab 段是长延时(过载)保护部分，通过反时限过流脱扣器实现，即超过 I_r 的过载电流越大，动作时间越短。df 段是瞬时脱扣部分，当故障(短路)电流超过与 d 点相对应的电流值 I_i，脱扣器便瞬时动作，切除故障电流。右图为某种型号固定式热磁 MCCB 的脱扣曲线，其 x 轴一般用 I/I_r 的大小表示电流大小。

如图 6-32(b) 左图所示 ab 段是长延时保护部分，cd 段是定时短延时动作部分，当故障(短路)电流超过整定值 I_m 时，短延时脱扣器经过一定的延时后动作，切除故障电流。当故障(短路)电流超过 I_i 后，瞬时脱扣。根据需要，可对断路器进行长延时保护、短延时保护和瞬时保护进行配置。同时，可调式电子脱扣器还可以实现对长延时、短延时的保护定值和延时时间进行整定，以获得更完善的选择性和上下级开关间的协调配合。可以有三段式的保护特性，即过载长延时、短路短延时和特大短路的瞬时动作。图 6-32(b) 左图中箭头表示电流整定值、延时整定值可调，图 6-32(b) 右图为某种型号可调式电子 MCCB 脱扣曲线。根据现场需求，低压断路器还可以配置低电压脱扣、接地电流脱扣和零序电流脱扣等。

城轨变电所 400 V 进线开关 801、802 采用万能式断路器，保护配置有电流速断保护、过电流保护、过负荷保护、接地保护、失压保护；三级负荷分总开关 901、902 和母联开关 803 也采用万能式断路器，保护配置有电流速断保护、过电流保护、过负荷保护；抽屉开关采用塑壳式断路器，配置保护有电流速断保护、过电流保护、过负荷保护。

400 V 各类型开关柜均设有速断保护，其设置原理是当电源侧发生近端故障时，故障电流非常大，需要以最快的速度切除故障，速断保护一般定值较大，且延时很短;400 V 各类型开关柜均设有过电流保护，主要用于 400 V 母线、馈出电缆的相间短路故障，故障电流达到定值且满足延时后，跳断路器，切除故障;400 V 各类型开关柜均设有过负荷保护，主要用于当 400 V 动力照明设备超负荷运行时，为确保设备安全须切除负载电源的情况。400 V 进线开关设置接地保护，主要用于切除 400 V 系统接地故障。

视频

400 V母联开关备自投

二、400 V 母联开关备自投原理

1. 备自投装置及分类

城轨供电系统中防灾报警系统、机电设备监控系统、站台门等一级负荷应该配备两路独立电源。在 400 V 配电系统中，通过配置备用电源自动投入装置实现。备用电源自动投入装置简称备自投装置，是当工作电源因故障跳闸后，自动迅速地将备用电源投入的一种自动装置。

备自投方式分为进线备自投和母联备自投。进线备自投是通过合分进线开关来实现的备自投方式，母联备自投则是通过分合母联开关实现的备自投方式。城轨 400 V 备自投通常采用母联备自投方式。

2. 备自投原理

如图 6-27 所示的某条城轨线路 400 V 配电系统主接线示意图，两路进线通过 801、802 开关为两段 400 V 母线提供两路电源，两段 400 V 母线通过三级负荷分总开关 901、902 为三级负荷小母线供电，母联开关 803 起联络作用。

正常运行时，所内 35 kV 分列母线经各自配电变压器变换，为两个独立的 400 V 母线提供三相交流电源。400 V 配电系统采用单母线分段运行方式，两个独立的低压进线电源同时供电，两段母线分列运行，两路进线断路器 801、802 开关合闸运行，母联断路器 803 分闸运行，承担起车站及区间动力照明的全部用电负荷。当任何一路电源发生故障中断供电时，另一路应能保证 400 V 配电系统中一级、二级负荷的全部用电需要。

为避免交流系统合环造成系统故障,801、802、803开关设置三合二闭锁功能,400 V两路进线开关801、802及母联开关803在任何运行方式下只允许其中两个开关处于合位。

400 V配电系统的进线开关801、802和母联开关803的自动投切功能实现由安装在开关柜上的运行方式选择开关控制,有"自投自复""自投手复""手投自复""手投手复"四种运行方式。所谓"手投"是指通过手动按钮操作母联断路器合闸,所谓"自投"是指通过PLC模块实现母联断路器自动合闸;所谓"手复"是指通过手动按钮操作母联断路器分闸和进线断路器合闸,所谓"自复"是指通过PLC模块实现母联断路器自动分闸和进线断路器自动合闸。

城轨供电系统400 V母联开关通常设置自投自复功能,当一路进线电源失电时,该路进线断路器失压分闸,并且三级负荷断路器901、902分闸,母联断路器803延时自投,由另一路进线断路器担负该段全部的一、二级负荷;当该路进线电源恢复正常时,母联断路器分闸,该路进线及三级负荷断路器自复合闸。

3. 备自投逻辑条件

备用电源自动投入装置投入运行时需要满足一定的条件,包括:

(1)将自投自复功能投入。

(2)进线开关801、802,母联开关803,三级负荷总开关901、902控制模式均在远方位。"就地"是指通过当地的按钮控制和PLC控制,"远方"是指在控制中心通过总线与PLC实施信息交换执行控制。

(3)进线开关801、802均应处于合位状态,母联开关803处于分位状态。801进线开关、802进线开关、803母联开关这三个开关,设置三合二闭锁功能,正常情况下只能有两个开关处于合位。

(4)其中一路进线电源失压,另一路进线电源有压。

检测自投逻辑条件满足后,803备自投启动,PLC驱动失压进线开关及三级负荷分总开关(901、902)分闸,然后803自动合闸,备自投完成。

4. 自复逻辑条件

自复功能也需要满足一定的条件,包括:

(1)将自投自复功能投入。

(2)进线开关801、802,母联开关803,三级负荷总开关901、902控制模式均在"远方"位。

(3)一路进线开关处于分位,另一路进线开关及母联开关803处于合位。例如:进线开关801处于分位状态,另一路进线开关802,母联开关803处于合位状态。

(4)Ⅰ段进线电源、Ⅱ段进线电源均有压。

当该路进线电源恢复正常时,检测自复条件满足,PLC驱动母联断路器803分闸,然后失压进线开关及三级负荷总开关(901、902)自动合闸,自复功能完成。

巩固与练习

一、填空题

1. 干式变压器的温度保护类型包括三种,分别是________、________、________。
2. ________和________组成牵引变电所的牵引整流机组。
3. 整流机组的过电压保护包括:________、________、________。
4. 整流变压器将从中压环网引入的________电能降压到________,再经整流器转换成________的电能向接触网送电,实现直流牵引。

二、简答题

1. 简述牵混所功能及设备组成。
2. 35 kV 干式变压器主要配置了哪些电量保护?
3. 简述干式变压器温度保护原理。
4. 简述整流器工作原理。

任务 2　识读城市轨道交通牵引供电系统图

任务导入

熟悉城轨牵引供电系统的组成、牵引供电系统不同供电方式的特点,识读城轨牵引供电系统图纸,分析各种运行方式下开关位置和供电路径是城轨交通供电检修岗位必须具备的基础能力。

任务目标

(1)掌握城轨牵引供电系统的组成。
(2)列举城轨牵引供电系统不同供电方式的特点。
(3)正确识读城轨交通牵引供电系统示意图。
(4)会分析各种运行方式下城轨交通直流供电系统开关位置和供电路径。

知识准备

城轨采用直流供电系统为电动客车供电。城轨直流供电系统在运行过程中,可能发生各种故障和不正常运行状态,对电气设备和人身安全造成威胁。直流供电系统的控制和保护对城市轨道交通安全、可靠运行起到关键性作用。

一、城轨牵引供电系统组成

城轨牵引供电系统包括牵引变电所、沿线敷设的牵引网,完成向电动客车输送电能的任务。在城轨牵引供电系统中,电能从牵引变电所经馈电线、接触网输送给电动客车,再从电动客车经钢轨(称轨道回路)、回流线流回牵引变电所。由馈电线、接触网(接触轨)及回流线组成的供电网络称为牵引网。城轨牵引网一般采用直流供电系统。城轨牵引供电系统示意如图 6-33 所示。

牵引变电所:城市轨道交通中提供牵引电能的变电所。一般情况下与车站的降压变电所合建,称为牵引降压混合变电所。

接触网(或接触轨):经过电动客车的受电器向电动客车供给电能的输电网,有接触轨和架空接触网两种形式。接触网按其悬挂方式又可分为柔性(弹性)接触网和刚性接触网。接触轨是沿线路敷设的与轨道平行的附加轨,习惯上称第三轨。中国牵引供电系统按照标称电压分为 DC 1 500 V 和 DC 750 V 两种:DC 1 500 V 采用架空接触网形式,个别线路(如广州地铁四号线)采用接触轨形式;DC 750 V 一般采用接触轨形式。

馈电线:从牵引变电所向接触网输送牵引电能的导线。

回流线:供牵引电流返回牵引变电所的导线。

电分段:为便于检修和缩小事故范围,将接触网分成若干段的绝缘装置。

回流轨:电动客车运行时,作为牵引电流回流的导体,即钢轨。在采用跨座式单轨电动车组时,则须沿线路专门敷设单独的回流线。

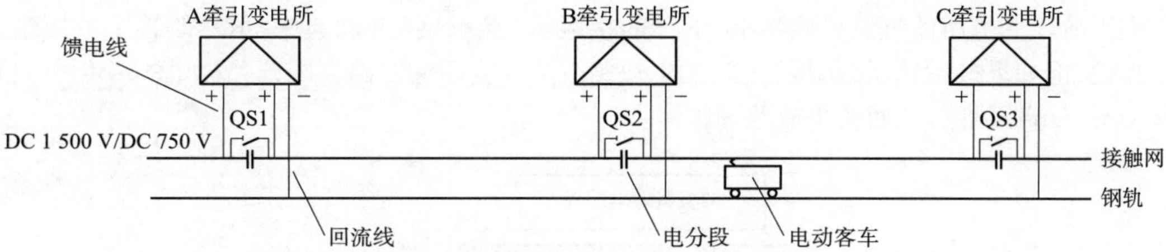

图 6-33　城轨牵引供电系统示意图

二、牵引供电系统供电方式

牵引供电系统供电方式指的是牵引变电所对牵引网的供电方式，分为单边供电、双边供电和大双边供电三种。

单边供电是指一个供电区间只由一路馈线供电，即任何一个馈电区（接触网）仅能从一侧牵引变电所取得电源的供电方式。城轨车辆段内一般采用单边供电方式。

双边供电是指一个供电区间由相邻两个牵引变电所各经一路馈线同时供电的供电方式。正常运行时城轨正线均应采用双边供电方式。

双边供电比单边供电具有明显的优点。双边供电牵引网的平均电压损失、电动客车带电运行时受流器上的电压损失、电动客车最大平均电压损失、电动客车启动时最大电压损失、牵引网的功率损失、杂散电流值等都是单边供电的 1/3 ~ 1/4。同时双边供电时，客车的再生能量可以被同行客车吸收，当车流密度高时再生能量更易被同行客车利用；而单边供电时，再生能量被其他同行客车吸收的可能性极小。

双边供电示意图如图 6-34（a）所示，双边供电时走行轨对地电位分布如图 6-34（b）所示。

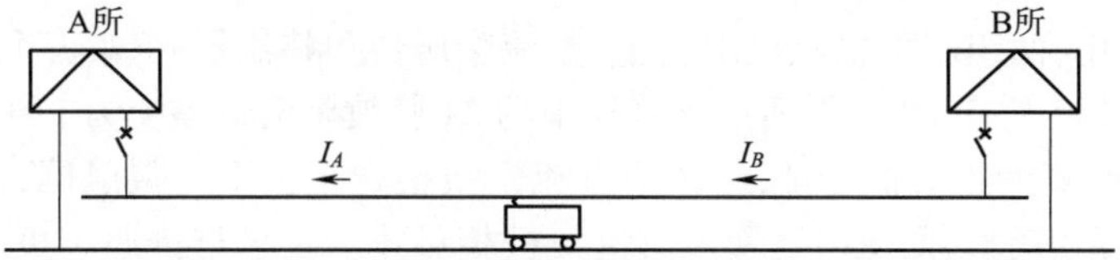

（a）双边供电示意图

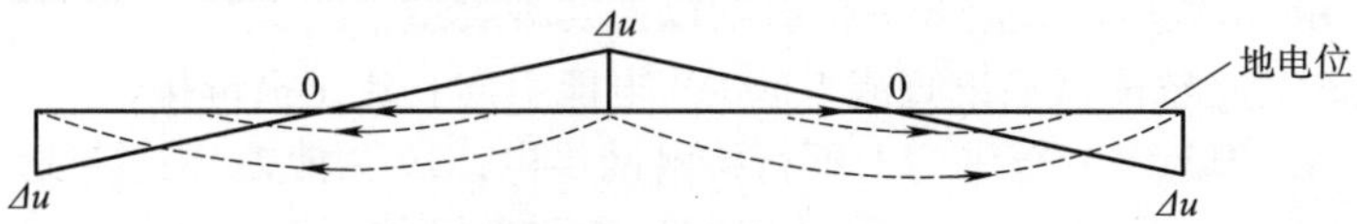

（b）双边供电轨对地电位示意图

图 6-34　双边供电

鉴于双边供电与单边供电相比有很多优点，当正线的中间牵引变电所因故障退出运行时，应由相邻两变电所依靠其两套牵引整流机组的过负荷能力实施大双边供电方式。

实现大双边供电有以下两种方式：

（1）利用解列的牵引变电所直流母线构成大双边供电

如图 6-35 所示，当某中间牵引变电所两套整流机组退出运行，但是直流母线、上下行四路馈线开关及其二次回路完好无损且能正常运行时，可将四路馈线开关 QA1、QA2、QA3、QA4、QS1、QS2、QS3、QS4 合闸利用完好的直流母线实现将相邻两个供电区间相连的大双边供电方式。同时，上、下行接触轨（接触网）也通过直流母线并联起来。

利用故障变电所的直流母线将上、下行的接触轨（接触网）并联起来，虽然改善了电压量、降低了损耗，但如果接触轨（接触网）一旦发生短路故障时会引起多路馈线开关（如图 6-35 中 QA1、QA2、QA3、QA4）跳闸，从而使事故范围扩大。

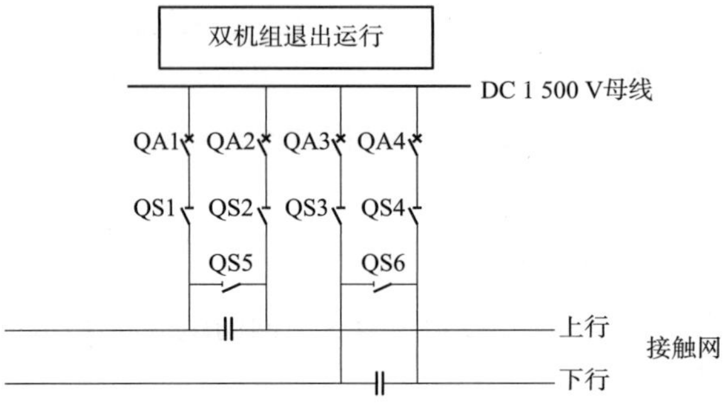

图 6-35　利用直流母线或纵向电动隔离开关构成大双边供电

（2）利用纵向电动隔离开关构成大双边供电

如果牵引变电所故障解列时，整座牵引变电所（含馈线开关柜）退出运行，这时可以利用闭合电分段处的两台纵向电动隔离开关 QS5、QS6 构成大双边供电方式，牵引网运行不受故障牵引变电所的影响，如图 6-35 所示。

目前城轨牵引供电系统以利用纵向隔离开关构成大双边供电方式为主。

三、城轨直流供电系统

城轨直流供电系统包含于牵引供电系统中，如图 6-36 所示，由直流进线、直流母线、牵引网（包括直流馈线、接触网、钢轨、回流网）构成。

一个牵引变电所中，两组牵引整流机组（包括整流变压器和整流器）并联运行，干式整流变压器将 35 kV 降压为 1 180 V 交流电，再通过整流柜中的 24 脉波整流器整流为 1 500 V 直流。整流器输出 1 500 V 直流到直流正极柜母排，经 4 个直流馈线柜送至上下行接触网，电动客车通过接触网获得直流电能，再经钢轨、回流线返回至直流负极柜母排。负极母排通过负极柜与整流器负极相连。

如图 6-36 所示，牵混所的直流开关柜包括以下几种类型：

进线柜 201、202：将整流器输出直流 1 500 V 电能引向直流正极母排。

馈线柜 211、212、213、214：分别为上下行接触网供电，219 为能馈装置馈线开关柜。

负极柜：对应图 6-36 中的负极母线，是连接整流器负极与回流钢轨之间的开关设备，为牵引回路提供回流通路。

钢轨电位限制装置柜：也称为 OVPD，装设在钢轨与大地之间，通过限制钢轨的电位，避免钢轨出现超出安全许可的接触电压造成对人身和设备的危害。

排流柜：DR，用于收集大地中杂散电流及排流网中的杂散电流，并将杂散电流送至牵引所负母排。

能馈装置柜：将电客车再生制动产生的能量利用电力电子变换器逆变为交流电能回馈到交流电网，供其他设备再利用的节能装置，图 6-36 中用 DCS 和能馈变压器表示。

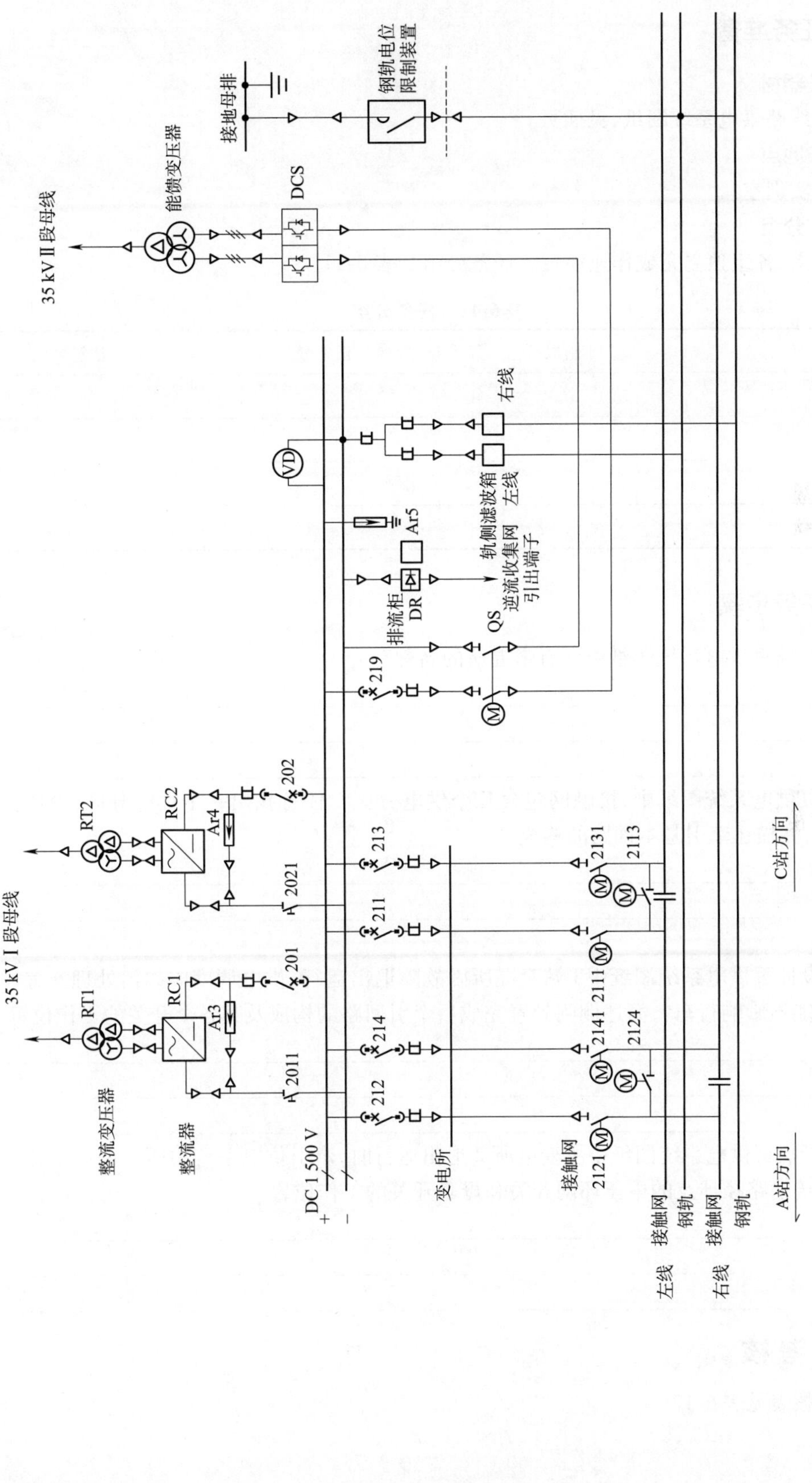

图6-36 城轨交通直流供电系统示意图

任务实施

一、任务准备

1. 任务器材

城轨某线路供电系统图纸，见插页。

2. 任务地点

教室或实训室。

3. 任务分组

每组4人，各组独立完成作业项目。任务分组见表6-11。

表6-11　任务分组

序号	小组成员	任务分工	注意事项
1			
2			
3			
4			

二、任务步骤

(1)列举插页供电系统图纸中所有牵混所的名称。

(2)插页供电系统图纸中，接触网包含几个供电分区？任意找出一个供电分区，说明接触网的供电方式，并描述牵引基本回路的构成。

(3)假设插页供电系统图纸中I站牵混所因故障退出运行，供电调度应如何处理？怎样进行倒闸处置才能不影响行车？简述倒闸处置完成后牵引回路的构成及其各个开关的工作位置。

(4)分析插页供电系统图纸中主变电所2退出运行时，牵引供电系统中压环网的电能传输路径。简述此传输路径涉及的中压环网开关和母联开关的工作位置。

任务考核

任务考核表见表6-12。

表6-12 任务考核表

<table>
<tr><td colspan="2">任务名称</td><td colspan="6">识读城轨供电牵引供电系统图</td></tr>
<tr><td colspan="2">姓名</td><td></td><td>学号</td><td></td><td>日期</td><td colspan="2"></td></tr>
<tr><td colspan="2">开始时间</td><td></td><td>结束时间</td><td></td><td>任务完成时间</td><td colspan="2"></td></tr>
<tr><td colspan="2">评分项目</td><td colspan="3">评分要素及标准</td><td>分值</td><td>小组互评</td><td>教师评分</td></tr>
<tr><td rowspan="4">作业操作流程</td><td>认识牵混所</td><td colspan="3">正确指出插页中牵引供电系统所有牵混所名称(15分,少一个扣5分)</td><td>15</td><td></td><td></td></tr>
<tr><td>认识供电分区</td><td colspan="3">找出插页中接触网包含的供电分区(找到1个得3分,共12分)
正确说明接触网供电方式(5分)
正确描述牵引基本回路(8分,错误一处扣2分)</td><td>25</td><td></td><td></td></tr>
<tr><td rowspan="2">双边供电方式</td><td colspan="3">Ⅰ站牵混所因故障退出,说明调度处置方法(正确处置得10分,倒闸过程错误一处扣2分)
描述应急处置后牵引回路的构成(8分,每错一处扣2分)
正确说明接触网供电方式(5分)
应急牵引回路涉及的各开关位置描述正确(12分,错误一处扣2分)</td><td>35</td><td></td><td></td></tr>
<tr><td colspan="3">主变电所2退出后,说明中压环网电能传输路径(共10分,错误一处扣2分)
描述各中压环网开关位置、母联开关位置(15分,错误一处扣3分)</td><td>25</td><td></td><td></td></tr>
<tr><td colspan="2">时间要求</td><td colspan="6">本任务限时40 min内完成,每超过1 min扣4分。超时10 min为不合格</td></tr>
<tr><td colspan="2">总分</td><td colspan="6">(总分=小组互评×40%+教师评分×60%)</td></tr>
<tr><td colspan="8">作业人员签字： 考评人员签字：</td></tr>
</table>

巩固与练习

一、多选题

1. 城轨供电系统一般包括(　　)。
   A. 外部电源　B. 主变电所
   C. 牵引供电系统和动力照明系统　D. 电力监控系统
2. 牵引供电系统由(　　)组成。
   A. 牵引变电所　B. 馈电线　C. 接触网　D. 列车
   E. 走形钢轨　F. 回流电缆
3. 牵引网的供电方式有(　　)方式。
   A. 单边供电　B. 双边供电　C. 大双边供电　D. AT供电

二、判断题

1. 牵引变电所与车站的降压变电所合建,称为牵引降压混合变电所。(　　)
2. 回流线是指从牵引变电所向接触网输送牵引电能的导线。(　　)
3. 双边供电是指一个供电区间由相邻两个牵引变电所各经一路馈线同时供电的供电方式。正常运行时城轨正线均应采用双边供电方式。(　　)
4. 钢轨电位限制装置柜:也称为OVPD,装设在钢轨与大地之间,通过限制钢轨的电位,避免钢轨出现超出安全许可的接触电压造成对人身和设备的危害。(　　)

任务3　DC 1 500 V馈线开关柜保护测试作业

任务导入

DC 1 500 V馈线开关柜保护测试作业项目包括：电流速断保护（I_{max++}）测试、过电流保护（I_{max+}）测试、热过负荷保护测试、电流变化率 di/dt 和电流增量 ΔI 保护测试等，是相对比较复杂的一项作业，是城轨供电检修岗位必须具备的职业技能。

任务目标

（1）理解城轨直流供电系统保护配置。

（2）会分析城轨直流馈线主保护、后备保护的工作原理，正确识读相关保护动作逻辑图。

（3）理解城轨直流馈线自动重合闸和线路测试功能及二者关系。

（4）理解城轨直流馈线双边联跳保护功能设置的必要性、基本原理、分类及应用。

（5）会进行城轨直流馈线开关柜保护测试作业。

知识准备

一、城轨直流供电系统故障和不正常运行状态

城轨直流供电系统中牵引网运行环境复杂、施工不规范、设备制造工艺缺陷、管理疏忽等因素均可能导致直流供电系统出现故障和不正常运行状态。一旦发生故障会影响到整个牵引供电系统的正常运行，甚至会对电力设备造成不可修复的毁坏。因此，需要对城轨直流系统配置可靠的主保护和后备保护。城轨直流系统常见的且危害较大的故障就是短路故障。

根据短路性质的不同，可将城轨直流系统短路故障分为金属性短路和非金属性短路两种。城轨直流金属性短路故障第一种原因是馈线、接触网（或第三轨）与走行轨回流系统发生的金属性接触。如某城轨曾发生一辆客车在运行时由于一名乘客携带的金属水平尺掉下站台，导致第三轨与客车形成通路的短路故障。城轨直流金属性短路故障的第二种原因是接触网或第三轨与大地形成的金属性短路。例如某工程项目施工挖掘过程中失误导致直流馈线电缆接地，导致框架泄漏保护动作，变电所内部所有相关的直流开关发生跳闸。城轨直流金属性短路故障多为永久性短路故障。在运营期间发生金属性短路故障时，如果不能及时查找出故障点的位置并及时排除，将导致电动客车的停运，造成运营损失。城轨直流非金属性短路故障是指馈线、接触网（或第三轨）和走行轨回流系统经过渡电阻发生的短路故障或因为绝缘泄漏形成的短路故障。例如城市轨道交通中，露天的第三轨在雨雪天气下，由于雨雪的淹没或覆盖会导致第三轨以雨雪为导体与走行轨发生短路故障；或者由于牵引网的绝缘出现老化，导致放电并产生泄漏电流，通过回流系统流回牵引变电所负极，属于绝缘泄漏导致的非金属性短路故障。电弧短路故障也是种较为常见的非金属性短路故障。发生非金属性短路故障时，短路电流一般较小，故障现象不明显，不易察觉，但是如果不及时切除故障，长时间运行会产生接触电压或跨步电压，甚至出现电弧使故障扩大，严重威胁人身及城轨供电系统安全运行。所以如果出现非金属性短路故障时也需要尽快切断相应电源，排除故障。

城轨直流供电系统故障也可根据短路点的不同分为馈线、接触网对走行轨回流系统短路和接触网对地短路。馈线、接触网对走行轨回流系统短路又称为正极对负极短路，这类故障主要是外部原因导致的，电流变化率及增量保护、大电流脱扣保护等牵引网保护就是为了切除此类故

障。馈线、接触网对地短路又称为正极对地短路,造成这种短路故障的主要原因是泄漏电流或绝缘损坏,框架泄漏保护主要是为了切除此类故障。

城轨直流系统的故障也可以按照属性分为瞬时性故障和永久性故障。电弧类、绝缘闪络类故障一般为瞬时性故障,切断相应电源后故障会自行消除,经馈线直流断路器重合闸操作即能恢复供电。

同交流系统类似,直流系统常见的不正常运行状态是过负荷运行状态。

二、城轨牵引网短路故障特征

牵引网短路故障在整个城轨直流系统短路故障中占据很大的比例,牵引网短路故障由直流馈线保护装置通过断开馈线直流快速断路器实现保护。

城轨接触网(轨)没有备用,一旦发生供电事故将会引起长时间列车停运,后果非常严重。当牵引网发生短路故障时,线路的电流和电压会发生显著变化,所以可以像交流系统那样利用电流和电压的变化特征构成基于电流电压的保护。

城轨牵引网短路的显著特征是:直流短路电流的幅值、电流上升率和时间常数与短路点距离变电所的远近有关。因此接触网近端、中远端的短路故障电流特性有很大差别。接触网近端短路特性如图6-37所示,当接触网发生近端短路时,预期短路电流峰值 $I_{cc}>$ 和初始电流上升率 $\mathrm{d}i/\mathrm{d}t$ 均很大,$I_{cc}>$ 一般可达 80 kA 以上,$\mathrm{d}i/\mathrm{d}t$ 可达到 5 kA/ms 以上。而且短路点距变电所越近,电流上升率和短路电流也越大。因此如果不在短路电流达到峰值之前将短路故障快速,短路电流将在极短时间内上升到最大值,对系统和设备将造成极大危害。

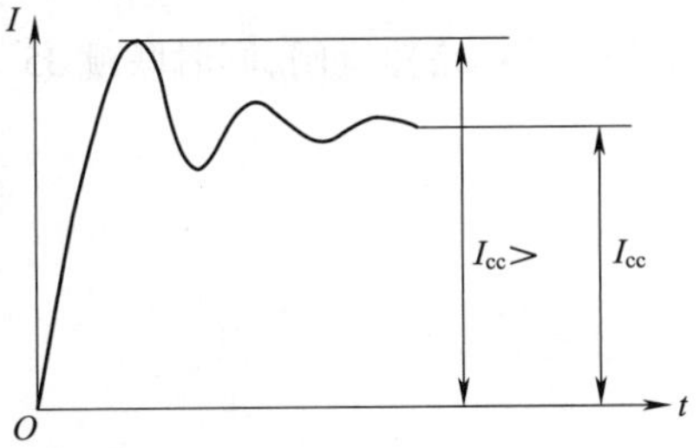

$I_{cc}>$—预期短路电流峰值;I_{cc}—预期稳态电流。

图 6-37 接触网近端短路特性示意图

当接触网发生中远端短路时,短路电流较近端短路时明显减小,同时由于线路电感的作用,短路电流的变化也相对缓慢,初始上升率较小。

城轨牵引负荷电流的大小及其变化率是随时间、机车类型和牵引位置而变化的,负荷电流的最大变化率多发生于在列车启动时。需要注意的是,虽然城轨牵引网短路电流变化率一般大于负荷电流变化率(包括启动电流),但远端短路故障的电流变化率和列车启动时最大电流变化率比较接近,尤其当直流馈线的供电臂很长、车辆密度大时,甚至有可能出现末端短路故障电流变化率小于负荷电流变化率的情况,这一点需要在城轨牵引网保护配置中加以重视。

三、城轨直流系统保护配置

1. 城轨直流系统保护配置原则

城轨接触网近端和中远端的短路故障特性差异较大,单一的保护难以兼顾继电保护的速动性与选择性要求,因此需要根据直流系统近端以及中、远端的故障特征分别配置相应的保护,保证直流供电系统在正常及大双边供电方式下运行时,在

视频

DC 1 500 V开关柜继电保护的配置及应用

接触网近端、中部及远端发生短路故障时均能快速跳闸。同时要充分考虑某些特殊故障情况下的动作特性，如接触网末端短路或非金属性接地等情况，保护必须能够将接触网远端小电流接地故障和列车启动、加速、过牵引网分段时的冲击电流进行甄别，保证电动客车正常运行时不会误跳闸。所以城轨牵引网保护的选择性、灵敏性要求更高，各项保护的主次关系、定值配合需要更合理。

与交流电弧电压过零可以自动熄灭不同，城轨牵引网短路时产生的直流电弧，如不迅速切断电源，会长时间维持燃烧而不熄灭。因此对牵引网保护来说，速动性和可靠性同等重要，因此牵引网保护采用直流快速断路器及电流变化率及增量保护等毫秒级的保护，目的就是在直流短路电流上升过程中将其遮断不允许短路电流到达稳态值。至于牵引网保护选择性，在则处于次要位置，可用自动重合闸矫正误动作。

在实际应用中，城轨牵引网主保护一般采用大电流脱扣保护和电流变化率及增量保护的配合来实现，分别作为接触网的近端和中远端的主保护。

2. 城轨直流系统保护配置方案

城轨直流系统保护装置安装于直流开关柜内，对不同城轨线路直流保护配置可能有所不同，但是保护作用基本相同。目前城轨牵混所内的直流系统保护主流的配置及定值见表 6-13，主要包括：

(1)直流进线柜保护配置

①大电流脱扣保护。

②逆流保护。

直流进线柜保护均作用于直流进线断路器跳闸，同时联跳 35 kV 整流机组馈线柜断路器。

(2)直流馈线柜保护配置

①大电流脱扣保护。

②电流变化率及增量保护。

③电流速断保护。

④过电流保护。

保护①～④均作用于直流馈线开关跳闸。

⑤接触网热过负荷保护，作用于直流馈线开关跳闸，并闭锁重合闸。

⑥双边联跳保护，作用于相邻牵引所向同一接触网供电臂供电的直流馈线开关跳闸。

⑦低电压保护，作用于 DC 1 500 V 再生能馈装置直流馈线开关跳闸，同时其他直流馈线柜发出告警信号。

同时，馈线柜中还配置了自动重合闸、线路测试和防跳等自动功能。

(3)负极柜保护配置

①框架泄漏电压保护，联跳本站所有直流断路器及两台 35 kV 整流机组馈线断路器，并闭锁重合闸，只有当故障消失，当地复归框架泄漏保护后，断路器才能合闸。

②框架泄漏电流保护，除联跳本站所有直流断路器及两台 35 kV 整流机组馈线断路器，还会联跳该站相邻两个牵引变电所向同一供电臂供电的 4 台直流馈线断路器，并闭锁重合闸，只有当故障消失，当地复归框架泄漏保护后，断路器才能合闸。

(4)钢轨电位限制装置柜保护配置

钢轨电位限制保护，作用于轨电位接触器合闸。

表 6-13　某城轨直流系统保护主流配置及定值

<table>
<tr><th>开关柜名称</th><th>开关柜编号</th><th>继电保护型号</th><th colspan="2">继电保护类型</th><th>继电保护整定值</th><th>继电保护整定时间</th><th colspan="3">备　注</th></tr>
<tr><td rowspan="2">进线柜</td><td rowspan="2">201
202</td><td>小车本体</td><td colspan="2">大电流脱扣</td><td>12 000 A</td><td>/</td><td colspan="3"></td></tr>
<tr><td>S7-200</td><td>逆流</td><td>(−)I</td><td>600 A</td><td>5 ms</td><td colspan="3"></td></tr>
<tr><td rowspan="17">1、2、3、4 号馈线柜</td><td rowspan="17">211
212
213
214</td><td>小车本体</td><td colspan="2">大电流脱扣</td><td>9 000 A</td><td>/</td><td colspan="3"></td></tr>
<tr><td>PM890</td><td>电流速断</td><td>I_{max++}</td><td>8 500 A</td><td>1 ms</td><td colspan="3">现场按设备最小整定值整定</td></tr>
<tr><td>PM890</td><td>过电流</td><td>I_{max+}</td><td>3 500 A</td><td>30 s</td><td colspan="3"></td></tr>
<tr><td rowspan="5">PM890</td><td rowspan="5">电流变化率及增量</td><td>E 值</td><td>50 kA/s</td><td>/</td><td colspan="3"></td></tr>
<tr><td>F 值</td><td>15 kA/s</td><td>/</td><td colspan="3"></td></tr>
<tr><td>ΔI</td><td>6 000 A</td><td>1 ms</td><td colspan="3">现场按设备最小整定值整定</td></tr>
<tr><td>T_{max}</td><td>/</td><td>45 ms</td><td colspan="3"></td></tr>
<tr><td>ΔI_{min}</td><td>1 000 A</td><td>/</td><td colspan="3"></td></tr>
<tr><td>PM890</td><td>低电压动作值</td><td>Ul_{min}</td><td>900 V</td><td>/</td><td colspan="3">退出</td></tr>
<tr><td rowspan="2">PM890</td><td colspan="2" rowspan="2">接触网热过负荷</td><td>3 000 A</td><td>10 min（热衰减系数）</td><td colspan="3"></td></tr>
<tr><td>98%（告警）</td><td>/</td><td colspan="3">100%（跳闸）</td></tr>
<tr><td>PM890</td><td colspan="2">自动重合闸</td><td>1 次</td><td>15 s</td><td colspan="3"></td></tr>
<tr><td>PM890</td><td colspan="2">防跳</td><td>1 次</td><td>12 s</td><td colspan="3"></td></tr>
<tr><td rowspan="4">PM890</td><td rowspan="4">线路测试</td><td>残压 $U_{fresidue}$（U_{fr}）</td><td>900 V</td><td>/</td><td colspan="3"></td></tr>
<tr><td>剩余电阻 R_{min}</td><td>2.5 Ω</td><td>/</td><td colspan="3"></td></tr>
<tr><td>动作测试</td><td>3 次</td><td>1 s</td><td colspan="3"></td></tr>
<tr><td>测试时间间隔 D</td><td>/</td><td>10 s</td><td colspan="3"></td></tr>
<tr><td rowspan="3">5 号馈线柜</td><td rowspan="3">219</td><td>小车本体</td><td colspan="2">大电流脱扣</td><td>7 000 A</td><td>/</td><td colspan="3"></td></tr>
<tr><td>S7-200</td><td>电流速断</td><td>I_{max++}</td><td>6 500 A</td><td>1 ms</td><td colspan="3">现场按设备最小整定值整定</td></tr>
<tr><td>S7-200</td><td>过电流</td><td>I_{max+}</td><td>2 500 A</td><td>25 s</td><td colspan="3"></td></tr>
<tr><td rowspan="6">负极柜</td><td rowspan="6">N</td><td rowspan="2">框架泄漏电流保护</td><td rowspan="2">电流继电器</td><td>动作电流值</td><td rowspan="6">/</td><td rowspan="6">/</td><td>I = 80 A</td><td>/</td><td>整流器负极柜及直流开关</td></tr>
<tr><td>动作延时</td><td>/</td><td>0</td><td></td></tr>
<tr><td rowspan="4">框架泄漏电压保护</td><td rowspan="4">电压继电器</td><td>告警电压值</td><td>U_1 = DC 130 V</td><td>/</td><td></td></tr>
<tr><td>动作延时</td><td>/</td><td>T_1 = 1.0 s</td><td></td></tr>
<tr><td>动作电压值</td><td>U_2 = DC 150 V</td><td>/</td><td></td></tr>
<tr><td>动作延时</td><td>/</td><td>T_2 = 0.6 s</td><td></td></tr>
</table>

续表

开关柜名称	开关柜编号	继电保护型号	继电保护类型		继电保护整定值	继电保护整定时间	备　注		
钢轨电位限制装置柜	OV	SJ 继电器	Ⅰ段动作电压值	轨电位限制装置	/	/	U_1 = DC 120 V	/	
		S7-200	动作延时				/	0.8 s	
			动作计数次数				3	/	
			动作计数延时				/	60 s	
			动作恢复延时				/	10 s	
		SJ 继电器	Ⅱ段动作电压值				U_2 = DC 150 V	/	
		晶闸管	Ⅱ段动作电压值				U_3 = DC 600 V	/	
		SJ 继电器	低电压动作值				$U \leqslant$ DC 2 V	/	
			动作延时				/	60 h	

● 视频

DC 1 500 V 进线柜保护类型及工作原理

● 视频

DC 1 500 V 馈线柜大电流脱扣保护和DDL保护

四、牵引网主保护

牵引网主保护包括:大电流脱扣保护和电流变化率及增量保护。

1. 大电流脱扣保护

大电流脱扣保护是接触网近端短路的主保护,是基本保护配置,属于直流快速断路器的本体保护,即通过直流快速断路器本体自带的过流脱扣器实现跳闸动作。

大电流脱扣保护采用磁脱扣原理,当检测到流经馈线断路器的电流大于整定值时,直流快速断路器能够迅速开断。其机械响应时间和燃弧熄灭时间均与电流变化率有关,当直流短路电流上升率达到 5 kA/ms 时,直流快速断路器的固有动作时间只有 3 ~4 ms,全分断时间(包括固有动作时间加燃弧熄灭时间)为 25 ms 左右,直流快速断路器能在短路电流达到峰值之前快速切断达到限制短路电流的目的。对于电流上升快、幅值大的近端短路故障,大电流脱扣保护会先于馈线另一主保护电流变化率及增量保护动作切断故障点,防止故障范围扩大。但是对于接触网的远端短路,其灵敏度不能满足要求,因此大电流脱扣保护要与其他馈线保护相互配合,实现对线路全长的保护。

如图 6-38 所示为馈线断路器分断接触网近端短路电流波形图。直接过流脱扣器是直流快速断路器对线路进行短路保护的触发元件。其设计要求准确、快速地完成脱扣过程,当载流导体中通过的电流达到脱扣器动作电流整定值时,脱扣器必须具备很短的动作时间,及时触发断路器进行开断,减小对整个系统的冲击和破坏。

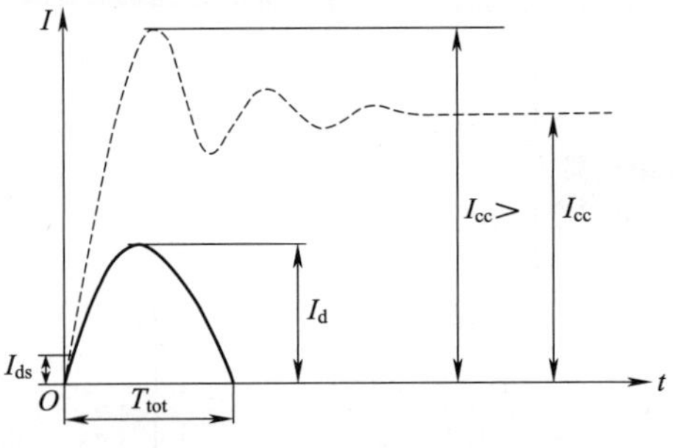

$I_{cc}>$—预期短路电流峰值;I_{cc}—预期稳态短路电流;I_{ds}—大电流脱扣器整定电流;

I_d—断路器实际分断电流;T_{tot}—全分断时间。

图 6-38　馈线断路器分断接触网近端短路电流波形图

直接快速脱扣器的基本结构如图6-39所示。其主要由可动衔铁(动铁芯)、静铁芯、蝶形弹簧(反力弹簧)、脱扣顶块等组成,属于电流型电磁铁。发生短路故障时,载流母排内流过的电流快速上升,脱扣器磁路内形成较大的磁场,在由静铁芯—气隙—可动衔铁组成的磁路中产生较大的磁通,静铁芯的两个端面对可动衔铁产生很强的电磁吸力。当电磁吸力值大于弹簧的反力与机构阻力之和时,可动衔铁开始向上运动,从而完成脱扣动作。

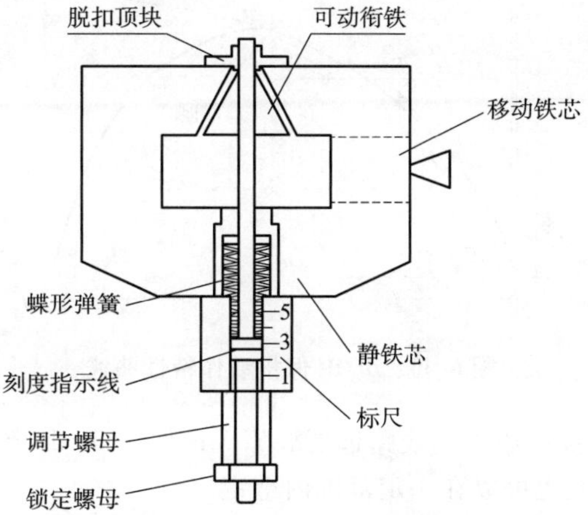

图6-39 直接过流脱扣器基本结构

城轨直流馈线大电流脱扣保护的整定值 I_{set},应依据各种运行方式下的直流短路电流进行计算。首先馈线大电流脱扣保护的整定值 I_{set}应与相邻供电区间的近端短路的保护相配合,防止越区跳闸。同时馈线大电流脱扣保护的整定值 I_{set} 也应躲开列车高峰运行时馈线可能出现的最大负荷电流 $I_{L_{max}}$。馈线大电流脱扣保护定值应取同时满足以上两个条件,即较大的值。一旦检测到电流超过其动作电流时,直流馈线开关立即跳闸,其固有动作时间仅几毫秒。

需要补充的是,直流进线也采用大电流脱扣保护作为直流进线和直流母线的主保护,同样用于直流进线的大电流脱扣保护也应按躲过进线最大负荷电流来整定,同时也应与下级馈线大电流脱扣保护电流整定值配合,防止出现越级跳闸的现象。

大电流脱扣保护动作电流整定可通过调整磁轭中的磁通来实现,有2 000 A、3 000 A、5 000 A、8 000 A、10 000 A、12 000 A等多个整定数值。直流馈线大电流脱扣保护的整定值示例可查看表6-13。

2. 电流变化率及增量保护

如前所述,大电流脱扣保护无法保护接触网供电臂全长,同时,根据机车特性和线路阻抗,某一线路的负载电流可能会大于远端短路故障电流,因此将会造成大电流脱扣保护出现不能区分工作电流和远端故障电流的情况。因此,馈线断路器还应配置检测电流波形的保护——电流变化率及增量保护。电流变化率及增量保护是根据短时间内电流变化率及增量的不同自动区分工作电流与故障电流实现选择动作的保护装置,是接触网中远端主保护。

电流变化率及增量保护由两种保护组成,分别是 ΔI 与 di/dt 保护,两种保护通过相互配合实现保护功能。两种保护的启动条件相同,都是检测到电流上升率 di/dt 大于同一个预定的电流上升率,称为保护装置起始门限 E。启动后,两种保护各自进入延时阶段,互不影响,哪个保护先达到动作条件就由它来动作。一般来讲,ΔI 主要在中近距离的短路故障时动作,而 di/dt 主要在中远距离的短路故障时动作。

电流变化率及增量保护有6个整定参数,分别是:保护装置起始门限 E;保护装置复位门限 F;最大电流增量 ΔI_{max};最大电流增量延时 $t_{\Delta I_{max}}$;最小电流增量 ΔI_{min};最小电流增量延时 T。

di/dt 保护的工作原理是:当检测到馈线电流上升率 di/dt 大于保护装置起始门限 E 时保护

启动并开始计时，当满足计时 t 大于最小电流增量延时 T，且电流增量 ΔI 大于最小电流增量 ΔI_{min} 时，保护装置动作，直流馈线断路器跳闸。但是如果在检测到最小电流增量延时 T 前，如果电流上升率 di/dt 回落到保护装置复位门限 F 之下，即 $di/dt < F$，并保持最大电流增量延时 $t_{\Delta I_{max}}$ 时间，那么保护返回，ΔI 和 t 归零。di/dt 保护装置动作特性如图 6-40 所示。

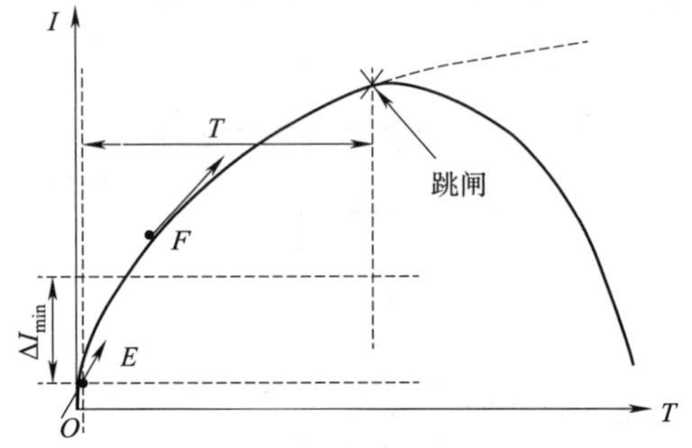

图 6-40　di/dt 保护动作特性曲线

电流上升率（di/dt）保护用于检测线路远端故障。该保护 di/dt 定值可以在一定范围内整定，与之相匹配的是其延时定值也可以在一定范围内整定。

ΔI 保护的动作过程是：在检测到馈线电流上升率 di/dt 大于保护装置起始门限 E 时，ΔI 保护启动，可见 ΔI 保护和 di/dt 保护有共同的启动条件。同样以启动时刻的电流作为基值开始计算电流增量 ΔI。在检测到电流增量 ΔI 大于最大电流增量 ΔI_{max} 后，则再经过最大电流增量延时 $t_{\Delta I_{max}}$ 设定的时间之后，那么 ΔI 保护出口使开关跳闸。如果在检测到最大电流增量 ΔI_{max} 前，电流上升率 di/dt 回落到保护装置复位门限 F 之下，即满足电流上升率 $di/dt < F$，并保持最大电流增量延时 $t_{\Delta I_{max}}$ 的时间，那么 ΔI 保护返回，ΔI 和 t 归零。即电流上升率 $di/dt < F$，并保持最大电流增量延时 $t_{\Delta I_{max}}$ 时间是保护的复位条件。可见 ΔI 保护和 di/dt 保护也有共同的复位条件。

ΔI 保护装置动作特性曲线如图 6-41 所示。

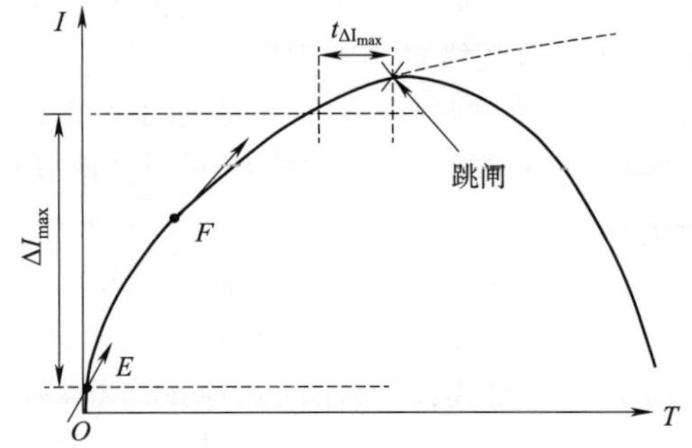

图 6-41　ΔI 保护动作特性曲线

电流变化率及增量保护整定原则是应躲过机车最恶劣的启动情况，同时对于发生在接触网区间的远端短路应能正确识别并在最短时间内动作以减少故障电流造成的损坏。电流变化率及增量保护整定参数的设置要考虑以下因素。

考虑机车在初次启动时，其充电过程不应该造成电流变化率及增量保护动作。那么电流变化率及增量保护的保护装置起始门限 E 应躲过正常运行下接触网最大电流变化率，按机车启动或过分段时最大冲击电流上升率来进行整定；保护装置复位门限 F 应小于接触网远端短路的故障电流变化率；最大电流增量 ΔI_{max} 应大于列车通过接触网分段和列车启动时的冲击电流最大值；

最小电流增量 ΔI_{min} 应大于远端短路的故障电流增量；考虑到系统的安全性，为了消除寄生电容等干扰电流的影响，所以最大电流增量延时 $t_{\Delta I_{max}}$ 应大于消除短路故障产生寄生电流所需要的时间，一般根据经验来进行设置，通常为几毫秒到几十毫秒；最小电流增量延时 T 应大于列车启动时间的最大值。

表 6-14 是电流变化率及增量保护整定值举例，整定值中无括号数值适用于正线，括号内数值适用于场段。

表 6-14　某城轨直流馈线电流变化率及增量保护整定举例

设备名称	保护装置	保护类型	参数	整定值	作用
1 500 V 馈线	SEPCOS	DDL 保护	$E/(\mathrm{kA/s})$	50(40)	跳闸
			$F/(\mathrm{kA/s})$	25	
			$\Delta I_{max}/\mathrm{A}$	4 000(3 500)	
			$t_{\Delta I_{max}}/\mathrm{ms}$	2	
			$\Delta I_{min}/\mathrm{A}$	800	
			T/ms	50	

五、牵引网后备保护

牵引网后备保护包括速断保护、定时限过电流保护、低电压保护和过负荷保护。

1. 速断保护

在速断保护控制单元中预先设定整定电流 I_{max++} 和整定时间的值。当检测到通过直流馈线断路器的电流值在整定时间 T_{dmt} 内始终超过整定 I_{max++} 时，判别为牵引网短路电流，触发馈线断路器跳闸。如果中间任一时刻电流没有超过整定值 I_{max++}，则保护自动返回，等待下次启动。

视频

DC 1 500 V 馈线柜速断保护、过电流保护

需要注意的是，当机车处于再生制动状态或当地牵引变电所整流机组退出运行，所内直流馈线被用于直流越区供电回路时，这种情况下如果线路发生短路故障，会有反向电流通过直流馈线断路器。因此考虑到再生制动状态或越区供电时造成的供电潮流反向的情况，可分别设定正反方向的整定电流 $I_{max++(+)}$ 值和 $I_{max++(-)}$ 的值。

作为后备保护，速断保护的整定电流 I_{max++} 值应小于大电流脱扣保护装置动作值，同时速断保护一般设有几毫秒的延时。

2. 定时限过电流保护

定时限过电流保护是接触网远端的后备保护。

定时限过电流保护原理和电流速断保护相同，区别在于整定电流值 I_{max+} 和整定时间值 T_{max+} 不同。定时限过电流保护范围比速断保护广，在双边供电、大双边供电、单边供电方式下均可以保护线路全长，因此动作电流小于电流速断保护。过电流保护的整定电流设置时应小于线路末端接触网接地短路时的最小短路电流，以达到切除远端短路故障的目的。而且，为了区分短路故障电流和列车启动电流，过电流保护的整定时间应该大于该区段列车启动的时间，因此其动作延时也比电流速断保护更长。

同样，定时限过电流保护也要考虑反向电流通过直流馈线断路器的情况，因此也要设置反向过流保护用于检测并清除该故障。如图 6-42 所示为定时限过电流保护跳闸特性曲线。

表 6-15 是牵引网定时限过电流保护整定值举例。

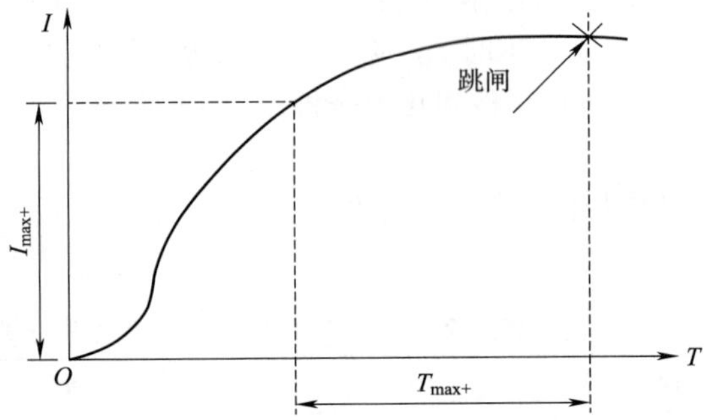

图 6-42 定时限过电流保护跳闸特性曲线

表 6-15 牵引网定时限过电流保护整定举例

设备名称	保护装置	保护类型	参数	整定值	作用
1 500 V 馈线	SEPCOS	定时限过电流保护	I_{max+}/A	3 500	跳闸
			T_{max+}/s	30	

下面通过两个图例进一步分析过电流保护的动作特性。

如图 6-43 和图 6-44 所示，分别是正向过流保护和反向过流的情况。

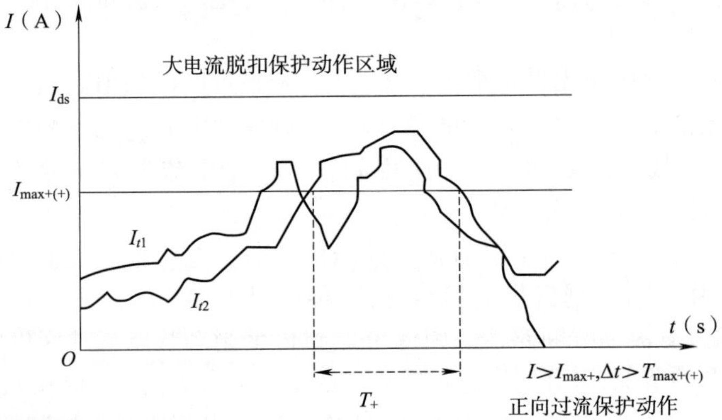

图 6-43 正向过流保护曲线

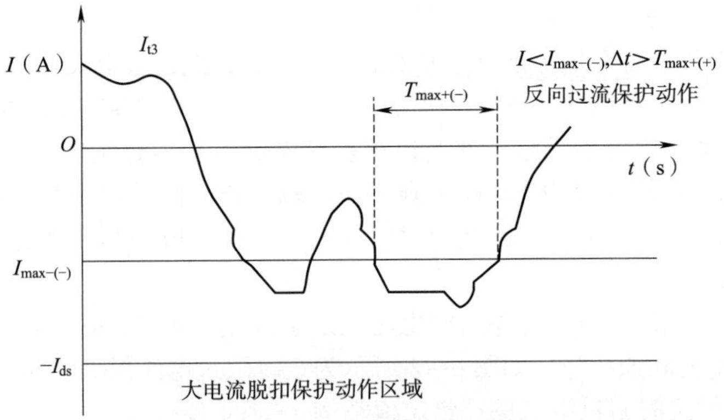

图 6-44 反向过流保护曲线

在图6-43正向过流保护曲线图中，曲线 I_{t1} 的电流两次超过正向整定电流 $I_{max+(+)}$ 的数值，但持续时间都小于整定时间 $T_{max+(+)}$ 值，所以判断不是故障情况。这种短时间的大电流可能是由于多台机车在某一时刻同时加速而产生的；在图6-43的曲线 I_{t2} 中电流超过了正向整定电流 $I_{max+(+)}$ 值，且持续时间大于整定时间 $T_{max+(+)}$ 值，因此判断为故障情况，正向过流保护将会动作，向直流馈线断路器发出跳闸信号。

在图6-44反向过流保护曲线图中，曲线 I_{t3} 电流超过 $I_{max+(-)}$ 值，且持续时间大于 $T_{max+(-)}$ 值，因此被视为故障情况，反向过流保护将动作，向直流馈线断路器发出跳闸信号。

3. 低电压保护

视频

DC 1 500 V 馈线柜低电压保护、过负荷保护

低电压保护和过电流保护一样，都是接触网远端短路故障保护的后备保护。它的主要作用是为了避免供电系统长时间过负荷运行或发生短路故障时导致接触网网压低于机车运行允许的最低电压从而使得机车无法正常取流。低电压保护作为后备保护应与其他保护相互配合，动作于告警。

低电压保护的工作原理是，保护装置不断检测接触网与回流网之间的电压 U_f，如果 U_f 小于最低允许工作电压 $U_{L_{min}}$，且 U_f 在一定的延时时间 $T_{L_{min}}$ 内一直保持小于最低允许工作电压 $U_{L_{min}}$，则保护装置动作。

低电压保护的整定电压 $U_{L_{min}}$ 应满足1 500 V直流牵引供电系统电压最低值的要求；同时延时时间应躲过机车启动时电压下降时间，并与主保护动作延时相配合，躲过交流侧可能出现的故障投切或运行方式改变造成的停电间隔，因此整定时间通常为几秒。表6-16为牵引网低电压保护整定值举例。

表6-16 牵引网低电压保护整定举例

设备名称	保护装置	保护类型	参数	整定值	作用
1 500 V 馈线	SEPCOS	低电压保护	$U_{L_{min}}$/V	1 000	告警
			$T_{L_{min}}$/s	2	

4. 过负荷保护

过负荷保护也称为接触网的热过载保护。当设备长期过负荷运行时，即便没有发生短路故障，也会导致连接电缆或接触网的温度上升，当产生的热量超过设备承受能力的时候，将导致直流馈出电缆特别是架空接触网发热超过其安全限值，因此发生此类故障时应切除过载运行的线路，待恢复冷却后再投入运行。

过负荷保护单元连续测量馈线电流，同时根据接触网的电阻率、电阻率修正系数、长度、横截面积、电流等参数计算出接触网的发热量，再根据接触网和空气的比热等热负荷特性及通风量等环境条件，计算出接触网的温度，如果该温度超过设定值，保护单元发出跳闸信号分开馈线断路器，待一段时间冷却后开关才能重新合闸。过负荷保护动作时序如图6-45所示，当测量的电缆温度超过 T_{alam} 时给出告警信号，超过 T_{trip} 则跳开给该接触网供电的直流馈线断路器。馈线断路器跳开后，电缆逐渐冷却，当温度进一步下降，低于 $T_{reclose}$ 则重新合上直流开关。不过这种温度算法比较复杂，在实际应用中一般采用反时限过负荷保护的方式，即由过载电流值及其对应的不同跳闸延时时间组成的一条反时限特性的跳闸特性曲线，电流值越大，动作延时越短。

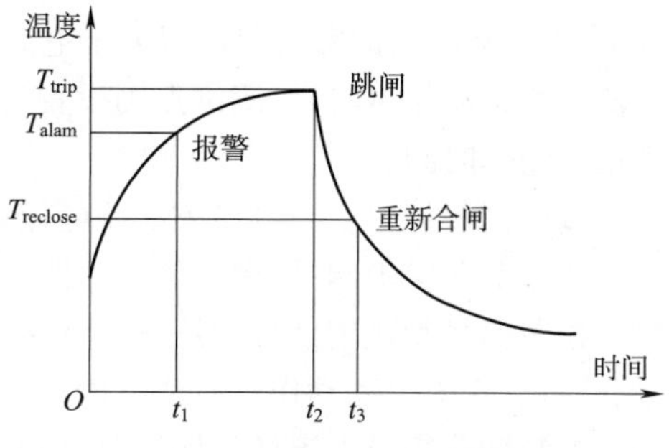

图6-45 牵引网热过负荷保护动作时序图

表 6-17 是牵引网热过负荷保护整定举例,接触网温度告警阈值一般为 85 ℃,接触网温度跳闸阈值一般为 90 ℃。

表 6-17　牵引网热过负荷保护整定举例

设备名称	保护装置	保护类型	参数	整定值	作用
1 500 V 馈线	SEPCOS	热过负荷保护	额定载流量 I_n/A	3 000(1 250)	告警
			热衰减常数 τ/min	10	
			告警限值 A	0.98	
			跳闸限值 B	1.01	跳闸

六、DC 1 500 V 馈线开关柜保护测试作业原理

DC 1 500 V 馈线开关柜保护测试作业接线如图 6-46 所示。

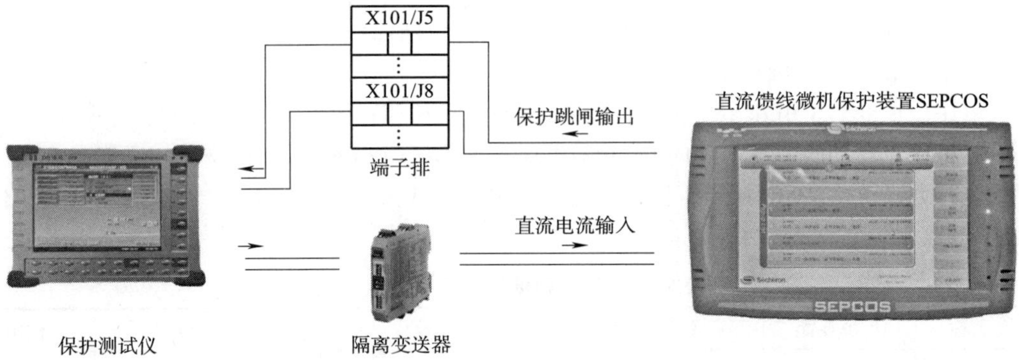

图 6-46　DC 1 500 V 馈线开关柜保护测试作业接线示意图

如图 6-46 所示,继电保护测试仪输出一路直流模拟信号,用来模拟分流器采样连接线输出的直流电流,送至隔离变送器转换成小电压信号后,再接入直流馈线微机保护装置。同时,直流馈线微机保护装置跳闸出口常开触点通过端子排与保护测试仪的开关量输入端子并联,用来将微机保护装置的动作信号回馈给测试仪,从而进行 DC 1 500 V 馈线开关柜保护动作特性的测试。

电流速断保护(I_{max++})测试:测试动作电流时,首先依据 DC 1 500 V 馈线开关柜设定的整定值,在测试仪中进行保护测试参数的设置,然后将测试点设置为 1.05 倍的动作电流整定值,故障前 I_d 设置为 0 A,故障时限设置大于电流速断保护延时整定值,最后加量测试待动作后记录动作电流。测试动作时间时,测试点则设置为 1.2 倍的整定值,故障时限设置为 10 ms,加量测试动作后记录动作时间。

过电流保护(I_{max+})测试方法与电流速断保护(I_{max++})相同。

热过负荷保护测试:用毫伏发生器或直流保护测试仪对保护装置进行加量测试,观察到保护发出告警信号和跳闸信号后停止加量,查看测试仪及 DC 1 500 V 开关柜保护装置的保护动作记录,并将动作电流和动作延时值填抄在测试报告上。

电流变化率及电流增量保护测试:近端故障保护——电流增量 ΔI 保护测试时,测试仪运行状态模拟选择"近端故障"并进行直流保护测试仪参数设置,加量测试至断路器跳闸后停止加量。查看测试仪及 DC 1 500 V 开关柜保护装置保护动作记录,将动作电流及延时值填抄在测试报告上。远端故障保护 di/dt 保护测试时,测试项目选择"电流上升率保护",设置直流保护测试仪参数,分别观察测试点设置为 0.95 倍的整定值和 1.05 倍的整定值时保护的动作情况是否正确。

视频

DC 1 500 V 馈线自动重合闸和线路测试功能

七、直流馈线自动重合闸与线路测试功能

1. 城轨直流系统的瞬时性故障和永久性故障

城轨直流系统的故障按照属性可以分为两种:瞬时性故障和永久性故障。

常见的瞬时性故障有:列车逆变器换向故障、雷击过电压引起绝缘子表面闪络或间隙避雷器放电、大风引起的短时碰线等。永久性故障包括:电缆线路和变压器超负载运行造成的绝缘材料过热、脱落等引起的火灾;导线焊接不牢或焊接点不均匀造成电阻值过高,使得接头过热而引起火灾;电线接头、开关等接触不良引起火花迸发从而造成周围易燃材料起火。

瞬时性故障发生后,在馈线断路器被继电保护装置迅速断开后,电弧会立即熄灭,故障点的绝缘强度重新恢复,如果此时把断开的馈线断路器再合上,就能恢复正常的供电,提高供电的可靠性。

永久性故障与瞬时性故障不同,永久性故障发生后,馈线断路器被继电保护装置断开,但是因为故障仍然存在,即使再合上馈线断路器,线路还要被继电保护装置再次断开,因而就不能恢复正常的供电。

2. 自动重合闸和线路测试的作用

运行数据表明,城轨直流系统发生的故障绝大多数属于瞬时性故障。因而,在直流馈线断路器柜保护装置中设置了自动重合闸功能,在瞬时性故障发生且继电保护装置动作跳闸后预定启动断路器重合,可以迅速恢复系统的供电。

城轨直流短路电流上升率高、峰值大,不存在自然过零点,若不能及时切除故障,所产生的短路能量极易造成火灾事故,威胁列车、设备及乘客的安全,因此直流断路器不允许带故障试合闸后再加速跳闸,否则会造成断路器寿命的较大损失。因而,在直流馈线断路器柜保护装置中设置了线路测试功能,在直流断路器合闸前对线路段进行测试,通过测试接触网和负极间网压或阻抗,根据网压和阻抗数值的判断,确认线路没有处于短路故障时才允许合闸,防止线路断路器合闸时发生过载或短路。

3. 线路测试系统

(1)线路测试原理

以 SEPCOS 直流保护装置为例,如图 6-47 所示,在线路馈线断路器 HSCB 合闸前,通过电压变送器测量模块,SEPCOS 保护装置可以得到被测馈线和回流回路间电压 U_f。同时,在开关设备的正极母线和接触网线路之间,当测试接触器触点接通时,测试电阻 R_p(R_p 用于限制测试回路电流大小)接入电流测试回路。通过电流变送器测量模块,SEPCOS 保护装置得到测试回路电流 I。根据测得的 U_f 和 I 可计算出线路剩余电阻 R_{res}(线路剩余电阻 R_{res} 是接触网/轨与走行轨之间的电阻)。将馈线和回流回路间电压 U_f 与线路残压整定值 U_{fr} 及接触网的最低允许工作电压 $U_{L_{min}}$ 相比较。将线路剩余电阻 R_{res} 与接触网最小绝缘电阻 $R_{L_{min}}$ 相比较,通过判断电压 U_f 及 R_{res} 的大小是否在正常范围内从而判定线路是否存在短路故障,然后发出允许或禁止合闸的命令。

(2)线路测试系统的整定参数

线路残压 U_{fr} 与线路设备的绝缘性能有关,残压的产生是由接触网系统内绝缘电阻分压比例关系决定的,是采用分段绝缘器连接的接触网的固有特性,无法彻底消除,尤其是在雨、雪、雾、霾等恶劣天气情况下更为明显。一般来说,1 500 V 架空接触网的整定参数可根据现场试验测得,一般取 $U_{fr}=300$ V,接触网的最低允许工作电压一般取 $U_{L_{min}}=900$ V(与馈线低电压保护整定取相同值),接触网最小绝缘电阻 $R_{L_{min}}$ 取馈出回路直流电缆、近端接触网及近端回流轨三者电阻之和,一般取 $R_{L_{min}}=2.5\ \Omega$,测试次数 N 设定范围为 1 ~ 3 次,测试间隔 D 设定范围为 10 ~ 120 s,每次测试

时间取 $T=1$ s。表 6-18 为直流馈线线路测试整定举例。

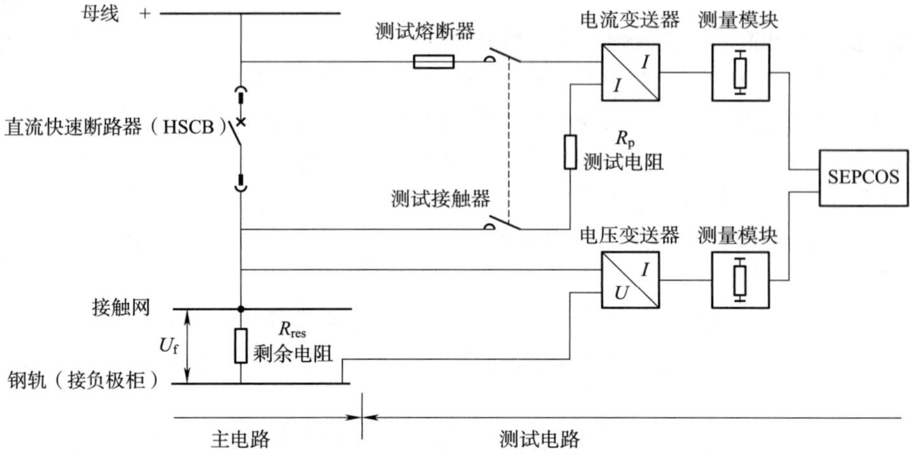

图 6-47　线路测试典型线路图

表 6-18　直流馈线线路测试整定举例

设备名称	保护装置	保护类型	参数	参数含义	整定值
1 500 V 馈线	SEPCOS	线路测试	N/次	测试次数	3
			T/s	每次测试时间	1
			D/s	每次测试间隔	10
			$U_{L_{min}}$/V	接触网最低允许工作电压	900
			U_{fr}/V	线路残压	300
			$R_{L_{min}}$/Ω	接触网最小绝缘电阻	2. 5

(3)馈线电压 U_f 测试方法

如图 6-48 所示为馈线电压 U_f 测试逻辑示意图,执行馈线电压 U_f 测试有三种情况:

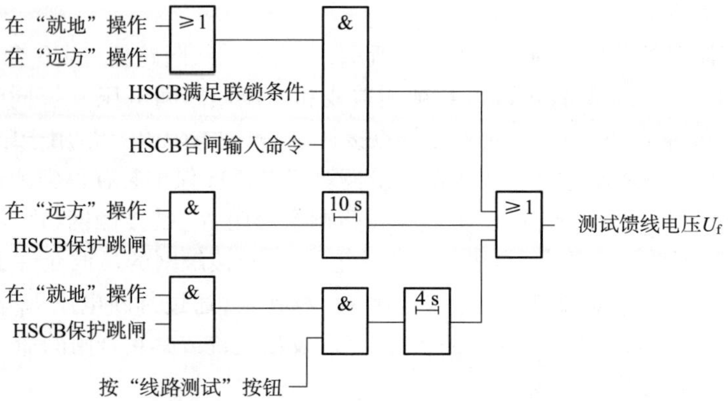

图 6-48　馈线电压 U_f 测试逻辑图

①无论馈线断路器操作方式在“就地”位还是“远方”位,只要断路器满足联锁条件,且输入断路器合闸命令,则在断路器合闸前,保护装置均发出测试命令,对线路进行测试。测试时,断路器柜前面板上的“测试进行中”指示灯会出现短暂闪亮。

②当馈线断路器操作方式在“远方”位且断路器保护跳闸后,“线路测试”须延时 10 s(整定

值)后进行。

③当馈线断路器操作方式在“就地”位时且断路器保护跳闸后，“线路测试”不会自动进行，如果要了解线路情况并决定是否合闸，须按人工“线路测试” 按钮，自动延时 4 s 后进行线路测试。

(4)断路器“远方”位且保护跳闸后线路测试逻辑

以图 6-49 断路器在“远方”位且保护跳闸后线路测试逻辑为例，馈线保护跳闸后的线路测试结果有 3 种情况：

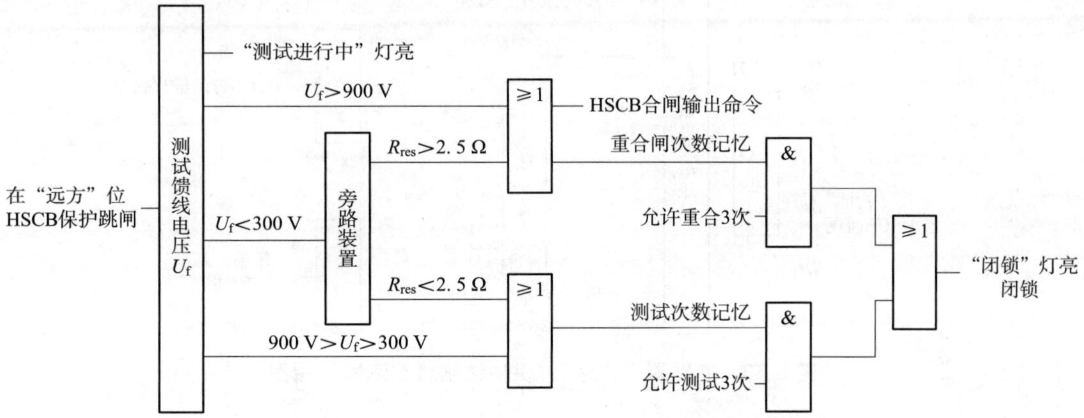

图 6-49 断路器“远方”位保护跳闸线路测试逻辑图

①如果 $U_f > U_{L_{min}}$，($U_{L_{min}} = 900$ V)，说明目前采用双边供电方式，该段接触网已由相邻变电所馈线断路器合闸供电，目前该段接触网线路绝缘良好，线路测试电阻不投入，允许馈线断路器合闸。

②如果 $U_{fr} < U_f < U_{L_{min}}$，($U_{fr} = 300$ V，$U_{L_{min}} = 900$ V)，说明目前采用的是双边供电，该段接触网线路已经由相邻变电所馈线断路器合闸供电，但恰逢多台机车同时启动等状况，线路过载，不能合闸。则每隔 D(s)测量一次 U_f，可重复测 N 次，如果测得 $U_f > U_{L_{min}}$，则允许馈线断路器合闸。如果 N 次仍未成功则测试停止，指示闭锁。即线路测试电阻不投入，断路器也不会重合。

③如果 $U_f < U_{fr}$，($U_{fr} = 300$ V)，说明该段接触网线路尚未送电，无法确认绝缘是否良好，这时接通线路测试用接触器，将测试电阻接入。开关柜正极主母排通过高阻抗的线路测试用电阻向接触网试送电，并测线路残余电阻 R_{res}。如果 $R_{res} > R_{L_{min}}$，($R_{L_{min}}$ 取 2. 5 Ω)则说明该段接触网线路绝缘良好，断路器可以合闸。如 $R_{res} < R_{L_{min}}$，则每隔 D(s)测量一次，重复测 N 次，如果仍未成功，则测试停止，指示闭锁。

以 SEPCOS 保护装置为例，线路剩余电阻 R_{res} 检测原理为：U_e 为额定电压 1 500 V，$R_{L_{min}}$ 取 2. 5 Ω，线路测试电阻 R_p 取 60 Ω，正极母线上提供 1 500 V 的直流电压，变送器分别将馈线和回流回路间电压 U_f 和线路测试电阻 R_p 上产生的电流量 I 转换为标准信号传给微机保护装置。线路测试电阻 R_p 接入电路，每隔 10 s 时间内可接入 3 次，每次接入时间为 1 s，3 次测完后，测试停止，“闭锁”灯亮。此时若测得

$$I \leqslant \frac{U_e}{R_{L_{min}} + R_p} = \frac{1\ 500}{2.5 + 60} = 24(\mathrm{A}) \tag{6-2}$$

$$U_f \geqslant \frac{U_e}{R_{L_{min}} + R_p} \times R_{Lmin} = \frac{1\ 500}{2.5 + 60} \times 2.5 = 60(\mathrm{V}) \tag{6-3}$$

在测试时间内，若每次采样值均满足 $I \leqslant 24$ A，$U_{fr} \geqslant 60$ V 的条件，即说明测得的线路残余电阻 $R_{res} > R_{L_{min}}$。

(5)断路器“就地”位保护跳闸线路测试逻辑

如图6-50所示为断路器“就地”位保护跳闸线路测试逻辑图。在“就地位”HSCB跳闸后,人工按“线路测试”按钮,若测试结果为 $U_f > U_{L_{min}}$,或 $R_{res} > R_{L_{min}}$,则馈线断路器会自动重合;若测试结果为 $U_{fr} < U_f < U_{L_{min}}$ 或 $R_{res} < R_{L_{min}}$,则“闭锁”灯亮。在“闭锁”灯亮后,过一段时间如果想再了解一下线路情况,则先按“复归”按钮解除“闭锁”,再按“线路测试”按钮,自动延时4 s后再次进行测试,若此时线路故障已消失,则馈线断路器自动合闸。

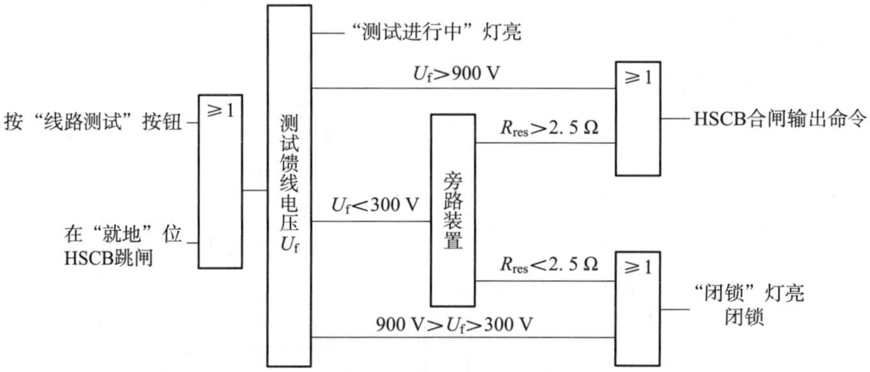

图6-50 断路器“就地”位保护跳闸线路测试逻辑图

4. 自动重合闸

(1)自动重合闸原则

正常操作断路器合闸时,对线路进行多次测试(一般设定为3次),通过电流和电压的测量,检验线路剩余电阻是否大于接触网最小绝缘电阻。线路正常则允许合闸,如线路存在持续性故障,则闭锁合闸。

当接触网发生故障时,馈线断路器由保护装置分闸并启动线路测试,根据测试结果判别故障性质。如果故障是瞬时性的,则馈线断路器重新合闸;如果故障是永久性的,则馈线断路器不进行重合闸。

(2)自动重合闸闭锁条件

在以下8种情况下自动重合闸需要闭锁,不允许启动:

①就地手动紧急分闸。

②接触网过负荷跳闸信号。

③断路器手车位置故障。

④断路器合分位故障。

⑤本站框架泄漏电流保护跳闸。

⑥本站框架泄漏电压保护跳闸。

⑦接受到邻站大于3 s联跳信号脉冲时。

⑧紧急停电闭锁(预留)。

框架泄漏电流保护和接触网过负荷保护联跳及紧急停电闭锁(预留)的联跳信号持续脉冲较长,约为4.5 s(一般大于3 s),这时对侧开关闭锁重合闸。而其他一般联跳持续脉冲是2.5 s(一般小于3 s),这时两侧不闭锁重合闸。

自动重合闸闭锁逻辑如图6-51所示。

5. 线路测试和自动重合闸的配合

直流馈线断路器在“远方”位时,线路测试与自动重合闸的配合示意图如图6-52所示。直流馈线断路器因保护(如电流变化率及增量保护或速断保护等)跳闸后,延时10 s后经线路测试判断为接触网无金属性短路故障,则装置发出重合闸信号,使直流馈线断路器自动重合。如果经过一段时间仍未跳闸,控制单元判断为重合闸成功,退出重合闸程序。当绝缘检测不成功或断路器合闸后在短时间内再次跳闸,则控制单元判断为重合闸不成功,进入下一次重合闸循环。在约 1 min 内允许重合次数为 3 次,若经 3 次重合后仍跳闸,则闭锁重合闸。

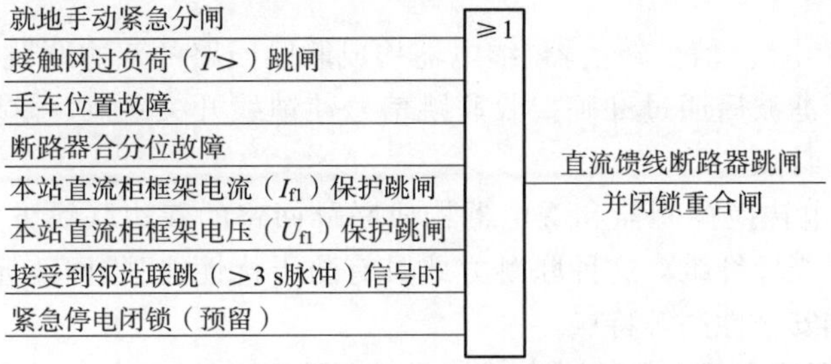

图 6-51 自动重合闸闭锁逻辑图

馈线断路器在“就地”位运行且馈线保护跳闸后,按下“线路测试”按钮,当测试结果为 $U_f > U_{L_{min}}$ 或 $R_{res} > R_{L_{min}}$ 时,保护装置会发出自动合闸命令,否则“闭锁”灯亮。

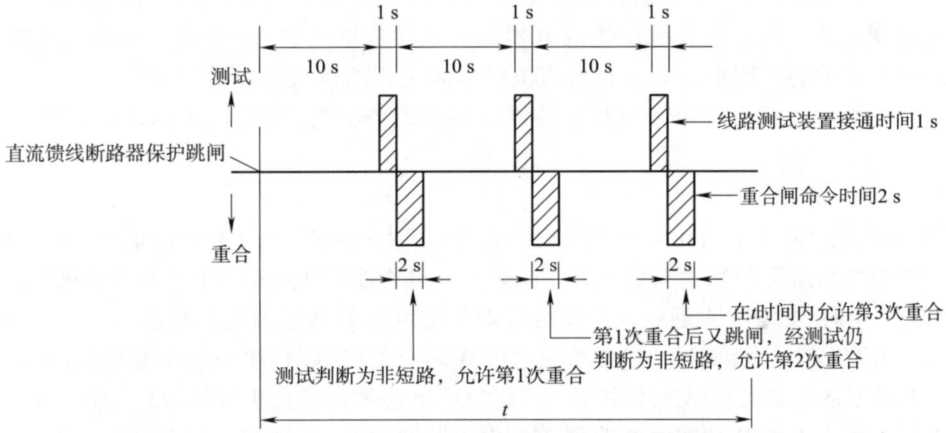

图 6-52 线路测试和自动重合闸的配合示意图

八、馈线双边联跳保护

视频

DC直流馈线双边联跳功能

城轨正线采用双边供电方式,发生牵引网短路时,会影响相邻两个牵引所。如果短路点在临近其中一个牵引所处,则经过远端变电所馈线断路器的短路电流较小,可能影响保护的灵敏性。在大双边供电时,这种远端变电所灵敏性不足的矛盾更加突出。因此城轨供电系统在相邻变电所间设置了双边联跳保护,在任何供电方式不同短路点时均可快速切断馈线断路器,阻止事故扩大,保证设备和人身安全。

1. 双边联跳保护定义和作用

双边联跳保护是指双边供电时,本站馈线开关动作联跳邻站相应馈线开关的保护功能。即当某直流馈线保护检测出故障时,不仅会使本所的馈线断路器跳闸,还会发出联跳信号使邻所的馈线断路器同时跳闸。

双边联跳保护可以通过向同一区间供电的两个馈线柜之间的联锁控制,迅速切除供电区间内的故障,保证变电站其他馈线开关与故障线路的完全隔离。

2. 双边联跳方式分类

双边联跳方式根据信号传输方式不同可以分为三种：

(1)硬接线和继电器构成联跳回路的双边联跳方案。即相邻两牵引变电站之间的联跳信号通过联跳电缆进行传输,传输信号通过开关柜内联跳继电器进行发送和接收,从而实现对馈线断路器的联跳功能。

(2)使用屏蔽双绞电缆、信号转换器、继电器构成联跳回路的双边联跳方案。联跳信号为高频电信号,经过滤波器滤波后通过准确接收联跳信号使馈线开关跳闸。这种联跳方式具有运行长期稳定、故障点少等特点。

(3)通信光缆、光电转换控制器和继电器构成联跳回路的双边联跳方案。联跳信号为光信号,传输介质为高质量光导纤维。这种联跳方式具有防干扰性能强、回路元器件和接线较少、故障点较少、集成化高和安全性高等特点。

目前这三种双边联跳方式在各轨道交通公司都有采用。

3. 基于硬接线通信的双边联跳保护

(1)双边联跳装置组成

联跳回路由联跳发送继电器、联跳接收继电器以及联跳电缆组成。各变电所的每个供电方向均配备联跳电缆,用于连接相邻两变电所间向同一供电区段供电的直流馈线断路器。变电所每个馈线断路器均设有联跳发送继电器和联跳接收继电器,分别用于发送和接收联跳信号。联跳继电器的动作则由安装在每台直流馈线开关柜的微机型综合继电保护装置和安装在负极隔离开关柜上的框架泄漏保护装置控制。根据故障类型,发出一个脉冲信号或一个持续信号。

(2)双边联跳原理

如图 6-53 所示为 A 牵引变电所馈线断路器 213 发生跳闸时,基于硬接线通信,双边供电时联跳 B 变电所馈线断路器 211,大双边供电时联跳 C 变电所馈线断路器 211 的双边联跳保护原理示意图。双边供电时,变电所 A 通过馈线断路器 213、变电所 B 通过馈线断路器 211 同时向供电分区 1 供电。未采用双边联跳保护时,如果变电所 A 附近的接触网 D1 点发生短路故障,则变电所 A 中的牵引网短路电流较大,A 所保护装置 SEPCOS 迅速跳开直流断路器 213。而向同一供电分区 1 供电的相邻变电所 B 的馈线断路器 211 由于距离故障点 D1 较远,短路电流小,保护装置难以迅速启动,甚至无法启动,馈线保护的灵敏性无法满足要求。变电所配置双边联跳保护功能时,故障点近侧 A 变电所保护装置 SEPCOS 电流保护动作,变电所 A 直流馈线断路器 213 跳闸,213 的联跳发送继电器受电,其常开接点闭合,通过联跳电缆接通 B 所馈线断路器 211 的联跳接收继电器线圈回路,因此 B 所 211 的联跳接收继电器受电,其常开触点闭合接通,B 所馈线断路器 211 的联跳跳闸。这样,B 所馈线断路器检测电流即使小于馈线电流保护的动作电流,也会由于接收了联跳信号而迅速跳闸,大大提高了保护的灵敏性。向同一个故障供电分区供电的变电所的所有断路器都跳闸,达到了切除并隔离故障的目的,极大地提高了城轨供电的可靠性。

直流馈线断路器双边联跳动作完成后,脉冲信号消失,随后启动故障变电所 A 与相邻变电所 B 的直流馈线断路器线路检测重合闸功能。如果线路检测故障为瞬时性的短路故障,则允许重合闸;如果线路检测为永久性短路故障,则不允许重合闸。

(3)大双边供电时联跳方式

当城轨直流供电系统中有牵引变电所因整流机组故障解列时,与故障变电所两侧相邻变电所之间的整个接触网供电分区供电方式将由正常的双边供电转换为大双边供电方式。

如图 6-53 所示,例如变电所 B 解列退出运行时,变电所 B 的直流馈线开关 211 和 213 以及上网隔离开关均分闸，同时变电所 B 的越区隔离开关 2113 闭合，由 A 变电所馈线断路器 213、C 变电所馈线断路器 211 同时向 A、C 之间的接触网供电分区 1 和 2 供电，即大双边供电方式。这时双边联跳的方式也要进行相应的调整，变电所 B 的双边联跳功能解除，切换至变电所 A 和变电所 C 间的大双边联跳关系。

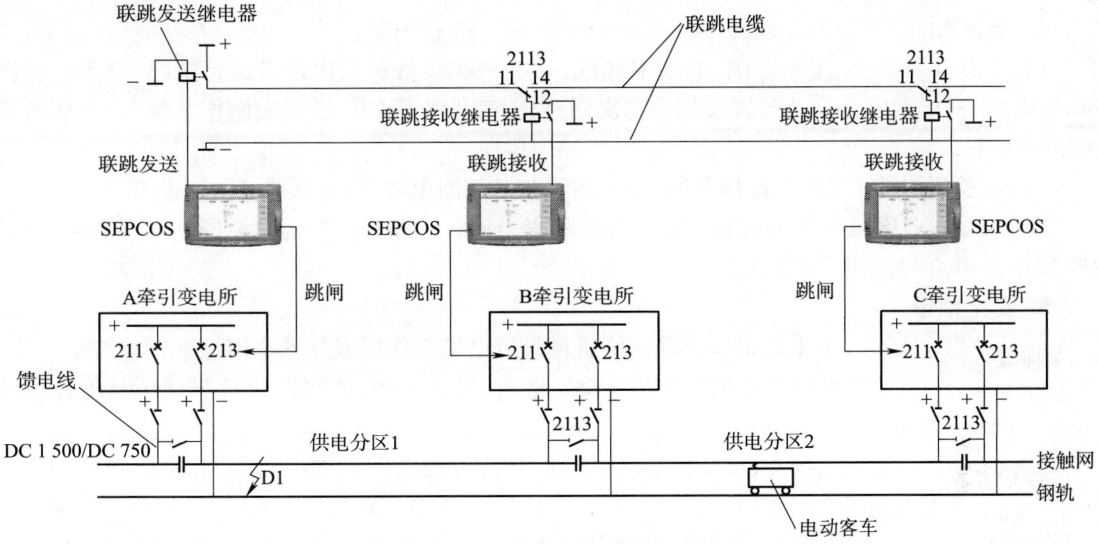

图 6-53 基于硬接线通信的双边联跳保护原理示意图

双边联跳系统中，双边联跳与大双边联跳切换功能，一般利用越区隔离开关的辅助触点实现。如图 6-53 所示，大双边供电方式下，变电所 B 越区隔离开关 2113 合上，2113 的辅助常闭触点 2113（11、12）断开，切除对变电所 B 馈线断路器 211 的联跳接受继电器；辅助常开触点 2113（11、14）闭合，可将 A 所馈线断路器 213 的联跳发送继电器和 C 所馈线断路器 211 联跳接收继电器的之间的联跳电缆接通，完成 A 和 C 所之间的大双边联跳功能。

双边联跳信息可以上传至所内的自动化系统及远动系统。保护装置的双边联跳功能可通过参数整定来“投入”或“运行”。一旦馈线断路器由相邻变电所联跳后，保护装置显示屏将显示联跳信息。

任务实施

一、任务准备

1. 任务器材

直流保护测试仪 1 台或毫伏发生器 1 台，螺丝刀 1 套，低压验电笔 1 支，万用表 1 块，电缆盘 1 个，封闭遮栏、警示标志牌若干，个人安全防护用品。

2. 任务地点

城轨牵混所或实训室。

3. 任务分组

每组 2 人，分为现场作业监护人、作业执行人，分工明确到位，作业任务明确，责任清楚。各组独立完成作业项目。任务分组见表 6-19。

表 6-19　任务分组

序号	小组成员	任务分工	注意事项
1			
2			

4. 作业条件

（1）了解工作地点、工作范围、电气主接线、相关一次设备和二次设备运行情况，熟悉二次图纸，继电保护、电网安全自动装置及相关二次回路，明确作业任务。已完成操作票编写，并履行相关审批程序。

（2）试验所属的 1 500 V 母排及所有进、馈线应已切断电源，所有联跳开关已断开。

（3）现场作业区域与其他区域已装设遮拦隔离，悬挂“在此工作”标识牌；断路器、隔离开关悬挂“禁止合闸，有人工作”标识牌。

5. 安全预想

视频　DC 1 500 V 开关柜保护装置更换与测试

视频　DC 1 500 V 馈线开关柜保护校验作业

（1）作业前先检查确认值班员是否已按工作票做好安全措施。

（2）在直流开关柜上悬挂“在此工作”标示牌，并将此设备与周围其他设备隔离开。

（3）坚持谁拆线谁恢复的原则，坚持谁投退保护谁恢复原则，坚持自控、互控、他控原则。

（4）作业完成后，开关柜定值及保护投退情况进行检查，对采样端子进行检查紧固。

（5）作业完成后，一定要彻底检查所有物品（包括工、器具、试验线），不得遗漏以免影响设备正常运行。

二、任务步骤

1. 保护装置外观及接线检查

如图 6-54 所示为 DC 1 500 V 保护装置面板和背板图，检查保护装置外观、输入输出插排、通信光纤接线、HMI 面板连接是否正常。

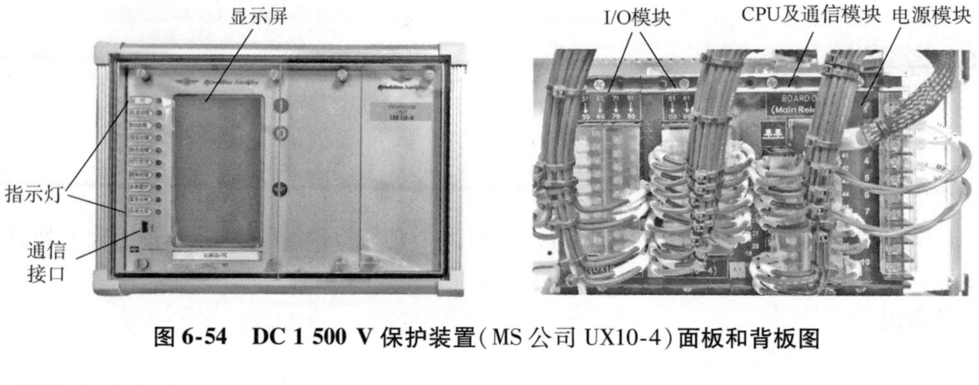

图 6-54　DC 1 500 V 保护装置（MS 公司 UX10-4）面板和背板图

2. 保护定值核对

根据图 6-55 某牵混所 DC 1 500 V 馈线柜继电保护设计定值单示例、图 6-56 DC 1 500 V 保护装置定值设置界面所示，按照定值单核完成保护类型、定值核对，并抄录在保护测试报告上。

装置名称		保护类型	整定值		备注
1 500 V 馈线柜	SEPCOS	大电流脱扣	整定值/A	9 000	断路器跳闸
		电流速断	整定值/A	8 500	断路器跳闸
			时间/ms	1	
		过电流	整定值/A	3 500	断路器跳闸
			时间/s	30	
		电流变化率 di/dt& 增量 ΔI	E 值/(kA/s)	50	断路器跳闸
			F 值/(kA/s)	15	
			ΔI/A	6 000	
			$t_{\Delta I}$/ms	1	
			$T_{\Delta I}$/ms	45	
			$\Delta I_{\min}$/A	1 000	
		热过负荷	额定载流量/A	3 000	断路器告警/跳闸
			热衰减常数/min	10	
			⊖A/%	0.98	
		线路测试	U_{flow}/V	900	
			U_{fresidue}	900	
			R_{remain}/mΩ	2 500	
			T/s	1	
			N[-]	3	
			D/s	10	
		重合闸	延时/s	15	
			次数 N	1	

图 6-55　某牵混所 DC 1 500 V 馈线柜继电保护设计定值单

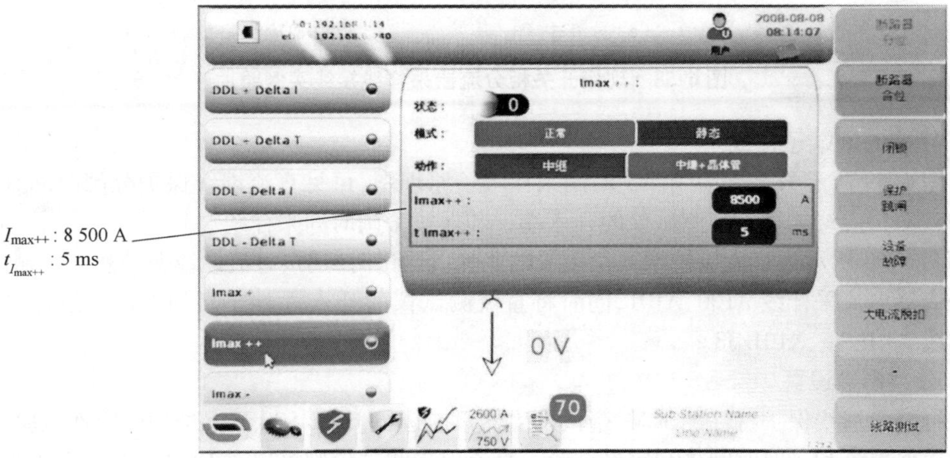

图 6-56　DC 1 500 V 保护装置(SEPCOS)定值设置界面举例

3. 完成电流端子接线

如图 6-57 所示为直流馈线保护电流采样回路原理图,可见分流器采样连接线为 A100、A101,

测试时,须找准并拆除分流器采样连接线 A100、A101,并连接保护测试仪输出端子与分流器电流采样线,注意直流电流采样电流有方向性,端子不能反接。图 6-58 为现场开关柜分流器采样线接线实例照片。

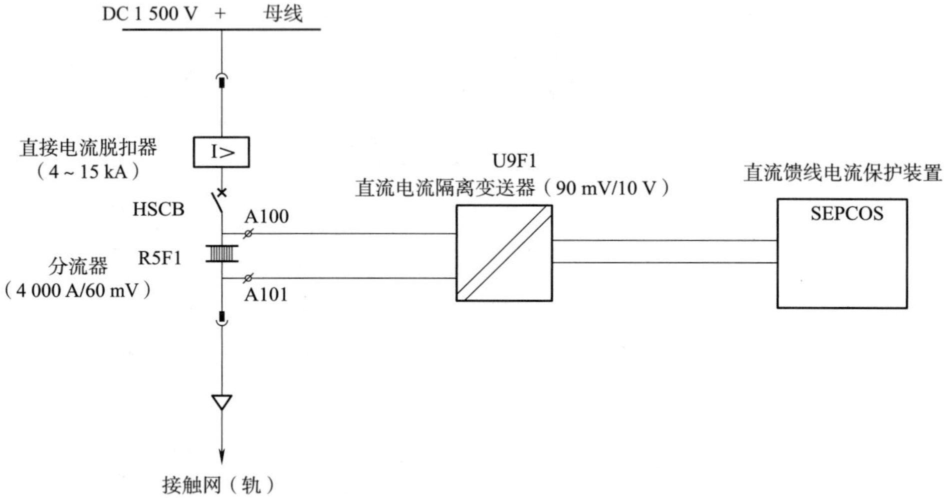

图 6-57 直流馈线保护电流采样回路原理图

(a) 分流器　　(b) 直流电流隔离变送器

图 6-58 现场开关柜分流器采样线接线实例照片

4. 完成时间端子接线

如图 6-59 所示为直流馈线保护时间采样端子原理图,可见直流馈线保护分闸时间采样线为 X101/J5、X101/J8,连接直流测试仪的开入端子和保护分闸时间采样线。

如图 6-60 所示为直流保护测试仪接线端照片。测试时,连接直流馈线保护测试仪输出 S1 端子与分流器电流采样线 A100、A101,同时将直流测试仪的开入 A 端子接到直流馈线保护分闸时间采样线 X101/J5、X101/J8。

5. 公共参数设置

进行直流馈线保护特性测试时,毫伏发生器只能进行 DC 1 500 V 保护功能定性试验,而不能对保护动作电流和延时时间进行定量试验。直流保护测试仪则可以对 DC 1 500 V 保护功能进行定性和定量试验,下面以昂立城轨直流保护测试仪为例进行保护测试。

打开直流保护测试仪开关,如图 6-61 所示进入测试仪测试系统主界面,选择测试项目"地铁直流保护校验",进入地铁直流保护测试界面。

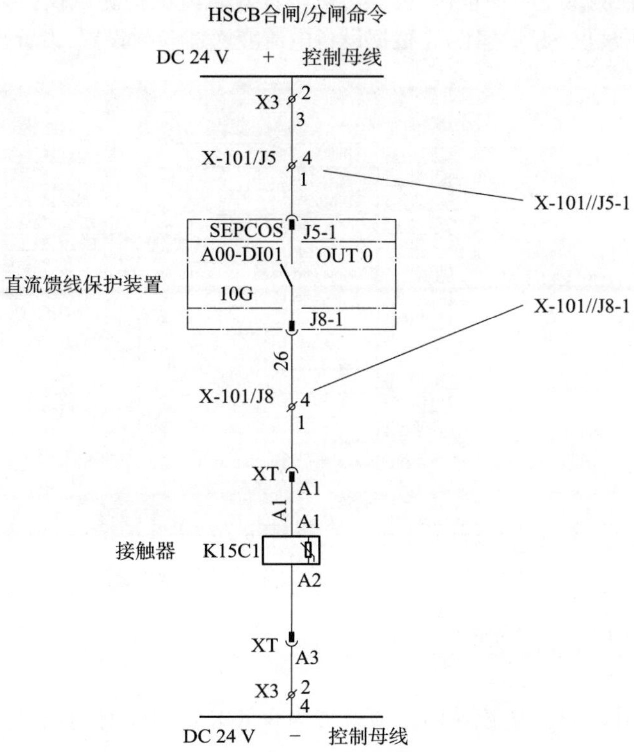

图 6-59　直流馈线保护时间采样端子原理图

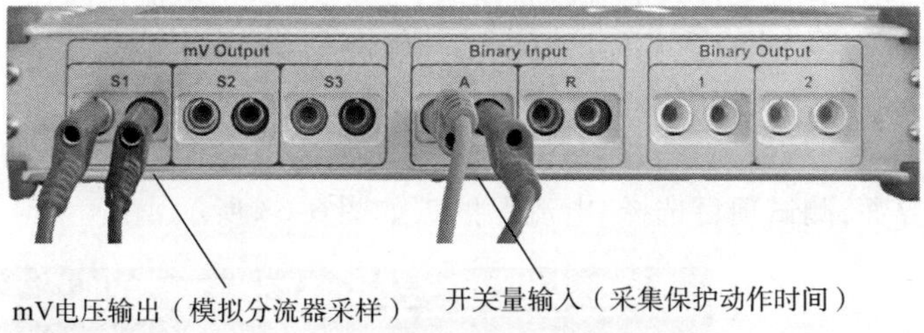

图 6-60　直流保护测试仪接线端照片

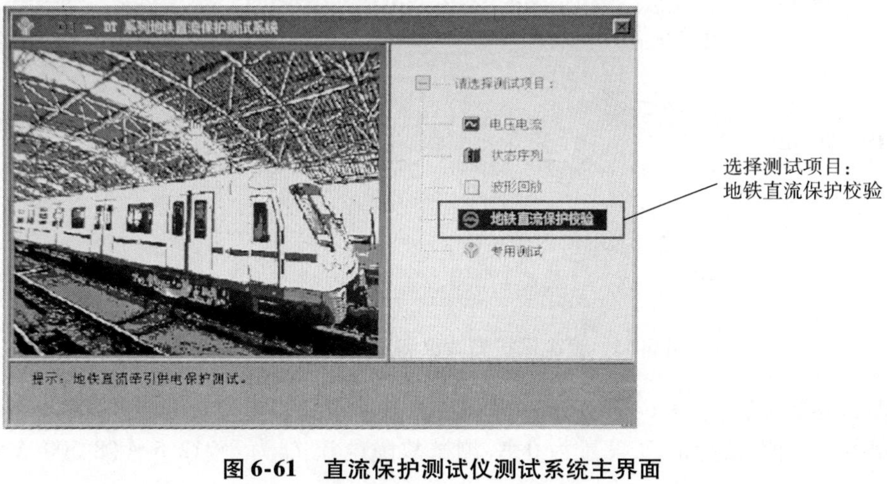

图 6-61　直流保护测试仪测试系统主界面

如图 6-62 所示，在测试主界面选择“公共参数”，设置直流保护测试仪公共参数，电流 I_d 根据测试仪接线设置为“接测试仪 S1”，变比 I_{d+} 根据设备电流变送器参数设置，设置为 4 000 A/60 mV。

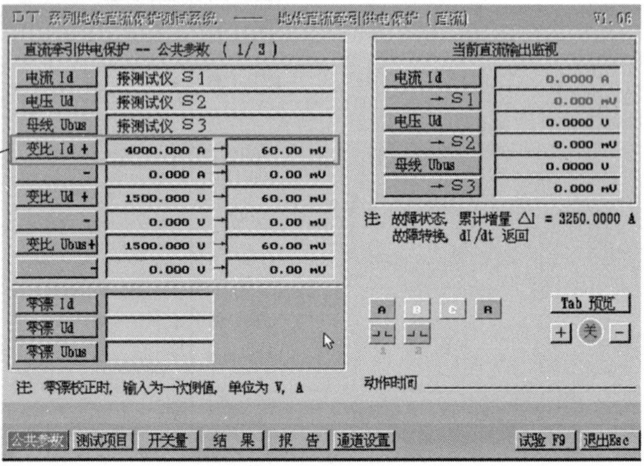

图 6-62　直流保护测试仪公共参数设置

6. 电流速断保护（I_{max++}）测试

（1）核对定值单。

根据定值单（见图 6-55），电流速断定值设置为 8 500 A，动作时间设置为 1 ms（SEPCOS 保护装置最小设定值为 5 ms）。

（2）投退相关保护。

保护测试前，在保护装置上投入电流速断保护 I_{max++}，并退出电流速断保护外其他的保护，避免速断保护测试时其他保护出口影响保护测试的准确性。

（3）确认 DC 1 500 V 开关柜断路器处于试验位，并合上断路器。

（4）设置直流保护测试仪测试参数。

进入测试项目界面，测试项目选择“电流保护”，如图 6-63 所示。

图 6-63　直流保护测试仪测试项目“电流保护”

进行测试参数设置，如图 6-64 所示。整定值 I_{zd} 按照设计整定值设置为 8 500 A，测试点设置为 1.025 倍的整定值，故障前 I_d 设置为 0 A，测试故障电流 I_d 为 8 712.5 A（8 500 A × 1.025 =

8 712. 5 A,装置可自动计算故障电流),故障时限设置为 10 ms,大于速断保护延时整定值 5 ms。

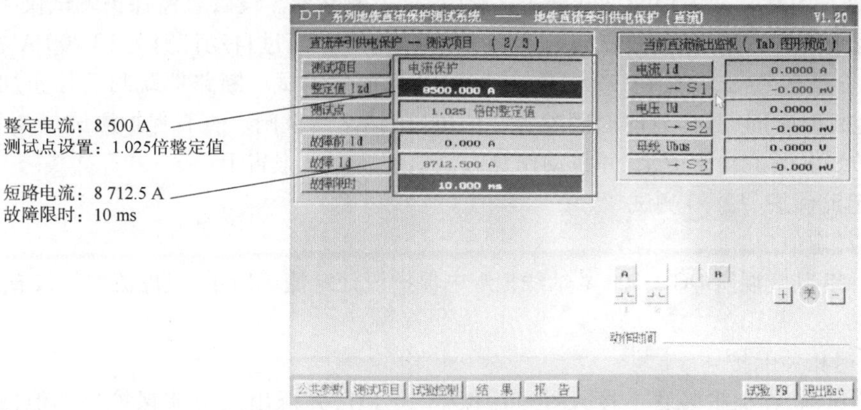

图 6-64　速断保护测试参数设置

(5)加量测试。

单击 F9 试验按钮,确认开始试验,进行加量测试,如图 6-65 所示。

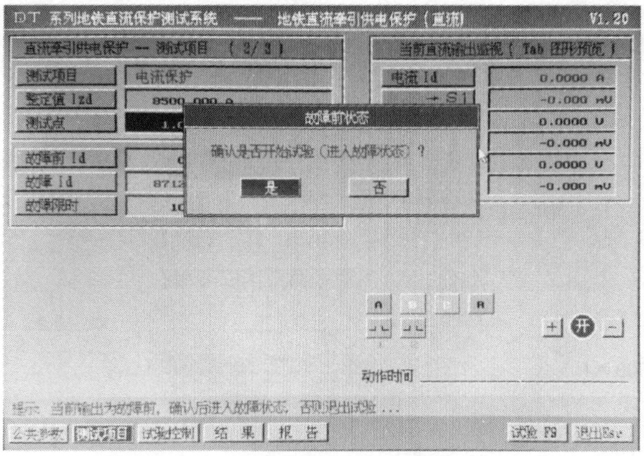

图 6-65　确认是否开始速断保护测试

(6)查看动作结果,并填写测试报告。

断路器跳闸后停止加量,查看测试仪及 DC 1 500 V 开关柜保护装置保护动作记录,如图 6-66 所示,并将动作电流值填抄在测试报告上。

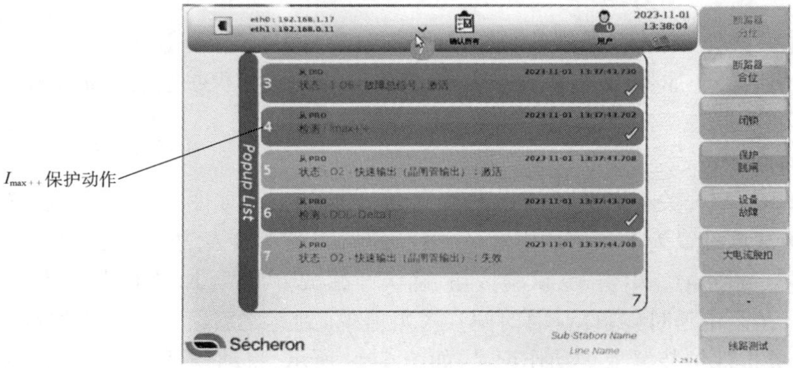

图 6-66　保护装置 I_{max++} 保护动作记录

(7)动作时间测试

确认 DC 1 500 V 开关柜断路器处于试验位,合上断路器。设置直流保护测试仪测试参数:测试点设置为 1.2 倍的整定值,故障前 I_d 设置为 0 A,故障 I_d 通过自动计算为 10 200 A,故障时限设置为 10 ms。单击 F9 试验按钮,确认开始试验,进行加量测试。断路器跳闸后停止加量,断路器应该在设定延时时间(具体延时时间参考定值单)到达之后跳闸。查看保护测试仪及 DC 1 500 V 开关柜保护装置保护动作记录,并将动作延时值填抄在测试报告上。

7. 过电流保护(I_{max+})测试

(1)核对定值单

如图 6-55 某牵混所 DC 1 500 V 馈线柜继电保护设计定值单所示,过电流保护设置为 3 500 A,动作时间 30 s。

(2)投退相关保护

保护测试前,在保护装置上投入过电流保护(I_{max+}),并退出过电流保护外其他保护,避免过电流测试时其他保护出口影响保护测试的准确性。

(3)动作电流测试

确认 DC 1 500 V 开关柜断路器处于试验位,合上断路器。

如图 6-63 所示,进入测试项目界面,测试项目选择“电流保护”。测试参数设置如图 6-67 所示,整定值 I_{zd} 按照设计整定值设置为 3 500 A,测试点设置为 1.025 倍的整定值,故障前 I_d 设置为 0 A,故障 I_d 经过自动计算为 3 587.5 A,故障时限设置 31 000 ms,大于过电流保护动作延时整定值 30 s。

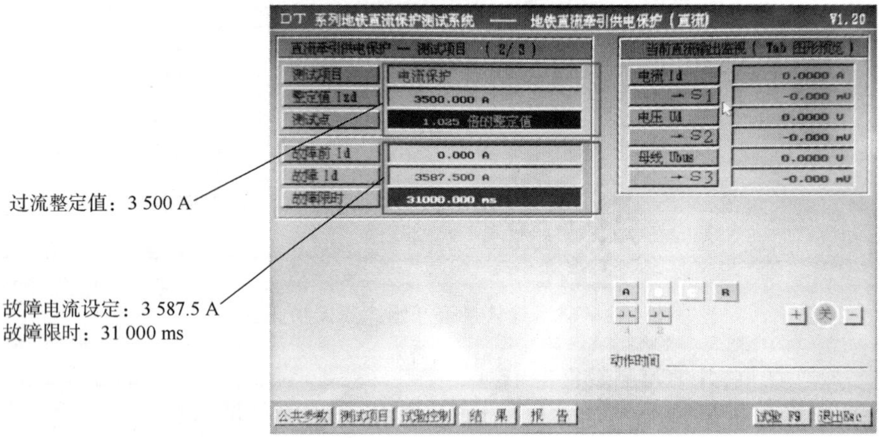

图 6-67　过电流保护动作值测试参数设置

单击 F9 试验按钮,确认开始试验,进行加量测试。

断路器跳闸后停止加量,查看测试仪及 DC 1 500 V 开关柜保护装置保护动作记录,将动作电流值填抄在测试报告上。

(4)动作时间测试

确认 DC 1 500 V 开关柜断路器处于试验位,合上断路器。如图 6-68 所示,设置直流保护测试仪测试参数:测试点设置为 1.2 倍的整定值,故障前 I_d 设置为 0 A,故障 I_d 经自动计算 4 200 A,故障时限设置为 31 000 ms。单击 F9 试验按钮,确认开始试验,进行加量测试,断路器跳闸后停止加量,断路器应该在设定延时(具体延时时间参考定值单)到达之后跳闸。停止加量,查看测试仪及 DC 1 500 V 开关柜保护装置保护动作记录,如图 6-69 所示,将动作延时值填抄在测试报告上。

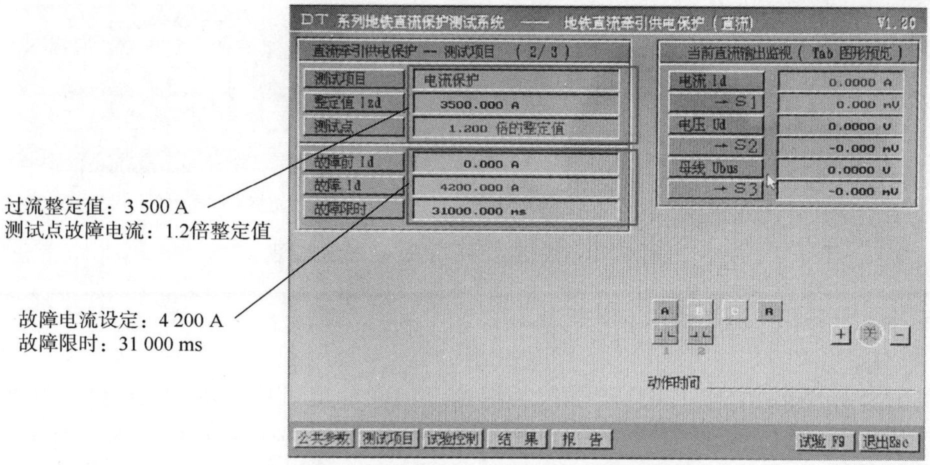

图 6-68　过电流保护动作时间测试参数设置

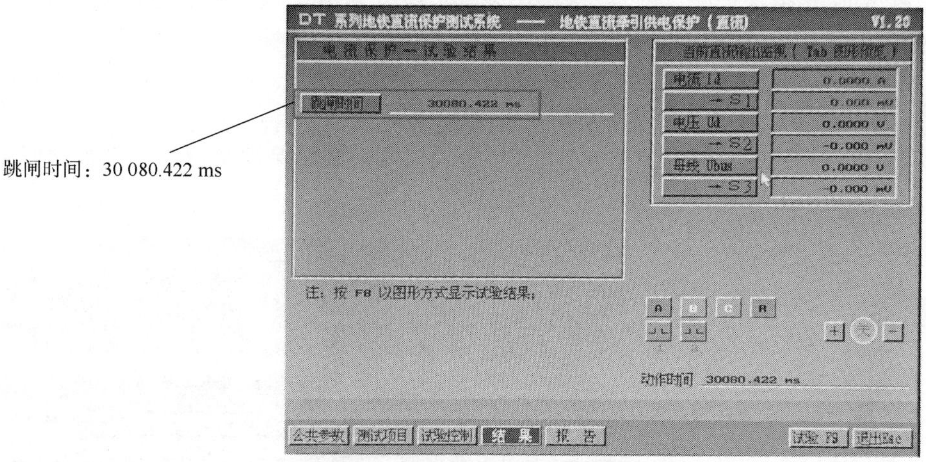

图 6-69　过电流保护动作时间记录

8. 热过负荷保护测试

（1）核对定值单

如图 6-55 某牵混所 DC 1 500 V 馈线柜继电保护设计定值单所示，热过负荷保护的额定载流量定值设置为 3 000 A，告警系数设置为 98%。

（2）投退相关保护

保护测试前，在保护装置上投入过负荷保护，并退出过负荷保护外其他保护，避免过负荷保护测试时其他保护出口影响保护测试的准确性。

（3）动作值测试

过负荷保护测试接线如图 6-70 所示，将 DC 1 500 V 开关柜断路器手车推至运行位，合上断路器。用毫伏发生器或直流保护测试仪对保护装置进行加量测试，观察保护装置电流显示至 3 000 A 时，查看热过负荷百分比系数，当该值达到 98% 时，保护发出告警信号，当该值达到 101% 时，保护发出跳闸信号。停止加量，查看测试仪及 DC 1 500 V 开关柜保护装置保护动作记录，并将动作电流和动作延时值填抄在测试报告上。

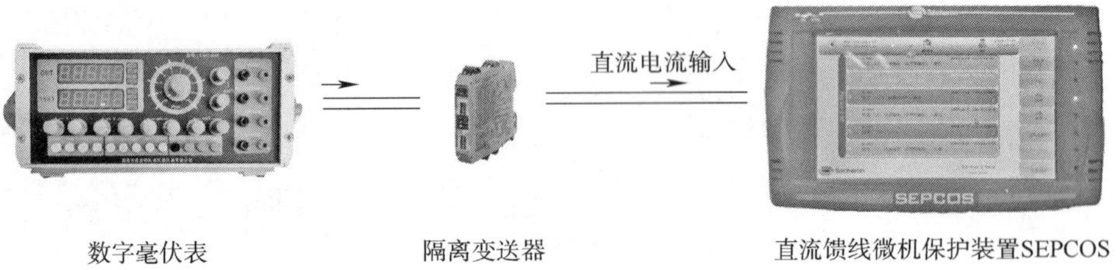

图 6-70　过负荷保护测试接线示意图

9. 电流上升率和电流增量 ΔI 保护测试

(1)核对定值单。

如图 6-55 某牵混所 DC 1 500 V 馈线柜继电保护设计定值单所示,di/dt 启动值 E 设置为 50 A/ms,di/dt 返回值 F 设置为 15 A/ms,最小增量 ΔI_{min} 设置为 1 000 A,检测延时 T_{max} 设置为 45 ms,最大增量 ΔI_{max} 设置为 6 000 A,动作时间 $t_{\Delta I_{max}}$ 设置为 1 ms。

(2)投退相关保护。

保护测试前,根据保护测试内容,在保护装置上投入电流增量保护和电流上升率保护,并退出其他保护,避免保护测试时其他保护出口影响保护测试的准确性。

(3)确认 DC 1 500 V 开关柜断路器处于试验位,合上断路器。

(4)设置直流保护测试仪测试参数。

进入测试项目界面,测试项目选择“电流增量及电流上升率保护”,保护类别根据所测试保护装置选择。如图 6-71 所示,保护定值按设计定值单输入。

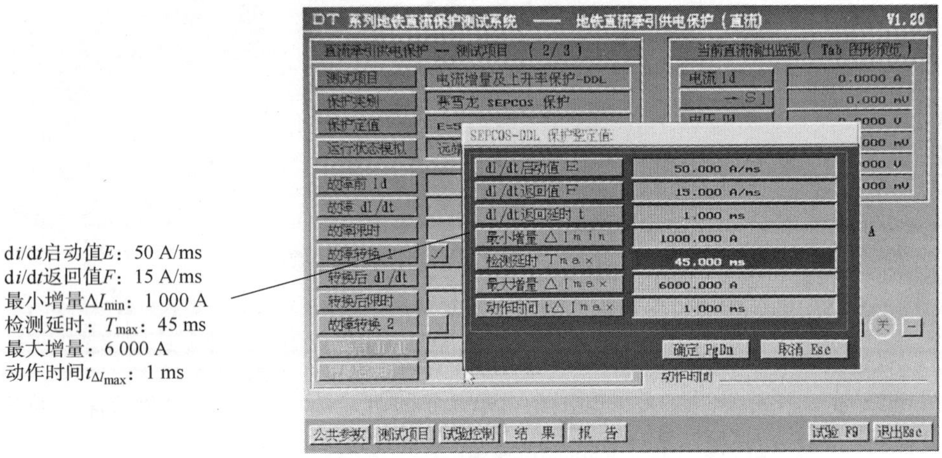

图 6-71　电流增量及电流上升率保护定值整定

(5)近端短路故障保护(电流增量 ΔI 保护)测试。

如图 6-72 所示,测试仪运行状态模拟选择“近端故障”。直流保护测试仪参数设置如图 6-73 所示,故障前 I_d 设置 0 A,故障 di/dt 与故障时限根据电流增量保护 ΔI 定值设置,故障 ΔI 为故障 di/dt 与故障时限的乘数,故障 ΔI 不大于 ΔI 定值的 10% 。故障 di/dt 设置为 600 A/ms,故障时限设置为 11 ms。选择故障转换 1,转换后 di/dt 设置为 0 A/ms,转换后时限设置为 10 ms。

如图 6-74 所示,单击 F9 试验按钮,确认开始试验,进行加量测试,断路器跳闸后停止加量。如图 6-75 所示,查看测试仪及 DC 1 500 V 开关柜保护装置保护动作记录,将动作电流及延时值填抄在测试报告上。

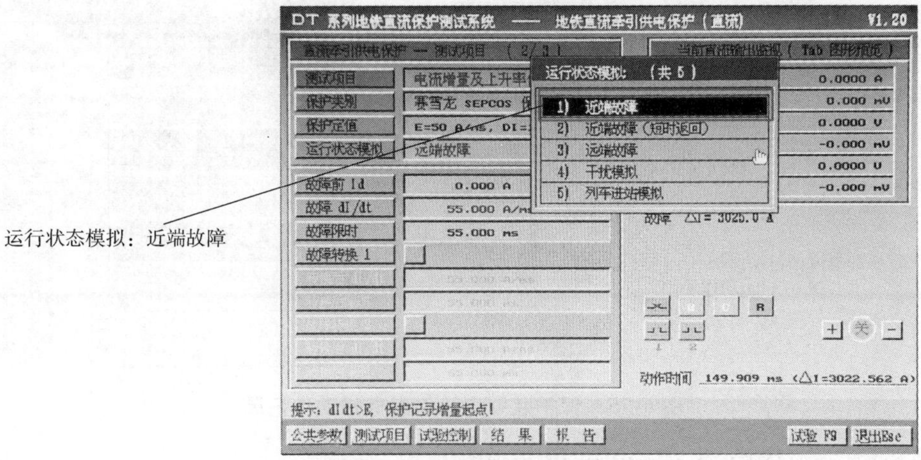

图 6-72　选择近端故障

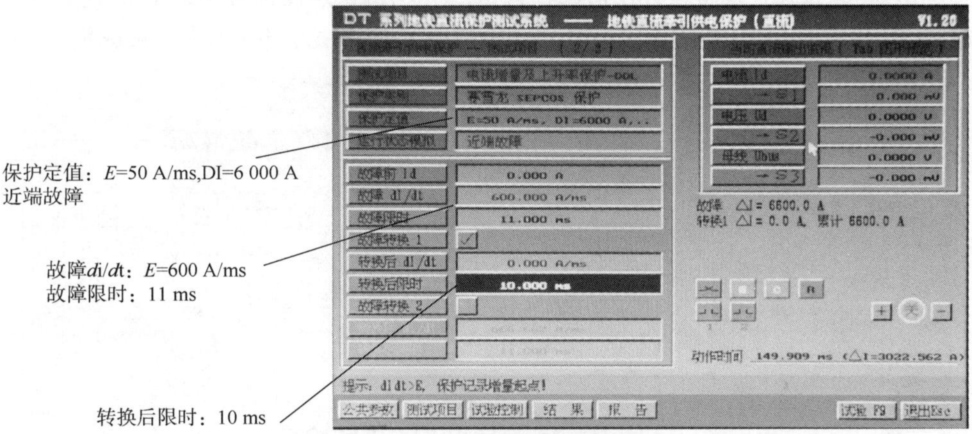

图 6-73　近端保护测试参数设置

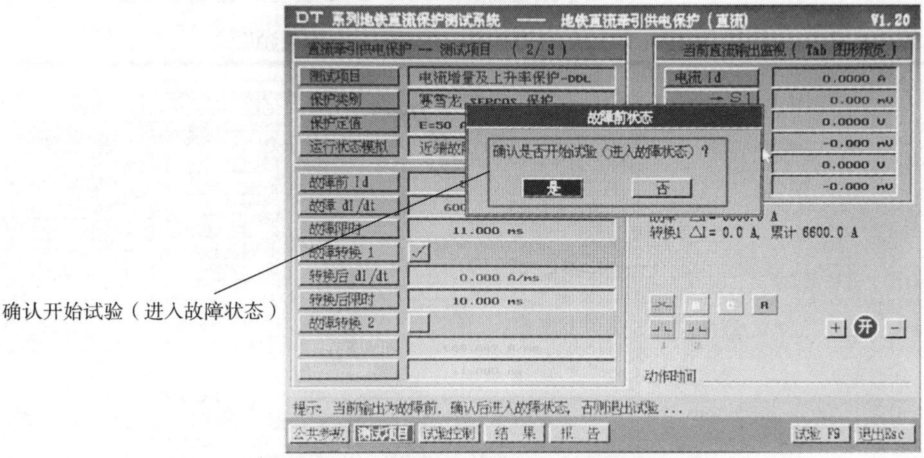

图 6-74　确认是否开始近端保护测试

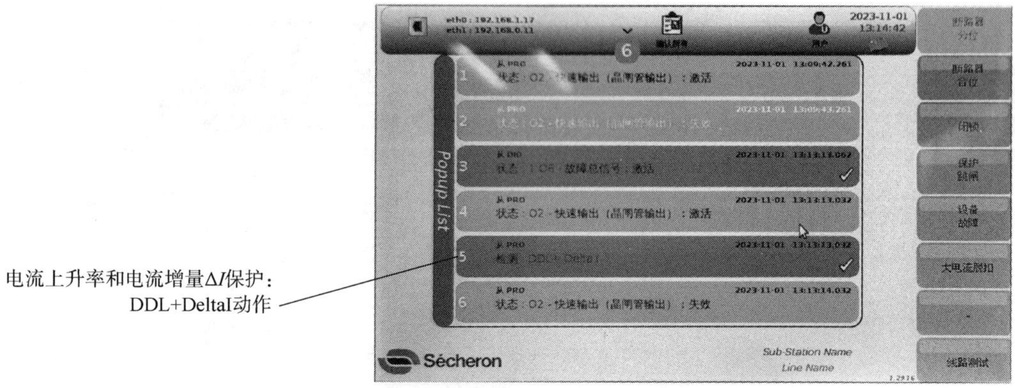

图 6-75　保护装置电流增量保护动作记录

（6）远端故障保护（电流上升率保护）测试。

如图 6-76 所示，测试项目选择“电流上升率保护”。如图 6-77 所示，设置直流保护测试仪参数一，整定值 di/dt 按保护装置设计定值设置为 50 A/ms，测试点设置为 0.95 倍的整定值，故障前 I_d 设置为 0 A，故障 di/dt 自动计算为 47.5 A/ms，故障限时设置为 60 ms，大于定值延时 45 ms。

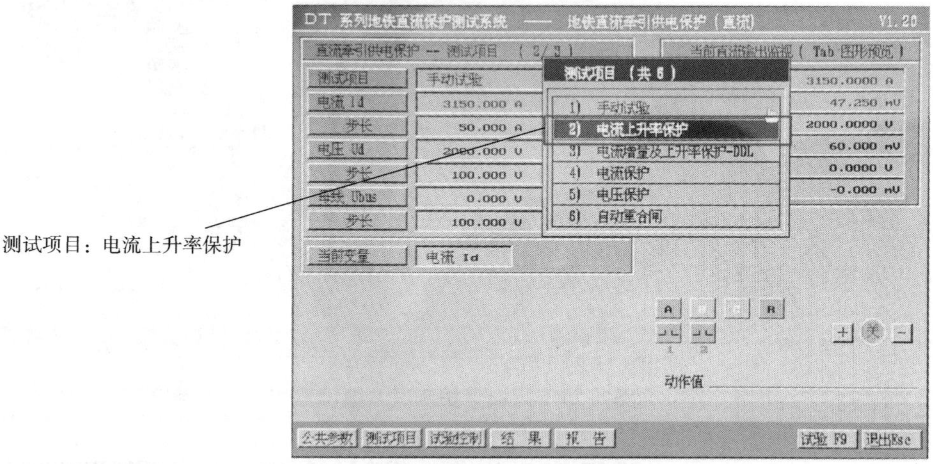

图 6-76　测试项目选择“电流上升率保护”

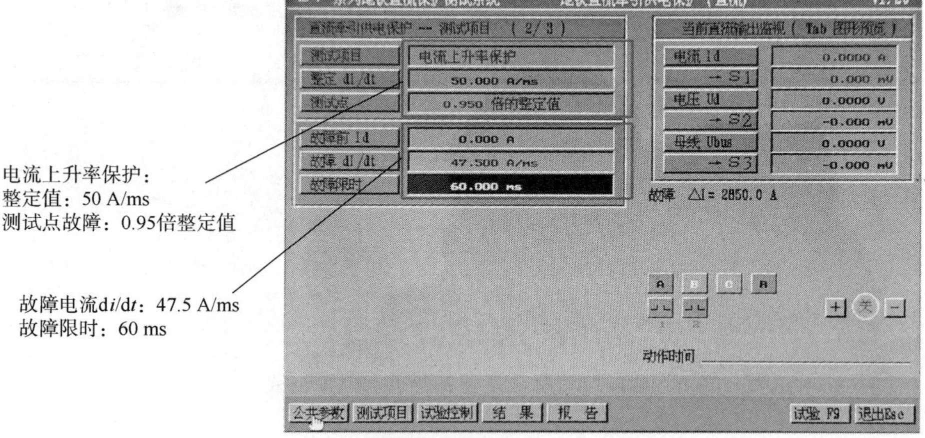

图 6-77　电流上升率保护参数一设置

单击 F9 试验按钮，确认开始试验，进行加量测试，观察保护装置电流变化率保护应不动作。

如图 6-78 所示，设置直流保护测试仪参数二，整定值 di/dt 按保护装置设计定值设置为 50 A/ms，测试点设置为 1.05 倍的整定值，故障前 I_d 设置为 0 A，故障 di/dt 自动生成为 52.5 A/ms，故障限时设置 60 ms，大于定值延时 45 ms。

单击 F9 试验按钮，确认开始试验，进行加量测试。如图 6-79 所示查看测试仪及 DC 1 500 V 开关柜保护装置保护动作记录，将动作电流及延时值填抄在测试报告上。

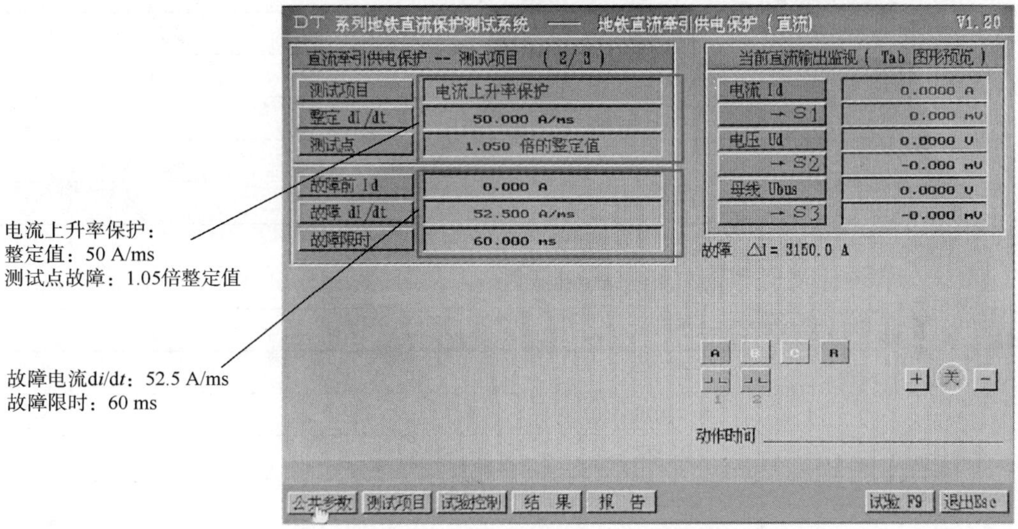

图 6-78　电流上升率保护参数二设置

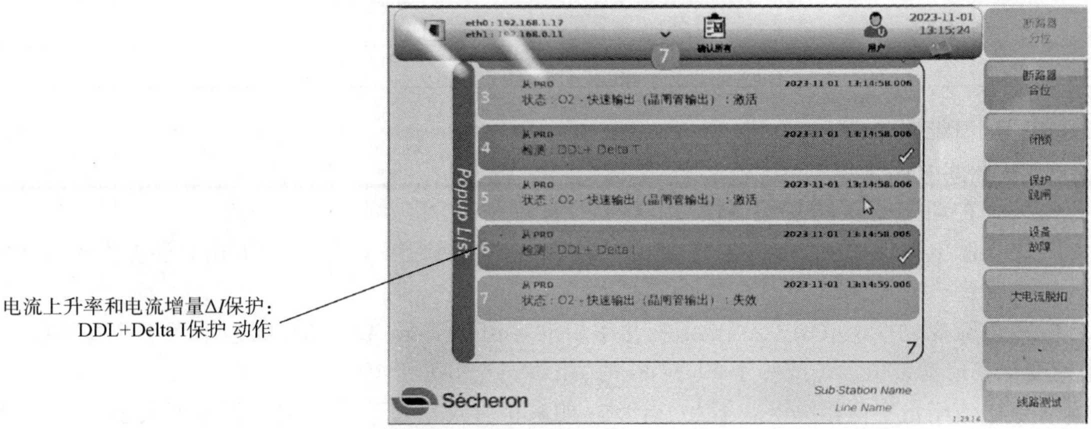

图 6-79　电流上升率保护动作记录

保护测试报告见表6-20。

表6-20　DC 1 500 V 馈线开关柜保护测试作业

作业开关柜:________　　　　监护人:________　　　　执行人:________

<table>
<tr><td colspan="2">安装地点</td><td></td><td>试验日期</td><td></td></tr>
<tr><td colspan="2">温度℃</td><td></td><td>湿度%</td><td></td></tr>
<tr><td colspan="2">开关柜名</td><td></td><td></td><td></td></tr>
<tr><td rowspan="19">保护装置名称:</td><td>保护种类</td><td>参数</td><td>整定值</td><td>动作值或保护动作结果</td></tr>
<tr><td rowspan="2">电流速断保护(I_{max++})</td><td>动作电流/A</td><td></td><td></td></tr>
<tr><td>动作时间/ms</td><td></td><td></td></tr>
<tr><td rowspan="2">过电流保护(I_{max+})</td><td>动作电流/A</td><td></td><td></td></tr>
<tr><td>动作时间/ms</td><td></td><td></td></tr>
<tr><td rowspan="2">热过负荷保护</td><td>动作电流/A</td><td></td><td></td></tr>
<tr><td>动作时间/ms</td><td></td><td></td></tr>
<tr><td rowspan="6">电流增量 ΔI 保护</td><td>di/dt 启动值 E</td><td></td><td></td></tr>
<tr><td>di/dt 返回值 F</td><td></td><td></td></tr>
<tr><td>最小增量 ΔI_{min}</td><td></td><td></td></tr>
<tr><td>检测延时 T_{max}</td><td></td><td></td></tr>
<tr><td>最大增量 ΔI_{max}</td><td></td><td></td></tr>
<tr><td>动作时间 $t_{\Delta I_{max}}$</td><td></td><td></td></tr>
<tr><td rowspan="6">电流上升率保护</td><td>di/dt 启动值 E</td><td></td><td></td></tr>
<tr><td>di/dt 返回值 F</td><td></td><td></td></tr>
<tr><td>最小增量 ΔI_{min}</td><td></td><td></td></tr>
<tr><td>检测延时 T_{max}</td><td></td><td></td></tr>
<tr><td>最大增量 ΔI_{max}</td><td></td><td></td></tr>
<tr><td>动作时间 $t_{\Delta I_{max}}$</td><td></td><td></td></tr>
</table>

10. 测试结果分析

合格标准为:

(1)保护动作出口、告警跳闸信号、联锁联跳(如果有)等功能与设计一致。

(2)实测电流保护动作值与整定值相对误差最大不得超过2.5%。如果相对误差大于2.5%时,绝对误差不应大于25 A。

(3)电流变化率定值误差:当电流变化率启动定值小于50 A/ms时,误差不大于5 A/ms。当电流变化率启动定值大于或等于50 A/ms时,相对误差不大于10%。

(4)电流增量定值相对误差不大于10%。如果相对误差大于10%,绝对误差不大于100 A(测试电流变化率须满足不大于50 A/ms)。

(5)延时时间误差:瞬时过电流和电流增量保护动作延时小于5 ms。定时限过流保护相对误差不大于1%,如果相对误差大于1%,绝对误差不大于15 ms。反时限过负荷保护,相对误差不大于5%,如果相对误差大于5%,绝对误差不大于100 ms。

11. 作业后检查恢复

(1)所有保护测试完成后,投入作业时退出的保护,检查保护投退情况及保护定值与保护整定通知单一致。

(2)拆除保护测试装置(仪器)与模拟量输入回路采样线,恢复模拟量输入回路与分流器采样线接线,确认接线正确无误、无松动。

任务考核

任务考核表见表6-21。

表6-21 任务考核表

<table>
<tr><td colspan="2">任务名称</td><td colspan="5">DC 1 500 V 馈线开关柜保护测试作业</td></tr>
<tr><td colspan="2">安全监护人</td><td>作业完成人</td><td></td><td>日期</td><td colspan="2"></td></tr>
<tr><td colspan="2">开始时间</td><td>结束时间</td><td></td><td>任务完成时间</td><td colspan="2"></td></tr>
<tr><td colspan="2">评分项目</td><td colspan="2">评分要素及标准</td><td>分值</td><td>小组互评</td><td>教师评分</td></tr>
<tr><td colspan="2">作业准备</td><td colspan="2">检查工器具准备齐全(5分)
穿戴好个人安全防护用品(5分)
做好安全条件复核、安全预想全面(5分)</td><td>15</td><td></td><td></td></tr>
<tr><td rowspan="5">作业操作流程</td><td>保护装置外观及接线检查</td><td colspan="2">前面板检查能识别各个指示灯状态、作用(5分)
检查后面板各线束整齐牢固(5分)</td><td>10</td><td></td><td></td></tr>
<tr><td>定值核对</td><td colspan="2">能正确完成定值核对(5分)
未经授权改动定值、配置本项目考核不合格</td><td>5</td><td></td><td></td></tr>
<tr><td>完成电流输入端子接线、时间端子接线</td><td colspan="2">找到馈线 HSBC 分流器,并正确接线(5分)
能找到保护装置跳闸出口端子,完成测试接线(5分)
分流及采样端子恢复时接反,项目不考核合格</td><td>10</td><td></td><td></td></tr>
<tr><td>加量测试</td><td colspan="2">正确完成参数计算和输入(5分)
完成电流速断保护测试(5分)
过电流保护测试(5分)
热过负荷保护测试(5分)
电流变化率 di/dt 和电流增量 ΔI 保护测试(10分)</td><td>30</td><td></td><td></td></tr>
<tr><td>记录完整,结果分析正确</td><td colspan="2">记录完整清晰(15分,缺失一项扣5分,记录不规范扣5分)
结果分析正确(5分)</td><td>20</td><td></td><td></td></tr>
<tr><td colspan="2">作业后恢复</td><td colspan="2">工器具、设备无损伤、无违章作业(8分)
工器具恢复原位置,摆放整齐,出清现场(2分)</td><td>10</td><td></td><td></td></tr>
<tr><td colspan="2">操作限时</td><td colspan="5">本任务限时45 min内完成,每超过1 min扣4分。超时10 min为不合格</td></tr>
<tr><td colspan="2">总分</td><td colspan="5">(总分=小组互评×40% +教师评分×60%)</td></tr>
<tr><td colspan="7">作业人员签字: 考评人员签字:</td></tr>
</table>

巩固与练习

一、填空题

1. 城轨直流系统的故障也可以按照属性分为________和________。
2. 直流馈线主保护包括________和________。
3. 直流馈线的后备保护包括________、________、________和________。
4. 电流变化率及增量保护保护有6个整定参数,分别是:________、________、________、________、________、________。

二、简答题

1. 简述城轨直流供电系统保护配置。
2. 当城轨直流供电系统发生短路故障时,直流馈线短路故障特征是什么?
3. 简述大电流脱扣保护和电流变化率及增量保护的原理。

知识拓展

一、钢轨电位限制装置(OVPD)保护配置及应用

1. 钢轨电位产生机理和危害

视频

轨电位限制装置保护的配置与应用

如图6-80(a)所示的城轨直流牵引供电系统中,接触线(接触轨)为正极,钢轨为负极,采用走行轨回流。为了减少杂散电流对于金属管线、金属结构的电化学腐蚀,钢轨采用对地绝缘安装。

如图6-80(b)所示的城轨直流供电系统等效电路图中,R_{c1}、R_{c2}是接触网纵向电阻,R_{r1}、R_{r2}是走行轨纵向电阻,U_1、U_2和R_{s1}、R_{s2}分别是牵引变电所电压和内阻,I_t是列车牵引电流,I_{r1}、I_{r2}是走行轨回流电流。

正常运行状态下,供电区间内没有列车运行时,钢轨对地电位为零,当有列车运行时,钢轨中流过牵引负荷电流,会造成钢轨对地电位的升高(正值或负值)。这是因为走行轨本身具有一定的纵向电阻,当列车牵引负荷电流通过走行轨回流时,将在走行轨上产生钢轨电位(也称"轨道电位")。

城轨直流供电系统钢轨对地电位的大小,主要与线路上机车的数量、负荷电流、牵引所间距、钢轨与地间的过渡电阻等因素相关。钢轨电位在不同的供电区间的变化如图6-80(c)中实线所示。可见在运行的电动客车处和牵引变电所附近,钢轨电位达到最大值。

当发生以下故障时,会引起钢轨对地电位增加:(1)接触网与钢轨发生短路;(2)接触网对架空地线(地)发生短路故障;(3)直流设备发生框架泄漏故障;(4)牵引变电所整流变压器二次侧交流系统发生单相接地短路。

过高的钢轨电位会危及司乘人员及轨旁设备安全,并可导致继电保护装置误动作,给城轨安全运营带来风险。钢轨与车厢是等电位的,当列车停靠站台时,进出车厢的乘客手触摸金属车厢,脚踩大地,因此乘客手脚间承载着钢轨对地电位差。当人多拥挤时乘客身体接触车体的时间还会较长。为避免乘客上下车时遭受跨步电压和接触电压的伤害,在工程设计中常利用电缆将钢轨与站台门连接以保证二者的等电位;另外,钢轨电位也会导致局部打火及转辙机外壳接地电缆烧熔等危险。

2. 钢轨电位限制装置的作用

在城轨交通中,为了限制过高的钢轨电位,通常在设有牵引变电所的车站和车场设置钢轨电位限制装置,简称为OVPD(over voltage protection device),又称为过电压保护装置,如图6-80(a)所示。

OVPD监测钢轨与地之间的电压,如果该电压超过整定值时,OVPD动作,将钢轨与地短接。同时,监测流过OVPD中(钢轨与地之间)的电流,当该电流低于整定值时,OVPD将自动复位断开钢轨与地的连接。

图6-80(c)虚线是钢轨电位限制装置动作后钢轨电位分布,可见牵引所或车站处的钢轨电位值被显著降低,因此牵引所或车站处的人身安全和轨旁设备可得到保护,但钢轨电位限制装置动作时也会显著抬高电客车取流区域钢轨电位水平,导致更多回流电流向周边土壤泄漏。

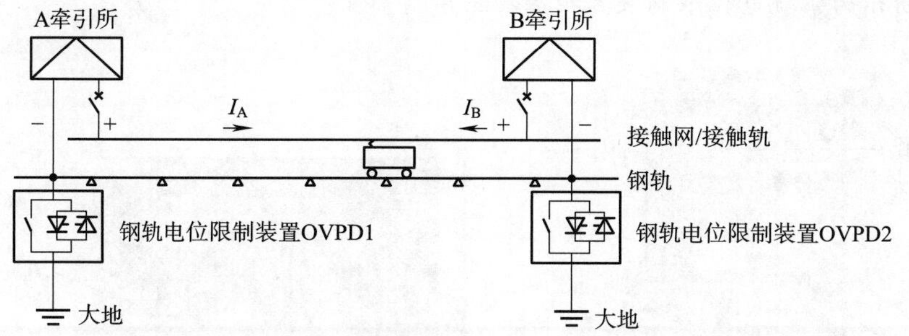

（a）直流供电系统示意图

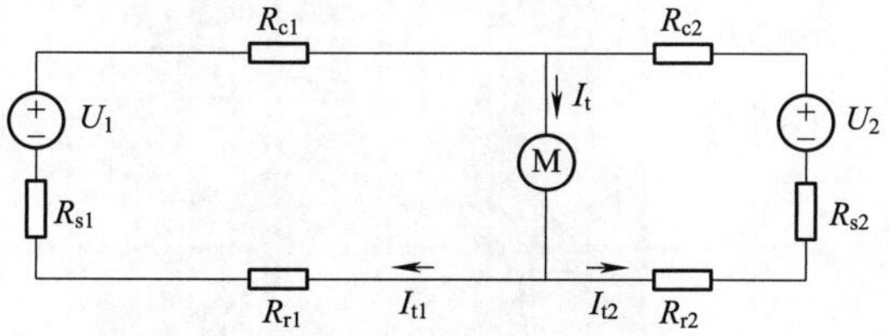

（b）直流供电系统等效电路

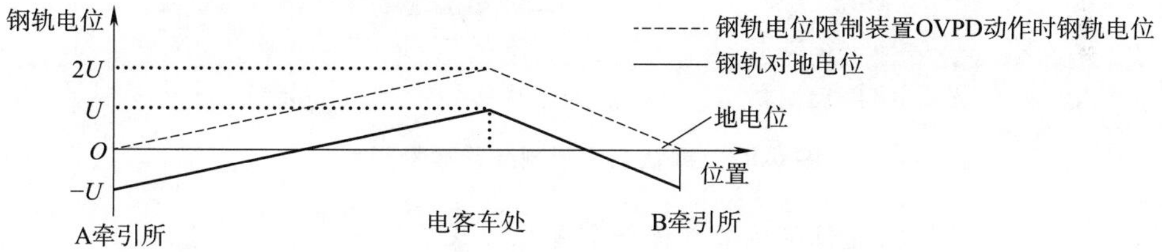

（c）钢轨对地电位分布示意图

图 6-80　钢轨电位分析

3. 钢轨电位限制装置工作原理

（1）钢轨电位限制装置的组成

如图 6-81 钢轨电位限制装置基本回路原理图所示，钢轨电位限制装置主要包含下列元件：

①复合开关，由晶闸管模块和直流接触器 Q11B1 组成，可实现将钢轨与大地通过等电位母线短接。为了满足通过短时极大短接电流，采用极大规格电流的直流接触器 Q11B1。

②多级电压测量元件，用于检测钢轨与大地之间的电压并由电压表显示，并由电压测量元件 $U>$、$U>>$、$U>>>$、$U<$ 和晶闸管模块来进行电压判断并执行相应动作。

③PLC 逻辑控制模块。

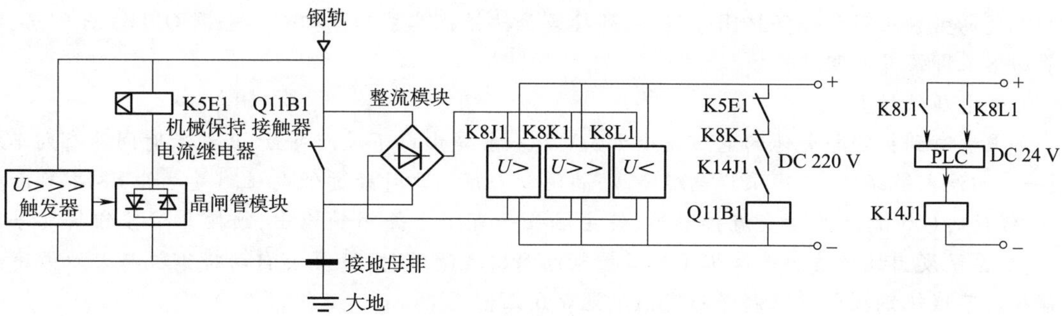

图 6-81　钢轨电位限制装置基本回路原理图

如图6-82所示为钢轨电位限制装置柜实物照片。

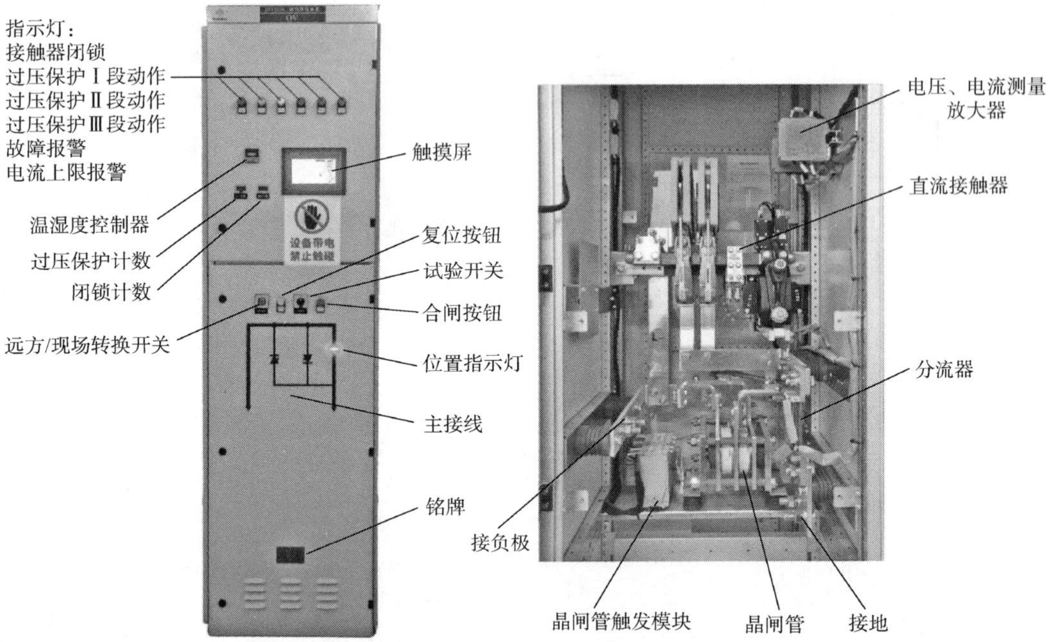

图6-82　钢轨电位限制装置实物照片

视频

轨电位限制装置保护校验作业

(2)钢轨电位限制装置保护配置原理及应用

在正常情况下，直流接触器线圈是受电的，即接触器主触头Q11B1是断开的。

①第一级电压检测 $U>$，延时短接。

当钢轨与地之间电压大于或等于 $U>$ 整定值时，接触器Q11B1失电主触头合闸将钢轨与地回路有效短接，10 s延时后接触器Q11B1主触头断开钢轨与地的连接。40 s内可连续短接3次，第三次后主触头保持闭锁状态。

②第二级电压检测 $U>>$，无延时短接。

当该电压大于或等于 $U>>$ 整定值时，接触器Q11B1失电主触头合闸无延时将钢轨与地回路短接，并保持闭锁状态，须按复位按钮将其手动复归。

③第三级电压检测 $U>>>$。

如果该电压超过 $U>>>$ 整定值时，触发模块使晶闸管导通，并使机械保持电流继电器动作，实现钢轨和地快速接通，以此抵消直流接触器的机械延迟。晶闸管电路导通同时直流接触器Q11B1失电主触头闭合并保持闭锁状态，须按复位按钮将其手动复归。接触器Q11B1合闸后，晶闸管回路立即恢复高阻状态。

④低电压保护 $U<$。

如果检测到钢轨与大地的电压差小于5 V时一般是由以下原因导致：正线长时间没有列车行驶；一次回流电缆断线；二次采样电缆断线；晶闸管击穿。此时经过低电压测量元件K8L1判断电压后，经延时(60 h)后启动直流接触器，使主触头一直闭合并闭锁输出，须按复位按钮将其手动复归，且系统发出故障告警。保证了一旦控制电源出现故障时，装置会自动将钢轨与大地做有效的短接。某城轨钢轨电位限制保护定值单见表6-22。

表 6-22 某城轨钢轨电位限制保护定值单举例

装置名称		保护元件	参数	整定值	
1号、2号轨电位	OV1/OV2	SJ 继电器	Ⅰ段动作电压值	$U_1=90$ V	/
		S7-200	动作延时	/	0.8 s
			动作计数次数	3	/
			动作计数延时	/	60 s
			动作恢复延时	/	10 s
		SJ 继电器	Ⅱ段动作电压值	$U_2=120$ V	/
		晶闸管	Ⅱ段动作电压值	$U_3=600$ V	/
		继电器	闭锁电流值	200 A	/
		SJ 继电器	低电压动作值	$U\leqslant 5$ V	/
			动作延时	/	60 h

二、直流开关柜框架泄漏保护

视频

DC 1 500 V 开关柜框架泄漏保护（1）

1. 框架泄漏保护作用

在城轨供电系统中，为了保障人身和设备安全，变电所内所有交流系统设备外壳均接于由接地扁钢、电缆金属铠装、接触网架空地线等构成的综合接地系统，实现设备可靠接地。而为了减少或控制杂散电流对城轨主体结构、道床结构钢筋等金属体的电化学腐蚀，及减少对沿线其他市政金属管线的侵蚀，城轨牵引直流供电系统为不接地系统，即钢轨、车站变电所的整流柜、进线柜、馈线柜、负极柜和排流柜等直流开关柜均采用绝缘安装，柜体通过扁钢带互联后通过接地电缆和框架泄漏电流保护元件后集中单点接地，如图 6-83 所示。

城轨直流供电系统发生的正极对负极短路故障时通常由馈线柜的电流类保护动作切除。而在直流设备正极发生碰壳故障时，则通过检测直流成套开关设备外壳（框架）和接地网间泄漏电流或设备外壳（框架）和负极间电压变化，发出告警信号或全所直流断路器跳闸的保护称为框架泄漏保护，以保护人身和设备安全。城轨直流系统正极对大地近端短路故障由框架泄漏电流保护动作切除，远端短路故障则由框架泄漏电压保护动作切除。框架泄漏保护动作设备跳闸范围广，对系统运行影响大。

2. 框架泄漏保护组成和基本原理

（1）保护组成

如图 6-83 所示，框架泄漏保护装置包括两个部分：框架泄漏电流保护和框架泄漏电压保护。框架泄漏保护装置将直流配电装置框架对地泄漏电流和负极对地电位作为激励量，专门用于检测泄漏故障，具有高灵敏度，在泄漏初期就能及时快速将短路故障清除。

视频

DC 1 500 V 开关柜框架泄漏保护（2）

框架泄漏电流保护元件是一个可承受 100 kA 短路电流而阻值只有 0.15 mΩ 的低阻抗元件，一端接于绝缘安装的直流设备外壳，另一端与变电所接地网单点连接，成为绝缘安装范围内设备发生正极对外壳故障时泄漏电流的唯一通路，用于检测直流设备由外壳至接地网的故障泄漏电流。

框架泄漏电压保护元件是一个连接于直流设备负极与设备外壳之间的高阻抗元件，用于测量设备外壳与直流设备负极之间的电压。由于设备外壳通过低阻抗电流元件与地网连接，故电压元件实时检测的是负极与大地之间的电压，即钢轨和地之间的电压。

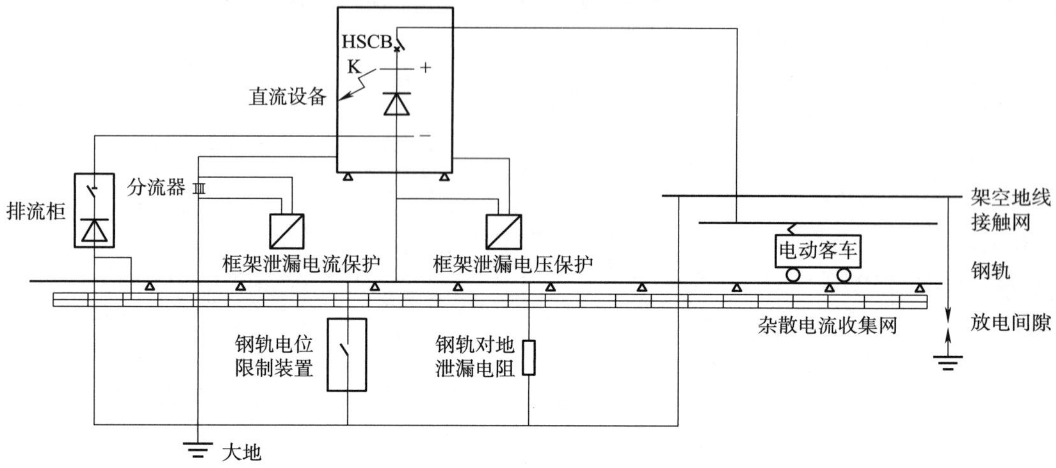

图 6-83　框架泄漏保护接线示意图

(2)基本原理

如图 6-83 所示，当直流设备内发生了正极对壳体的泄漏故障时，短路电流将会经过壳体、地、轨-地泄漏电阻流回负极母线。当排流柜或 OVPD 投入时，短路电流则会经过壳体、地、排流柜或 OVPD 流回负极母线。这种泄漏短路电流一般最初都不大，但如果不及时清除，容易将故障扩大为 1 500 V 正极通过设备外壳对负极间的短路事故，这时短路电流可能由最初的几十安培上升到几万安培。而不论故障发生在整流器出口(即直流进线断路器的上口)，还是发生在直流母线，或是在直流馈线出口，由于整流机组中压保护、直流进线保护、直流馈线保护动作整定值都是按最大负荷电流或按短路电流整定的，整定值都较高，对于这种泄漏初期的故障电流都难以检测出来，而事故扩大后有可能因几万安培的短路电流毁直流设备导致发生火灾、爆炸，对直流设备造成严重危害。

运行过程中，框架泄漏电流保护通常作为框架泄漏保护的主保护，框架泄漏电压保护则作为后备保护。直流系统正常运行情况下，电流检测回路没有电流；当出现正极对设备外壳放电时，泄漏电流经过电流检测回路流过地网，如果达到框架泄漏电流保护整定值后，保护动作联跳相应的断路器，切断故障回路。考虑到由于钢轨对地的绝缘电阻会随着绝缘材料的性能改变而变化，因此框架泄漏电流回路的电阻不确定，若钢轨对地绝缘良好，泄漏电阻大，不利于框架泄漏电流保护元件的动作，即使设备对框架的绝缘已经损坏，但是仍有可能出现泄漏电流检测值达不到框架泄漏电流保护整定值要求而保护不动作的情况。框架泄漏电压保护就是为了弥补这个缺陷而存在的。框架泄漏电压保护利用电压元件检测钢轨对地的电压值，当超过整定值时保护动作联跳相应断路器，切断故障回路。因此，框架泄漏电压保护可看作框架泄漏电流保护的后备保护。

负极柜框架泄漏保护定值举例可查看本项目任务 3 中表 6-13。

3. 框架泄漏保护联跳方式

框架泄漏保护启动后，统一出口跳本所两台整流机组 35 kV 断路器和所有 DC 1 500 V 开关，联跳方式分为联跳邻所开关和只跳本所不联跳邻所两种方式，前者造成两个区间的接触网停电，后者则邻所能够正常运行，可继续以大双边供电方式实现接触网供电。具体采用哪种方式需要综合考虑线路客流量、钢轨电位运行情况、线路框架泄漏保护与轨电位的匹配情况等。

(1)框架泄漏电流保护动作时的双边联跳方式

框架泄漏电流保护动作大多是由于直流设备的正极元器件对外壳短路所引起的，此时短路电流很大并且一般都是持续性的短路故障，造成的危害很大，因此要求继电保护迅速切除并可靠地隔离故障。因此当框架泄漏电流保护动作时，跳开故障变电所全部直流开关，并跳开故障变电所全部整流机组35 kV开关，同时发出持续联跳信号联跳相邻变电所与故障变电所处于同一供电区间的直流馈线开关。

同时框架泄漏电流保护装置发出持续信号，闭锁故障变电所与相邻变电所处于同一供电区间的直流馈线开关的线路检测重合闸功能。只有当联跳信号发出的变电所故障排除后，持续的联跳信号消失后，馈线断路器才能够重新合闸。

(2)框架泄漏电压保护动作时的双边联跳方式

框架泄漏电压保护装置的测量保护元件是连接在框架与负极之间的，检测外壳和负极之间的电位差。在正常状态下，外壳和负极之间的电位差很小，正极接地故障发生时则电位差迅速变得很大，框架泄漏电压保护可以迅速动作。正极对大地远端短路时，泄漏电流较小，框架泄漏电流保护往往不能检出故障，此时框架泄漏电压保护作为其后备保护动作，只须将故障变电所与故障点进行可靠隔离。因此，当框架泄漏电压保护动作时，只需要跳开故障变电所全部直流馈线开关并跳开故障变电所全部的两组整流机组35 kV开关，同时闭锁故障变电所直流馈线开关的线路检测重合闸功能，但不联跳相邻变电所的直流馈线开关。

4. 合闸闭锁和复归方式

框架泄漏保护的合闸闭锁方式分为本所、邻所开关全部闭锁合闸和只闭锁本所合闸两种。传统线路框架泄漏保护采用本所、邻所开关全部闭锁合闸方式。

框架泄漏保护动作后如果联跳邻所，相应供电区段接触网失电，区间列车停运，且框架泄漏保护动作要闭锁开关合闸，此时要恢复大双边供电需要先对保护模块进行复归。框架泄漏保护的复归方式有本地复归和远程复归两种。传统框架泄漏保护一般采用本地复归方式，即框架泄漏保护动作后抢险人员要先赶到故障所对设备进行复归后，电调才能通过合邻所开关对接触网送电，这种方式在恢复供电的及时性方面存在缺陷。

新线路设计中，合闸闭锁方式逐渐采用只闭锁本所合闸方式，即对邻所开关只联跳和闭锁自动重合闸，但不闭锁开关再次合闸，电调可以不用对保护进行复归，直接操作邻所开关合闸，第一时间恢复受影响区段的接触网供电，即使接触网不具备恢复送电条件，也可以通过试合开关，启动检测回路，确定故障点范围，进一步提升故障处理效率。

目前也逐渐开始采用远方复归功能，即电调可以远控对保护模块进行复归，通过拉开本所馈线的上网隔离开关对所内故障进行隔离后，远动操作邻所开关合闸，对接触网恢复供电。电调远方操作缩短了供电恢复时间，节省了人力成本，运营实践中取得了很好的效果。

5. 城轨交通常用的框架泄漏保护设置方案举例

(1)全所设一套框架泄漏保护

城轨大部分牵引变电所是将变电所内的所有直流开关柜、整流器、负极柜均对地绝缘安装，将这些设备框架通过电缆或螺钉连接在一起，设置一套框架泄漏保护装置。

图6-84中框选部分为整流器框架泄漏故障引起跳闸影响范围，故障所交流中压断路器306、307跳闸并闭锁，故障所进线断路器201、202、馈线断路器211、212、213、214全部跳闸并闭锁，联跳邻所相应的直流馈线断路器211、212、213、214，闭锁本所及邻所自动重合闸功能，可造成末端站1个供电区间停电或中间站2个供电区间停电。

(2)全所设两套框架泄漏保护

据运营统计，整流器是变电所容易出故障的设备，其故障大都会引起框架泄漏保护动作。为了缩小整流器框架故障时的跳闸范围，尽量不影响列车运营，减少故障查找时间，目前部分城轨采用为整流器和直流开关柜各设置一套框架泄漏保护装置的方案，即两面整流器与负极柜共用一套框架泄漏保护装置，其余直流开关柜用一套框架泄漏保护装置。当整流器发生框架泄漏故障时，只联跳整流机组交流中压断路器306、307和直流进线断路器201、202，将本所整流机组退出运行，不联跳邻所，通过故障所的直流母线瞬时实现大双边供电，保证接触网不停电，不影响列车正常运行。当其他直流开关柜发生框架泄漏故障，仍要联跳本所整流机组交流中压断路器306、307，直流进线断路器201、202，直流馈线断路器211、212、213、214，并闭锁合闸，同时联跳相邻所对应直流馈线断路器。目前国内城轨采用此方案的项目较多，虽造价略有增加，但成效非常明显。这种方案的框架泄漏保护配置如图6-85所示。虚线框选部分为整流器框架泄漏故障引起跳闸影响范围。

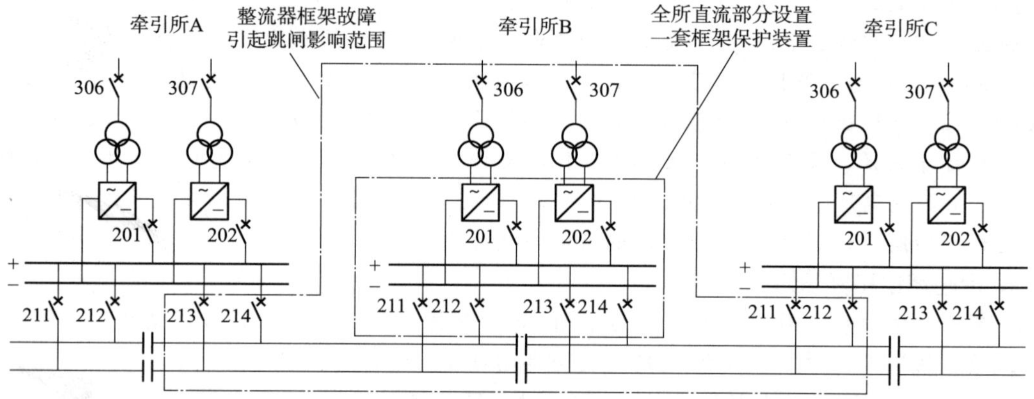

图6-84　全所设一套框架泄漏保护装置的示意图

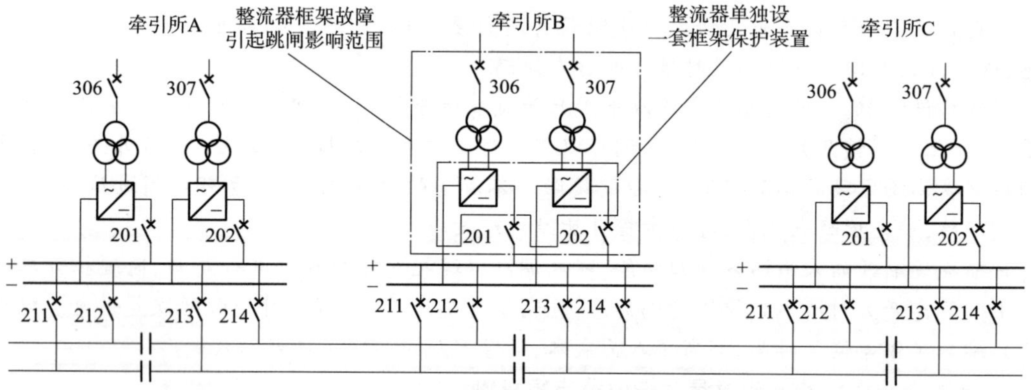

图6-85　全所设两套框架泄漏保护装置的示意图

三、框架泄漏保护与轨电位限制装置的配合

框架泄漏保护和轨道电位限制装置有相同之处，即框架泄漏电压保护元件与轨道电位限制装置两者都是检测钢轨对地电压。不同点在于以下两点：(1)框架泄漏电压保护元件的作用是保护直流设备，动作于跳闸，切除直流绝缘泄漏或短路故障；(2)轨道电位限制装置的作用是降低钢轨与地的电位差，保护线路上人身安全，不动作于跳闸，牵引供电直流系统继续运行。

框架泄漏保护和轨道电位限制装置必须实现良好的配合，否则会引起不必要的供电事故。

牵引供电系统在正常运行情况下，钢轨电位限制装置和框架泄漏电压保护元件均处于检测状态，当车辆运行时，由于钢轨回流的作用，会引起钢轨对地电位升高。当钢轨对地电位上升到钢轨电位限制装置整定值时，轨电位限制装置动作将钢轨对地短接钳制钢轨电位。

当直流设备的绝缘发生泄漏短路故障时，由于钢轨电位的升高，轨道电位限制装置和框架泄漏电压保护均启动,但是框架泄漏电压保护不应先于钢轨电位限制装置出现误动作,因此其动作时间应长于钢轨电位限制装置的动作时间,一般可将框架泄漏故障保护动作时间整定约为 1.5 s,轨电位限制装置动作时间整定约为 0.8 s,保证两种保护的选择性。由于轨道电位限制装置电压元件动作较快,使钢轨与地立即连通,轨电位降低使得框架泄漏电压保护元件返回,同时轨道电位限制装置动作后为泄漏电流提供了通路,泄漏电流增大,此时框架泄漏电流保护元件检测到电流达到整定值时,动作于跳闸,切除短路故障。若发生轨道电位限制装置拒动的情况,则可由框架泄漏电压保护元件实现保护。

任务4 某停车场 306B、307B、201、202 开关跳闸故障分析

任务导入

某停车场整流变压器发生烧损事故,306B、307B、201、202 开关跳闸。改变运行方式保证停车场正常运行,更换损坏设备,通过综合保护装置分析事故原因。通过真实案例,培养城轨供电检修岗位事故应急处置、故障分析能力。

任务目标

(1)熟悉事故处理流程。

(2)能根据牵混所综合自动化系统故障事件记录,查找各开关保护装置动作结果、故障录波,分析故障类型,判断故障位置,分析保护动作情况。

(3)能通过保护测试、二次线检查,进一步分析故障原因。

知识准备

一、停车场供电系统

如图 6-86 所示为某城轨×号线停车场供电系统示意图。正常运行方式下,停车场各供电分束由 B 停车场牵混所各直流馈线供电。当 B 停车场牵混所因故障退出运行时,为保障停车场运行,通过倒闸作业将电动隔离开关 2253/2211 闭合,可由相邻牵混所正线支援停车场接触网供电方式向 B 停车场接触网供电。

二、故障现象及影响

某年某月某日 02:12 电调工作站显示 B 停车场 306B、307B、201、202 开关跳闸,导致该停车场全场接触网失电。电调倒闸作业,B 停车场由相邻 A 牵混所正线支援停车场接触网供电方式运行,故障未对列车发车运营造成影响。

三、故障处理过程

02:13,B 停车场牵混所值班员甲接电调通知:B 停车场牵混所 306B、307B、201B、202B 开关跳闸,接触网全场失压。02:14 值班员甲通知当班工班长乙,乙又通知当班工程师丙,然后丙向电调确认。02:20 维调电话发布抢修命令,抢修命令号为:20 ××-07-06-501。

02:21 值班员甲、当班工班长乙、变配电室领导相继赶往现场,发现现场有烟雾并伴有刺鼻的异味,确认 B 停车场牵混所 306B、307B、201、202 开关处于故障分闸状态,2 号整流变室烟雾较大,现场人员无法进入设备房查看。

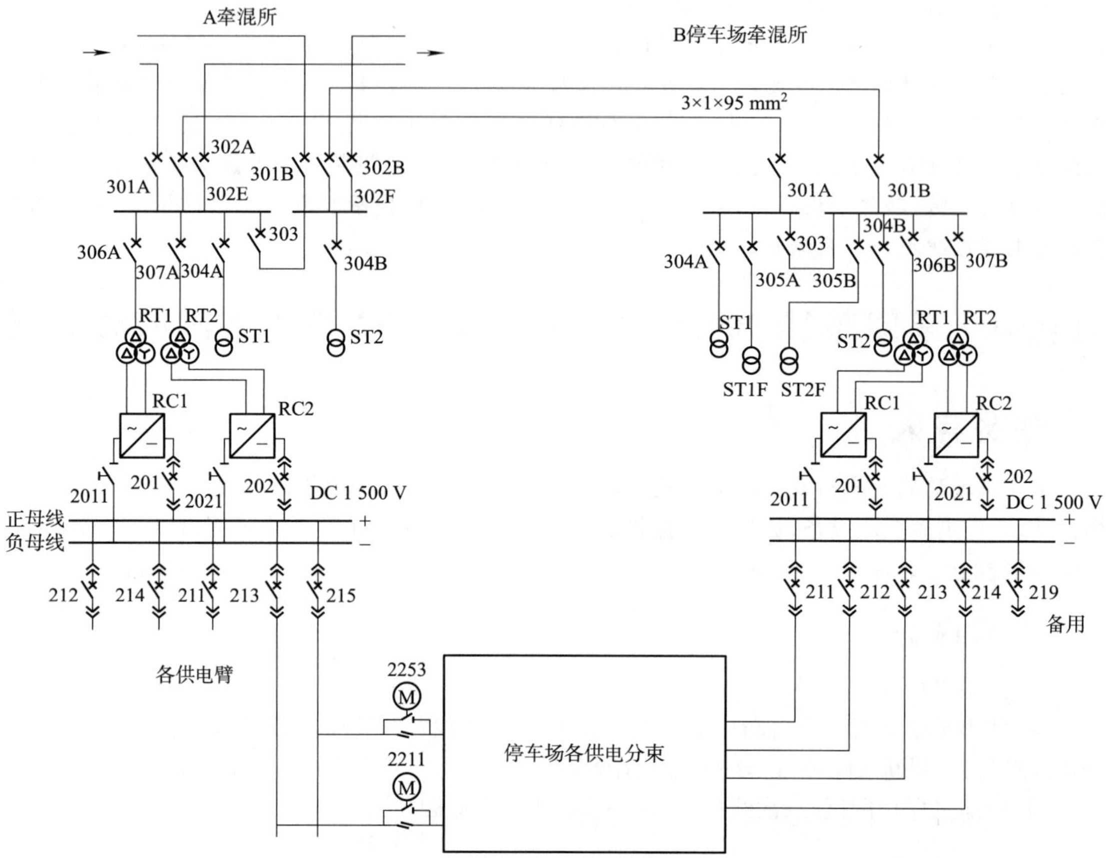

图 6-86　某城轨×号线停车场供电系统示意图

03:24 当班工班长乙拨打 119 报警电话。03:31 电调完成供电方式调整，实行正线支援停车场接触网供电方式，B 停车场全场接触网恢复供电。04:35 119 消防人员将火扑灭，人员出清。现场人员成立应急抢险队，中心成立应急抢险指挥部，OCC 组织相关专业人员检查设备情况。

故障修复前，安排专业人员 24 h 值守，重点关注相邻 A 牵混所 DC 1 500 V 馈线 213、215 开关及 35 kV 整流变馈线开关负荷电流，确保满足系统运行条件。

05:18，现场完成安全防护措施布置，306B、307B 维护接地，1 号整流变、2 号整流变低压侧挂地线。经检查 B 停车场 2 号整流变压器烧损严重，1 号整流变压器铁芯对接绝缘不良，1 号整流变压器、2 号整流变压器不具备投运条件，如图 6-87 所示。须对 B 停车场 1 号整流变压器、2 号整流变压器更换处理。

图 6-87　整流变压器烧损

3 天后，02:18，B 停车场 1 号整流变完成更换并投入运行。04:14 电调对供电方式调整完毕，停车场 1 号整流变负担全场接触网牵引负荷，正线支援停车场接触网供电隔离开关分闸位，正线恢复正常供电方式。

6 天后，13:11 停车场 2 号整流变压器投入运行，B 停车场两台整流机组恢复正常并列运行方式。

任务实施

一、任务准备

1. 任务器材

城轨某线路停车场及相邻牵混所供电系统图纸,故障牵引所故障事件记录,保护装置故障录波记录,螺丝刀1套,低压验电笔1支,继电保护测试仪1台,万用表1块,试验用导线、封闭遮栏、警示标志牌若干,个人安全防护用品等。

2. 任务地点

模拟变电所或城轨牵混所。

3. 任务分组

每组2人,分为现场作业监护人、作业执行人,分工明确到位,作业任务明确,责任清楚。各组独立完成作业项目。任务分组见表6-23。

表6-23 任务分组

序号	小组成员	任务分工	注意事项
1			
2			

4. 作业条件

(1)了解工作地点、工作范围、电气主接线、相关一次设备和二次设备运行情况,熟悉二次图纸、继电保护、电网安全自动装置及相关二次回路,明确作业任务。

(2)已完成操作票编写,并履行相关审批程序。

(3)作业所属的变压器已停电。现场作业区域与其他区域已装设遮拦隔离,悬挂"在此工作"标识牌;断路器、隔离开关悬挂"禁止合闸,有人工作"标识牌。

5. 安全预想

(1)作业前检查作业条件是否满足要求。

(2)与高压带电体保持足够的安全距离;作业前用隔离带将35 kV馈线306B、370B开关柜作业区域与非作业区域隔离开。作业过程中勿走错作业间隔。

(3)坚持谁拆线谁恢复原则,坚持谁投退保护谁恢复原则,坚持自控、互控、他控原则。作业完毕务必双人检查确认恢复。

(4)作业后,核对保护定值及保护投退、控制字情况,核对端子恢复连接情况。

(5)作业完成后,检查所有物品,不得遗漏,影响设备正常运行。

二、任务步骤

1. 系统事件记录分析

根据图6-88 B停车场牵混所综合自动化系统事件记录,对各开关保护装置动作情况进行分析。

2. 201、202开关跳闸原因分析

(1)DC 1 500 V进线201、202开关跳闸分析

现场查看DC 1 500 V进线201、202开关无故障电流及波形记录,201、202开关有35 kV联跳输入信号及事件记录,由此可见DC 1 500 V进线201、202开关是由上级35 kV馈线开关306B、307B保护动作后联跳分闸。

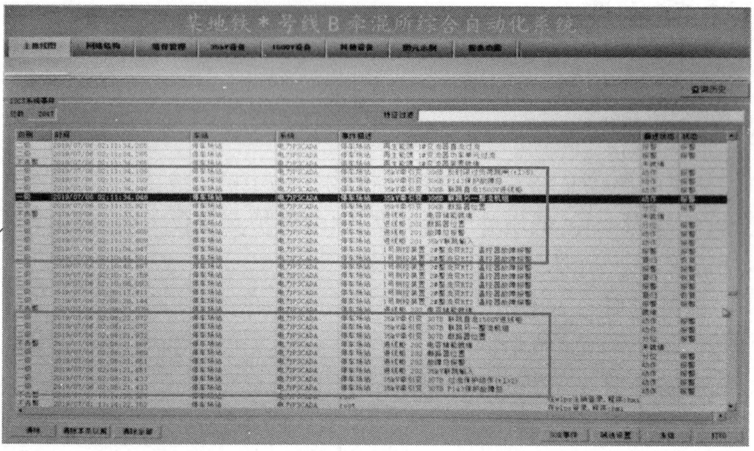

事件信息摘要：

02:11:34.109	停车场	35 kV牵引变	306B反时限过负荷跳闸（t_I>5）	动作	
02:11:34.109	停车场	35 kV牵引变	306B P143保护故障总	动作	
02:11:34.046	停车场	35 kV牵引变	306B联跳直流1 500 V进线柜	动作	
02:11:34.046	停车场	35 kV牵引变	306B联跳另一整流机组	动作	
02:11:34.021	停车场	35 kV牵引变	306B断路器位置	分位	告警
	……				
02:11:04.047	停车场	1号测控装置	2号整流变RT2：温控器故障告警	告警	
	……				
02:11:22.072	停车场	35 kV牵引变	307B 联跳直流1 500进线柜	动作	
02:11:22.072	停车场	35 kV牵引变	307B 联跳另一整流机组	动作	
02:11:21.932	停车场	35 kV牵引变	307B 断路器位置	分位	告警
02:11:21.651	停车场	35 kV牵引变	进线柜202 35 kV联跳输入	动作	
02:11:21.433	停车场	35 kV牵引变	307B过流保护动作（t_I>2）	动作	
02:08:21.433	停车场	35 kV牵引变	307B P143保护故障总	动作	

图 6-88　B 停车场牵混所故障事件记录

视频

DC 1 500 V 开关柜保护装置故障录波

(2)35 kV 整流变馈线开关 306B、307B 跳闸原因分析

引起 306B、307B 跳闸的原因有三种可能:由保护装置误动作引起;由于柜内二次接线问题引起;由于外部设备故障引起。具体分析如下:

①分析是否保护装置误动作引起。

首先,查看 306B 定值单并与 306B 反时限过电流保护故障波形对比:

现场查看保护装置中,306B 反时限过电流保护($I>5$)整定值设置为 $0.7I_n$,变比为 100/1(则 306B 的反时限过电流保护折算到电流互感器一次侧的整定值为 $0.7\times1\times100=70$),时间常数 1,与设计定值单一致。

如图 6-89 所示,306B 反时限过电流保护故障波形动作电流最大为 119.439 A,大于 306B 反时限过流保护整定值 70 A,属于正常保护动作。

其次,查看 307B 定值单并与 307B 反时限过电流保护故障波形对比:

现场查看保护装置中,307B 过电流保护($I>2$)整定值设置为 $1.81I_n$,变比为 100/1,(则 307B 过电流保护折算到电流互感器一次侧的整定值为 $1.81\times1\times100=181$),时间 300 ms,与设计定值单一致。

如图 6-90 所示,保护装置故障录波记录 307B 过电流保护动作值为 261 A、持续时间 427 ms,大于 307B 过电流保护整定值 181 A、延时 300 ms。可见过电流保护满足动作条件保护出口跳闸,动作逻辑正常,属于正常保护动作。

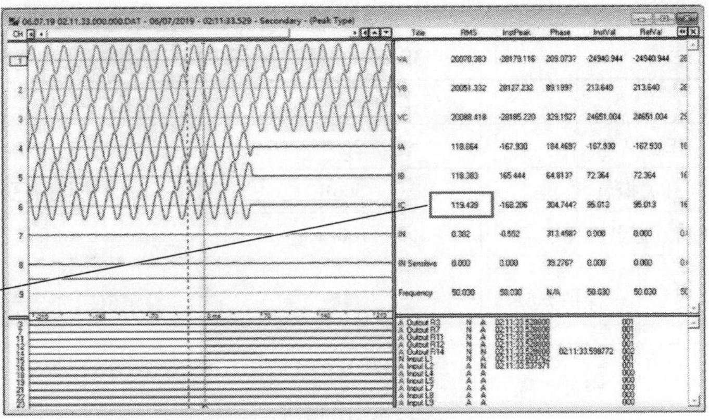

02:11:35.529

最大电流：I_C=119.439 A

图 6-89　306B 反时限过电流保护故障波形

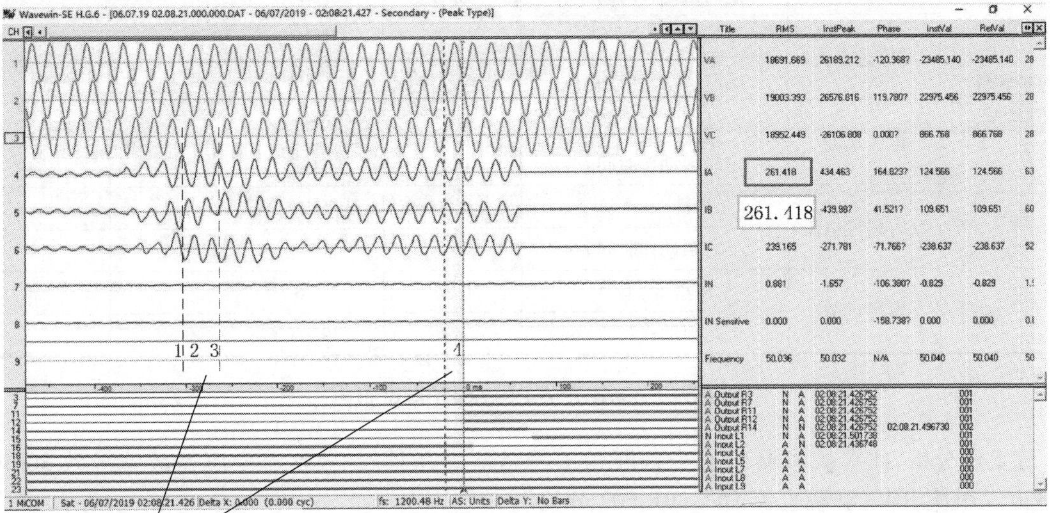

1.　02:08:21:122 ms　I_a 电流364. 951 A　大于速断保护整定值363 A

2.　02:08:21:156 ms　I_a 电流391.738 A　达到最大值 大于速断保护整定值363 A

3.　02:08:21:161 ms　I_a 电流360.740 A　小于速断保护起动值363 A，速断保护返回
速断保护起动持续时间39 ms，持续时间小于保护动作延时100 ms，速断保护出口未动作

4.　02:08:21:462 ms　I_a 电流261.418 7 A　持续时间大于427 ms，大于过流保护整定值181 A，大于保护延时300 ms
过流保护出口动作跳闸

图 6-90　307B 保护动作电流波形

然后，进行 306B、307B 保护测试：

如图 6-91 所示，现场分别对 306B、307B 保护进行测试，结果正确，因此可排除保护装置误动作可能。

②分析是否柜内二次接线故障引起跳闸。

经对柜内二次接线进行检查，未发现二次接线回路有问题。

③分析是否外部设备故障引起跳闸。

经现场检查，如图 6-87 所示，2 号整流变外部有烧黑现象，可见确实存在短路电流造成 307B 过电流保护（$I>2$）启动引起 307B 开关跳闸。

同时经测试，1 号整流变铁芯对地绝缘为 18 kΩ，小于标准值 50 mΩ，可见 1 号整流变铁芯对地绝缘不良，306B 反时限过流保护启动引起 306B 开关跳闸。

× ×城轨运营分公司变配电检修部

35 kV 馈线开关柜 P143 保护测试报告

<table>
<tr><td>安装地点</td><td colspan="2">×停车场</td><td>试验日期</td><td colspan="3">2019.7.6</td></tr>
<tr><td colspan="2">温度/℃</td><td>26.4</td><td colspan="3">湿度</td><td>52%</td></tr>
<tr><td colspan="2">开关柜名</td><td>306B</td><td colspan="3">动力变/整流变额定容量/kVA</td><td>2750</td></tr>
<tr><td colspan="2">电流互感器变比</td><td>100/1</td><td colspan="3">电压互感器变比</td><td>35/0.1</td></tr>
<tr><td rowspan="2">保护装置</td><td rowspan="2">保护类型</td><td rowspan="2">参数</td><td rowspan="2">整定值</td><td colspan="3">动作值</td></tr>
<tr><td>A 相</td><td>B 相</td><td>C 相</td></tr>
<tr><td rowspan="12">保护装置 REF542</td><td rowspan="2">轻过负荷</td><td>启动 t_I >1/A</td><td></td><td></td><td></td><td></td></tr>
<tr><td>定时限动作时间 t/s</td><td></td><td></td><td></td><td></td></tr>
<tr><td rowspan="2">过电流</td><td>启动 t_I >2/A</td><td>1.81</td><td>1.81</td><td></td><td></td></tr>
<tr><td>定时限动作时间 t/s</td><td>0.3</td><td>0.348</td><td></td><td></td></tr>
<tr><td rowspan="2">零序过电流</td><td>启动 t_{IN1} >2/A</td><td>0.36</td><td>0.36</td><td></td><td></td></tr>
<tr><td>定时限动作时间 t/s</td><td>0.3</td><td>0.402</td><td></td><td></td></tr>
<tr><td rowspan="2">电流速断</td><td>启动 t_I >4/A</td><td>3.63</td><td>3.63</td><td></td><td></td></tr>
<tr><td>定时限动作时间 t/s</td><td>0.1</td><td>0.147</td><td></td><td></td></tr>
<tr><td rowspan="2">反时限过电流</td><td>启动 t_I >5/A</td><td>0.7</td><td>1.2</td><td></td><td></td></tr>
<tr><td>反时限动作时间 t/s</td><td>/</td><td>167</td><td></td><td></td></tr>
<tr><td rowspan="2">重过负荷</td><td>启动 t_I >6/A</td><td>1.36</td><td>1.36</td><td></td><td></td></tr>
<tr><td>定时限动作时间 t/s</td><td>59</td><td>59.05</td><td></td><td></td></tr>
</table>

图 6-91　306B 开关 P143 保护测试报告

综上所分析，此次故障原因初步判断为 1 号整流变压器、2 号整流变压器故障导致 306B、307B 开关跳闸，同时联跳直流馈线 201、202 开关。

任务考核

任务考核表见表 6-24。

表 6-24　任务考核表

<table>
<tr><td colspan="2">任务名称</td><td colspan="6">某停车场 306B、307B、201、202 开关跳闸故障分析</td></tr>
<tr><td colspan="2">安全监护人</td><td></td><td>作业完成人</td><td></td><td>日期</td><td colspan="2"></td></tr>
<tr><td colspan="2">开始时间</td><td></td><td>结束时间</td><td></td><td>任务完成时间</td><td colspan="2"></td></tr>
<tr><td colspan="2">评分项目</td><td colspan="3">评分要素及标准</td><td>分值</td><td>小组互评</td><td>教师评分</td></tr>
<tr><td colspan="2">作业准备</td><td colspan="3">检查工器具准备齐全(5 分)
穿戴好个人安全防护用品(5 分)
做好安全条件复核、安全预想全面(5 分)</td><td>15</td><td></td><td></td></tr>
<tr><td>作业操作流程</td><td>系统事件记录分析</td><td colspan="3">能通过保护装置/综合自动化系统查询系统事件记录(5 分)
能分析系统事件记录，找到故障发生时，开关跳闸情况(5 分)
开关跳闸逻辑(5 分)</td><td>15</td><td></td><td></td></tr>
</table>

作业操作流程	201、202 开关跳闸原因分析	能查询保护故障录波记录(10 分) 分析开关是保护跳闸/联跳跳闸(5 分)	15		
	馈线开关 306B、307B 跳闸原因分析	能查询故障录波(5 分) 分析保护动作类型(5 分) 确认保护动作正常(10 分)	20		
	保护测试	任选保护测试报告单中两种类型,进行保护测试。 正确读图找到电压、电流和跳闸端子(各 3 分,共 9 分) 正确完成测试接线(6 分,错一处扣 3 分) 能正确设置测试参数(5 分) 完成测试并记录(5 分)	25		
	记录完整,结果分析正确	记录完整清晰,结果分析正确(5 分)	5		
作业后恢复		工器具、设备无损伤、无违章作业(3 分) 工器具恢复原位置,摆放整齐,出清现场(2 分)	5		
操作限时		本任务限时 55 min 内完成,每超过 1 min 扣 4 分。超时 10 min 为不合格			
总分		(总分 = 小组互评 ×40% + 教师评分 ×60%)			
作业人员签字: 考评人员签字:					

巩固与练习

一、选择题

1. 35 kV 图纸中馈线保护装置 REF542 的符号是(　　)。

A. AR51　　B. AR55　　C. BR15　　D. 都不对

2. 35 kV 图纸中线路差动保护装置 RED615 装置的符号是(　　)。

A. AR51　　B. AR55　　C. BR15　　D. 都不对

3. 在 DC 1 500 V 的设备处工作,有绝缘挡板、安全遮拦措施的,作业组成员与带电设备之间的安全距离要大于(　　)mm。

A. 350　　B. 600　　C. 700　　D. 1 000

二、简答题

1. 如果牵混所内发生直流 210 V 控制电压全部丢失,会出现什么后果?

2. ××月××日电力调度操作××牵混所 2111 合闸不成功,请分析可能的原因是什么?

3. “运行中的 1 号整流变压器高压侧发生接地故障,而本段 306 和 201 开关都跳闸了”,请分析表述是否正确?

知识拓展

行业动态——轨道交通直流保护测控装置国家标准填补空白,推进国产化发展!

2023 年 02 月 28 日,由国家铁路局组织编制的《轨道交通　地面装置　直流保护测控装置》等 4 项铁路国家标准,经国家标准化管理委员会审批后正式发布,如图 6-92 所示。

《轨道交通　地面装置　直流保护测控装置》(GB/T 42149—2022)明确规定了轨道交通牵引供电系统里直流保护测控装置的技术指标、测试办法以及检验准则。该标准适用于轨道交通牵引供电系统中的直流保护测控装置。直流保护测控装置作为确保直流牵引供电系统安全稳定运行的关键核心部件,此前在轨道交通领域一直缺乏与之对应的标准。而这项新发布的标准正好填补了这一空白,它系统且全面地对直流保护测控装置的软硬件系统配置、功能特性、性能指标、能耗要求、接口规范以及试验和检验等方面提出了明确要求。这对于快速排查并解决直流牵引供电系统故障,保障整个系统的安全运行起着举足轻重的作用,在轨道交通领域具备广泛应用的先进性与适用性。

ICS 29.280
CCS S 80

GB

中华人民共和国国家标准

GB/T 42148—2022

轨道交通　地面装置　直流保护测控装置

Railway application—Fixed installations—D.C. measurement,control and protection devices

图 6-92　轨道交通地面装置直流保护测控装置国家标准

近年来,我国城市轨道交通建设呈现出迅猛发展的态势,城轨建设总里程已超越世界其他国家的总和,位居全球首位。在这一发展进程中,进口直流保护测控装置曾在国内大量投入使用,同时轨道交通交流供电系统普遍采用大环网供电分区模式运行,还涌现出基于 GOOSE 网络通信的新型保护方案。

面对推动轨道交通牵引供电系统和中压供电系统技术持续发展的新形势,电化院变电保护技术团队勇于创新实践,深入开展研究工作。他们成功打破了我国在牵引供电系统核心设备方面对进口产品的依赖,首次创新性地构建起国家自主标准体系。这一成果进一步推动了直流保护装置的国产化进程,对于统一大环网供电分区模式下的保护配置方案、规范基于 GOOSE 的保护技术方案,以及实现不同厂家设备之间的网络互联互通等目标意义重大。

参考文献

[1] 贺家李,李永丽,董新洲,等. 电力系统继电保护原理[M]. 5 版. 北京:中国电力出版社,2018.

[2] 张保会,尹项根. 电力系统继电保护[M]. 2 版. 北京:中国电力出版社,2018.

[3] 国家电力调度通信中心. 国家电网公司继电保护培训教材[M]. 北京:中国电力出版社,2009.

[4] 何磊,郝晓光,赵宇皓,等. 智能变电站继电保护调试技术[M]. 北京:中国电力出版社,2017.

[5] 陈丽华,李学武. 城市轨道交通供电系统继电保护[M]. 北京:科学出版社,2014.

[6] 王龙,刘爱华,刘大伟. 城市轨道交通专用轨回流系统框架泄漏保护分析[J]. 电气化铁道,2023(6):55-57.

[7] 周鑫,张婷,李国立. 直流牵引供电系统的 DDL 保护[J]. 船电技术,2019(11):56-60.

[8] 徐皇清,谢海发. 基于 GOOSE 机制的城市轨道交通中压供电环网过电流保护方案[J]. 电力学报,2016(4):345-353.